本书为国家社科基金青年项目"海德格尔早期弗莱堡时期的思想研究"（08CZX018）的最终成果，鉴定等级为"优秀"。

海德格尔早期弗莱堡时期的思想研究
——以『实际生活经验』为核心

A Study on Heidegger's Thought of Early Freiburg Period
——Taking His Conception of "Factic Life Experience" as Core

朱松峰◎著

人民出版社

目　　录

第三部分　海德格尔早期弗莱堡时期的"实际生活经验"思想与其思想道路

导　　论

一、研究主题

时至如今,国内外研究海德格尔(Martin Heidegger,1889-1976)思想的论文和著作已是数不胜数了。在这些论著中,众多的研究者们对海德格尔的思想提出了彼此各异的种种理解和评论。

比如,就海德格尔思想的主题和道路而言,有人认为,他的一贯主题是揭示"缘在"(Dasein)的本原性存在方式,其前后期思想之间没有转折;有人认为,海德格尔的哲学只有一个题目,即存在,只是他前后期的思考方式发生了变化;有人认为,从《存在与时间》的"缘在"到后期的"存在",海德格尔的思想发生过一次明显的转折;有人认为,《存在与时间》强调的是本真生存问题,而其后期思想关注的是维护人的基本生存条件的问题,即保护环境的问题;有人认为,海德格尔的主导思想是双重的,即追问存在和追问真理;有人认为,海德格尔的思想道路应该分为三个阶段,即世界性、历史性和语言性;有人把海德格尔思想的核心问题规定为"无之无化"。

再比如,就海德格尔后期思想的基本特征和倾向而言,有人从语言与存在的关系维度,将之理解为"语言存在论";有人从人与自然的关系维度,将之理解为"反人类中心论";有人从与中国哲学相互阐释的维度,将之理解为"天人合一"的境界论;有人认为,后期海德格尔思想的奥秘在于他的"两重性"学说,这"两重性"具体表现为"解蔽—聚集""澄明—遮蔽""在场—不在场""人言—道说""可说—不可说"。①

---

① 　上述观点参见宋祖良:《国内外海德格尔研究述评》,《哲学动态》1994 年第 5 期,第 9—12 页;王为理:《海德格尔研究评述》,《哲学动态》1996 年第 6 期,第 16—19 页;戴月华:《国内海德格尔思想转向问题研究述介》,《哲学动态》1997 年第 6 期,第 23—24 页;彭富春:《西方海德格尔研究述评》(一),《哲学动态》2001 年第 5 期,第 39—44 页;彭富春《西方海德

　　甚至在对海德格尔思想之价值的基本评价上,人们的观点也各不相同,乃至正相反对,以至于形成了两种极端的反应:迷恋和反感。有人将之说成是"本真性的行话",斥之为对语言的误用,"故弄玄虚得令人难以容忍"①,甚至是令人恶心的,根本不值得在哲学史上一提,太搞笑、太荒谬,不值得严肃对待②;有人则赞之为20世纪"最重要和最有影响的哲学家之一"③"具有划时代意义的思想家"④"我们时代唯一伟大的思想家"⑤,称其"在精神世界中的分量罕有人能比"⑥,"是现代思想的隐秘主人"⑦,"是20世纪唯一一位全面开辟哲学史新视野的哲学家"⑧。如乔治·斯坦纳(George Steiner)所言:"自苏格拉底以来,没有谁能够像海德格尔这样遭到如此不同的毁誉褒贬。"⑨

格尔研究述评》(二),《哲学动态》2001年第6期,第39—44页;张祥龙、杜小真、黄应全:《现象学思潮在中国》,北京:首都师范大学出版社2002年版,第72—94页。

　　① [美]帕特里夏·奥坦伯德·约翰逊:《海德格尔》,张祥龙、林丹、朱刚译,北京:中华书局2002年版,第1页。

　　② 这是德国著名的物理学家马克斯·玻恩(Max Born)和英国语言哲学家麦克尔·达梅特(Micheal Dummet)对海德格尔思想的评判(See Richard M.McDonough, *Martin Heidegger's Being and Time*, New York·Washington, D.C./Baltimore·Bern·Frankfurt am Main·Berlin·Brussels·Vienna·Oxford:Peter Lang,2006,p.175)。McDonough在该书中还总结了人们所提出的反对严肃地对待海德格尔的五个理由(Ibid,pp.xvi-xvii)。

　　③ [美]约瑟夫·科克尔曼斯:《海德格尔的〈存在与时间〉》,北京:商务印书馆1996年版,第4页。

　　④ Otto Pöggeler, *Martin Heidegger's Path of Thinking*, Atlantic Highlands, NJ:Humanities Press International, Inc., 1987, p.259.

　　⑤ Leo Strauss, *The Rebirth of Classical Political Rationalism:An Introduction to the Thought of Leo Strauss*, Selected and Introduced by Thomas L.Pangle, Chicago:University of Chicago Press, 1989, p.29.

　　⑥ 贡特·奈斯克、埃米尔·克特琳:《回答——马丁·海德格尔说话了》,陈春文译,南京:江苏教育出版社2005年版,第3页。

　　⑦ Timothy Clark, *Martin Heidegger*, London and New York:Routledge,2002,p.1.

　　⑧ [德]君特·菲加尔:《海德格尔》,鲁路、洪佩郁译,北京:中国人民大学出版社2010年版,第2页。

　　⑨ [法]乔治·斯坦纳:《海德格尔》,李河、刘继译,北京:中国社会科学出版社1989年版,第9页。马尔霍尔(Stephen Mulhall)也曾说:"对一些人来说,他(海德格尔——引者注)的作品,更加重要的是他的思维方式和写作风格,仅仅意味着矫饰、故作神秘和冒充内行的欺骗手段。然而,对另外一些人来说,他的文字被曲解的程度,他的文字对哲学史的旁征博引,他的文字所包含的傲慢和令人振奋的精神,恰恰相反地意味着哲学以一种或许可以证实它要成为一切人类学科之女皇的古老宣言的方式,最终回到它真正关切的事情。"([美]S.马尔霍尔:《海德格尔与〈存在与时间〉》,桂林:广西师范大学出版社2007年版,"前言"第2页)

　　毋庸置疑,研究者们从不同角度和立场提出的上述各种理解,从不同的侧面展现了海德格尔思想的貌相,为对其思想的全面、彻底把握开辟了诸多有益的通道。然而,另一方面,这些彼此各异甚至相互反对的观点的众说纷纭,却也不可避免地造成了如下的状况:海德格尔思想的动机、特征和主题等繁复难辨,人们对之莫衷一是。以至于托马斯·谢汉(Thomas Sheehan)二十几年前说过的话,在今天听起来依然不为过:虽然"海德格尔现在已经逝世好多年了,但他是谁,或他想说些什么,依然不是完全清楚"①。

　　然而,如下的事实又是无可否认的:"无论如何,海德格尔就在那儿(da)。人们不能绕过他,不幸的是也不能在他的追问方向上超越他。他以一种最令人不安的方式挡着路。……是一块不能从其位置上被移开的石头。"②"人们可以不喜欢他,甚至讨厌他,但无法回避他。"③可以说,要通透地理解西方哲学,尤其是现代西方哲学,就必须通透地理解海德格尔的思想。"其哲学对于理解我们几百年来的精神史所具有的意义,是没有人能够否认,或者只

――――――――――

　　①　Thomas Sheehan, " Reading a Life: Heidegger and Hard Times ", *The Cambridge Companion to Heidegger*, edited by Charles Guignon, Cambridge [England]; New York, NY, USA: Cambridge University Press, 1993, p.93.

　　②　Hans-Georg Gadamer, *Heidegger's Ways*, translated by John W.Stanley, Albany: State University of New York Press, p.27.正是在这个意义上,伽达默尔称海德格尔为"不倒翁"([德]汉斯-格奥尔格·伽达默尔:《哲学生涯》,陈春文译,北京:商务印书馆2003年版,第200页)。不过,在此顺便指出的是,虽然如施密特(Dennis J.Schmidt)在为伽达默尔《海德格尔的道路》一书所写的导论中所说的那样,伽达默尔的所有著作都弥漫着对海德格尔的基本同情(See Hans-Georg Gadamer, *Heidegger's Ways*, translated by John W.Stanley, State University of New York Press, p.xvii),但伽达默尔对其老师的评价却并不总是很高。比如,他曾把海德格尔称为"小鬼大师"(Klein Meister),即次等哲学家中的重要人物(Tom Rockmore, " Introduction ", *Heidegger, German Idealism, and Neo-kantianism*, edited by Tom Rockmore, New York: Humanity Books, 2000, p.8)。

　　③　张汝伦:《海德格尔与现代哲学》,上海:复旦大学出版社1995年版,"前言"第2页。列维纳斯也曾说过:"如果谁想从事哲学的话,不到海德格尔的哲学中走一趟,那将一事无成,况且,要躲避开海德格尔的哲学也是不可能的事"([德]贡特·奈斯克、埃米尔·克特琳:《回答——马丁·海德格尔说话了》,陈春文译,南京:江苏教育出版社2005年版,第134页)。扎拉德也说:"当代思想从未停止通过海德格尔而被解释。人们能够和他一起思考,也能够与他对立地思考,但不太可能完全撇开他而思考"(Marlène Zarader, *La Dette impensée. Heidegger et l'héritage hébraique*, Paris: Seuil, 1990, p.13)。这也印证了海德格尔自己的断言:"每一种本质性的思想都毋庸置疑地贯穿于一切拥护者和反对者"([德]马丁·海德格尔:《演讲与论文集》,北京:三联书店2005年版,第110页)。

是怀疑一下的"①。所以,人们无论如何总要谈论他,不但"海德格尔的哲学已成了世界性事件","现在,甚至连海德格尔的隐私也属于全世界了"②。

这样,一个迫切需要解答的问题就摆在了研究者们面前:导致以上那种理解上的繁乱状况的原因何在? 摆脱这种状况的出路又何在?

随着海德格尔思想研究的深入和相关资料的增加,一些研究者们开始发现,在已有的相关研究中存在着一个重大问题:绝大部分的论题都只关乎《存在与时间》及其后的著作,对于《存在与时间》之前的思想则少有涉及。这并不是一件无关痛痒的事情,而是意味着,由如此的研究而获得的理解,注定了只能是"无源之水"。正是因此,在海德格尔思想研究方面,才有了如下的窘境:《存在与时间》及其以后的思想似乎完全出自一片"沉默之海"③,好像从宙斯的脑袋里突然迸出的、已然全副武装的雅典娜,或一尊"无头和四肢的躯干雕像"④。因而,人们丈二和尚——摸不着"头",根本就无法理解它们是如何"从天而降"的。这在相当大的程度上妨碍了人们对海德格尔整个思想的动机、特征和主旨的理解,从而造成了上述的繁杂混乱状况。基于此,张祥龙先生明确指出:不了解海德格尔自 1913 年至 1925 年这段时间所取得的关键性突破及其来龙去脉,就不可能获得走入《存在与时间》这座巨大迷宫的中枢部分的线索。阅读他的后期著作也基本上无助于弥补这个缺失。相反,对于这些晚期著作的思想领会的可能性也存在于对早期海德格尔思想历程的了解之中。⑤

事实上,汉娜·阿伦特(Hannah Arendt)早就曾指出:海德格尔的思想

---

① Thomas Rentsch, *Martin Heidegger-Das Sein und Tod: Eine kritische Einfürung*, München: R. Piper GmbH & Co.KG, 1989, S.7.

② *Dem Andenken Martin Heideggers: zum 26. Mai 1976*, Frankfurt am Main: Vittorio Klostermann, 1977, S.34; Theodore Kisiel, *Heidegger's Way of Thought: Critical and Interpretative Signposts*, New York · London: Continuum, 2002, p.35.

③ Georg Imdahl, *Das Leben verstehen: Heideggers formal anzeigende Hermeneutik in den frühen Freiburger Vorlesungen* (1919 bis 1923), Würzburg: Königshausen & Neumann, 1997, S.13.

④ Theodore Kisiel, *The Genesis of Heidegger's Being and Time*, Berkeley Los Angeles London: University of California Press, 1993, p.1.

⑤ 张祥龙:《"实际生活经验"的"形式显示"——海德格尔解释学初论》,载《德国哲学论丛(1996—1997 年号)》,北京:中国人民大学出版社 1997 年版,第 29 页。

开端既不是始自他的出生之日,也不是他的第一本书的出版,而是 1919 年在弗莱堡举办的第一批讲座和研讨班。① 汉斯-格奥尔格·伽达默尔(Hans-Georg Gadamer)则略带夸张地说,在其 1919 年的战时亟须学期(Kriegsnotsemester)里,海德格尔 20 世纪 30 年代"转折"之后的所有后期思想的根基就早已被奠定了。奥斯卡·贝克尔(Oskar Becker)甚至认为,《存在与时间》之前的思想才属于海德格尔的原初突破,而《存在与时间》则只是这"原初突破"的一种经院主义化的僵死形式而已。② 同样作为海德格尔的学生的卡尔·勒维特(Karl Löwith)也不喜欢《存在与时间》对"缘在"的存在论上的形式化,而是更加偏爱海德格尔自 1919 年开始的早先年代的"实际性的解释学"③。西奥多·克兹尔(Theodore Kisiel)、伊斯特凡·费赫(István M.Fehér)、约翰·范·布伦(John van Buren)、托马斯·谢汉等人的相关研究成果,也都在不同的方面和程度上表明:海德格尔在 1919 年实现的基础性"转折",是其后来思想的源泉。④ 而在 1919—1923 年的早期弗莱堡时期,海德格尔所做的主要事情就是实现和进一步深化其思想上的这种突破和转折。

综上所述,对于如其自身地理解海德格尔的整个思想来说,他早期弗莱堡时期的哲学具有决定性的意义,是一个绕不过,也不能绕过的源头。然而,即使是在国外,对海德格尔早期弗莱堡时期思想进行研究的工作开始得也很晚。大体来说,这主要是由以下两个原因造成的:

第一个原因在于,很长时间以来,研究者们很难获得相关的研究资料。起初,海德格尔早期弗莱堡时期讲座的手稿抄本只是以一种"哲学的地下活动"⑤的方式,在少数学生中间流传。因此,虽然那时海德格尔已然声名

---

　　① See Hannah Arendt, "Martin Heidegger at Eighty", *Heidegger and Modern Philosophy: Critical Essays*, edited by Michael Murray, New Haven and London: Yale University Press, 1978, p.293.

　　② See Otto Pöggeler, *Martin Heidegger's Path of Thinking*, p.285.

　　③ See Theodore Kisiel, *The Genesis of Heidegger's Being and Time*, p.19.

　　④ See István M.Fehér, "Heidegger's Postwar Turn", *Philosophy Today*, 1996, Vol.40, Iss.1, pp.9−10, 23−24.

　　⑤ John van Buren, *The Young Heidegger: Rumor of the Hidden King*, Bloomington and Indianapolis: Indiana University Press, 1994, p.4.

远播,但在外流传的只不过是缥缈的"隐秘之王的传闻"①而已。虽然阿伦特说这个隐秘王国的居民比人们想象得要多,但这似乎更多的是由于"传闻"本身的诱人性质所致。她也承认,在整个当时的德国到处被传来传去的不过是"海德格尔"这个名字②,而非其具体的思想。这种状况一直持续了数十年。所以,他这一时期思想的具体情形一直不为众多的研究者们所了知。以至于当1963年奥托·波格勒(Otto Pöggler)发表《马丁·海德格尔的思想道路》一书时,其中涉及海德格尔这一时期思想的部分竟被有的人斥为"伪造物"③。

第二个原因在于,海德格尔早期弗莱堡时期思想的意义长期以来没有得到恰切的估价。这首先包括海德格尔自己。就此,伽达默尔曾明确指出:"人们必须有勇气承认,甚至是一个伟大的人自己也能低估他自己的天才,尤其是他的开端处的丰富希望。"④在海德格尔的眼里,他早期弗莱堡时期的论文和讲座稿只是一些"隐晦的原始资料""年轻的冲动"。他认为,在其中人们很容易变得不公正,将之公之于众并不是什么好事情。⑤ 1973年《评卡尔·雅斯贝尔斯〈世界观的心理学〉》(作于1919/1921年)一文的发表,只不过是出于他的学生们的一再要求。1976年开始出版全集时,他本人根本就不想把这一时期的讲座和论文纳入到出版计划中去。在《存在与时间》及以后的著作中,他也很少再提及它们。《存在与时间》只是在一则

---

① 在现已发表的海德格尔与罗萨克(E.Rothacker)的通信中,这一称号得到了证实。参见《狄尔泰年鉴》(*Dilthey-Jahrbuch*)1992—1993年第8期,第181—225页。

② Hannah Arendt,"Martin Heidegger at Eighty",*Heidegger and Modern Philosophy:Critical Essays*,p.294.

③ Otto Pöggeler,"Heideggers Begegnung mit Dilthey",*Dilthey-Jahrbuch*,4(1986-1987),S.126.

④ Hans-Georg Gadamer,"Martin Heidegger's One Path",*Reading Heidegger from the Start*,edited by Theodore Kisiel and John van Buren,Albany:State University of New York Press,1994,p.20.

⑤ See Otto Pöggeler,*Martin Heidegger's Path of Thinking*,pp.284-285;*The Paths of Heidegger's Life and Thought*,p.123;Charles Bambach,"The Hermeneutics of Origin:Arché and the Anarchic in John van Buren's *The Young Heidegger*",*Philosophy Today*,1997,Vol.41,Iss.1,p.323.

不显眼的注释里提及了 1919/1920 年冬季学期①的讲座《现象学的基本问题》②。《通向语言之途》一文提及 1920 年夏季学期③的讲座和 1923 年夏季学期的讲座时,也不是自愿的,甚至连它们准确的开办时间和名称都搞不清。④ 在这种先入之见的诱导下,正津津乐道于海德格尔的《存在与时间》及其后来思想的研究者们,自然也就很少对其早期弗莱堡时期的思想予以客观公正的关注和探究。

　　然而,海德格尔早期弗莱堡时期的思想毕竟没有完全被打入冷宫而永不见天日,这首先应归功于那些曾经聆听他的授课而有"电击一般"感觉⑤的学生们。他们切身体会到了海德格尔的这些思想所带来的巨大震撼,因而对其所具有的原创意义有着深刻的领悟,并在各自的著述中对之给予了高度的评价。而且,他们还借助于海德格尔早期弗莱堡时期的某些思想,创立了一些独具特色并有重大影响的理论,比如阿伦特的实践哲学、伽达默尔的解释学和贝克尔的数学理论等。在他们的推动和影响下,海德格尔这一时期思想的价值和意义,逐渐被越来越多学者发现和承认。再加之《海德格尔全集》中早期弗莱堡时期讲座及论文的陆续出版,只有"传闻"和"地下活动"的状况的结束,相关的研究成果就渐渐多了起来。

　　相对于国外而言,我国对海德格尔早期弗莱堡时期思想的研究起步更晚。虽然有些学者对此也有涉及,且其中也不乏真知灼见,但是总体来说,

---

　　① 当时,德国大学的冬季学期一般是从 11 月至次年 2 月,其中圣诞节前后还有一个月的假期。

　　② See Martin Heidegger, *Sein und Zeit*, Tübingen: Max Niemeyer Verlag, 1967, p.73.

　　③ 当时,德国大学的夏季学期一般是从 5 月至 7 月。

　　④ 参见孙周兴选编:《海德格尔选集》,上海:上海三联书店 1996 年版,第 1009、1013 页。波格勒也曾报道说:在与海德格尔的一次谈话中,海德格尔坚持认为他 1923 年夏季学期的讲座题目是《缘在的存在论》,而不是《实际性的解释学》(Otto Pöggeler, *Martin Heidegger's Path of Thinking*, p.284)。

　　⑤ See *Kunst und Technik: Gedächtnisschrift zum 100. Geburtstag*, von Martih Heidegger, herausgegeben von Walter Biemel, Friedrich-Wihelm v. Hermann, Frankfurt am Main: Vittorio Klostermann, 1989, S.XXII.也可参见[德]瓦尔特·比梅尔:《海德格尔》,刘鑫、刘英译,北京:商务印书馆 1996 年版,第 13 页。

这方面的相关研究还是比较薄弱的,至今尚无一本系统的专著出版,尚处于"草创期"。

综上所述,无论是在国内还是国外,海德格尔的早期弗莱堡时期思想都是一个亟须进一步深入研究的新领域,而且从已有的研究成果来看,这也是一个充满着希望、具有极大价值的研究领域。因而,将之作为主要对象进行深入研究,乃是一项非常必要、有益和急迫的正本清源性的工作。

这样,我们接下来不得不面对的一个问题就是:对于海德格尔在这段跨度达五年之久的时期中的思想,我们从何处下手进行把握和理解呢?

我们在上文已看到,对于海德格尔来说,1919 年是其思想发展过程中至关重要的一年。如克兹尔所言,在这一年的战时亟须学期讲座中,海德格尔成了"真正的海德格尔""原初的海德格尔"(Ur-Heidegger),因为他第一次确认并命名了自己的终生主题:实际生活、实际生活经验。① 在该讲座中,海德格尔明确宣称:我们的问题是"体验领域的科学揭示"(GA56/57,107)②。在随后的早期弗莱堡讲座和论文中,他的思想就是围绕着这一主题领域而展开的。借用他自己所偏爱的术语来说,"实际生活(经验)"是他这一时期的"事情自身"。

比如,在 1919/1920 年冬季学期的讲座《现象学的基本问题》中,海德格尔把他的研究规定为"生活的科学"(GA58,55)、"生活的研究"(GA58,160),指出他的思想旨在于对"生活之起源"的理论规定,认为"现象学就是生活自身的原初科学"(GA58,79),并极力强调"生活自身的优先性"(GA58,126)、"在自身之中并为了自身(Leben an und für sich)的生活的优先性"(GA58,227);在 1920 年夏季学期的讲座《直观和表达的现象学》中,他明确指出:"当代的这些问题是以作为原初现象的生活为核心的"(GA59,15),而其思想探讨的目的就在于对"实际生活经验"(faktische Leb-

---

① Theodore Kisiel, *The Genesis of Heidegger's Being and Time*, pp.16-17.当然,后来海德格尔不再使用"实际生活(经验)"这个概念,而是换成了"缘在"(Dasein)。关于这一点,我们后文再加详述。

② 在本书中,"GA"是德文"Gesamtausgabe"(全集)的缩写,代表《海德格尔全集》。紧接其后的数字代表该全集的卷数,逗号后的数字则代表页码。下同。

enserfahrung)①进行生存论上的"解释"（GA59,183）；在1920/1921年冬季学期的讲座《宗教生活现象学》中，他又说，"实际生活经验概念是基础性的"（GA60,8），"通向哲学之道路的出发点是实际生活经验"（GA60,10），"实际生活经验是哲学的出发点和目标"（GA60,15）；在1921/1922年冬季学期的讲座《对亚里士多德的现象学解释:现象学研究导论》中，他则宣称，其研究旨在"实际生活的阐明"（GA61,26），"实际的生活:生活这一表述是现象学的基本范畴,指示着一个基本现象"（GA61,80）。

这样，接下来需要回答的问题就是:围绕着海德格尔早期弗莱堡时期的"实际生活经验"思想这一主题，本书的研究遵循着何种思路展开？要解决哪些问题？能在哪些方面作出工作,在一定意义上推进对海德格尔思想的研究和理解？显然,这需要首先考察一下国内外海德格尔早期弗莱堡时期思想研究的现有状况和成果。

二、国内外研究状况

（一）国外研究状况

在海德格尔早期弗莱堡时期思想研究方面，卡尔·雷曼（Karl Lehmann）②和谢汉分别是德国和英美学界的先驱。其中，雷曼在1962年完成了他的博士论文《马丁·海德格尔思想中存在问题的起源和意义——一种确定位置的尝试》，头一个尝试对海德格尔1912—1916年的作品进行总体性解释，从而为后人对海德格尔早期著作的解释划定了基本的框架。

但是，德国著名的黑格尔和海德格尔研究专家波格勒则可谓是早期研究者中成就最大者，他于1959年发表了著名的论文《作为发生事件的存

---

①　德文词"Leben"既有"生命"的意思，又有"生活"的含义。在海德格尔这里，它的突出含义是实际发生、进行的"生活"。但是，当他将"Leben"当作批判对象时，通常该词就指生物学、心理学或生命哲学意义上的"生命"了。本书将根据具体情况来确定该词应取哪种含义。

②　雷曼发表过一些相关的论文，比如"Metaphysik, Transzendentalphilosophie und Phänomenologie in den Ersten Schriften Martin Heideggers (1912—1916)"（*Philosophischen Jahrbuch der Görres Gesellschaft*, 71(1963/1964)）和"christliche Geschichterfahrung und ontologische Frage beim jungen Heidegger"[*Philosophischen Jahrbuch der Görres Gesellschaft*, 74(1966/1967)]等。后一篇文章在《海德格尔与有限性思想》（刘小枫选编，孙周兴等译，北京:华夏出版社2002年版）一书中，有其中译文。

在》,并在 1963 年将之修订为他的专著《马丁·海德格尔的思想道路》出版。该书以海德格尔对形而上学思想的探讨为线索,研究了其博士论文、教职论文、大学试讲论文,以及《宗教现象学导论》等论著,并把通向《存在与时间》的道路刻画为"解释学的现象学",明确地指出海德格尔的哲学和研究植根于对实际生活(faktisch Leben)的理解。但是,由于条件所限,波格勒只是粗略地涉及了海德格尔对宗教生活经验的理解,所以他的研究还只是片断性的、零散的。

1971 年和 1973 年,康拉德·霍贝(Konrad Hobe)和埃德加·莫舍尔(Edgar Morscher)分别发表了大致相关的研究论文《李凯尔特与海德格尔之间》《从追问意义之存在到追问存在的意义——早期海德格尔的思想道路》。约翰·卡普托(John D. Caputo)1978 年出版的《海德格尔思想中的神秘主义因素》和 1982 年出版的《海德格尔与阿奎那》,也只是涉及了海德格尔对神秘主义的讨论和他在 1912—1916 年与经院主义的关系问题。这时的研究者们大多只能从《海德格尔全集》第 1 卷(《早期著作集》)和第 9 卷(《路标》)中,窥见海德格尔早期弗莱堡时期思想之一斑。与海德格尔早期弗莱堡时期思想有关的《海德格尔全集》第 56/57 卷(《走向哲学的规定》)、第 61 卷(《对亚里士多德的现象学解释:现象学研究导论》)、第 63 卷(《存在论:实际性的解释学》)分别于 1987 年、1985 年、1988 年出版,引起了研究者们一些相关讨论。

1990 年,迪特尔·托马(Dieter Thomä)出版了《自身之时间与时间之后:海德格尔历史文本评论 1910—1976》,片段性地涉及了海德格尔早期弗莱堡时期的思想。克劳迪乌斯·斯特鲁伯(Claudius Strube)1993 年出版的《现象学解释学的前史》,以及其他人发表的一些论文①讨论了海德格尔早

---

① E.g., Christoph Jamme, "Heideggers frühe Begründung der Hermeneutik", *Dilthey-Jahrbuch*, 4(1986/87); Jean Crondin, "Die Hermeneutik der Faktizität als ontologische Destruktion und Ideologiekritik. Zur Aktualität der Hermeneutik Heideggers"; Rudolf Adam Makkreel, "Heideggers ursprüngliche Auslegung der Faktizität des Lebens: Diahermeneutik als Aufbau und Abbau der geschichtlichen Welt"; Elzbeieta Paczkowska-Lagowska, "Ontologie oder Hermeneutik? Georg Mischs Vermittlungsversuch in der Auseinandersetzung zwischen Heidegger und Dilthey", *Zur Philosophischen Aktualität Heideggers*, Band 2, pp. 163-197.

期弗莱堡时期的实际性解释学。但是，由于当时人们对海德格尔的纳粹问题以及《存在与时间》的过度关注，海德格尔早期弗莱堡时期思想的意义还是没有得到充分、广泛的重视和估量。1991年，迪特玛·科勒尔（Dietmar Köhler）撰写他的博士论文的时候，虽然他对于人们在解释《存在与时间》的时候不顾及早期海德格尔的开端而感到惊讶，但是在试图以时间图式问题为核心来考察海德格尔从"实际性的解释学"到"哲学的逻辑学"的展开过程时，他对于海德格尔早期弗莱堡时期的思想实际上同样言之甚少。

克兹尔1993年出版的《海德格尔的〈存在与时间〉的起源》一书，是第一部对海德格尔早期弗莱堡时期思想进行系统研究的专著。该书的目的是根据所能搜集到的最完善的资料，按照海德格尔从1915年到1927年的思想发展历程，讲述一则关于《存在与时间》的充实而可靠的"故事"。为了达到这个目的，克兹尔对海德格尔从1915年的教职论文到《存在与时间》之前的几乎所有（包括一些当时尚未出版的）论著和讲座稿的内容都进行了介绍，详细地梳理和探索了《存在与时间》的主要概念的发展史。他的研究表明：早期弗莱堡时期是海德格尔最有创造力和影响力的时期，因为在这一时期他确认并考察了他的终生主题，即"原初的东西"（the primal something）、"在自身中并为了自身的生活"（life in and for itself）、"实际生活"（factic life）、"历史的我"（historical I）、"境域的我"（situated I）、"实际生活经验"（factic life experience）、"实际性"（facticity）、"缘在"（Dasein）和"存在"（being），①并找到了恰当言说"实际生活经验"的方法，即"形式指引"（formale Anzeige）②。克兹尔认为，虽然早期弗莱堡时期的作品被老年海德格尔自己蔑为"少儿读物"，但是实际上它们包含着海德格尔一切思想的关键因素，其后期思想的"转折"实际上就是向这一时期某些基本思想的"回返"。

克兹尔这一"文献史""发生史"式的研究，第一次比较全面清晰地展现了海德格尔在其《存在与时间》之前的思想发展历程，提供了大量鲜为人知

---

①　See Theodore Kisiel, *The Genesis of Heidegger's Being and Time*, pp.16–17.

②　在国内，也有人将"formale Anzeige"译作"形式显示""形式指示"或"形式显明"。"指引"自然包含了"显示"的含义，但很难反过来说。

的材料,极大地推动了相关方面的研究。一年后,美国学者布伦就出版了另一部系统性的研究专著——《青年海德格尔:隐秘之王的传闻》。该书详细阐释了《存在与时间》之前,尤其是海德格尔的早期弗莱堡时期思想的一些主要层面,并将他这一时期的思想与其后期思想联系起来进行了比较,认为前者能够祛魅后者残余的"意识形态的、虚夸的和自传式的神话",因而更适合于用来思考海德格尔终生所追求的"事情"(Sache)①。所以,布伦同意克兹尔的看法,认为这是海德格尔整个思想道路上最具原创性的时期,而其后期思想则是对这原初思想的偏离。像克兹尔一样,布伦也特别看重海德格尔"生活的形式指引"的思想,因为它蕴含着敞开性和多样性的要求。另外,他还特别强调海德格尔早期弗莱堡时期对生活中的"个人"的论述所具有的重要意义。

同年,克兹尔和布伦合作出版了《从头阅读海德格尔:早期思想论文集》一书,以点带面地展现了早期弗莱堡时期海德格尔思想的某些发展线索和特征。达尔斯多姆同年出版的《逻辑的偏见:早期海德格尔的真理理论研究》则在探讨海德格尔 20 世纪 20 年代思想转折之前的真理观念的框架下,涉及了海德格尔早期弗莱堡讲座(全集第 56/57、59、60、61、63 卷)中与真理有关的内容,并对形式指引的方法做了一些探讨。

1998 年罗伯特·佩特科夫舍克(Robert Petkovsek)出版了《海德格尔-索引(1919—1927)》一书,在其中人们可以找到海德格尔早期弗莱堡时期思想的许多关键词语和解释。

20 世纪 90 年代之后,涉及海德格尔的早期弗莱堡时期思想的博士论文也多了起来。② 比如,1993 年伊姆达尔(Georg Imdahl)的《理解生活:海德格尔早期弗莱堡讲座中形式指引的解释学》、1996 年格哈德·鲁福(Gehard Ruff)的《时间的起源:海德格尔早期弗莱堡讲座中的现象学的基督教研究》、1998 年鲁克特舍尔(P.von Ruckteschell)的《从起源的科学到基础存在论:作为海德格尔早期思想之主导结构的意向性》、1999 年卡拉里帕

---

① See John van Buren,*The Young Heidegger*,pp.395,38.

② 需要指出的是,1986 年费赫的博士论文《马丁·海德格尔的思想道路》(*Der Denkweg Martin Heideggers*),就已涉及了海德格尔早期弗莱堡时期的思想。

拉比(T.Kalariparambil)的《现身理解和存在问题》、2001 年冈德尔(H.-H. Gander)的《自我理解和生活世界》、①2002 年恺撒·兰贝特(César Lambert) 的《青年海德格尔的哲学和世界》、2003 年英格(F.Ingo)的《早期海德格尔 研究(1919—1923)》等。

　　而且,随着研究的深入,后来的研究者们开始对前辈们的工作提出了质 疑。比如,布伦早就指出:不应将早期弗莱堡讲座看作一部名著的准备性草 稿,而应将之看作"关于存在与时间这一事情的一系列不同草稿的踪迹"。② 詹姆士·卢希特(James Luchte)尖锐地指责克兹尔把海德格尔 20 世纪 20 年代的所有著述都看作是由于导向《存在与时间》才是有意义的,这样的一 种目的论使得海德格尔这些著作对于理解《存在与时间》成了多余的。他 认为,《存在与时间》之前和之后的许多讲座不仅超出了《存在与时间》,而 且试图批判或修正其中各种各样的主张或构造。③ 伊姆达尔在其博士论文 中认为,以《存在与时间》的起源为引导线索的、发展史式的研究存在着两 个危险:一是用后来的发展限制开端,二是在早期著作中寻找实际上并不存 在的发展阶段。因此,他试图把早期弗莱堡讲座作为其自身来加以解释。④ 而恩格尔·索洛克兹(Angel Xolocotzi)则借用海德格尔对"开端"(Beginn) 和"始源"(Anfang)的区分⑤,批评了克兹尔的研究方式。根据海德格尔的 观点,"开端"是某个东西由之开始的地方,而"始源"则是某个东西由之起 源的地方。就此而言,索洛克兹认为,克兹尔研究的是"开端",而不是"始 源"。因此,虽然克兹尔在收集材料方面无疑是有助益的,但他对海德格尔

---

　　① 　更多相关信息参见索洛克兹(Angel Xolocotzi)已出版的博士论文《作为"通达"的打 交道》(See *Der Umgang als „Zugang": Der hermeneutisch-phänomenologische „Zugang" zum faktischen Leben in den frühen 'Freibruger Vorlesungen' Martin Heideggers im Hinblick auf seine Absetzung von der transzendentalen Phänomenologie Edmund Husserls*,Berlin:Duncker & Humblot,2002,S17)。

　　② 　John van Buren,"Heidegger's Early Freiburg Courses,"*Research in Phenomenolog*,Vol. 23,No.1,1993,pp.132-152.

　　③ 　James Luchte,*Heidegger's Early Philosophy:The Phenomenology of Ecstatic Temporality*, London;New York:Continuum,2008,p.3.

　　④ 　Georg Imdahl,*Das Leben verstehen*,S.16.

　　⑤ 　关于海德格尔的这个区分,可参见德文版《海德格尔全集》第 39 卷,第 1 页以下,以 及第 54 卷,第 9 页以下。

早期弗莱堡讲座的解释从根本上来说是不恰当的。另外,索洛克兹也批评了克兹尔的"线性发展观",指出不同阶段相加的总和并不等于《存在与时间》的起源。① 兰贝特也指责克兹尔不是把文献理论作为通达文本的一种可能性,而是将其绝对化。② 阿尔维斯(Lilian Alweiss)则倾向于认为,克兹尔所提供的也许只是另一个感伤的、神秘的、浪漫的海德格尔传说。③ 达尔斯多姆(Dahlstrom)、卡塞(Casey)和巴姆巴赫(Bambach)则针对布伦对青年海德格尔的偏爱指出,不能无批评地对待那些著作,不应将之看作是"真正的道路"和新的"正经"(canon),而把《存在与时间》及此后的思想看作衍生物和迷误,当下应该做的工作是面对"事情本身"做独立的哲学研究。④ 而这也是兰贝特希望自己能够做到的一点⑤。

在 2001 年出版的论文集《胡塞尔、海德格尔与意义的空间:走向先验现象学之路》中,克洛维尔(Crowell)也反对布伦对于"神秘的"和"反哲学"的海德格尔的偏爱,反对布伦把海德格尔思想的先验方面看作门面装饰。克洛维尔指出,布伦使用了在海德格尔的后期著作中才渐渐有了的广泛含义,而忽略了海德格尔早期著作中对形而上学、逻辑学、先验哲学、世界观和现象学的细致区分。克洛维尔认为,海德格尔的思想作为一种意义的哲学本质上是现象学的,先验的筹划乃是海德格尔从 1912 年到《存在与时间》发表这段时期内思想的一部分,而且这一部分(而不是解释学)才是海德格尔的决定性贡献,它涉及的是对意义的可能性条件,以及哲学自身的可能性条件的反思问题。如果脱离了先验的方面,那么生存论的方面就是对哲学家失去意义。而海德格尔早期思想在哲学上令人感兴趣的就在于为同时思考这两个方面提供了资源。基于同样的理由,克洛维尔指责克兹尔以一种形

---

① Angel Xolocotzi, *Der Umgang als „Zugang"*, S.18-19.

② César Lambert, *Philosophie und Welt beim jungen Heidegger*, Frankfurt am Main: Europäscher Verlag der Wissenshaften, 2002, S.63.

③ Lilian Alweiss, "Dicussion: *The Genesis of Heidegger's Being and Time*", *Journal of the British Society for Phenomenology*, Vol.29, No.1, 1998, p.100.

④ See John van Buren, "What Does It All Come to: A Response to Reviews of *The Young Heidegger*", *Philosophy Today*, 1997.Vol.41, Iss.2, p.327.

⑤ César Lambert, *Philosophie und Welt beim jungen Heidegger*, S.13.

而上学的或神秘主义的方式构造海德格尔的主题,即不是关注存在者和意义的区分,而是关注前理论的原初某物。

吉尔伯特·V.雷帕达图(Gilbert V Lepadatu)2009 年出版的《早期海德格尔:从生活到存在》一书则指出:在海德格尔的初始年代里(1919—1923),存在问题完全缺失,对实际生活的现象学解释完全缺乏对存在的意义进行阐释的需要,其兴趣主要不是"存在"自身,而是活生生的存在或我们活生生的存在。《存在与时间》只是把生活问题域中获得的结果重新置入存在问题域之中而已,它的内容明显地脱离了初始年代的总体筹划,即早期海德格尔的目标是依据活生生的存在阐释活生生的存在和存在的意义,而《存在与时间》最终是要依据活生生的存在来阐释存在的意义,这恰恰是导致海德格尔不能完成其筹划的原因,因为如果现象学存在论依然从属于实际性解释学的范围和目标,那么从生活到存在的转换是必需的,但是当生活不再是现象学的目标而是现象学存在论的跳板的时候,这一转换就是没有必要的,而且在某种程度上是不成功的。存在问题不是生活问题的解决之道,而只是表述它的另一种方式,从生活到存在的转换首先不是从一个主题到另一个不同主题的转换,而应被理解为同一主题之中的运动,它应通过以形式—存在论的词语(作为存在的生活)重塑生活,把生活更真切地带入目光之中来。

布伦 2002 年编辑出版的《补充:从早期论文到〈存在与时间〉及之后》、克兹尔和谢汉 2007 年共同编辑出版的《成为海德格尔:追踪他早期散见的作品,1910—1927》,为研究海德格尔早期弗莱堡时期的思想进一步丰富了材料,从而使得相关的研究得以不断地深入和具体化。比如,2006 年,迈克·格拉斯(S.J.Mcgrath)和本杰明·克洛维(Benjamin D.Crowe)分别出版了《早期海德格尔与中世纪哲学》和《海德格尔的宗教起源》,比较细致地研讨了海德格尔早期弗莱堡时期的宗教现象学问题[①]。而迪米特里奥斯·范提

[①]　朱迪斯·沃尔夫(Judith Wolfe)2013 年出版的《海德格尔的末世论:马丁·海德格尔早期作品中的神学视域》(*Heidegger's Eschatology:Theological Horizons in Martin Heidegger's Early Work*)一书,挖掘了海德格尔拒斥学术神学并转向《存在与时间》所代表的无神论的哲学方法之后,如何继续受惠于其神学源泉,从而呈现了他早期思想的神学系谱,在此过程中,该书同样解释了海德格尔的宗教现象学。与之类似的还有杜安·阿米蒂奇(Duane Armitage)2016 年出版的专著《海德格尔的保罗和路德之根》(*Heidegger's Pauline and Lutheran Roots*)。

斯(Dimitrios Yfantis)2009 年出版的《早期海德格尔与亚里士多德的争执》
(*Die Auseinandersetzung der frühen Heidegger mit Aristoteles*),将海德格尔早期
弗莱堡时期的 1919—1921 年和 1923 年分别作为早期海德格尔与亚里士多
德的争执的原初哲学背景和第一个阶段,进行了发生史式的研究,并力图规
定这一争执对海德格尔的哲学及其变化的意义。斯科特·M.坎贝尔(Scott
M.Campbell)2012 年出版的《早期海德格尔的生命哲学:实际性、存在和语言》
聚焦于海德格尔的存在领会如何与人所生活的生命和他们所说的语言密切
相关。该书的一个重要贡献是依据海德格尔对生命之实际性的阐释,来表明
他是如何重新思考科学、宗教、哲学与神学传统、存在论与解释学、语言的。

另外,在此还值得一提的是,随着研究者们对海德格尔早期弗莱堡时期
的思想越来越感兴趣,海德格尔这一时期的个人生活经历自 20 世纪 80 年
代以来也受到了越来越多的关注。伯恩哈德·卡斯伯的文章《马丁·海德
格尔与弗莱堡的神学系 1909—1923》是个开端,随后就出现了三本相关的
重要著作:谢汉的《海德格尔:作为人和思想家》、奥特(Hugo Ott)的《马
丁·海德格尔:在通向他的传记的途中》、法里亚斯(Victor Farias)的《海德
格尔与纳粹主义》。这些著作向人们展示了海德格尔当时的个人生活经历
和时代背景,并且探究了它们与海德格尔的思想之间所具有的内在关联。
这些著作表明:传记性的工作并非只是涉猎好奇,它对于原初地理解海德格
尔的思想来说,乃是必不可少的一个环节。尤其是对于海德格尔早期弗莱
堡时期以"实际生活经验"为事情自身的思想来说,情形更是如此。

以上就是国外海德格尔早期弗莱堡时期思想研究的主要成果,下面我
们把目光转向国内。

(二)国内研究状况

1995 年,靳希平先生出版了他的《海德格尔早期思想研究》一书,主要
涉及海德格尔 1919 年之前的思想①。如张祥龙先生所说,它"可谓一本填

---

① 该书对海德格尔早期弗莱堡时期的思想也略有提及,比如第 220 页上就提到了海德
格尔 1919 年战时应须学期中的思想。另外,该书还涉及了海德格尔马堡时期的一些论著。
比如,海德格尔 1925 年夏季学期的讲座《时间概念的历史引论》,1925/1926 年冬季学期的讲
座《逻辑学:关于真理的追问》,以及 1927 年夏季学期的讲座《现象学的基本问题》等。

补中国海德格尔研究空白的书"①。此外,靳先生还作为顾问组成员,参与了 2004 年阿尔弗雷德·登克尔(Alfred Denker)、汉斯-黑尔穆特·冈德尔(Hans-Helmuth Gander)和霍尔格·扎波罗维斯基(Holger Zaborowski)联合出版的《海德格尔年鉴》第 1 卷,即《海德格尔与其思想的开端》。该书除了补充了海德格尔 1919 年之前的一些文献之外,也有专文涉及了海德格尔早期弗莱堡时期的思想。2009 年,靳先生作为主编将该书翻译成了中文。这些工作为我们研究和理解海德格尔 1919 年之后的早期弗莱堡时期思想,提供了必要的准备和铺垫。

张祥龙先生先对海德格尔早期弗莱堡时期思想的特征和方法进行了重点探讨。他在国内首先详细、深刻地阐释了海德格尔的"实际生活本身的形式—境域显示"方法,为我们更恰当地理解《存在与时间》提供了一把至关重要的钥匙。在他看来,海德格尔正是凭借这种非事物化、非再现化的,而是发生式的、当场构成的、域性的和关系性的思维方式,使生活自身如其自身地显示了出来。而且,他还指出,海德格尔这种思维方式和方法与中国传统思想是相融相通的。由此生发出去,他在中西比较领域也开拓出了一块满蕴着希望的沃土。他的研究工作向人们清楚地显示了研究海德格尔早期弗莱堡时期的思想所具有的重要价值和意义。

孙周兴先生对海德格尔早期弗莱堡时期的思想也多有瞩意。他不仅有相关论文发表,而且翻译发表了国内有关海德格尔早期弗莱堡时期思想的第一份原始文献,即海德格尔 1922 年的《对亚里士多德的现象学阐释:解释学处境的显示(1922 年)。由他编译的《形式显示的现象学:海德格尔早期弗莱堡文选》也已于 2004 年出版。尤其是对于理解海德格尔这一时期的基本思想方法来说,他所做的这些工作是很有助益的。张汝伦先生也有相关的论文发表②,而且他 2012 年出版的《〈存在与时间〉释义》对海德格尔早期弗莱堡时期的思想也有所涉及。

---

① 张祥龙、杜小真、黄应全:《现象学思潮在中国》,北京:首都师范大学出版社 2002 年版,第 83 页。

② 张汝伦:《论海德格尔哲学的起点》,《复旦学报》2005 年第 2 期。

李章印先生 2009 年出版了《解构—指引:海德格尔现象学及其神学意蕴》,对海德格尔早期弗莱堡时期的解构和形式指引方法,及其在海德格尔后来思想中的具体体现和对神学的意义,进行了较为系统的阐述。在国内现已出版的相关著作中,该书应该说是最为广泛地(但不集中地)讨论了解构和形式指引方法在海德格尔后来思想中体现。不过,如其书名所示,该书讨论的主要限于海德格尔这一时期的方法问题。在这个范围内,该书又主要集中阐述了《海德格尔全集》第 56/57 和第 60 卷这两个讲座稿。而且,在整本书中,作者没有专门的章节来阐述海德格尔的"解构—指引"方法自身。

朱清华于 2009 年出版了《回到原初的生存现象:海德格尔前期对亚里士多德的存在论诠释》。但是,由于海德格尔 1921/1922 年冬季学期的讲座《对亚里士多德的现象学解释:现象学研究导论》实际上对亚里士多德言之甚少,他 1919 年战时叨须学期和 1923 年夏季学期的讲座更是几乎没有涉及亚里士多德,所以虽然该书将它们列入了参考书目,但是对它们的内容涉及得很少。海德格尔 1922 年的那托普手稿,尤其是他 1922 年夏季学期的讲座《对亚里士多德关于存在论和逻辑学的部分论文的现象学解释》,对亚里士多德的《尼各马可伦理学》第六卷、《形而上学》卷 A、《物理学》1—4 卷等文本进行了深入的阐释,但奇怪的是,《回到原初的生存现象》一书对这两个文献的内容也涉及得很少,而是主要依赖于海德格尔马堡时期的两个讲座,即 1924 年夏季学期的讲座《亚里士多德哲学的基本概念》和 1924/1925 年冬季学期的讲座《柏拉图:智者》。而且,虽然该书试图把实际生活作为亚里士多德与海德格尔的相通点,但是对"实际生活""实际性"等概念却没有作出明确的解释,从而也使得这种"相通"偶尔会有牵强附会或言过其实之嫌。

从 2010 年开始,张一兵先生从自己的构境论出发,发表了一系列的论文,对海德格尔早期弗莱堡时期的思想甚至是其全部思想进程进行了整体性的逻辑构境重演。这一解读的一个重要贡献在于看到了:在面对神学、学术和政治三种大他者时,海德格尔的文本可依自己保藏的本真思想与专为不同层面他性观看所制作的"学术逻辑建构",区分为被迫臣服式的表演性

(vorführen)文本、争执式的表现性(Ausdrücklich)文本、垂直在场的现身性(Gegenwart)文本和隐匿性的神秘(Geheimnis)文本,而且在一些特定的历史时期中,它们之间往往是交互发生和转化的,甚至一种文本会同时具有过渡性的多重性质。因此,面对海德格尔这一复杂、多变和故意造作的思想构境体,我们应该构境式地找到其中的"何所向",知道他的文本是写给谁看的,我们对于海德格尔这一时期的文本必须保持警惕并做好进行复杂分析的准备。他的这种解读方式对于我们理解海德格尔的生平对于其思想意义也可以提供启示。

王志宏博士2011年出版的《事实性与时间》主要意图在于考察海德格尔早期弗莱堡时期的"事实性"和"时间"这两个概念的基本内涵以及它们对于海德格尔哲学的根本意义,所涉及的主要内容是海德格尔早期弗莱堡时期的宗教生活现象学和实际性的解释学。该书似乎过于被"考察原初基督教思想在海德格尔哲学形成过程所起的作用"这一任务牵扯,系统性稍差。张振华2016年出版的《斗争与和谐:海德格尔对早期希腊思想的阐释》,牵涉到了海德格尔早期弗莱堡时期对前苏格拉底思想的解释。张东锋2017年出版的《判断与存在:海德格尔早期判断学生研究》,则涉及了海德格尔早期弗莱堡时期与逻辑学有关的作品。

随着国内学者对海德格尔早期弗莱堡时期思想的重要价值和意义越来越多地了解和承认,国内相继翻译出版了海德格尔早期弗莱堡时期的几部讲座稿。2009年,何卫平先生翻译出版了海德格尔早期弗莱堡时期的最后一个讲座稿《存在论——实际性的解释学》,通过这本书国内学者应该大体上可以体验到海德格尔这一时期的思想风采了。2012年赵卫国翻译出版了海德格尔1921/1922冬季学期的讲座《对亚里士多德的现象学解释:现象学研究导论》;2015年孙周兴等人翻译出版了《海德格尔全集》第56/57卷的中文版,其中包括海德格尔1919年战时亟须学期讲座《哲学观念与世界观问题》、1919年夏季学期的讲座《现象学与先验价值哲学》;2018年欧东明等人翻译出版了《海德格尔全集》第60卷的中文版,其中包括海德格尔1920/1921年冬季学期的讲座《宗教现象学引论》、1921年夏季学期的讲座《奥古斯丁与新柏拉图主义》,以及

1918/1919 年一部未讲授讲座稿的初稿与纲要《中世纪神秘主义的哲学基础》。

在国内,还有些学者发表过相关的论文。比如,王炜先生的《海德格尔:路——通过现象学到存在之思》①,张灿辉先生的《诠释与此在——早期海德格尔之诠释现象学》②,梁家荣先生的《海德格尔在 1919 年的"战时紧迫学期"里对哲学之重塑》《海德格尔的〈宗教现象学导论〉》《海德格尔论实在问题》③,以及王宏建的《在"实际生活"与"存在意义"之间——论海德格尔早期弗莱堡讲课中的两条内在线索》④,等等。它们从某一点出发,论述了海德格尔早期弗莱堡时期思想的独特价值和意义。

近年来,国内也有一些相关的博硕士论文出现。比如,欧东明的《海德格尔早期思想的突破》(1997)、成官泯的《海德格尔对"再临"问题的时刻论阐释》(1998)、赵炎的《世界性的某物与前世界的某物——对海德格尔1919 年战争亟须时期讲稿的一种解读》(2005)、张东辉的《早期海德格尔的实际性思想研究》(2006)、张亮的《早期海德格尔现象学的解释学研究》(2007)、董雪的《海德格尔形式显示思想研究》(2015)等。

另外,在已被译成中文的国外学者的相关研究著作和论文中,也可以看到一些相关的介绍和背景知识,比如约瑟夫·科克尔曼斯(Joseph J.Kockelmans)的《海德格尔的〈存在与时间〉》、瓦尔特·比梅尔(Walter Biemel)的《海德格尔》、吕迪格尔·萨弗兰斯基(Rüdiger Safranski)的《海德格尔传》、刘小枫先生选编的《海德格尔与有限性思想》、君特·菲加尔的《海德格尔》、查尔斯·巴姆巴赫的《海德格尔的根——尼采,国家社会主义和希腊人》、彼得·特拉夫尼的《海德格尔导论》等。

---

① 参见王炜:《海德格尔:路——通过现象学到存在之思》,《求是学刊》1995 年第 4 期。

② 参见张灿辉:《诠释与此在——早期海德格尔之诠释现象学》,《中国现象学与哲学评论》第二辑,上海:上海译文出版社 1998 年版。

③ 参见梁家荣:《本源与意义:前期海德格尔与现象学研究》,北京:商务印书馆 2015 年版。

④ 参见王宏建:《在"实际生活"与"存在意义"之间——论海德格尔早期弗莱堡讲课中的两条内在线索》,《安徽大学学报(哲学社会科学版)》2018 年第 2 期。

三、思路和结构

结合国内外相关研究状况,我们可以得出对于本书的写作具有指引性意义的写作思路,而本书写作的创新之处也在其中得以显现。

第一,无论是把海德格尔早期弗莱堡时期的思想看作登高后就可撤去的梯子,还是将其看作可以一再被返回的用之不竭的泉源,现有的研究成果已经表明了如下的事实:它是海德格尔思想发展过程中不容抹杀和忽略的一个重要阶段,不将其理解透彻就不可能原初地把握住其整个思想。而要透彻地理解海德格尔早期弗莱堡时期的思想,最为关键的就是要把握住他这一时期思想的主题和方法。所以,研究者们对海德格尔这一时期相关方法的密切关注是应该的。但是,仅仅对其哲学方法进行研究还是不够的,甚至是不太恰当的,因为方法毕竟以主题为归依和根基。在本书看来,只有从海德格尔这一时期的思想主题出发,他这一时期所使用的哲学方法的独特之处才能得到更加彻底和恰当的理解。① 当然,一些研究者也注意到了海德格尔早期弗莱堡时期思想的主题,即"实际生活经验",但就笔者所见,还没有人把"实际生活经验"作为海德格尔这一时期的"事情自身"专门进行过"系统的"探讨,而这恰恰正是本书试图完成的一个基本任务。我们这里所谓的"系统的"当然首先意味着不是断章取义的、拾零补碎的,但另一方面也意味着不是眉毛胡子一把抓的,不是毫无遗漏地一一罗列的,其基本目标在于理清"实际生活经验"思想的来龙去脉,即它是如何产生又是如何发展变化的。为了实现这一目标,本书紧紧抓住了"实际生活经验"的两个最基本的特征,即"前理论"和"动荡",从而使相关的阐述有了发微的关节点。在本书看来,紧紧抓住这两个特征乃是理解海德格尔早期弗莱堡时期思想及其原初突破的关键之所在,也是理解他这一时期的思想与其后来思想之间关系的关键之所在。而且,虽然就海德格尔借"实际生活经验"所取得的思想突破而言,一再受到研究者们关注和褒扬的是其"前理论"特征,但是

---

① 李章印先生曾试图从整体上把握海德格尔早期弗莱堡时期的"解构—指引"方法。本书认为,海德格尔早期弗莱堡时期思想的丰富内容(尤其是在国内)同样没有得到系统的阐述,这一问题至少同样重要,同样急迫。

在某种程度上,本书更加强调他对"实际生活经验"的"动荡"特征的阐释,及其所具有的重大思想意义。

第二,一个哲学家全部思想中的哪一些会被别人所接受和赞赏,这是由诸多因素共同决定的,如下的可能性不能被完全排除:已被人们接受和赞赏的那些思想,也许实际上并非这个哲学家最重要和最原初性的成就。布伦只是从"意识形态"方面证实了这一点。本书的研究则试图表明:就其在某种程度上背弃了"实际生活经验",尤其是它的"动荡"特征而言,《存在与时间》并不能毫无疑义地被看作是海德格尔最为原创性的思想贡献,而且这一背弃也是导致《存在与时间》成为未竟之残篇的一个主要原因。所以,本书赞同伊姆达尔、索洛克兹等人的看法,首先把海德格尔的早期弗莱堡时期作为一个相对独立的阶段来考察和研究。当然,这并不意味着要否认他这一时期的思想与其后来思想之间的关联,而是不想以其中一方来贬斥和压抑另一方,不想把海德格尔《存在与时间》之前的一切都看作是导向《存在与时间》的"阶段",更不想把《存在与时间》之后的一切都看作《存在与时间》的补充,从而将之看作海德格尔"本己的和唯一的'著作'"。在对其早期弗莱堡时期思想进行研究的基础上,本书会对其不同时期思想之间的关联进行考察。在这方面,本书的创新之处在于,把"前理论"和"动荡"这两个基本特征作为考察的关节点,来梳理海德格尔早期弗莱堡时期的思想与其马堡时期(1923—1928)及此后的思想之间的关联和区别,对《存在与时间》中海德格尔本人和研究者们交代得不太清晰的一些问题进行阐释,并从而表明海德格尔早期弗莱堡时期的"实际生活经验"思想乃是理解《存在与时间》及其后思想的源泉。在本书看来,唯其如此,我们才能够把握住海德格尔思想的一贯主题及其特征,才能理解他的思想对于哲学的真正贡献。所以,本书的重点不在于"文献史"式的概念清理,而在于思想实质的澄清。

第三,在上文我们已经看到,交代早期弗莱堡时期的海德格尔置身于其中的时代状况及其个人生活经历,并不只是涉猎好奇,而是对于我们原初地理解他这一时期,乃至其整个思想来说,必不可少的一个环节。本书的相关论述不仅要表明,海德格尔的"实际生活经验"思想与其时代状况和生活经历之间存在着内在的关联，而且试图显明，这"关联"的关键之处在于：艰难的时代状况和生活经历使得海德格尔深刻地领悟到，生活原本上乃是艰难的、动荡不安的，从而形成了"追寻生活的真理，拒斥生活的谎言"的"原初动机"，这决定了他把"动荡"规定为"实际生活经验"的一个基本特征，并进而将之理解为"存在"自身的基本规定。在他看来，唯其如此才能还复"实际生活经验"之原本的艰难，才能赢得决断本真自我的时机和境域。因而，也只有返回他的这个"原初动机"，我们才能够进入恰当的境域来理解海德格尔终生致思的终极旨归之所在。从现有的研究成果来看，也很少研究者对这一点所具有的重大意义进行阐释和强调。

这样，本书主要的任务在于：以"实际生活经验"为核心，紧紧抓住其"前理论"和"动荡"的特征，理清和把握住海德格尔早期弗莱堡时期这一思想的基本脉络、方法和意旨；阐明海德格尔这一思想对于其后来之思想所具有的重要意义，以期能够更好地理解他后来的思想，乃至为恰当地把握其思想的整体做一些必要的铺垫工作。为了完成这个任务，本书的内容按照如下的思路展开：

第一部分梳理海德格尔早期弗莱堡时期"实际生活经验"思想的产生和形成过程。这一部分将表明：动荡不安的艰难时代和个人生活，尤其是深刻的战争体验和宗教信仰的转变，使得学生时期的海德格尔就开始关注现实生活，形成了"追求生活之真理，拒斥生活之谎言"的原初动机。这些因素和狄尔泰等人在思想上的影响，一起促使海德格尔逐渐从纯粹逻辑和思辨神学的王国走向了作为其意义源泉的现实的生活和世界，发现了存在的个体性、时间性和历史性维度，并于1919年突入了"实际生活经验"这一存在领域。

第二部分集中阐述海德格尔早期弗莱堡时期的"实际生活经验"思想。第四、五章分别摆明"实际生活经验"的两个基本特征，即"前理论"和"动荡"（Bewegtheit）。借助于这两个特征，海德格尔摧毁了理论姿态在哲学上的统治地位，摆明了"实际生活经验"前理论的、动荡不安的、艰难的原初存在状态，即"生活的真理"。也正是以"实际生活经验"的这两个基本特征为基准，他判定了"实际生活经验"的三种样式："原初基督教的生活经验"和真正的哲学(即真正做哲学的经验)分别被看作"实际生活经验"的典范样式和本真样式,因为它们原初地具有、体现了"前理论"和"动荡"的特征,勇敢而彻底地面对、理解、担负起了"实际生活经验"之原本的艰难,而不是拿虚假的谎言来欺骗自己。而科学则被理解为"实际生活经验"的一种衍生样式,它扭变了"实际生活经验"的"前理论"和"动荡"特征,使之变容易了,从而遮蔽、压制了决断本真自我的时机和境域。这就是海德格尔一直坚持对科学的立场和姿态进行彻底批判的最根本原因之所在。可见,只有从"实际生活经验"的两个基本特征出发,我们才能恰当地理解海德格尔对宗教、哲学和科学的理解。第六章所涉及的主要内容就是"实际生活经验"的这三种样式。在这三种样式中,作为本真样式的哲学要原初地通达前理论的、动荡的"实际生活经验",获得对它的原初理解,从而赢得决断本真自我的恰当时机和境域。为此,哲学就必须从"实际生活经验"出发,并在"实际生活经验"之中来理解"实际生活经验"自身,而这又只能借助于与"实际生活经验"自身的前理论和动荡特征相契合的方法(形式指引、解构、解释学)。所以,第七章论及的是海德格尔对这些方法的阐释。

第三部分分析海德格尔早期弗莱堡时期的"实际生活经验"学说对其整条思想道路所具有的意义。第八章阐释"实际生活经验"与海德格尔马堡时期(《存在与时间》之前)思想之间的关系。这一章表明:马堡时期代替了"实际生活经验"的"缘在",依然以"前理论"和"动荡"为其最基本和本质的特征;依据其早期弗莱堡时期对前理论的、动荡的"实际生活经验"的理解,海德格尔坚持必须从"缘在"自身的前理解出发,才能以前理论的方式原初地理解和言说动荡性的存在领域,这一点从根本上决定着他马堡时期对"存在"问题的处理和解答;只有从被看作"实际生活经验"之典范的期待基督再临的原初基督教生活经验、"实际生活经验"之实行的时机化、"实际生活经验"之不断革新自我的历史性,及其原初动机出发,海德格尔马堡时期突破了传统观念的"时间"概念才能得到恰当和深刻的理解;海德格尔马堡时期对不同意义和层次上的"真理"的理解,导源于"实际生活经验"的显明性、浮雕性、历史性、实际性等前理论特征和"前握—后握""没落—反没落"的动荡特征。由此可见,在海德格尔早期弗莱堡时期的"实际生活经验"思想中,原本就蕴含着解决"缘在""存在""时间""真理"问题的思路和因素,而马堡时期的海德格尔哲学则是这些思路和因素的深入与扩展。所以说,"实际生活经验"思想乃是其马堡时期思想的源泉。《存在与时间》作为他马堡时期的集大成之作,其中的一些主要问题和思路自然也来自其"实际生活经验"思想。据此,第九章从海德格尔的"实际生活经验"思想,尤其是它的"前理论"和"动荡"特征出发,对《存在与时间》中一些非常关键但又没有被海德格尔本人或研究者们完全交代清楚的问题进行了阐发:《存在与时间》之所以要重提存在问题,乃是为了依据"运动"这一存在论的根本性规定,解构对"存在"的传统理解,前理论地重新摆明"存在"的意义,从而实现他的原初动机,即依据对"存在"的新理解,显示出生活之动荡不安的真理,警醒人们抛弃绚丽但虚假的谎言,去赢得本真的生存状态,使整代人成熟起来;《存在与时间》中,海德格尔坚持存在之理解必须以时间为视域,乃是因为根据实际生活经验的动荡特征,存在以运动为基本规定,只有时间才能显现出这种意义上的存在,它们都是传统的存在和非存在概念不能把握的;《存在与时间》的存在问题之所以必须从对缘在的生存论分析开始,乃是因为海德格尔在早期弗莱堡时期已经看到,实际生活经验在前理论的生活中就有对存在的先行理解,只有由此出发才能以前理论的方式如其自身地赢得对存在的原初理解和规定;在《存在与时间》中,"世界意蕴的先行展开意义上的真理"和"缘在总是以某种方式显现自身意义上的真理",保证了海德格尔摆脱了对"逻辑判断意义上的真理"的偏爱,使他对"真理"的理解和规定是以前理论的方式进行的,而理解并担负起"生活的真理",即没落—反没落的动荡,从而塑造"本真生存意义上的真理",乃是其真理问题的终极旨归;《存在与时间》说存在论只有作为现象学才是可能的,这也就等于说,只有海德格尔早期弗莱堡时期的形式指引、解构和解释学的方法,才适合于通达、表达他所理解的以前理论和动荡为根本特征的缘在和存在自身。这些方法都是早期弗莱堡时期的海德格尔用来通达"实际生活经验"之前理论的动荡的方法,而《存在与时间》所理解的"缘在"和存在自身都来源于前理论的实际生活经验,所以它继续使用这些方法也就是自然而然的事情了;《存在与时间》之所以成了无法再续的残篇,主要是由于其形而上学和先验主义的语言、思路和方法,而其实质就在于对"实际生活经验"或"缘在"之前理论和动荡特征的乖离,从而无法从根本上原初地理解和规定以运动为基本规定存在自身的意义。而对于海德格尔20世纪30年代的思想"转折"来说,最关键的就是重新彻底直面并寻得恰当的语言,以前理论的方式来言说"实际生活经验"所彰显出来的动荡意义上的存在自身。只有把握住这一点,才能恰当地理解他转折后的思想及其言说方式和用词。据此,第十章考察了"实际生活经验"思想与海德格尔"转折"之后的思想之间的关联,对其思想的主题、特征、动机等问题进行了探讨。以上的论述都表明,海德格尔早期弗莱堡时期的"实际生活经验"思想是理解他马堡时期(包括《存在与时间》)及其后来思想的源泉。

本书的余论部分考查的是海德格尔早期弗莱堡时期思想的"界限问题"。这一部分表明:海德格尔这一思想的"界限"的存在才内在地使得海德格尔成了海德格尔,但另一方面也的确表明了海德格尔思想所具有的缺陷和不足。

第一部分

海德格尔早期弗莱堡时期
"实际生活经验"思想的产生和形成

在哲学传统和当时哲学氛围的影响下,年轻的海德格尔开始踏上他的学术道路时,最为关注的是传统的逻辑问题。但是,在那个充满精神危机的时代的促发下,在一些哲学家为了应对危机而提出的思想的启发下,在其个人生活经历及因此而怀有的"原初动机"的推动下,他渐渐地转向了"实际生活经验"这一前理论的原初领域。下面我们就首先来具体追溯一下海德格尔这一思想转变的过程,摆明他的"实际生活经验"思想是如何逐渐产生和形成的。

第一章　时代和个人生活背景

　　1921 年 8 月 19 日,海德格尔在写给他的学生勒维特的一封信中说道:"我的工作具体地实际地出自我之'我是'(Ich bin)——出自我之思想的完全实际的源泉——环境——生活脉络,以及对我来说由此可以通达的、我生活于其中的活生生经验",也即出自我之"如此存在的实际性"(Soseins-Faktizität)①。在 1922 年夏季学期的讲座中,海德格尔是通过强调如下一点而开始的:哲学家的生活和著作是课程的前提②。在 1924 年 3 月 26 日写给勒维特的另一封信里,海德格尔又说:"我的工作以某种方式是独一无二的,并且只能由我来做——出于诸多条件聚集的独特性"③。勒维特自己也曾报道说:海德格尔"坚持认为唯一重要的是:'每个人做他的能力所允许的事情'——也就是说,'本真存在的能力总是特属于每个个人的',或者说

---

　　① *Zur philosophischen Aktualität Heideggers*,Band 2,herausgeben von Dietrich Papenfuss und Otto Pöggler,Frankfurt/M.:Klostermann,1991,S.29.在克兹尔看来,海德格尔给勒维特的这封信就是将其(我们在后文要论及的)"实际性的解释学"应用于自身的一个例证(See Theodore Kisiel,*Heidegger's Way of Thought*,p.14)。

　　② See Theodore Kisiel,*The Genesis of Heidegger's Being and Time*,p.540.海德格尔的弟弟弗里茨·海德格尔也曾说过:"谁不把马丁作为在麦斯基尔希的圣器安置室里长大的教堂司事的儿子,谁就没有把握住他的哲学"(See Hans Dieter Zimmermann,*Martin und Fritz Heidegger:Philosophie und Fastnacht*,München:C.H.Beck,2005,S.163)。

　　③ See Karl Löwith,"The Nature of Man and the World of Nature for Heidegger's 80TH Birthday",*Martin Heidegger:in Europe and American*,edited by Edward G.Ballard,The Hague:Mantinus Nijhoff,1973,p.37.而且,这也并非只是早期海德格尔独有的观念。在 1937/1938 年冬季学期的讲座《哲学的基本问题》中,海德格尔说他的思想是在最高的孤独(Vereinzelung)中发生的,它不允许交流和模仿(GA45,199)。1952 年在巴伐利亚广播电台所做的演讲《什么召唤思?》中,他又说:"没有思想家能进入其他思想家的孤独。然而,任何思想都只是从它的孤独中,以隐蔽的方式对后来和先前的思想言说"(Martin Heidegger,*What Is Called Thinking*,taraslated by Fred D.Wieck and J.Glenn Gray,New York:Harper & Row,1968,p.169)。

'我们本己的特殊历史实际性的生存论界限'。他宣称这一'存在的能力'
既是责任又是'命运'"①。据此,理查德·沃林(Richard Wolin)点明:"海
德格尔思想的环境因素,绝不仅仅是一种附带现象,而是对于理解其哲学来
说,具有根本性的意义。"②克兹尔则以其对海德格尔十余年研究的切身体
验表明:"传记的基础设施实际上充满着哲学的(或更恰切地说,'元哲学
的'[metaphilosophical])意义","在一个思想家的生平和思想之间存在着
什么样的启示性的和内在的联系? 这个问题尤其适用于一个以其存在论的
存在者层次上的'根基'为自豪的思想家"③,所以他认为,只有"哲学—传
记的结构"才是研究海德格尔的恰当方式。④ 在国内,张祥龙先生认为,海德
格尔"这位以'实际生活本身的形式—境域显示'为思想起点和脉络的思想家
的人生与他最深奥的思想是不可分的",其"人生起头也是富于深意而值得关
注的"。⑤ 靳希平先生也曾明确指出:"海德格尔的生活经历同其哲学思想的
形成有直接的关系。"⑥就此而言,贝雷尔·朗格(Berel Lang)将海德格尔的生
平传记与其哲学之间的关系同他的政治与其哲学之间的关系区分开来,只承
认后一个关系是系统的和明证的⑦,这种做法显然是有失精当的。谢汉的如
下观点也失之偏颇:"唯一值得写的传记是一部勾画其思想的起源和发展
的哲学性传记。"⑧萨夫兰斯基关于海德格尔的传记就是一个明证。

① Karl Löwith, *My Life in Germany before and after* 1933: *A Report*, translated by Elizabeth
King, London: The Athlone Press, 1994, p.31.在此顺便指出的是,根据海德格尔这些自我剖白式
的表述,罗蒂的如下评判是不恰当的:对哲学的偏爱使海德格尔对他生活于其中的时代不存
感激之情,没有意识到是由于他生活在特定的历史时刻,他才能描述自己的图画,并找到理解
它的听众(See Richard Rorty,"Heidegger, Contingency, and Pragmatism", *A Companion to Heidegger*, edited by Hubert L.Dreyfus and Mark A.Warthall, Oxford: Blackwell Publishing, 2005, p.531)。

② Richard Wolin, *Heidegger's Children: Hannah Arendt, Karl Löwith, Hans Jonas, and Herbert Marcuse*, Princeton, N.J.: Princeton University Press, 2001, p.210.

③ Theodore Kisiel, *The Genesis of Heidegger's Being and Time*, pp.3, 6.

④ See Theodore Kisiel, *Heidegger's Way of Thought*, p.23.

⑤ 张祥龙:《海德格尔传》,石家庄:河北人民出版社 1998 年版,第 2、10 页。

⑥ 靳希平:《海德格尔早期思想研究》,上海:上海人民出版社 1995 年版,第 15 页。

⑦ Berel Lang, *Heidegger's Silence*, London: The Athlone Press, 1996, pp.88-89.

⑧ Thomas Sheehan, "Heidegger's Early Years: Fragments for a Philosophical Biography",
Heidegger: The Man and The Thinker, edited by Thomas Sheehan, Chicago: Precedent Publishing,
Inc., 1981, p.3.当然,谢汉的这种观点也并非毫无有据。因为,后期的海德格尔有时也会

本书认为,虽然不能说海德格尔的生平与其哲学是一一对应的,但是在某些重要的方面,二者是可以相互诠释和印证的。我们可以套用海德格尔自己在解释黑贝尔的诗作时所说的话:了解海德格尔的生平并不是什么坏事,因为这种生平可以使休眠在这个人身上的哲泉重新喷涌而出。① 可以说,海德格尔反对的是对哲学家个人的生活琐事涉猎好奇、吹毛求疵的传记,并不反对传记本身。对于这样一个其思想一开始就特别地与向具体性的返回和历史性联系在一起的思想家,我们不能只是简单地说"他出生,工作,然后死去"就了事。② 所以,本书试图从海德格尔最初走上哲学道路时的时代精神状况及其个人生活经验出发,寻找发现决定海德格尔思想的"原初动机",从而赢得理解其思想的恰当起点。用海德格尔自己的说法就是:从原初的解释学境域出发才会有恰当的理解。如此,我们对其思想的研究能避免纯理论探讨的偏离,"学究式的玩弄"(akademischen Spielereien)③,或如波格勒所说的"惯常的'学究气的偏见'(scholarly preoccupation)"④。

第一节 动荡不安的艰难时代和生活

在经历了 1864 年对丹麦的战争、1866 年的普奥战争和 1871 年的普法

这样说。比如,在《谢林论人类自由的本质》中,他就说:"通过传记的描述,我们无论如何也不能获知哲学的生活本质性的东西。"(See Martin Heidegger, *Schelling's Treatise on the Essence of Human Freedom*, translated by J.Stambaugh, Athens, OH: Ohio University Press, 1985, p.5)不过,这时海德格尔心中所想的"传记"无非意味着对名人的生活琐事的猎奇。

① 参见[德]海德格尔:《思的经验(1910—1912)》,陈春文译,北京:人民出版社 2008 年版,第 109 页。

② 在 1924 年夏季学期的讲座《亚里士多德哲学的基本概念》中,海德格尔说:就哲学家个人而言,唯一重要的事情是他在这样一个日子出生了,他工作,然后他死去(GA18,5)。但是,在两年前的关于亚里士多德的另一个讲座中,海德格尔却说:哲学家的生活和著作都是课程的前提(GA62,8)。显然,他 1924 年的讲座中所说的那句话是不能被简单地理解的。

③ 这是海德格尔自己的说法,参见德文版《海德格尔全集》第 61 卷,第 80 页。

④ Otto Pöggeler, *Martin Heidegger's Path of Thinking*, p.7.

战争之后,德国最终实现了其寻求已久的统一。自此,德国开始走上了迅速发展的道路,经过三四十年的时间,就完成了英国用一百年才做到的事情,即从一个以农业为主的落后国家转变为一个工业占统治地位的现代化国家。科学技术水平和人民的物质生活水平都大幅提升了。绝大部分的德国人都为得到了他们孜孜以求的"靠太阳的位置"①而得意扬扬。

然而,接下来的历史进程却越来越清楚地表明:物质文明的巨大进步并没有带来人们所期许的幸福美满的生活,相反,工业化却带来了大量的问题和灾难:家庭关系的瓦解、大众文化的泛滥、审美趣味的降低、伦理道德的沦丧、宗教权威的衰落、个性人格的泯灭等。于是,在精神生活上,人们反而开始逐步陷入了越来越深的危机之中。

19世纪的欧洲已不再带着对一种真正使命的信仰而活着。没有任何东西再是稳靠的,一切都成了暂时性的。尼采是发现了业已存在但尚未引起普遍不安的事物的先行者。他率先向世人点明了这种危机状况的存在,他振臂高呼:"现代精神已无可救药了"②。他猛烈地抨击"末人""畜群"的颓废道德和虚无主义,热切期待并颂扬具有"强力意志"的"超人"诞生。自此,精神生活的日益萎缩和堕落不再是"不合时宜"的奇谈怪论,哲学应从现实的生命、生活出发,也渐渐开始成为一种时代性的共识。③

在19世纪末20世纪初及此后的一段时间,欧洲尤其是德国的政治经济危机状况越来越突显和严重了。这场危机包括第一次世界大战、德国十

---

① 这是德国皇帝、普鲁士国王威廉二世(1888—1918年在位)说过的话,意思是德国要与其他老牌资本主义国家一样,拥有同样的地位和机会。

② [德]尼采:《权力意志》,张念东、凌素心译,北京:中央编译出版社2000年版,第104页。

③ 所以,戈多认为,"尼采的思想包含着后来生命哲学中形成的所有危机意识和倾向的出发点和可能性"(Andras Gedo, *Crisis Consciousness in Contemporary Philosophy*, Minneapolis: Marxist Educational Press, 1982, p.62)。而在1909年发表的一篇文章中,海德格尔就引用了尼采的《道德的谱系》和《查拉斯图特拉如是说》(See *Heidegger-Jahrbuch 1: Heidegger und die Anfänge seines Denkens*, herausgegeben von Alfred Denker, Hans-Helmuth Gander, Holger Zaborowski, Müchen: Verlag Karl Abler Freiburg, 2004, S.19-20)。另外,据他自己回忆,在1910—1914年间他就阅读了尼采《权力意志》的第二版(GA1,56)。显然,他当时也应该受到了尼采上述思想的影响。就此而言,巴姆巴赫的下述论断才是有道理的:尼采后来指引着海德格尔走上了一条追问的道路,这追问把历史的意义理解为生存的危机,即对"历史对生活的有用和无用"的决断(Bambach, *Heidegger, Dilthey, and the Crisis of Historicism*, p.249)。

一月革命、各种政治暗杀、卡普暴动和其他颠覆的图谋、德国战败、凡尔赛和约、法国对鲁尔区的占领、作为语言和种族共同体的德意志的割据、飞速的通货膨胀、大萧条等。于是,尽管有外在的改善、简化和娱乐形式,但即使是昏聩的目光也不会看不到正在蔓延的普遍的荒芜。没有人依然真的相信当今世界状况的根基。所有试图在虚无之上建立些什么东西的希望都显得是绝望的。虚无主义成了这个时代的本质和根本特征。"所有这些事件有助于造成一种创伤性经验,这一经验注定会在不同程度上和以不同的效果对整整一代知识分子所持有的社会世界的视域产生永久性的影响。"①

生命哲学家格奥尔格·西美尔(Georg Simmel)和鲁道夫·奥伊肯(Rudolf Eucken)对此都有过很多的描述。西美尔严肃地警醒世人:"在柏林娱乐机构的墙上,镌刻着'危险即将来临'的信号。大理石和绘画、金子与绸缎覆盖着它们,却无力遮掩住其字样。就如同未来穿透了现在一样,那字样穿透了带着焦虑紧张的辉煌。"②而且,"这一危机对我们来说是非常熟悉和可以理解的。因为无主要表现为:我们也许可以说趋向于发展、提升和完善生活的物质内容,而文化、精神及人们的道德则绝没有达致相应的进步。"③"生活已日趋外化(externalization),生活的技术方面压倒了其内在的方面,即生活中的个人价值"④,"生活是由越来越多的非个人的以及取代了真正个性色彩和独一无二的东西所构成"⑤,"生活的核心和意义总是一再从我们手边滑落;我们越来越少获得确定无疑的满足,所有的操劳最终毫无意义"⑥,"各种各样的矛盾冲突、无价值和令人失望的事(作为日常生活里单个的事件它们是可以忽略不计的),甚或那些具有幽默性的事件,都呈

---

① ［法］皮埃尔·布迪厄:《海德格尔的政治存在论》,朱国华译,上海:学林出版社2009年版,第8页。

② ［德］齐奥尔格·西美尔:《时尚的哲学》,费勇等译,北京:文化艺术出版社2001年版,第116页。

③ Georg Simmel, "Tendencies in German Life and Thought Since 1870", *Georg Simmel:Critical Assessments*, edited by David Frisby, Volume 1, London and New York:Routledge, 1994, p.5.

④ Ibid., p.5.

⑤ ［德］齐奥尔格·西美尔:《时尚的哲学》,北京:文化艺术出版社2001年版,第198页。

⑥ ［德］西美尔:《金钱、性别、现代生活风格》,顾仁明译,上海:上海学林出版社2000年版,第8页。

现出一种悲剧般的、深深令人不安的特性,这是当我们意识到它们惊人地四散弥漫、日复一日无从避免以及它们所影响的不是某一天而是一般意义上的生活的时候,才认识到的"①。

奥伊肯是一位曾颇有影响的德国生命哲学家,在 20 世纪前 20 年里与狄尔泰齐名,积极倡导一种精神生活的哲学。1907 年和 1908 年,他先后出版了《生活的根基和生活的理想:一种新人生观的要义》和《生活的价值和意义》两本著作。在其中,他声言,其工作的目的就在于帮助人们对现存的精神危机状态有更明确的意识。为此,他一再地向他的时代传达和印证如下的事实:我们的生活日趋外在化,"几乎无可争辩的是,现时代的生活显示出了一种严重的不一致:在物质方面丰富而有成果的活动数不胜数,而在生活的精神方面则充满了不确定性和贫乏。"②面对这种状况,在《生活的价值与意义》一书中,他起首劈头就问:"人的生活可有意义和价值?"③而"我们至此所作探索的直接结论是,承认人类今天正经历着一场深刻的幻灭"④,因为"我们寻找确定性,却堕入极度的混乱。我们追求单纯的生活,却发现它是支离破碎、自相矛盾的。我们渴望幸福与安宁,却只能看到冲突、烦恼与悲哀。"⑤

尤其是随着第一次世界大战的爆发,在随时可能落在自己头上的枪林弹雨之中,面对堆满累累白骨的战场和满目疮痍的家园,自由、平等、博爱的美好理想、伦理道德法则、社会历史必然进步与发展的观念、理性万能的坚定信念都被碾得支离破碎了,一切曾被看作坚实可靠的东西都无法再被把持住了,人们不得不痛苦地、赤裸裸地面对自身的相对性、偶然性和有限性。"在柏林的路障和凡尔登的城垛上,秩序和乐观主义的资本主义叙事受到

① Georg Simmel, *The Philosophy of Money*, translated by David Frisby, Beijing: China Social Sciences Publishing House, 1999, p.264.

② Rudolf Eucken, *Life's Basis and Life's Ideal: the Fundamentals of a New Philosophy of Life*, translated by Alban G.Widgery, Soho Square, London, W.1: A.and C.Black, Ltd., 1918, p.xxi.

③ [德]鲁道夫·奥伊肯:《生活的意义和价值》,万以译,上海:上海译文出版社 1994 年版,第 1 页。

④ 同上书,第 42 页。

⑤ 同上书,第 45 页。

了可怕的打击。对进步、文化、教育的自由时代的信仰走到了尽头。从前线回来的士兵发现家乡的情绪变得凄凉和不祥。"①于是,生活曾有的安稳根基坍陷了,个人和社会生活的意义消散、失落了,德国人的精神生活陷入了严重的危机状态之中。斯宾格勒②实际上在一战前就开始构思《西方的没落》了,甚至书名都已想好了,该书在 1919 年出现时,极为应和当时盛行的畏惧情绪。他把他当时所处的那个年代称为"决断的年代"、一个闻所未闻的危机时期。雅斯贝尔斯的名著《时代的精神状况》③对这种思想境况进行过深刻的描述和分析。

雅斯贝尔斯指出,对于精神世界所面临之危险的严重性,以前只有少数人才会加以思考,而战后则已是每个人都在面对的问题了。同那个能在超验的王国里寻求安全港湾的时代相比,今天的人们失去了根基(Wurzel),因为我们已经知道我们只是生存在一个历史地被规定的境况(geschichtlich bestimmeten Situation)之中,生活在运动(Bewegung)的旋涡之中,稳定不变的生活秩序是不可能的,"人的存在(Menschendasein),无论是对于个人还是共同体而言,都只能是历史性的命运"④。这一运动意识(das Bewußtsein dieser Bewegung)带来了奇特的双重性:一方面,我们对完美尘世的可能性抱有信念,另一方面则是一种无能为力地感受到处蔓延,"似乎人们不能再持有存在(das Sein)了"⑤。在此境况中,对毁灭性终结的意识和生存之虚无的意识成了时代性的意识。然而,也恰恰是因此,生活的秩序就更加格外地需要平和(Frieden)以保护自己。于是,人们完全服从于技术的统治,从

---

① Charles R.Bambach,*Heidegger*,*Dilthey*,*and the Crisis of Historicism*,p.188.

② 虽然在其著述当中,海德格尔对斯宾格勒甚为蔑视,对之进行了尖锐的批判,但另一方面,二者在一些本质性的方面实际上是非常一致的,关于这一点可参见布迪厄:《海德格尔的政治存在论》,上海:学林出版社 2009 年版,第 17—20、31 页;《海德格尔与尼采》,北京:商务印书馆 2015 年版,第 279—296 页。

③ 虽然雅斯贝尔斯的这本著作写于一战之后的 1930 年,但它对于一战期间,甚至一战之前的时代精神状况都有深刻把握。而该书的中译者甚至认为,对于理解当代西方的精神状况来说,这本书至今都未过时(参见[德]雅斯贝尔斯:《时代的精神状况》,王德峰译,上海:上海译文出版社 1997 年版,第 VI 页)。

④ Karl Japers,*Die geistige Situation der Zeit*,Berlin:Walter De Gruyter & Co.,1960,S.67.

⑤ Ibid.,p.5.

而导致作为时代境况的决定因素的自我(Selbstsein)尚未参与到自身的命运中来,大众(Masse)到处在统治着,生活的"艰难"(Schwierigkeiten)通过盲目地顺应普遍的准则和规章而被消除了,"愿意担负真正责任的人成了罕见的"①,现代精神生活呈现出玩世不恭的特征:科学成了对技术的实用价值的关心;艺术成了单纯的娱乐;哲学则成了教条式的偏激而虚假的认识;上帝已被杀死,一切都成了可以被允许的。但是,普遍的秩序并不能彻底消除作为每个个人之命运的畏惧(Angst),在死亡、疾病等边缘境况(Grenzsituationen)中,人被逼迫到这样一个边缘上,在那里人发现自己是一个当下各是的个体(jeweils Einzelner),他必须决断:"或者是自由的自我,或者是客观的依靠点"②。这样,人们就陷入了一个两难困境之中:一方面希望能就真实的存在做出决定,另一方面却又希望摆脱所有麻烦和努力,在不变的形式中继续现存的生活。这样,人们发现现实生活是"不完善的"(unvollendet)、"不可忍受的"(unerträglich),一切都陷入了危机之中。"如果要问今天还留有什么的话,那么答案将是:关于危险和失落的意识,也即对根本性危机的意识"③,"这种状况今天迫使人们,每一个个人自觉地为本己的存在而斗争"④。通过不断地追问(Fragen),再次达到真正的自我。⑤

综上所述,在19世纪末20世纪初的德国,人们时时刻刻面对着日益突显和严重的、现实存在的、令人难以忍受的精神危机和生活意义的失落,处身于一个动荡不安的时代。如西美尔所言:"如果有人打算贸然地用一个简单的表达方式概括现代生活的特征和庞大规模,这个表达方式可能是这样的:认识的、行动的、理想构成的内涵,从固着的、实质的和稳定的形式转化成发展的、运动的和变易的状态。"⑥也正因此,这也是一个艰难的时代,人们艰难地在虚无中寻找着人生的意义和本真的自我。海德格尔就是出生

---

① Karl Japers, *Die geistige Situation der Zeit*, Berlin: Walter De Gruyter & Co., 1960, p.52.
② Ibid., p.57.
③ Ibid., p.79.
④ Ibid., p.180.
⑤ Ibid., p.162.
⑥ [德]西美尔:《金钱、性别、现代生活风格》,上海:学林出版社2000年版,第15页。也可参见陈戎女:《西美尔与现代性》,上海:上海书店出版社2006年版,第85—86页。

并生活于这样一个动荡的、艰难的、所有存在者都受到了震动的时代之中。这就是勒维特所说的海德格尔思想的直接出发点:当今的经验。在其中,他接受并决断①出了他自己必须也能够通过其思想承担起来的艰难责任和使命。这就是海德格尔想要的东西:在颠覆性境域(Umsturzsituation)的当下实际状况中"必然的东西"。就此,勒维特说:海德格尔求摧毁和警醒的意志、从政治上强化青年运动的意志,其终极的动机基础在于对堕落和终结的意识:欧洲虚无主义。②

1889年9月26日,海德格尔于出生德国西南部巴登地区的麦氏教堂镇(Messkirch)。名副其实的是,这个镇上也的确有一座教堂,每天数次,礼拜日、圣诞节、复活节或逢丧事,教堂的钟声总会响起。这钟声传达着生与死相互交接的消息,"警醒"③尚沉醉于梦乡之中的人们。而且,小海德格尔还曾是这座教堂的敲钟童,每天下午三点,他和弟弟两人都要敲响教堂里最小的钟。对他来说,帮助父亲敲钟乃是"重大的生活体验"④。这些都使得他对生命、生活和死亡大限,从而也对时间有着虽然模糊但又意义深远的领悟。这一点从海德格尔曾多次对朋友谈起的一次儿时生活体验上就可窥一斑:一个后半夜五更天,作为教堂的敲钟童,在漆黑的走廊里,他从母亲手里接过点燃的蜡烛,一只手半握着,护住蜡烛的火焰,穿过小广场,走向教堂,他站在教堂的祭坛前用手指尖把流下的白蜡重新拢起,想让蜡烛点的时间长一些。但是,最后它还是燃尽了。它还是等到了它的那个时候,尽管他推迟了它的到来。在1927年3月1日写给雅斯贝尔斯的一封信中,海德格尔说:"与我的母亲一起度过的最后时刻⋯⋯是一种将留在我心中的实践哲学"⑤。

① 从词源上来说,"危机"一词的原初希腊语含义就是指导致人们做出判断和决断的筛选或分离。

② See Karl Löwith, *Heidegger: Denker in dürftiger Zeit*, S.165; *Martin Heidegger and European Nihilism*, New York: Columbia University Press, 1995, pp.213, 224.

③ 我们在后面将会看到,对海德格尔早期弗莱堡时期的思想来说,这"警醒之声"所具有的重大意蕴。

④ 参见张祥龙:《朝向事情本身——现象学导论七讲》,北京:团结出版社2003年版,第208页。

⑤ Martin Heidegger, Karl Jaspers, *The Heidegger-Jaspers Correspondence* (1920–1963), p.75.

也就是说,对他来说,学习死亡的实践就是他的哲学。在 1953 年发表的《田间路》一文中,海德格尔自己回忆说:"他的双手由于经常敲打麦斯基尔希的教堂的钟而磨得发红……钟声与时间和时间性有着特殊的关系。"①出于对生命、时间,尤其是对死亡大限的这种领悟,在小海德格尔眼里,生活显然并不总是无忧无虑,并不总是很容易过。

小海德格尔的家庭虽然不算贫穷,但也不能说富裕。"节俭"是这个家里说得最重要的一个词,是一条不成文的准则。所有值钱的东西都是尽量自己手工做,家里任何东西都不会被不在意地扔掉。因此,父母根本无法资助他上学读书。② 但是,小海德格尔却不甘心顺服于当农民和手工业者的命运,于是他选择了当时唯一可能的出路:投身教会。牧师布兰特胡贝尔(Camillo Brandhuber)和神父格律伯(Konrad Gröber)非常欣赏小海德格尔的才能,为他找到了教会的资助。然而,这也就意味着他开始在经济上完全依赖教会。这种寄人篱下的状态一直持续到他 1916 年获得私人讲师资格为止,长达 13 年之久。

1909 年中学毕业以后,海德格尔加入了耶稣会,当上了见习修士。然而,不足半月,他就被解除了会籍,原因是:心脏病、精神性心律紊乱③。但是,他依然对神职矢志不渝,转入神学系。在神学系的三年中,他一方面刻苦学习,另一方面积极锻炼体魄。④ 然而,不幸的是,由于劳累过度,病情反而加重,从而导致 1911 年被中断学籍,回家休养。在 1912 年 12 月 13 日给

---

① 转引自[美]赫伯特·施皮格伯格:《现象学运动》,王炳文、张金言译,北京:商务印书馆 1995 年版,第 497 页。

② See Hans Dieter Zimmermann, *Martin und Fritz Heidegger*: *Philosophie und Fastnacht*, S. 13. 史密斯和沙尔称海德格尔出生于一个"中产阶级的下层"家庭(See Gregory Bruce Smith, *Martin Heidegger*: *Paths Taken*, *Paths Opened*, Plymouth: Rowman & Littlefield Publshers, Inc., 2007, p.17; Adam Sharr, *Heidegger's Hut*, Cambridge: Massachusetts Institute of Technology, 2006, p.4),也就是说,无论如何都是一个中产阶级的家庭,这似乎有些过头。盖尔说,海德格尔兄弟两人是"小资产阶级的富有者"(See Manfred Geier, *Martin Heidegger*, Hamburg: Rowohlt Verlag, 2005, S.12),更有点言过其实。

③ 不过,弗兰岑认为,海德格尔中断牧师实习的原因是 1909 年德国用来训练牧师的教条式的僵化性和狭隘性(See Winifred Franzen, *Martin Heidegger*, Stuttgart: Metzler, 1976, S.25)。

④ 海德格尔曾是一位热情的足球运动员、一位灵巧的单杠和双杠运动员、敏捷的滑冰运动员。

李凯尔特(Heinrich Rickert)的一封信中,海德格尔讲道,他的健康状况依然没有好转,反而还得忍受完全失眠之苦,以至于医生禁止他进行任何长时间的精神劳作。① 这种状况也深刻地影响着海德格尔对生活的领悟,因为严重的疾病向他凸显了生活的艰难,促使他常常面对痛苦的抉择,甚至死亡,从而不得不思考存在的意义。在1909年的一篇文章中,海德格尔就通过一个年轻人之口说道:"死的想法沉重地、沉默地压在他身上"②。事实上,根据靳希平先生的说法,"疾病对他的生命的威胁伴随了他一生"③。所以,如奥特所言:"也许他(即海德格尔——引者注)的一生就是一直为他自己的死亡作准备。"④不过,在此顺便指出的是,也正是因此,虽然疾病是使海德格尔离开神学系,不能再从事牧师职业的一个原因,但另一方面疾病也是使他的内心从未真正离开基督教的一个原因,因为他在基督教神学里面找到了一种面对生死命运,艰难寻求存在意义的典范性经验(这一点我们后文会详述)。后来,在1925年关于狄尔泰的一系列讲座中,海德格尔就明确指出:"通过基督教神学,死亡问题才第一次与生活的意义问题相关联而出现"(SU,167)。所以,约阿希姆·L.奥伯斯特(Joachim L.Oberst)说:"是在这里,在基督教的死亡观念中,海德格尔第一次追索存在的意义。"⑤可以说,"死或向死而在是敞开和维持海德格尔的哲学为存在之思的基本经验"⑥。

不过,比起这种物质上的困窘和身体上的痛苦来,精神上的磨砺给海德格尔对生活的理解所造成的影响更大。1870年,罗马天主教大公会通过了

---

① See Martin Heidegger/Heinrich Rickert, *Briefe 1912 bis 1933 und andere Dokumente*, Frankfurt am Main:Vittorio Klostermann,2002,S.11.

② Martin Heidegger, "Allerseelenstimmungen", *Heidegger–Jahrbuch* 1,S.20.

③ 靳希平:《海德格尔早期思想研究》,上海:上海人民出版社1995年版,第23页。在1967年给身患重疾的保罗·哈斯勒(Paul Hassler)的一封信中,海德格尔曾说:"五年前我得了黄疸病,我发现了疾病是如何能够出乎意料地影响我们这样的人"[See Heinrich Wiegand Petzet,*Encounters and Dialogues with Martin Heidegger* (1929–1976),translated by Parvis Emad and Kenneth Maly,Chicago and London:The University of Chicago Press,1993,p.127]。

④ Hugo Ott,*Martin Heidegger:A Political Life*,translated by Allan Blunden,London:Harper-collins Publishers,1993,p.369.

⑤ Joachim L.Oberst,*Heidegger on Language and Death:The Intrinsic Connection in Human Existence*,London;New York:Continuum,2009,p.33.

⑥ *Martin Heidegger:Key Concepts*,edited by Bret W.Davis,Durham:Acumen,2010,p.4.

所谓的"教皇无错"敕令,导致了"罗马教派"和"旧天主教派"的"文化斗争"。而小海德格尔就属于"罗马教派"的穷孩子。1903 年他进入康斯坦茨(Konstanz)的文科中心学习,并入住教会的寄宿学校。在学校里,那些生活富裕、骄傲自大的旧天主教学生常常欺侮他们这些贫穷的寄宿生,痛打他们,把他们按到牲口饮水槽里进行再洗礼,污蔑性地把他们称作"黑病鬼"。虽然,海德格尔并不一定亲身遭受过这种欺侮,但他肯定有被富裕阶层讥讽为褊狭落后的经历。① 所以,在他儿时的心灵中就形成了对两个世界、两种生活方式的区分:"这里是严格的、始终不渝的、沉缓的世界;那里是来去匆匆的、浅薄的、沉湎于眼前刺激的世界。这里是辛劳的努力;那里是纯粹的忙忙碌碌。这里是根深蒂固;那里是散漫的行为。这里不畏艰难;那里只知追求捷径。这里深思熟虑;那里漫不经心。这里忠实于自己的自我;那里在寻欢作乐中失去自身。"萨弗兰斯基认为,海德格尔此处的这些区分最终导向了他对"本真本己性"和"非本真本己性"的区分。②

另外,退出神学院之后,海德格尔不得不重新考量自己的生活理想和计划,试图实现从牧师到学院教授的"充满畏惧的'转变'"(SU,4),并因而失去了教会的资助。多亏其朋友和保护人为他找到了一份支持托马斯·阿奎那思想研究的基金,他才得以继续学业。但是,为了得到这份基金,海德格尔不得不连续三年在申请书上宣誓效忠天主教会,坚持并在哲学上维护阿奎那的思想原则和立场。这使得他倍感屈辱③,开始对天主教组织机构所实行的制度和政策感到不满和厌恶。而且,在转入弗莱堡大学数学—自然科学系之后,对数学、物理学、化学、生物学等学科发生的越来越浓厚的兴趣,也让他感到天主教旧有的陈腐教条越来越难以接受了。所以,根据海德

---

① See Hans Dieter Zimmermann, *Martin und Fritz Heidegger:Philosophie und Fastnacht*, pp.16-17.

② See Rüdiger Safranski,*Martin Heidegger:Between Good and Evil*,p.13.

③ 根据奥特的报道,由于在国家社会主义中扮演的政治角色,1945 年夏天海德格尔的家庭所有物,尤其是他的图书馆被没收了。那时,海德格尔给当时弗莱堡的执行市长写了一封动人的信,其中说道:"我来自一个贫穷素朴的家庭,作为一个学生和低级讲师,不得不在与贫困的斗争中过活,付出了许多的牺牲"(Hugo Ott, *Martin Heidegger:A Political Life*,p.50)。这"牺牲"显然应该也包括这种精神上的屈辱感。

格尔后来的回忆,甚至"在学术学习生涯之始我就明白,囿于天主教的信仰观,真正的科学研究不能摆脱任何前见和隐蔽的束缚"(GA1,43)。于是,他以前感到牢不可破的信仰基地现在开始发生了动摇,出现了危机,从而开始了艰难的宗教转变。

综上所述,如海德格尔在1919年9月9日写给妻子佩特瑞(Elfride Petri)的一封信中所说:"我的学生岁月是艰难的(hart)。"①在写于此间的一首名为《橄榄山时刻》的诗中,他称之为"我生命中的橄榄山时刻"(GA13,6),即受苦受难的时刻。② 然而,也正是在这一艰难的时期中,在那些外人看来微不足道的个人生活经历中,海德格尔那颗敏感而又坚韧的心灵赢获了一种"最深刻的体验":虽然在寻找一个安稳点,但是不得不承认,坚韧心灵中无法得到慰藉的、消磨人的空虚是心灵不会失去的财富,所有的伟大和深刻都具有悲剧性的特征。真正的上帝体验是罕见的恩赐,人只有通过痛苦才配得上。③ 分裂状态、倒退、重新上路的苦涩、折磨都是人的伦理的本质部分。④ 这也就说,动荡不安的生活本有的痛苦和艰难不能逃避,只能勇敢地直面并战斗,这才是本真的人生及其意义之所在,所谓"安稳"和"慰藉"最终不过是骗人的谎言,只能导致越来越深重的精神危机。在他学生时期发表的一些文章中,这一"最深刻的体验"作为其思想的原初动机被表

---

① Martih Heidegger,"*Mein liebes Seelchen*!":*Briefe Martin Heideggers an seine Frau Elfride*,herausgegeben,ausgewählt und kommentiert von Gertrud Heidegger,München:Deutsche Verlags-Anstalt,2005,S.98.

② 在20世纪80年代出版海德格尔的传记时,奥特曾遗憾地指出:就我所知,还没有人把这首诗与海德格尔当时的个人困苦联系起来(See Hugo Ott,*Martin Heidegger:A Political Life*,p.68)。后来,布伦曾指出:海德格尔的写作生涯开始于神学和诗,而非哲学。他在这一时期所写的诗主要有两个主题:他的生存的不安定和压抑;他的宗教意义上的神秘的颤抖(See John van Buren,*The Young Heidegger*,p.62.)。在后文中,我们将会看到这些诗中所表达的东西对于海德格尔的思想所具有的重要意义在于:对生活原有之艰难的深刻体悟。

③ See Martih Heidegger,"*Mein liebes Seelchen*!":*Briefe Martin Heideggers an seine Frau Elfride*,pp.28,29-30.可见,如周国平先生所言:"人生的困难在一棵迟钝的心灵上至多只能留下浅浅的痕迹,降于一棵脆弱的心灵又会使之毁灭。可是,对于一颗敏感而坚强的心灵,敏感得不得不受伤,又坚强得不至于毁灭,人生的苦难就会发生一种特别的作用"(周国平主编:《诗人哲学家》,上海:上海人民出版社2005年版,第153页)。

④ 参见[德]约阿希姆·W.斯托克编:《海德格尔与布洛赫曼通信集》,李乾坤、李超逸译,南京:南京大学出版社2017年版,第4页。

达了出来,即"追寻生活的真理,拒斥生活的谎言"。也正是这一"原初动机"把他引向了现实的、实际的生活。

第二节 现实生活中追寻"生活的真理"

海德格尔在动荡不安的时代中对艰难生活的体验,在他当时发表的一些文章中已经表达了出来。在 1909 年发表的一篇文章《万灵节的情绪》中,他就痛斥那些寻欢作乐的人们,指责他们在逃避"生活之严肃"(Lebensernst),并由于缺乏"生活的勇气"而崩溃了。①

1910 年,麦氏教堂镇为著名的布道者亚伯拉罕(Abraham)的纪念碑举行了揭幕典礼,海德格尔参加了,并为他的这位同乡撰写了一篇报道。在其中,他高度颂扬了亚伯拉罕那清新、自然、纯真、健康的生活方式,并对颓废的现代城市生活进行了严苛的批判:"我们这个外来文化走红且一味追求高速度的时代,还会再在回顾过去中展望未来!? 摧毁根基的、追求新奇的狂热妄想摆脱生活及艺术里蕴含的深邃精神内涵,只向往追求瞬间即逝的刺激的现代生活,当今五花八门的艺术中弥漫着令人窒息的淫声秽气,这一切因素显示了一种堕落,一种从生活本身的健康和超越价值的可悲脱离"②(GA13,3)。

在 1910 年发表的书评《对耶尔根森〈生活之谎言和生活之真理〉一书的思考》中,海德格尔辛辣地讽刺了那些放纵个人欲望的人们,认为他们的生活是一种"沉醉"。这些人们最终会爱上绝望,甚至把"腐朽"叫作神圣,并认为幸福生活只有通过这种"吉卜赛式生活的伟大谎言(Lüge)"才是可能的。而在年轻的海德格尔看来,这种个人享乐主义是一种错误的生活标准。他自己则认为:真理必定会引致幸福,欺骗必定会招致毁灭,此乃终极的法则。因此,他热情地呼吁人们拒斥生活的谎言,走向生活之真理的顶峰

① See Martin Heidegger,"Allerseelenstimmungen",*Heidegger-Jahrbuch* 1,p.18.

② 本书此处(以及后文中的一些)引文的翻译参考了靳希平先生的译文。在此,一并对靳老师表示最诚挚的谢意和敬意!

（Giphel der Wahrheit）。①

在 1910 年发表的另一篇书评《权威和自由》中，海德格尔已洞见到，现代主义根本不能解决"道德—宗教生活"的深层问题，"根本性的生活真理（fundamentalen Lebenswahrheiten）根本不能先验地科学地加以构造，必需的乃是丰富深刻的生活体验及与本能世界相对立的精神自由"（GA16，7）。在此，他已开始把生活与科学、生活的真理和科学的真理对立了起来，并试图强调和凸显生活的重要性。他号召人们在真理之闪光（Lichtglanz der Wahrheit）中，冒险穿越生活。可见，如靳希平先生所言："这里我们已经听到了海德格尔哲学的主旋律的初现：现实的生活，真正的生活。他始终不渝地追问的问题就是：什么是最现实的生活，什么是真正的生活。"②

另外，在该文中海德格尔还指出，由于"不安（Unruhe）、对自身的不满是宗教渴望的表达"（GA16，25），所以基督教原初的生活经验是"真正的现实生活状态"的一个典型，他也称之为"基督教的基本真理"。也正因此，他认为，"宗教作为最基本的生活力量，最终推动着对生活和世界的所有深层把握，并且必然以某种方式规定着心理生活"（GA16，19）。所以，在学生时期，他就对原基督教（Urchristentum）进行了研究。③

在 1911 年发表的一篇名为《论学者的哲学方向》的文章中，海德格尔又指出："对真理财富的实际地自我拥有，还需要无畏地、孜孜不倦地自我赢取"（GA16，12）。而在发表于 1912 年的对《亚里士多德—托马斯哲学述要》一书的评论中，他则强调，哲学作为赢取生活之真理的方式，"不是对人们可以在记忆之中或白纸黑字地放心大胆地带回家的固定原理之总和的展示。哲学毋宁是指寻求真理的不懈奋斗。人们不能放弃批判的警醒（Bemerkungen）"（GA16，29）。在本书后面的论述中，我们将会看到这一点如何规定和引导着海德格尔对哲学以及科学的理解。

综上所述，青年学生海德格尔的这些文章中所折射出的是对生活真理

---

① 参见德文版《海德格尔全集》第 16 卷，第 3—5 页。

② 靳希平：《海德格尔早期思想研究》，上海：上海人民出版社 1995 年版，第 39 页。

③ 参见德文版《海德格尔全集》第 1 卷，第 43 页。

的无尽追求,或者说对生活的无限真诚,对生活之谎言的坚决拒斥。也就是说,他要直面动荡不安的艰难时代和生活,勇敢地与之进行不懈的斗争,抛弃一切所谓能够给生活带来最终的安稳和牢靠的东西,从而警醒自己和世人不断地追问自身的生活,去赢得本真的生活意义。青年海德格尔就将此看作自己的责任和使命。1913 年,他积极参与以尼采和荷尔德林思想为精神源泉的德意志青年运动①,并在一份简报上写道:"自由德国的青年们要面对自己的责任,依据自己的决断和内在的真实性来塑造自己的生活。"②本书称此为海德格尔思想的"原初动机"(ursprünglich Motiv)③。此后,无论他的思想探索看起来是如何地抽象,如何地晦涩艰深,其主题和方法又如何地一再变化,这一"原初动机"总是最深处的、永不枯竭的渊泉。正如靳希平先生所言:"海德格尔后来发展出的整个思想,都是在这一腔激情的驱动下完成的。"④

也正是这一"原初动机"推动着海德格尔在哲学上给予人的现实生活以热情眷注,并在自己的现实生活中身体力行地追寻生活的真理,这样的生活经验反过来又促使他更加明确地领悟到现实的生活对于哲学思想所具有的意义,以及哲学思想如何能够追寻生活的真理。

1914 年,第一次世界大战爆发。虽然海德格尔很少向别人提及他的战争经历,但显然他对这场战争所持的态度是:积极地欢迎并参与。这从他对

---

① 该运动是 20 世纪初出现于全德国范围内的理想主义运动,它提倡过简朴生活、热爱自然,拒绝大都市的和矫揉造作的事物,要求更新每个人的自发性和内在性,塑造一个新的精神上的贵族,反对理性主义、民主制的均一化低俗化,对全部欧洲哲学自伽利略和笛卡尔以来的数学化和机械化趋势抱有敌意。显然,这个运动与海德格尔的精神气质和追求是非常相似的。"真诚"(Wahrhaftigkeit)是该运动最重要的用词之一。这个词不仅表达了海德格尔的生活态度,而且在其后来的讲义中这个词也多次被使用。勒维特认为这个运动以某种方式预示着国家社会主义的萌发(See Kral Löwith, *My Life in Germany before and after* 1933: *A Report*, p.20)。奥特则指出,"真诚"是海德格尔做弗莱堡大学校长时期想要构建的国家社会主义新型大学的关键因素(See Hugo Ott, *Martin Heidegger: A Political Life*, p.231)。

② Rüdiger Safranski, *Martin Heidegger: Between Good and Evil*, p.85.

③ 在 1920/21 年冬季学期的讲座《宗教现象学导论》中,海德格尔提到了"哲学的原初动机"(GA60,7)。

④ 靳希平:《海德格尔早期思想研究》,上海:上海人民出版社 1995 年版,第 33 页。

在战争中阵亡的师兄埃米尔·拉斯克（Emil Lask）的"拉斯克狂热"（Laskschwärmerei）①中便可以看得出来。他赞赏拉斯克那种个人生活与哲学之开创性工作的活生生同一性②，并把自己的教职论文题献给他心中的这位英雄，"向战士遥远的墓碑""表示感激"（GA1,191）。而拉斯克在1914年11月给其母亲的信里是这样表达自己对战争的态度的："终于盼来了开拔的时刻。我早已等得不耐烦了，并且，我觉得无所作为，不能充分发挥自己的一切力量，当这些决定一切的时刻到来，自己却未做出哪怕是微不足道的贡献，我就无法忍受。"③显然，海德格尔与拉斯克怀有相似的态度，战士生活的"原始缘在"令他兴奋④。弟弟弗里茨·海德格尔曾经回忆说：在他们儿时玩儿的军队游戏中，哥哥马丁·海德格尔扮演主将，佩戴着一把威严的铁制军刀。⑤于是，1914年8月2日至10日，海德格尔作为志愿者自愿参战。⑥所以，勒维特这样评价他的老师："像费希特一样，他只有一半是一个学者。另（也许是更大的）一半是军人和布道者。"⑦布伦则说，在海德格尔

---

①　See Martin Heidegger/Heinrich Rickert, *Briefe 1912 bis 1933 und Andere Dokumente*, S.23.

②　Ibid., p.37.

③　参见[德]维克托·法里亚斯：《海德格尔与纳粹主义》，北京：时事出版社2000年版，第41页。

④　这是克兹尔的说法。See Theodore Kisiel, "Heidegger's Apology: Biography as Philosophy and Ideology", *The Heidegger Case: on Philosophy and Politics*, edited by Tom Rockmore and Joseph Margolis, Philadelphia: Temple University Press, 1992, p.38.

⑤　See Manfred Geier, *Martin Heidegger*, p.16.

⑥　在写于1922年的简历里，海德格尔提到了这件事情（参见《海德格尔全集》第16卷，第43页）。后来，1914年10月2日至10日，以及1915年8月18日至10月16日，海德格尔还两次被征召入伍。See Thomas Sheehan, "Heidegger's Lehrjahre", *The Collegium Phaenomenologicum: The First Ten Years*, edited by John C. Sallis, Giuseppian Moneta and Jacques Taminiaux, Dordrecht, Netherlands; Boston: Kluwer Academie Publishers, 1988, p.119.

⑦　Karl Löwith, *My Life in Germany before and after 1933: A Report*, p.28. 因此，本书不赞成萨弗兰斯基的如下看法：在一战期间，海德格尔的思维是"典型的哲学式思维"，也就是说，他对战争以及在同时代人之中蔓延的对战争的狂热采取回避态度，而只是专心于自己的哲学沉思（参见[德]吕迪格尔·萨弗兰斯基：《海德格尔传》，靳希平译，北京：商务印书馆1999年版，第87—88页）。实际上，海德格尔并非不愿驰骋疆场，甚至作为伟大的战士裹尸而还，而只是三次入伍都因健康原因而没能直接上前线。二战期间，在对俄国的战争即将结束之时，在写给他的一个学生乌尔默（Karl Ulmer）的一封信中，海德格尔说：对德国人来说，唯一值得过的生活就是前线的生活（See Hugo Ott, *Martin Heidegger: A Political Life*, p.158）。日本学者

这里,军人生活和哲学生活奇怪地纽结在一起了。①

那么,海德格尔为什么会如此积极地欢迎并参与战争呢?显然,这是出自他对颓废的现代生活方式和僵死的理论科学研究所带来的危机的忧虑和不满,以及对创造新的生活方式以克服时代和生活之危机的迫切要求。如勒维特说:海德格尔"对时代和自身的不满推动着他前进"②。而在海德格尔眼里,这场战争恰是一剂猛烈的泻药和一场伟大的酸雨。③ 他像勒维特一样"把战争作为更激烈地去生和死的机会而欢迎"④,像西美尔那样把战争看作德国走向复兴的第一步⑤。对于海德格尔来说,哪里没有战争,哪里就有堕落。⑥

高田珠树也认为,虽然海德格尔当时如何看待战争并没有记录,但是显然,"周围的人沉醉到战争的感激氛围中了,当时的多数德国人都是如此,海德格尔也持赞成态度"([日]高田珠树:《海德格尔:存在的历史》,刘文柱译,石家庄:河北教育出版社 2001 年版,第 61 页)。克兹尔则隐晦地说,海德格尔虽然身材矮小,但他的毅力和耐力非常强,因此并非不是战士类型的人(*Heidegger's Way of Thought*,p.29)。卡普托则直言:海德格尔那里有强烈的军事主义倾向和侵略性,并将其哲学称为"战斗的哲学"(See John D. Caputo, *Demythologizing Heidegger*,Bloomington·Indianapolis:Indiana University Press,1993,pp.56,50)。如果我们再想想,在《存在与时间》中,海德格尔对在重演中选择自己的英雄楷模的吁求,及其 1933 年在其弗莱堡大学校长就职演说《德国大学的自我主张》中,"斗争""军事服务"等准军事的修辞和语气,那么这一点就更加显然了。也正是因此,"第二次世界大战中战死于俄国与非洲的年轻德国士兵中,其背包中携带着荷尔德林与海德格尔著作者不可胜数"(转引自张祥龙:《导读 我所理解的海德格尔》,载[英]杰夫·柯林斯:《海德格尔与纳粹》,北京:北京大学出版社 2005 年版,第 14 页)。至于史密斯对海德格尔屡在"关键时刻"患病的委婉质疑(See Gregory Bruce Smith,*Martin Heidegger:Paths Taken,Paths Opened*,p.19),即使不能说是毫无道理,也说是没有根基的猜测。

① See John van Buren,*The Young Heidegger:Rumor of the Hidden King*,p.129.

② Karl Löwith,*My Life in Germany before and after 1933:A Report*,p.28.

③ See Richard Wolin,*Heidegger's Children:Hannah Arendt, Karl Löwith, Hans Jonas, and Herbert Marcuse*,p.211.

④ Karl Löwith,*My Life in Germany before and after 1933:A Report*,pp.1—2.

⑤ See Georg Simmel,*Simmel on Culture:Selected Writings*,edited by David Frisby and Mike Featerstone,London;Thousand Oaks,Calif.:Sage Publications,1997,p.92.

⑥ See Karl Löwith,*Martin Heidegger and European Nihilism*,p.219.这实际上是当时很多人的共同感受。比如,对海德格尔青眼有加的保罗·那托普(Paul Natorp)就曾说:战争的出现是最后的丰收,是"德国人的日子","我们感受到了一片新天的晨风,不仅是德国人的,而且是所有人类的","我们感到像上帝的战士在对抗'一个魔鬼的世界'"。马克斯·舍勒则说:"闻所未闻的战争或者是欧洲重生的开始,或者是它的死亡的开始,没有第三者可能。阿尔弗雷德·韦伯(Alfred Weber)也说:变得越来越确定是:今天"我们将,如果我们配的话,导致一个新的时代"(See Hans Sluga,*Heidegger's Crisis:Philosophy and Politics in Nazi Germany*,Cambridge,Massachusetts,London:Harvard University Press,1993,p.77)。

由于对战争的上述态度,海德格尔虽然没有亲自参与军事作战,但却有着深刻的战争体验。在前线时,他体验到了如下的奇特景象:年轻的冲锋队员们眼光果敢,没有欢笑,没有歌唱,没有怯懦,没有意志消沉,而是有着不屈的坚定力量。他在他的同志们那里探问精神的新要求,试图通过现实的精神革命实现精神的转变(Umkehr)①,以期使德国的生存(Existenz)问题走向突破(Durchbruch),可怕的堕落(Versumpfung)不再继续加重。② 也就是说,通过这次随时都面对着危险和困惑而需要决断的战争,他更切近地体验到了动荡的现实生活的严酷与艰难,认识到人却也只能在这种危险的境域和瞬间中勇敢地自己做出决断,才能确证自己、实现本真的自我。③ 所谓的幸福、快乐与舒适都是偶然的无价值的东西,它们只能导致生活的堕落,一切僵死的教条和烦琐的概念都只不过是对动荡不安的艰难现实生活的逃避和歪曲,早晚会在现实生活这里撞得粉身碎骨。所以,在1914年写给胡塞尔的女儿的一封信,他声称反对"那种傲慢不矩的、从根本上说是启蒙式的说教,它把当下的生活和所有过去的生活都固定、死板、单一地砸在同一块平板上,于是在这里一切都变得可预测、可控制、可划定、可约束、可解释"④。在1918年11月和1919年5月1日写给伊丽莎白·布洛赫曼(Elisabeth Blochmann)的两封信中,海德格尔也表达了这种强烈的直觉感受,痛斥学术生活的"吹毛求疵的浅薄涉猎",坚持认为"理论的探讨收效甚微;只有个人的体验才能带来澄明"⑤,"我们应当能够等待高压的、充满意义的生活张力的到来","我们所向往的,或召唤我们的新生活已不是普遍性的,即虚假的和两面的(肤浅的)——它的财富是原初性——不是矫揉造作地被

① See Martin Heidegger,"*Mein liebes Seelchen*!":*Briefe Martin Heideggers an seine Frau Elfride*,pp.81,86,90.

② See Martin Heidegger/Heinrich Rickert,*Briefe 1912 bis 1933 und andere Dokumente*,p.43.

③ 后来,在1937/1938年的冬季讲座《哲学的基本问题:"逻辑学"问题选论》中,海德格尔依然这样看待战争:"通过振荡(世界大战、世界革命)……我们被迫入如下问题:是否我们还在真理中,是否我们想要和毕竟能够想要真理"(GA45,109)。

④ 转引自倪梁康:《现象学及其效应——胡塞尔与当代德国哲学》,北京:三联书店1994年版,第166页。

⑤ Charles R.Bambach,*Heidegger,Dilthey,and the Crisis of Historicism*,p.192.

构造的,而是完全直观的明证性内容"。① 总而言之,巴姆巴赫如下的断言是非常恰当的:"像他那个时代的其他精英一样,海德格尔的战争体验是深刻的","而且是真正决定性的"②,因为在战争中获得的深刻的直观性体验使他的哲学思想和立场发生了根本性的转变。如拉斯洛维斯基(Laslowskis)则在写给海德格尔的一封信中所言:"我们的思想进程的推动力也是一样的,即战争。"③所以,萨弗兰斯基说:"非得等到第一次世界大战爆发,海德格尔昨日的世界才得以崩溃。"④而这种"转变"和"崩溃"决定了他的哲学思想的走向,即最为直接地推动着他的哲学转向了实际的生活经验。所以,在写给佩特瑞的一封信中,海德格尔说道:通过战时服务,在现实的境况(wirkliche Disposition)中,我现在越来越确定地知道哲学的需要了。⑤

1916年,海德格尔并没有获得他所期待的天主教教席,在他看来,这乃是出于一些天主教学者的阴谋。同年,当他准备与佩特瑞建立异教混合婚姻时,又受到了教会多方面阻挠。另外,我们前文已经提到,为了得到教会资助而不得不宣誓效忠天主教会,以及对数学等自然科学越来越浓厚的兴趣,都使得海德格尔早就对天主教会产生了反感。于是,虽然以前他总是最爱穿修道士服,而且他在修道士团体的完整性中寻求庇护也并非权宜之计⑥,但是现在他的内心却越来越严峻地面对着一个艰难的彻底决断:成为牧师是长期潜藏在我心中的远大理想,但牧师不只是一个职位和社会组织,更是进入神圣之庄严的通道。这庄严只来自搏斗(Ringen)和对理想之令人痛苦的、无望的、无休止的献身(Hingabe)。成为神圣的人绝对不能骄傲,他

---

① Rüdiger Safranski,*Martin Heidegger:Between Good and Evil*,p.87.

② Charles R.Bambach,*Heidegger,Dilthey,and the Crisis of Historicism*,p.256.

③ *Heidegger-Jahrbuch 1:Heidegger und die Anfänge seines Denkens*,S.45.

④ Rüdiger Safranski,*Martin Heidegger:Between Good and Evil*,p.54.

⑤ See Martin Heidegger,*"Mein liebes Seelchen!":Briefe Martin Heideggers an seine Frau Elfride*,S.58.就此而言,扬的如下说法是可疑的:海德格尔像任何一个经历过世界大战的人一样,对于战争具有恐惧感(参见朱利安·扬:《海德格尔 哲学 纳粹主义》,沈阳:辽宁教育出版社2002年版,第64页)。

⑥ See Hugo Ott,"Martin Heidegger:Eine Biographie mit Brüchen",*Heidegger-Neu Gelesen*,herausgegeben von Markus Happel,Würzburg:Königshausen & Neumann,1997,p.10.

把生命中的一切都溯回其最内在的使命（Sendung），而不是诉诸天主教的陈腐教义和仪式。①

在几经思量和权衡之后，虽然明知作为一个哲学家要对自己和他所教导的人保持内在的真诚（inner truthfulness）是艰难的（SU，70），但是在 1917 年 1 月 27 日给李凯尔特的信中，他坚定地说："我不会出于什么实际的考虑而放弃我的哲学信念、科学性的理想和哲学工作中的无偏见性。"②在时隔一个月后的另一封信中，他声言："我已绝不再站在狭隘的天主教立场上。"③而在 1918 年 9 月 4 日写给佩特瑞的信中，他又指出：这是由于天主教根本就不知道自由内在决断的可能性和承担责任的意志，所以坚持天主教的体系就不可能获得最纯朴的、最为原初的生存。④ 最终，1919 年 1 月 9 日他写信给其好友克雷伯斯（Engelbert Krebs）神父，宣称："扩展到历史认知理论的认识论洞见⑤使得天主教的体系（system）⑥对我来说，成了有问题

---

① See Martin Heidegger，"*Mein liebes Seelchen*！"：*Briefe Martin Heideggers an seine Frau Elfride*，pp.22－23.

② Martin Heidegger/Heinrich Rickert，*Briefe* 1912 *bis* 1933 *und andere Dokumente*，p.38.

③ Ibid.，p.42.

④ See Martin Heidegger，"Mein liebes Seelchen！"：Briefe Martin Heideggers an seine Frau Elfride，pp.78－79.

⑤ 根据克兹尔的解释，狄尔泰在其《精神科学导论》中把基督教经验的两个突破（即内在自我和历史意识）称作认识论的突破，于是海德格尔就仿效狄尔泰把他对宗教体验的新领会称为"认识论的洞见"（See Thoedore Kisiel，The Genesis of Heidegger's Being and Time，p.101）。克兹尔认为，这"洞见"就是指返回生活体验的解释学（See Thoedore Kisiel，"Heidegger's Apology：Biography as Philosophy and Ideology"，The Heidegger Case：on Philosophy and Politics，p.23）。但是，从本书此处的论述来看，这"洞见"应该是指海德格尔对艰难时代和内在生活的动荡不安，即其历史性、不可还原的个体独特性的领悟。而我们已经看到，海德格尔早先信奉的天主教是极端地反对现代主义的个人主义的，所以现在对他的"洞见"来说就成了难以接受的了。

⑥ 这里的斜体是英译文原有的，本书的翻译以着重号来表示。在这封信的下文，海德格尔对此给出了指示，他说："哲学立场的根本性转变，并没有迫使我放弃对天主教生活客观的高度评判和深深的敬意，而代之以背教者那令人愤怒的粗鄙的论辩"（SU，69－70）。所以，如谢汉所指出的那样：在此，不能再被海德格尔所接受的只是天主教僵死的教条体系，尤其是对其成员的自由研究和教学的压制，而不是意味着他失去了宗教信仰，也不是脱离了天主教的世界观和价值观。海德格尔自己甚至曾对别人说："我从未脱离过教会"（See Thomas Sheehan，"Reading a life：Heidegger and Hard Times"，The Cambridge Companion to Heidegger，p.72）。在 1947 年与马克斯·米勒的谈话中，海德格尔明确地说：他当然还留在天主教之中，如果教会的教义学没有被阴险地哲学化，而是说着它真正的教义的宗教的话语（See Martin Heidegeer，

的和不可接受的"(SU,69)。这样,海德格尔拒斥了生活的谎言,实现了艰难的宗教转变①,决断出了生活的真理。而其中的关键之处就在于:从对天主教教义奉献式的服从转向了原初基督教经验的不安的操心。海德格尔哲学中所谓的"本真状态"在这种经验中有其最终的根源和原初的典范。

小　结

　　海德格尔出生于一个危机越来越深重的、动荡不安的艰难时代,经历了动荡不安的艰难生活,这决定了他所必须也能够承担的使命和责任,决定了其思想的"原初动机",即在动荡的、艰难的时代和生活中,追寻生活的真理,拒斥生活的谎言。也就是说,他领悟到,动荡不安和艰难是生活本有的、原本的存在状态,因而是无法逃避和遮掩的,哲学就是要使人们从虚幻的慰藉中警醒过来,直面生活的动荡不安和艰难,在不断地追问中做痛苦的决断。在他看来,这才是本真的生存状态,其典范就是原初基督教的生活经

Briefe an Max Müller und andere Dokumente, herausgegeben von Holger Zaborowski, München: Verlag Karl Alber Freiburg, p.74)。张祥龙先生也曾指出,海德格尔终生没有放弃对原本"神意"的追求(参见《解释学理性与信仰的相遇——海德格尔早期宗教现象学的方法论》,《哲学研究》1997 年第 6 期,第 65 页)。因此,我们不能过分地夸大海德格尔的这一决定对其与宗教的关系所产生的影响,好像二者从此陌路再也互不相干似的。归根结底,他所放弃的只是"科学的、理论的宗教世界",放弃的是体制化、命题化的天主教主义。后面我们将会看到,海德格尔想做的事情是返回基督教的前理论的原初生活体验和世界。

　　① 当然,在海德格尔的宗教转变过程中,称自己为"自由基督徒"或"非教条的新教徒"的胡塞尔也起到了重要作用。如张祥龙先生所言:"就海德格尔而言,如果没有胡塞尔这位著名教授如此强有力的支持,身处天主教势力所及的弗莱堡大学、还未得到永久性的职位和经济保证的海德格尔恐怕不会宣称自己的宗教转向"(张祥龙:《海德格尔传》,石家庄:河北人民出版社 1998 年版,第 80 页)。1917 年胡塞尔高兴地认为,海德格尔已经度过了艰难的时期,"艰难的内在斗争"使他"迁移到新教的大陆上来了"(See Thomas Sheehan, "Reading a life: Heidegger and Hard Times", *The Cambridge Companion to Heidegger*, p.76)。就这种内在转变的艰难而言,我们无法赞同史密斯的如下论断:海德格尔与天主教之间看起来时断时续的关系只是策略性的,无关于实质性的问题和他的信仰的转变,因为在海德格尔那里没有道成肉身、再生、灵魂不死等关键性的信仰(Gregory Bruce Smith, *Martin Heidegger: Paths Taken, Paths Opened*, p.30.)。事实上,应该说,这些信仰的不存在恰恰表明海德格尔关心的是实质性的问题。

验。这一动机在其学生时期发表的文章中就已表达了出来。也正是它推动着海德格尔积极参与战争,并实现了艰难的宗教转变。而这又最为直接地把他的哲学关注进一步引向了现实的生活,进一步看到了现实生活对于哲学思考所具有的意义。

第二章 "实际生活经验"思想的初步形成

——从"存在"范畴的逻辑意义到"实际生活经验"

上文我们看到,艰难的时代和生活以突出的方式向人们显明:生活原本就是动荡不安的,一切所谓给人带来安稳和慰藉的固定不变之物,无非都是生活为自身编造的谎言。这样一来,黑格尔那总是在自身之内打转转儿的"绝对理念",以及先验主义哲学那抹消或无视现实生活之苦难的"先天之物",显然已无法再为要做出艰难决断的时代和个人提供根据了,对动荡不安的生命(生活)的彻底追问、重新理解和决断成了迫切的需要。在这种大背景下,把目光投向"生命""生活"乃是那个时代的哲学的时髦做法。比如,狄尔泰试图从生命体验出发,在生命自身之中塑造概念和方法来表达、理解生命,获得普遍性的结构来解释生命,提供出破解生命之谜的哲学世界观,为人的精神寻得相对稳定的依靠;西美尔把生命规定为不断超越自身的运动,借助生命与形式的冲突来重新把握现实的生命和世界,试图使个体重新担负起自己应有的使命和责任;胡塞尔的意识生活现象学试图依据新的方法,描述和理解意识体验,把握住先验的纯粹意识自我,建立作为严格科学的哲学,祛除相对主义所导致的灾难和痛苦,给人们重新带来稳靠和确定性。他们的哲学作为直接的背景,提供出了诸多的正面的指示和反面的启示,促使海德格尔转向了"实际生活经验"。

海德格尔在1920夏季学期的讲座《直观和表达的现象学:哲学概念形成的理论》中说道:"当今哲学的问题是以作为原初现象(Urphänomen)的生命为核心的。"(GA59,15)对生命的实在性、生命的需要和生命的提升的态度和看法,以及对生命、生命情感、体验(Erlebnis)的惯常谈论,乃是他那个时代精神状况的标志。在这诸多的哲学流派中,海德格尔提到了詹姆士和柏格森具有生物学倾向的生命哲学,以及狄尔泰具有精神科学倾向的生命哲学,并认为西美尔把二者联系了起来。另外,面对这样的思想转变,新康德主义的马堡学派也不得不修正康德的正统观点,转而把生命看作文化,认为生命应当在规范性的准则和价值中实现自身。他们所追求的最终还是一种理性的普遍先天体系。海德格尔认为,在这一点上,马堡学派和胡塞尔汇合在了一起。在这个大的哲学背景中产生的海德格尔的"实际生活经验"思想受到了上述哲学家或多或少的影响,尤其是狄尔泰、西美尔和胡塞尔的相关理论,乃是海德格尔这一思想极为重要的哲学背景或来源。① 其中,胡塞尔对海德格尔思想的影响如今已是显然不过的事情了,虽然对这"影响"的内涵人们有着各种不同的理解。而狄尔泰和西美尔,如研究者托马斯·伦奇(Thomas Rentsch)所言,对于海德格尔也是"指引道路的"(wegweisend)人。②

此外,从1905年起,海德格尔就开始阅读施蒂夫特尔(Stifter)的小说《彩色石头》(讲述了家乡、温柔和素朴的东西的伟大力量),荷尔德林、里尔克(Rilke)和特拉克尔(Trakl)的诗、尼采的《强力意志》,以及克尔凯郭尔和陀思妥耶夫的著作。所以,如伦奇所言,在青年海德格尔这里,"人的存在、生活的维度,已经完全在场了"③。

但是,就理论探索而言,海德格尔并没有一开始就自觉地把"实际生活经验"作为哲学的主题来把握,而是如他在1907年发表的一篇书评中所言:"伟大的旅程始自通行的道路",即他依然走着传统的学术路子。④ 众所周

---

① 当然,在海德格尔早期弗莱堡时期的"实际生活经验"思想产生的过程中,还有很多哲学家的思想对之产生过影响,比如亚里士多德、新康德主义者、克尔凯郭尔、奥古斯丁、保罗、路德、艾克哈特等。

② See Thomas Rentsch, *Martin Heidegger—Das Sein und der Tod*, S.95.

③ See Ibid., S.35.

④ 所以,1913年,海德格尔曾经对拉斯洛维斯基(Laslowskis)夸张地说过:在哲学上,尼采没有获得任何积极性的东西(See *Heidegger-Jahrbuch 1*; *Heidegger und die Anfänge seines Denkens*, p.39)。

知,1907 年读到布伦塔诺的博士论文《论存在对于亚里士多德的多种含义》,是影响到海德格尔终生致思的一件大事。在其论文中,布伦塔诺考察了亚里士多德所列出的"存在"的四个基本含义:作为范畴的存在、为真意义上的存在、作为潜能(energeiai)或运动(dynamei)的存在、实体或偶性。布伦塔诺强调的是范畴意义的存在,并把实体看作是所有其他存在意义都与之相关的统一之物。① 在文科中学的最后两年里,海德格尔一再研究布伦塔诺的这篇文章,并查阅了亚里士多德全集,接受了布伦塔诺的观点。这也就意味着,在哲学上,他首先接受的是经院主义的实在论,试图寻求存在范畴的类比统一意义,并探询逻辑真理意义上的存在。所以,海德格尔后来回忆说,在 1909—1911 年,他对圣经的词语和神学思辨之间的关系,也即语言和存在的关系特别感兴趣。② 这也就是说,在学习神学时,他所关注的问题是如何用语言去表述"存在"的意义。

然而,我们可以进一步追问的是,海德格尔为什么会对语言和存在的关系特别地感兴趣呢? 他自己给出的答案表明,其更深层的动机在于:正是由于中世纪有意义理论(Bedeutungslehre),才会有对主体之直接生活(unmit-

---

① See Franco Volpi,"Dasein as Praxis:the Heideggerian Assimilation and the Radicalization of the Practical Philosophy of Aristotle",*Critical Heidegger*,edited by Christopher Macann,London ; New York:Routledge,1996,pp.30-31,以及 John van Buren,*The Young Heidegger:Rumor of the Hidden King*,p.55。伦奇也曾指出过布伦塔诺对青年海德格尔的四个方面的影响(See Thomas Rentsch,*Martin Heidegger-das Sein und der Tod*,p.31)。另外,在存在问题上,布亥格也对海德格尔产生了极大的影响(参见[匈]M.费赫:《现象学、解释学、生命哲学——海德格尔与胡塞尔、狄尔泰及雅斯贝尔斯遭遇》,朱松峰译,《世界哲学》2005 年第 3 期,第 77 页,以及 Thomas Sheehan,"Heidegger's Lehrjahre",*The Collegium Phaenomenologicum:The First Ten Years*,p.87)。约翰·卡普托甚至暗示,在存在问题上,是布亥格而非布伦塔诺决定性地影响了海德格尔,因为在布亥格那里存在的统一意义是核心问题,并且还出现了后来海德格尔所使用的一些术语,就是在《存在与时间》中布亥格的思想也以箭头的方式指引着道路(See John Caputo,*Heidegger and Aquinas:An Essay on Overcoming Metaphysics*,New York:Fordham University Press,1982,pp.45-55)。谢汉则认为,布亥格的著作激发了海德格尔从事基本概念的词源学研究的兴趣(*Heidegger:The Man and the Thinker*,p.5)。关于布亥格对海德格尔思想的影响的详细探讨,See Thomas Rentsch,*Martin Heidegger-Das Sein und der Tod*,pp.32-35,以及 S.J.McGrath,*The Early Heidegger & Medieval Philosophy:Phenomenology of the Godforsaken*,Washington.D.C.:The Catholic University of America Press,2006,pp.30-37.

② 参见孙周兴选编:《海德格尔选集》,上海:上海三联书店 1996 年版,第 1013 页。

telbar Leben)的密切关注(GA1,401)。可见,归根结底,海德格尔此时所真正关心的不是作为一门学科或技术手段的逻辑,而是其更深层的根基,不是在近代哲学主客二元分立思维框架内确证外在世界的真实存在,而是比主体和客体更原始的基础,即生活的存在①。如伦奇所言:"这里的表述显示了海德格尔已经开始从逻辑学(和范畴理论)转向了生活"②,虽然他此时对"生活"的理解还远不是原初的。也正因此,虽然狄尔泰、尼采、克尔凯郭尔等人关于"生命""生活"的理论,一开始的时候并没有对海德格尔产生多大影响,但它们却能作为其思想的"边缘境域"而存在着,并逐渐显明出来,最终成为其思想发展的重要推动力。

总而言之,海德格尔开始踏上他的哲学道路时,接受的是传统的观点,研究的是传统的逻辑问题,但是在动荡不安的艰难时代和生活中形成的"原初动机",却是其思想的深层源泉。这决定了海德格尔做的不是规规矩矩的逻辑研究,而是对逻辑自身进行反思,从而走向了形而上学和存在论。所以,随着其思想的推进,海德格尔逐渐突破了传统哲学,他对无时间的绝对有效的逻辑范畴意义的偏爱渐渐地持守不住了,活生生的现实生活和作为运动的存在则渐渐地凸显了出来。③

---

① 而且,神学也为他走向生活提供了表达手段。巴拉什甚至认为,海德格尔所使用的"生活"等概念并不主要来自狄尔泰等人,而是来自天主教神学(See Jeffery Andrew Barash, *Martin Heidegger and the Problem of Historical Meaning*, p.123)。

② Thomas Rentsch, *Martin Heidegger–Das Sein und der Tod*, S.40.

③ 佛朗哥·沃尔比(Volpi)在本书上面所引用的那篇文章中认为,海德格尔对布伦塔诺的看法产生不满之后,在20世纪20年代才转向了真理意义上的存在。他的这一看法显然没有考虑到,海德格尔的博士论文和教职论文就已在"有效性"领域内探询真理意义上的存在了(波格勒就指出:海德格尔在其博士论文中追问了一种特殊的存在,即为真的或意义的存在。See Otto Pöggeler, *Martin Heidegger's Path of Thinking*, p.9),虽然这里的真理显然不同于他20年代所讲的真理。另外,沃尔比还认为,只是到了30年代的思想转折时,海德格尔才开始考虑潜能(energeia)和运动(dynamis)意义上的存在。这显然是由于他所谓的20年代正好跳过了海德格尔的早期弗莱堡时期,指的是1925年后的时期。本书后面的论述将表明:事实上,当海德格尔30年代思考"a-letheia"和"physis"的既遮蔽又澄明的双重运作的时候,发生的思想"转折"乃是"回返"意义上的,即回到了早期弗莱堡时期关于"运动"的思想。

第一节　实际生活的基础

——外部世界的实在性

1912年,海德格尔发表了一篇长文——《现代哲学中的实在性问题》,探讨了"外部世界是否存在"这一认识论问题。在该文中,他首先批判地分析了当时关于实在(Realität)问题的主要观点。

海德格尔指出,在现代哲学中,占主导地位的认识论思潮是内在论和现象论,它们都反对实在论。内在论认为,所有存在都是意识的存在(Bewusst-sein)。意识概念虽然分为意识主体和意识对象,但归根结底只有认识者的意识才是认知的对象,所以二者的差别只是抽象意义上的,思想和存在不可避免地串联在一起。海德格尔认为,此种观点的荒谬之处在于,把心理行为等同于逻辑内容。

以康德为典型代表的现象论承认,提出"实在的东西"是可能的和必要的,但是禁止对实在性进行规定。在他们眼里,实在只不过是无法把捉的"自在之物",因为感性直观和知性的先验条件具有先天的主体特征,我们只能通过主体这道帷幕而认知事物的现象。海德格尔则指出,这种现象主义观点是无效的,因为不仅感性直观的东西,而且纯粹概念也能成为认知的对象。所以,康德所秉持的"思想对象都具有感性直观的本质"这一经验主义的论点,最终是站不住脚的。外部实在问题不可直观,不可用范畴去思考,但仍然可以是思想的对象。

通过对内在论和现象论的批判,海德格尔认为,对实在性的设定和规定是可能的。"同一对象可在不同的个体之间直接交流"这一事实本身就说明了这种可能性。但如何去规定呢?

感觉论的方式是行不通的,因为它有一个认识论的教条,即认为所有认知都与能被直观的东西相关,并试图用感觉神经纤维的刺激—反应机制来证明实在性。然而,海德格尔指出,事实上只有经验和理性的共同合作才能确定实在性。也就是说,外部世界引起我们的直观感觉,但最后判定其实在性的是理性。

相对于感觉论,海德格尔认为,批判实在论者屈尔佩的表述更精确一些。屈尔佩把外部世界看作是感觉印象之间相互关联的基础,设定意识去把握内在于世界之中的意义,并把这些关联称作对我们来说"强制性"的东西。他为了避免一元论的威胁,承认经验的两个因素的同时实在。不过,海德格尔认为,屈尔佩的这种认识论是倾向于二元论的,使得实在失去了其直观性的光辉,所以他并不能完全赞同。

显然,海德格尔对实在性问题的上述探讨,源自他对存在问题的关注。凭此,他区分了"外部世界""人的意识活动""逻辑内容"这三种不同的存在样式,承认了超意识的实在及其可规定性。如靳希平先生所言,在这篇文章中,海德格尔"对外部世界的客观实在性的肯定态度是十分明确的"①。但是,海德格尔同时也反对将"外部世界"和"人的意识活动"这两种不同的存在截然分开或对立起来,而是看到了两者之间的关系:意识以外部世界为对象,而外部世界对意识具有强制性,或者说,外部世界的先行存在对意识活动来说是基础性的。而且,他已经意识到,二者之间的这种关系是直接性的,只是现在他还不知道该如何来规定这种直接性。后文我们将会看到,他早期弗莱堡时期提出的总已在意蕴世界之中的"实际生活经验",恰恰就是对这个问题的解决。

另外,我们已经看到,通过对康德现象论的批判,海德格尔认识到,不用范畴也可以思考,并引用屈尔佩的话说:"甚至是无秩序的、混乱的感觉印象……实际上也能被思考,虽然不能被明确地表象和确定地体验到"(GA1,10)。而这意味着,在此他已意识到:存在着一种非表象性的、非种属分类的概念表达和思维方式。这为他后来对"实际生活经验"之形式指引的、解释学的规定和表达,做了方法论上的铺垫。

综上所述,海德格尔对"实在性"问题的探究使他走出了绝对唯心主义的牢笼,承认了外部世界所具有的强制性的现实性(Wirklichkeit),为人生在世活动找到了坚实的基础,并看到了一种不同于传统概念范畴的表达和思维方式,从而为他后来对"实际生活"的探讨和规定提供了前提,为最终

---

① 靳希平:《海德格尔早期思想研究》,上海:上海人民出版社1995年版,第60页。

突破唯心论和实在论的对立,以非理论的方式解决外部实在问题,走向前理论的"实际生活经验"领域奠定了基础。① 这样,他后来从"实在"出发而走向"实际生活",也就是顺理成章的事情了。可见,海德格尔所做的这一工作,

① 海德格尔在此处获得的这种实在论立场,他一直坚持着。如马克斯·米勒所言:当涉及存在者自身的时候,海德格尔永远是一个实在论者(Martin Heidegger, *Briefe an Max Müller and andere Dokumente*, S.73)。克兹尔也说:海德格尔一直把实在论坚持到《存在与时间》,甚至是他的晚年(Theodore Kisiel, "Editor's Introduction", *Becoming Heidegger: On the Trail of His Early Occasional Writings*, 1910 - 1927, edited by Theodore Kisiel and Thomas Sheehan, Evanston, Illinois: Northwestern University Press, 2007, p.xvii)。在《存在与时间》中,海德格尔再次探讨了"实在"问题。在那里,他认为,实在回指到牵挂这种现象。或者说,只有基于缘在的"在世"现象,实在才能被理解。因为,只有当缘在存在,只有当存在的领会在存在者层次上的可能性存在,才"有"存在。当缘在不生存时,"独立性"也就不在,"自在"也不在,实在既不是可揭示的,也不能蔽而不露。而这也就是说,是"存在"(Sein)而非"存在者"(Seienden)依赖于存在之领会,是"实在性"(Realität)而非"实在的东西"(Realen)依赖于牵挂。所以,海德格尔在这里想加以强调的只是,具有缘在的存在方式的东西不能由"实在"和"实体"(Substanzialität)来理解和规定,而不是认为,只有当缘在生存时,实在的东西才能如其所是地存在(SZ, 211-213)。也就是说,他并不认为,在缘在生存之前,没有实在的东西,而是认为它们的存在只有缘在才能理解。在 1928 年夏季学期的讲座中,海德格尔也指出:存在的被理解以缘在的实际存在为前提,而后者又以自然的实际现为前提(See Martin Heidegger, *Metaphysische Anfangsgründe der Logik im Ausgang von Leibniz*, Frankfurt am Main: Vittorio Klostermann, 1978, S.199)。如下的观点乃是出于一种失察:海德格尔从未明确人对自然和生命的依赖(See Michel Harr, *Heidegger and the Essence of Man*, p.xxix)。如下的观点乃是出于一种根本性的误解:在海德格尔那里,非世间的存在者的身份依旧灰暗不彰,这一点和早期各种形式的主体主义的"物自身"和"形式的存在"如出一辙(劳伦斯·E.卡洪:《现代性的困境——哲学、文化和反文化》,北京:商务印书馆 2008 年版,第 274—275 页),海德格尔"依然主张所有的具体存在者以至整个世界都依赖于人的存在(此在)"(涂成林:《现象学运动的历史使命——从胡塞尔、海德格尔到萨特》,北京:中央编译出版社 2007 年版,第 112 页),"从此在之生存论角度连外部客观世界的实在性都被消解了",物质世界的实在性是建立主体观念上的"对世界的信仰",这从海德格尔的"思想体系来说是一个合理的结论"(刘旭光:《海德格尔与美学》,上海:上海三联书店 2004 年版,第 34、76 页)。实际上,被消解的不是外部客观世界的实在性,而恰恰是建立在主客二元分立立场之上的关于这种实在性的信仰的争论。所以,如靳希平先生所言,这是《存在与时间》的前提:"物质自然构成了包括人和认识活动在内的人生在世过程的基础,即构成了人生世界的基础"(靳希平:《海德格尔早期思想研究》,上海:上海人民出版社 1995 年版,第 66 页)。海德格尔"谈及的此在的'存在'涉及一种坚定的实在主义"(迈克尔·英伍德:《海德格尔》,南京:译林出版社 2009 年版,第 31 页)。这并不像克洛维尔所说的,意味着转向了一种先验实在论,也并不与海德格尔的现象学筹划不一致(See Steven Galt Crowell, *Husserl, Heidegger and the Space of Meaning*, p.237)。说到底,海德格尔是如下意义上的一个实在论者:他从不追问外在世界的实在性问题,因为他已将之作为实际性而接受了。由此,我们也可以理解海德格尔 1912 年的这篇关于实在性的论文,对其后来的"实际生活经验"思想所具有的意义。

虽然对其思想发展来说并不是关键性的,但却带有基础性的意味。试想,如果无法反驳内在论、现象论等对外部实在提出的种种诘难,那么如何能保证所谓的"实际生活"不又是一场庄周梦蝶的虚幻呢? 试想,如果海德格尔从此就陷入了唯心主义的泥潭,他后来又如何能走向实际的生活经验呢?①

第二节 "存在"范畴之逻辑意义(有效)的 最终根源

——活生生的精神生活

1911 年被迫离开神学院而转入自然科学和数学系注册之后,海德格尔热情地关注数学和逻辑学,因为他依然根据传统的观点认为,"意义"只有在逻辑判断中才能找得到。直到 1915 年写的简历中,他依然把逻辑称作自己最感兴趣的学科。但是,他并没有沉没于纯粹的逻辑分析之中,因为他想要的是"终极之物"(der Letzte)②,他试图追索具有最严格形式的、永恒的数学真理及其最终基础③,而哲学则被他看作"真理中的永恒之物的镜子"

---

① 就此而言,本书不能赞同俞宣孟先生的如下观点:海德格尔在 20 世纪 30 年代的思想转折是由于他在客观实在性问题上陷入了困境(参见俞宣孟:《现代西方的超越思考——海德格尔的哲学》,上海:上海人民出版社 1989 年版,第 10 页)。实际的情形乃如张汝伦先生所言:"海德格尔尽管认为哲学的主要问题是存在问题,并始终追求这个问题,但他从未否认存在者,包括自然世界的客观存在"(张汝伦:《海德格尔与现代哲学》,第 57 页)。所以,弗里德曼称海德格尔为一个"直接的实在论者"(See Michael Friedman, *A Parting of the Ways: Carnap, Cassirer, and Heidegger*, Chicago and La Salle, Illinois: Open Court, 2000, p.55)。

② See Martin Heidegger/Heinrich Rickert, *Briefe 1912 bis 1933 und Andere Dokumente*, p.11. 达尔斯多姆甚至说:"逻辑(形式的和先天的)从一开始就没有远离海德格尔思想的核心"(Daniel O.Dahlstrom, *Heidegger's Concept of Truth*, Cambridge: Cambridge University Press, 2001, p.9)。由此也可以看出,施皮格伯格的如下说法并不是很恰当:对于海德格尔来说,"无时间性的特别是永恒的存在概念一开始便是无意义的"(赫伯特·施皮格伯格:《现象学运动》,王炳文、张金言译,北京:商务印书馆 1995 年版,第 493 页)。

③ 在这一点上,海德格尔受到了他的导师卡尔·布亥格(Karl Braig)影响。后者坚持认为,人的形而上学本能是不灭的。See Thomas Rentsch, *Martin Heidegger-Das Sein und der Tod*, S.32; Rüdiger Safranski, *Martin Heidegger: Between Good and Evil*, p.23; Jeffrey Andrew Barash, *Martin Heidegger and the Problem of Historical Meaning*, pp.101-106.

（GA1,11）。① 在 1912 年的《逻辑新探》一文中，他批判性地指出：即使是最新出现的数理逻辑在符号化的过程中也无法为逻辑本身奠定哲学上的基础，反而倒是掩盖了意义问题的终极来源。在这里，数学和对逻辑问题的数学式处理达到了一个边界。在这个边界上，它的概念和方法失灵了。但是，也恰恰是在这个边界上，存在着可能性的条件。在这里海德格尔获得了一个重要的洞见：逻辑与心理学的严格区分也许是不可获得的，逻辑的东西植根于心理的东西之中。这表明他已经开始摆脱了对于普遍有效性的偏爱，而将目光转向了现实和实在。

在《逻辑新探》中，海德格尔接受了拉斯克的看法，认为判断的意义是范畴形式（Form）和范畴质料（Material）的嵌合，即前者对后者的有效（Gelten）②。因此，"意义"既不同于可感的存在者领域，也不同于超感觉的形而上学领域，而是属于有效性的领域。这种嵌合、有效关系由系词表现出来。所以，海德格尔认为，系词是意义理论中最本质性的因素。但在这篇文章中，他只是陈述了当时的一些哲学家对系词所做的规定，并没有提出他自己的观点。而在其 1913 年的博士论文和 1915 年的教职论文中，海德格尔对逻辑范畴的意义问题又做了进一步的考察，并最终将其根源导向了"生活"。

---

① 实际上，无论是学习数学自然科学，还是学习逻辑学和哲学，海德格尔此时的目的都是要为神学辩护服务，为上帝之终极的唯一真理辩护。由此也可见他此时对神学的内在忠诚。关于这一点，See Holger Zaborowski，" ' Herkunft aber bleibt stets Zunkunft ' : Anmerkungen zur religiösen und theologischen Dimension des Denkwegs Martin Heideggers bis 1919 "，*Heidegger—Jahubuch* 1，pp.144-146.

② 这个词来自拉斯克（参见［美］S.G.克洛维尔：《让逻辑重获哲学意义（1912—1916）》，朱松峰译，《世界哲学》2005 年第 2 期，第 33 页）。拉斯克的思想对早期海德格尔产生了重大影响，布莱拉格（Manfred Brelag）甚至认为，拉斯克比胡塞尔对早期海德格尔的影响更大（See Georg Imdahl，*Das Leben Verstehen*，S.71）。但是，本书无法对此加以详细论述了。有兴趣的读者可以参阅 Thomas Rentsch，*Martin Heideggeer—Das Sein und der Tod*，pp. 44-47；克兹尔的论文" Why Students of Heidegger Will Have to Read Emil lask "（Theodore Kisiel，*Heidegger' s Way of Thought*，pp. 101 - 136），" Heidegger - Lask - Fichte "（*Heidegger，German Idealism，and Neo-kantianism*，pp.239-270），及其《海德格尔的〈存在与时间〉的起源》一书的第 25—38 页。

一、博士论文

海德格尔的博士论文题为《心理主义的判断理论》,其主要目的就在于澄清"意义"问题。在这篇文章中,他依据胡塞尔对心理主义判断理论的批判及其意向性和范畴直观理论①,以否定判断、无人称判断、假言判断、存在判断为例,对当时主要的判断理论(即冯特、迈耶尔、李普斯、布伦塔诺的判断理论)进行了考察,指出了它们的错误在于用心理活动来解释逻辑本身,把判断行为等同于逻辑内容。海德格尔认为,对于判断来说,关键问题并不是心理过程的"发生"(Entstehung),而是逻辑意义。心理活动是变动不居的,只有独立于主体的心理活动而有其"同一性"的意义,才属于逻辑必然性的领域。逻辑与"我"、我的情感和意志活动无关(GA1,155)。因而,逻辑意义的现实存在方式既不是物理的,也不是心理的,也不是形而上学的,而是"有效"(das Gelten)。而系词就代表着对象与意义内容之间的这种有效关系。这样,海德格尔得出了一个论断:"存在(是)的意义"(Sinn des Sein)就是有效(GA1,178)。②

然而,接下来的问题是:"有效的意义是什么东西呢?"而这就等于问:"意义的意义是什么?"显然,如此问下去,那将是一个无限倒退的追问。海德格尔发现这显然是不对头的,这只能说明意义是不可被再分析和还原的

①　海德格尔从 1909 年就开始研读胡塞尔的《逻辑研究》,期望能借此推进对由布伦塔诺所激起的存在问题的解决。但是,此时海德格尔受亚里士多德和新经院主义的影响,以实在论的观点来理解胡塞尔。1912 年之后,他转而以李凯尔特,尤其是拉斯克的先验逻辑来审视胡塞尔的《逻辑研究》。海德格尔从李凯尔特那里看到了逻辑的本质,从而促使他接受了胡塞尔对心理主义的批判,而拉斯克则让海德格尔看到了对存在的范畴直观在胡塞尔现象学中的重要作用。当时,海德格尔赞同那托普(Natorp)的如下看法:欢迎胡塞尔的出色论述,但是从其中学不来太多东西(GA1,19)。这种状况一直持续到 1916 年胡塞尔作为李凯尔特的继任者来到弗莱堡,开始了两人真正的思想交流时为止。但由于主题所限,在这篇博士论文中,海德格尔没有谈及李凯尔特和拉斯克的先验逻辑。

②　虽然归根结底,海德格尔的这一结论来自洛采,但是应该说也受到了胡塞尔思想的影响。胡塞尔在《逻辑研究》中就指出:"它'存在'或'存有',这意味着:它有效,而这种有效性是一种与经验判断者无任何本质关系的东西"(胡塞尔:《逻辑研究》第二卷第一部分,倪梁康译,上海:上海译文出版社 1998 年版,第 97—98 页)。本书认为,情况很可能是,海德格尔从胡塞尔那里接受了洛采的观点。

终极之物,对它不能分门别类地加以系统说明,而是需要关联于思想活动,并最终关联于人这一思考的存在者。于是,他洞见到:心理主义也许是不能被逻辑地拒斥的,只有当人们作为实际的主体生活于这一有效领域之中时,才能领会意义。也正因此,虽然这逻辑领域的存在不能以演绎的方式被加以证明,但却可以被显示(aufweisen),即通过理性直观让它如其自身地当下直接呈现,从而可以对意义的结构进行"描述"。在其博士论文中,海德格尔就描述了与意义相关的许多事例。比如,商人建立企业的计划的意义,某件艺术作品的意义,一件礼品的意义,词的意义,等等。由此,我们可以清楚地看到,他这里所谓的有效的逻辑"意义"就已经"与人生的生活设计、生活规划、对生活的估价有着直接的关系"①了。

另外,在这篇博士论文中,海德格尔还探讨了无人称句的问题。他指出,像"打闪了"这样的判断并不是宣称现实地有一个不是假象的闪电,也不是一般地宣称在自然事件中存在着像闪电之类的东西,更不是意指"打闪"这一概念的现实存在(Wirklichsein),而是意指随这一概念一同被意指的实在的过程。"闪电"这个词意指的东西实现(realisiren)自身,对闪电有效的是现在(jetzt)发生、突然出现的存在(Existieren)。更精确地说,存在(Existieren)是一个"时间地"(zeitlich)被规定的东西。比如,我和一个朋友在演习中跟着炮兵连进入射击阵地,突然听到了隆隆的炮声,我就说:"快,已经有爆炸声了",这个判断的意义就存在于现在(已经)发生的爆炸之中。我们看到,在这里,意义与实际生活经验的关系也已浮现。萨弗兰斯基甚至说:"在军事演习的例子中,所谓的'生活世界'突入了严格的精密分析之中。"②在后文中,我们将会理解到,在这"发生事件意义上的时间性存在"中,孕育着海德格尔后来之存在理解的最初根芽儿。

综上所述,我们绝不能说以上这些主题对海德格尔接下来关心的东西影响甚微③。海德格尔的这篇博士论文关心的主要是逻辑的非心理学的根基问题,虽然从根本立场上来说,这时的他依然把意义看作是观念性的、超

---

① 参见靳希平:《海德格尔早期思想研究》,上海:上海人民出版社1995年版,第117页。
② Rüdiger Safranski, *Martin Heidegger: Between Good and Evil*, pp.45-46.
③ See J.N.Mohanty, "Heidegger on Logic", *Heidegger Reexamined*, Volume 4, p.112.

时间性的同一之物,依然认为有效的逻辑判断就是意义,依然认为作为处在时间之中的、随时间而消逝的心理实在等现实之物只能通过有效的逻辑判断而被认知,但是他也已经看到:偶然的、时间性的存在事件与必然的、无时间的有效性是不同的,甚至是相互对立的。虽然在这对立的二者之间他还是偏爱着后者,但是他已洞见到:"意义"的最终基础与实际生活相关。随着其思想的进一步发展,这一点变得越来越清楚了。如张祥龙先生所言:"我们将看到,对于'生命'或'生活'的深入理解将逐渐澄清这个重大问题。"①由此我们也可以清楚地看到,海德格尔与胡塞尔的步调一开始就不完全一致。

二、教职论文

在其高校教职论文《邓·司各脱的范畴和意义理论》的开篇处,海德格尔表达了自己对哲学的看法。他认为,哲学是一种"生活价值",它"活在活生生个人的紧张状态中,它是从个人的最深处和生命的充盈中获得它的形态,提出它的价值要求的","每一个哲学概念都是以与它有关的哲学家个人的人生态度为基础的"(GA1,195-196)。这对于把"逻辑范畴的有效"看作存在之意义的海德格尔来说,显得很突兀。但是,我们前面已经看到,在1912年的一篇书评中他就把哲学看作对生活之真理的追求了,在博士论文中他就已把逻辑的意义与实际生活联系了起来,所以这里没有什么"突兀"可言。海德格尔此处的表述只是表明,他现在更明确地看到了哲学与实际的生活经验之间存在着的内在关联。

根据海德格尔对哲学与生活之关联的这种理解,他的思想必然会向现实生活迈进。而以司各脱的思想作为其教职论文的研究对象,这本身就是在实行他的这一洞见。因为,在文章中海德格尔自己指出:虽然司各脱对数学的抽象世界非常敏感,但是他在更大程度上更精细地切近于"这个性"(haeceitas)、"实在的生活"(real Leben)及其变样与"紧张的可能性"(Spannungsmöglichkeit)的区分。在1927年8月20日写给勒维特的信中,

① 张祥龙:《海德格尔传》,北京:商务印书馆2017年版,第42页。

海德格尔说:"我研究司各脱并不是偶然的……我必须首先严格地立足于人生在世的实际性之上,来把人生的实际性作为一个问题来对待"①。靳希平先生也指出:海德格尔之所以专注于司各脱,"恰恰在于他的抽象哲学之中隐居着活生生的灵与肉。他的思想除了具有现象学要求的缜密之外,又有现象学要求的具体,而这个具体在海德格尔看来就是具体的、活生生的生活"②。同时,这也表明,海德格尔已经开始在改变博士论文中的根本性立场和态度,即不再只强调和偏爱无时间性的、必然的、普遍的逻辑有效性和判断。现在,他要求从强烈的个人体验出发来提出范畴和意义问题,要求深入到中世纪那"活生生的生活"(lebendig Leben)中去,以奠基、复活、振作一个文化的时代,要求从主体方面对哲学进行规定,他甚至引用尼采的话说:"是本能在做哲学"(GA1,196)。

海德格尔这篇教职论文的另一个关注点是方法论问题。他指出,中世纪的思想家们充满激情地完全埋身于流传下来的认知材料之中,其认知理论仍只限于对超验性和超感觉之物的认知,缺少明确的方法论意识。因而,"在各种缠结、弯转、翻转中、在各种各样的和分叉的相互制约性中的本己生活之流(Strom des Eigenlebens),对中世纪的人来说,大多被填没了,已不是作为自身而被认知了"(GA1,199-200)。但是,海德格尔却想通过对司各脱的考察,说出中世纪思想所没有说出的东西,即"也许在经院主义的思想方式中存在着最强烈的现象学考察方式"(GA1,202),这种方式不去建立所谓的体系或系统,而是面向事情本身。这是因为,中世纪哲学缺乏主体性的自我意识,从而给予了客观内容、事情自身以优先性,从而对意识的意向性,即它指向真实存在的倾向有着强烈的感觉。这意味着海德格尔现在已经意识到,哲学问题的解决应该返回到活生生的生活之流本身去。

根据上述总体性的指导思想,海德格尔把其《教职论文》的主体分为三个部分:第一部分着重涉及的是探讨范畴问题的基本要求,即区分不同的对象领域;第二部分是对"意义"这一特殊对象领域的详尽分析;结论部分则

---

① *Zur philosophischen Aktualität Heideggers*,Band 2,S.37.

② 靳希平:《海德格尔早期思想研究》,上海:上海人民出版社1995年版,第151页。

摆明范畴问题的结构和解决问题的可能出路。尤其是在1916年写就的《结论：范畴问题》中，他开始有意识地在哲学上从有效的逻辑意义向"实际生活"转换。

首先，海德格尔指出，他把范畴理解为可经验的东西，即对象的因素和形式。因此，范畴理论的基本要求就是将对象在范畴上划分为不可还原的不同领域。在此，他已经看到，亚里士多德的范畴只是一个特定领域的特定种类，而不是范畴自身。他按照拉斯克的思想，把存在划分为三个领域：心理—物理的可感对象领域、超感觉的形而上学对象领域、意义的有效领域。他明确指出，三者之中"在方法论上首先和直接被给出的是感性世界，是'周围世界'（Umwelt）"。这个世界是在简单知觉（simplex apprehension）中直接被显示（aufgewiesen）和把握的，而不是被证明的（bewiesen），是尚没有范畴规定的东西，它的现实性特征还是无规定的，但在其中已有东西（Etwas）被给予了，在它自身的显示和知觉的把握之间没有任何中介。后面我们将会看到，虽然现在这个"周围世界"只是与超感觉世界相对的一个世界，但在1919年它就成了实际生活经验的周围世界。而这里的"直接显示"及其对"证明"的拒斥，则显然预示着海德格尔后来的"形式指引"方法。

接下来，海德格尔探讨了几个规定对象的范畴。他认为，"存在"（Ens）是范畴的范畴、元范畴。它表示的是一个终极的最高之物，是首要的东西，在它的后面不能再有其他东西了，因而是不可再进一步被述谓的。它是对象的第一个规定，也是对象的第一个秩序（Ordnung）。而范畴"一"和"多"虽然没有为对象带来新的东西，但是为之带来了澄明（Klarheit）。① 这些范畴使得我能够总是通过某个方面（Hinsicht）、投射（Project）来体验对象，从而与对象处于一种因缘（Bewandtnis）②关系之中。它们为我给出了一个"先行的标划"（Vorzeichen）。而究竟哪些方面和投射会出现，则只能从经

①　在这一点上，海德格尔显然受到了拉斯克的启发。拉斯克也曾指出过，形式只是质料自身所固有的某种秩序，是一个"澄明的契机"。不过海德格尔看到，拉斯克将形式指向质料看作纯形式的堕落，乃是一种柏拉图主义的立场（GA1,224）。

②　这个在《存在与时间》中起着关键性作用的词，也来自拉斯克。拉斯克用它来指形式与质料的切合性（See "Heidegger - Lask - Fichte", *Heidegger*, *German Idealism*, *and Neo - kantianism*, p.252）。

验实在中看出来,因为经验实在是有范畴结构的。如果没有这些范畴,我就只能盲目地生活在绝对的幽暗(Finsternis)之中。这意味着,海德格尔在此已经看到,我们的体验自身就是有秩序和形式的,或者说是有意义的,也看到了范畴就来自它们的先行指引作用。这样,对他来说,对象就成了可以把握和理解的。① 而且,根据司各脱的看法——存在的样态不能被定义,而只能被形式地显示在语法形式之中——海德格尔还强调指出,这些秩序和形式还不像在动物学和植物学体系中那样,是种属的普遍化。

就"数"范畴而言,海德格尔此时已明确指出:作为稳定不变的理性存在、观念性存在、逻辑性存在的数,在变动不居的生活因素(Lebenselement)中有其根源(GA1,234)。而且,纯粹的数不能理解经验现实和个体的历史之物(Historische),数学的秩序体系不能把握个体的所有"切点"(Schnittpunkt),因而个体一开始就不在它的视野之中。而海德格尔借助司各脱关于"这一个"的论述指出:真实存在的就是个体(Individuelles),它不是特定种类的无规定的对象,反抗在质的因素中被分解,它只具有"差异中的同一"的类比统一性,是一个不可还原的终极之物,是一个"如此—现在—这儿"(Solches-Jetzt-Hier)。它不仅将一个普遍的形式个体化,而且它本身就在形式之中。也正因此,时间规定对于个体的刻画来说起着关键性的作用,个体自身承载着历史性的(historisch)因素。于是,海德格尔不再极力强调对上帝的无条件的绝对信仰,不再把高扬个体自我之价值的现代主义看作一无是处,而是要求一种"合理的自我主义"(berechtigter Egoismus)②。显然,这里就已有了海德格尔早期弗莱堡时期所谓的"实际生活经验"的"历史性"和当下各是的"实际性"(Faktizität)的根苗。③

---

① 布伦就曾指出,海德格尔所说的范畴意义的这种"内在性原则",预示着他有着双重属格的实际性解释学的哲学观念(John van Buren,*The Young Heidegger*,p.94)。

② See Holger Zaborowsiki, "'Herkunft aber bleibt stets Zukunft': Anmerkungen zur religiösen und theologischen Deimension des Denkwegs Martin Heideggers bis 1919", *Heidegger-Jahrbuch* 1,p.147.

③ 费赫也曾指出:海德格尔"《教职论文》中的许多方面都预示诸如'实际性'(facticity)(海德格尔对司各脱的'这一个'[haecceitas]概念的兴趣就是例证)之类的后来的重要论题"(M.费赫:《现象学、解释学、生命哲学——海德格尔与胡塞尔、狄尔泰及雅斯贝尔斯遭遇》,朱松峰译,《世界哲学》2005年第3期,第78页注)。

于是,海德格尔看到了用普遍概念来把握个体的不合适性。由于个体总是包含着一个"不可言说的剩余"(unsagbare Rest),个体作为个体永远不能通过普遍的本质而被完全把握,人们只能一再地接近它。具有重要意义的是,他在此还提出了"意义的运动性(Beweglichkeit)"的说法,并认为只有"通过活生生的言谈和陈述而被给予的、独特的、意义的运动性",才能与历史性个体相应(GA1,336)。如高田珠树所言:这"意味着他不是简单地把意义看作永远不动的存在,而是开始把意义作为活在世界中的现象来把握了"①。海德格尔已在开始有意识地,只有运动性的语言才适合于表达运动性存在,并努力地寻找着这种语言。这对于他1919年在思想主题和方法方面的突破来说意义重大。通过我们后文的论述,这一点会逐渐变得清晰起来。

此外,海德格尔还看到,指示代词有着独特的作用,因为一方面它的意义功能是普遍的,但另一方面通过充实,它确实又涉及个体对象,使"对象能在直接的直观中'活生生地'当下在场,以至于它们的存在(Dasein)和它们的可以把握的内容是不可能被怀疑的"(GA1,376)。这也就意味着,个体是可以直观地被"指示"的。这显然也预示着后来海德格尔提出的对"实际生活经验"之动力学(Dynamik)的"形式指引"方法。所以,麦克格拉斯说:海德格尔形式指引方法的形成植根于他的教职论文,植根于教职论文对个体之不可消除性的考察。②

在有效的意义领域中,海德格尔指出,意义就是形式和质料的统一,是形式被质料的具体化。也就是说,意义是范畴形式对质料的有效性。所以,他说:语言乃是对"意蕴"(Bedeutsamkeit)的表达,"只有在意义脉络(Bedeutungszusammenhänge)之中并通过它,我们才能对对象和事态知道些什么"(GA1,306)。而且,他已经看到,在生动的充满意义的谈话中,意义形式并没有被主体意识到,这种情况只有通过反思才会出现。只有当人生

---

① 〔日〕高田珠树:《海德格尔:存在的历史》,刘文柱译,石家庄:河北教育出版社2001年版,第66页。

② S.J.McGrath,*The Early Heidegger & Medieval Philosophy:Phenomenology for the Godforsaken*,p.74.

活在词语的意义之中,在意义脉络的实行(Vollzug)之中时,意义才是可把握的。后来,他的"实际性的解释学"就坚持从作为非理论反思产物的意义出发,实行对生活的理解。

至于作为意义的质料的"存在样态"(Modus essendi),海德格尔将之理解为可体验的东西,在绝对的意义上与意识对立的、"粗壮有力"的现实。它强使意识接受它,并永不可被消除。而且,他接受了拉斯克的"对形式的质料决定原则"(Prinzip der Materialbestimmtheit jeglicher Form)。根据这一原则,形式是一个关系概念:形式总是质料的形式,而质料总是处在一个适合于它的形式之中。形式从作为质料的现实那里获得其意义和规定。可见,质料本身就具有意义区分的功能,存在样态作为"被给予者也已显示出了某种范畴的规定"(GA1,318)。决定判断是真是假的东西,是"被给予者的有意义的内容,是被单纯直观着的事态"(GA1,273)。这种事态拉斯克称之为"前科学的生活"。在这种生活中,我们操作对象,但没有把它们专题化,对象质料在逻辑上是"赤裸的"。在1914年4月24日给李凯尔特的信中,海德格尔称这种"存在样态"为"前科学的现实性"(vorwissenschaftlich Wirklichkeit)。① 1919年以后,他称之为"实际性"。所以,如张祥龙先生所言:海德格尔所谓的"存在样态",换句话说,就是"原初的实际性"。② 后来,海德格尔自己也曾指出,他走向《存在与时间》的第一次冲动就是对"实际性"及通达它的方式的确认,并把这一冲动的开端锚定在这篇教职论文上。③ 后文我们将会看到,他在早期弗莱堡时期也一再强调:生活的"实际性"意味着它是不得不被接受的东西,而且它拥有自身固有的特殊"形式"。

但是,上述"对形式的质料决定原则"也引致了一个问题:非实在的超验范畴如何能对实在的质料有效呢?拉斯克的范畴理论是对象逻辑,拒绝从主体推演出范畴的有效性,以至于把主体还原为了意义的接收器,从而是片面的。海德格尔就此提出了范畴理论的第二个任务,即将范畴问题纳入判断和主体问题中去。他指出,范畴是对象的最普遍规定,客体只有相对于

① Martin Heidegger/Heinrich Rickert, *Briefe 1912 bis 1933 und Andere Dokumente*, S.18.
② 张祥龙:《海德格尔传》,北京:商务印书馆2017年版,第46页。
③ See Theodore Kisiel, *The Genesis of Heidegger's Being and Time*, pp.19-20.

主体才有意义,而在主体中客体通过判断而被确立起来。但是,即使是对对象的最普遍规定,如果不涉及构造客体的判断的话,也是不可理解的。所有差别都在对象那里,但却也是被认识和被判断为如此的差别。因此,只有从判断开始,才能解决范畴的有效性问题。而这就意味着要构造精确的主体概念,关注主体的"直接性的生活"(unmittelbar Leben)(GA1,401)。在这里,胡塞尔的意向性理论为海德格尔提供了思想资源。它提供了一种被给予性或明证性观念,使得海德格尔能够看到逻辑的意义如何在前理论的经验中在场,并使得他能够发展出一种关于"物自身"的原初可理解性或真理的理论。

于是,海德格尔认识到,"对形式的质料决定原则"以之为前提的形式和质料的二元分立,以及由此导致的主观逻辑和客观逻辑的二元分立,本身也是成问题的,必须把二者带入一个更高的统一体中去。为此,就"绝不能再停留在意义的逻辑领域及其结构中了",而是必须进入超逻辑的(translogisch)领域,即"活生生的精神"(lebendig Geist)①的形而上学领域(GA1,405)。② 而且,由于这一领域"在本质上是历史的精神"(GA1,407),所以"历史和它的文化—哲学的、宇宙目的论的解释"③就必须成为"在范畴问题范围内决定意义的因素"(GA1,408)。这也就是说,在一种范畴形式理论中,历史属于区分着形式、决定着意义的质料。这意味着"活生生的精

---

① 根据古道普和迈克格拉斯的考证,"活生生的精神"这个概念是海德格尔从德国浪漫主义思想家施莱格尔(Schlegel)那里接受而来的(Wolf-Dieter Gudopp,*Der Junge Heidegger: Realität und Wahrheit in der Vorgeschichte von "Sein und Zeit"*,S.90;S.J.McGrath,*The Early Heidegger & Medieval Philosophy:Phenomenology for the Godforsaken*,p.127)。但是,在教职论文的补充中,海德格尔曾指出:是费希特第一个试图把范畴问题置于活生生精神的构造意义的行为之中(*Becoming Heidegger*,p.75)。另外,海德格尔对这个词的使用显然也与黑格尔有关(关于这一点,See Hans-Helmuth Gander,*Selbstverständnis und Lebenswelt*,Frankfurt am Main:Vittorio Klostermann,2001,p.222)。

② 在此,海德格尔曾经非常赞许的屈尔佩那倾向于二元论的批判实在论,也受到了批判(GA1,404-405)。事实上,早在1912年的《逻辑新探》中,海德格尔就已不再提及屈尔佩了。

③ 海德格尔这里所使用的"文化哲学"(Kulturphilosophie)一词,显然来自他的导师李凯尔特。不过,在1919年夏季学期的讲座中,所谓的"文化—哲学"就成了海德格尔的批判对象。在战时呕须学期中,他又明确地指出了"文化哲学"之"目的论方法"的内在不可能性,因为它预设了它要获得的东西。

神"不再只是一个认知的、点性的主体,而是试图成为一个现实的、感性具体的主体。在活生生的精神之中,现实的心理生活与观念的意义、存在与应当之间的对立消解了。海德格尔认为,只有在这个领域之中,逻辑判断的有效性问题才能被解决。后文我们将会看到,由此他逐渐获得了如下的洞见:有效性问题只有在真正的主体即"实际生活经验"或"缘在"的实行(忧惧或牵挂)中,才能被解决,或者更确切地说,被消解。

在这里,虽然海德格尔还是在意识的范围内来理解"活生生的精神",但这"意识"不是胡塞尔所谓的绝对的先验自我意识,也不是生物学上的功能,而是充满意义并正在实现着意义的活生生的活动(lebendig Tat)。在该论文中,他又将这"活生生的精神"称为"真正的生活""生活的深厚和充盈""活生生的生活""前科学的认知""日常的、前科学的言说""历史的个体""活生生的个体""本己生活之流""个人的生活体验"等。而且,他还指出,理论态度只不过是活生生精神得以成形的诸多方向之一,并对这个"之一"加了着重号。因此,哲学不应该只对可认知的东西进行总括,而是应该突破到"真实和实真"(wahre Wirklichkeit und wirkliche Wahrheit)。这里所谓的"真实"就是指形式是历史地被质料充实的,"实真"则是指质料是通过形式而历史地被规定的。合而言之,"真实和实真"就是被质料所决定的形式,也就是个体的、历史的存在者。

在论文中,海德格尔认为,必须对这种生活经验进行先验的—存在的理解。不过,这里的"先验性"并不意味着脱离和失去自我,而是意指一种生活关联(Lebensbezug),即往返流动的体验之流(hin - und zurückfließend Strom des Erlebens)。在这"生活关联"和"体验之流"中,个体性与意义的普遍有效性结合在一个活生生的统一体之中。于是,在活生生的精神生活之中,逻辑意义的有效性问题找到了自己的根源。

在1917年1月27日写给李凯尔特的信中,海德格尔就明确断言:"纯逻辑是一个极端,是对活生生精神的伪装和扭曲",它"阻断了哲学与个人生活的基流(Grundströmungen)之间的关联"。① 这与他1911年发表的《论

---

① Martin Heidegger/Heinrich Rickert, *Briefe* 1912 *bis* 1933 *und andere Dokumente*, S.38.

学者的方向》一文中的论调已经是截然相反了。在那里,他还在极力地讽刺人们想摆脱逻辑的基本原则而从生活中截取世界观的倾向。现在,他不再大谈纯粹逻辑学是最高的哲学,而是强调"哲学更深层的世界观本质"(GA1,410),要求找回哲学的真正眼睛(Optik)——形而上学(GA1,406)。这种形而上学超越了逻辑的、认识论的观点而达及了活生生的历史精神,它意味着对活生生精神历史的、目的论的分析。① 从他在该论文中提出的对中世纪神秘主义进行研究的迫切需要来看,这里的"真正的眼睛"就是指走向了最为个人化的、历史性的经验领域的神秘主义神学。但是,海德格尔在此所谓的"神秘主义"不是指非理性主义的体验,因为他已认识到:不但"与生活分离的、以理性主义形态出现的哲学是无力的",而且"作为非理性体验的神秘主义是无目的的"(GA1,410)。他试图将二者结合起来,造就一种"充满生命活力精神的哲学"②。虽然在该论文中他还没有充分达到这一目的,但是他却已经开始从"超时间的、永恒有效的意义"走向了"主体的活生生的精神生活",哲学不再被理解为"永恒之镜",从而进一步靠向了"自身具有形式的、个体的、历史的实际生活体验"。如克兹尔所言:海德格尔的教职论文已经完全被走向"实际性"(或司各脱所谓的"这个性")的倾向支配着。③ 对活生生精神的形而上学—目的论的分析,最后变成了实际性的解释学。而且,秉承着黑格尔的"绝对精神"的巨大历史感,海德格尔意识到:必须用一种动态的连续性代替静止的界限划分,必须动态地理解不同对象领域之间的关系,于是历史问题逐渐成了海德格尔的哲学所关注的核心。

---

① 本书认为,此处显示了黑格尔对此时的海德格尔思想的影响。这里所谓的"形而上学的目的论的解释"应该是指黑格尔的思路。赖纳·斯图赫尔和因斯布鲁克将之猜测为新康德主义的价值哲学,并认为海德格尔实际上是要批判、放弃这种解释(《海德格尔与其思想的开端》,北京:商务印书馆 2009 年版,第 371 页)。这种猜测应该说是有点过头儿了。1919 年的海德格尔在李凯尔特的羽翼之下,似乎还没有这个"胆儿"。

② 参见张祥龙:《海德格尔传》,北京:商务印书馆 2017 年版,第 47 页。

③ See Theodore Kisiel, *The Genesis of Heidegger's Being and Time*, p.20.

第三节　历史科学中的时间概念

——实际生活的时间性和历史性维度

上文我们提到,海德格尔曾经有一段时期对数学自然科学产生了偏爱。这种偏爱以至于使他对历史产生了厌恶。在其博士论文的前言里,他还把自己称作"非历史的数学家"(GA1,61)。此后,对费希特、黑格尔、李凯尔特和狄尔泰的研究,以及芬克(Finke)教授的历史课,才使他消除了对历史的这种嫌恶。他逐渐认识到,哲学不应片面于数学自然科学和历史中的一方,并转而认为,后者更能使哲学丰产,从而对历史的兴趣反倒不断增长。也正是这一兴趣,导致了他教职论文的选题。① 在上面的论述中,我们也已经看到了他在这篇文章中对历史的关注,虽然这种关注主要是出自他对基督教遗产的兴趣,而不是出自对当代的历史相对主义难题的兴趣。这样,在海德格尔的思想中,"静态的逻辑必然与动态的、在时间中展开的现实性,处在一种紧张状态之中"②,但重心却越来越向后者偏移。在其博士论文和教职论文中,他都把判断的当下实行描述为意识流,将之称为"在时间中的实行和发生""流动的和变幻无常的现实"等,认为它是由各种事件(Ereignisse)构成的过程,差异、变化是其特征。于是,在其大学试讲论文中,海德格尔直接地探讨了历史科学中的时间概念。

海德格尔1915年提交的大学试讲论文《历史科学中的时间概念》旨在弄清历史科学中时间概念的结构。他认为,为此就应该首先弄清时间在历史科学中所具有的功能,这转而又要求弄清历史科学的目标是什么。因此,探讨的起点应该是历史科学的目标。而且,海德格尔看到,如果能与其他不

---

① 新的研究表明,海德格尔教职论文的选题乃是出于李凯尔特的建议,而非像人们通常所认为的那样出自芬克的建议(See Martin Heidegger/Heinrich Rickert, *Briefe 1912 Bis 1933 und andere Dokumente*, p.110)。当然,获得施奈德(Arthur Schneider)教授走后空下的基督教哲学教席,也是影响海德格尔教职论文选题的一个因素。

② Rüdiger Safranski, *Martin Heidegger: Between Good and Evil*, p.44.

同的时间结构进行比较,那么历史科学中时间概念的特殊性无疑会更明显地被呈现出来。所以,他首先分析了物理学中的时间概念。研究问题的思路与上面一样,即先弄清物理学的目标是什么。

通过对伽利略提出的新方法(即先提出假设然后用经验去证实)的分析,海德格尔认为,物理学的目标是描绘物理世界的整体图画,获得在数学上可规定的法则。为了达到这一目标,时间在物理学中所起的作用就在于使得测量成为可能。于是,对于物理学来说,时间就成了一个记号,一个参数,一种均质的排列,时间的每一个点只是作为从起点而被测量的位置,才是有差别的。这就是物理学时间的逻辑结构,它凝固、教平了在其流动(Fluß)之中的本真时间。

相较而言,历史科学虽然也将事件安置在其特定的位置上,但这却完全不同于自然科学对时间的使用。首先,历史科学的对象是创造着文化的人。人的文化创造从根本上说是人类生活的客体化。而历史科学的目标就在于,依据客体化的独特性去描述其成效和发展。其次,历史的对象总是过去的东西。因此,相对现在而言,过去的时间具有"质上的它性"(GA1,427),在历史学家和他的对象之间有一条时间的鸿沟。因此,历史学家必须跨越时间。然而,这只有当时间自身开始在起作用时,这一要求才是可能的。也就是说,历史学家自己也是时间性、历史性的存在者。

历史科学的时间概念的功能则体现在它的两个基本任务中。其一是保证它所描述的事件的"现实性"(Wirklichkeit),即验证历史"材料"的可靠性。这样的历史"材料"就使得科学地通达历史实在成为了可能。其二是端呈出起先个别地被确立起来的事实之间的关联。在这个任务的完成中,时间概念也起着同样本质性的作用,它是一个时代、一个年代的"引导性的倾向",它使得不同的时代和年代相互区别开来。

最后,海德格尔指出,历史科学中时间概念所起的功能表明:它是异质的,它所显示出来的是一个时代个别的、质上不同的样式,因而它的历史规定性自身毫无意义。比如,历史日期等只是方便的记号,只有在考虑到其有历史意义的内容时,才有意义和价值。可以说,只要一开始计算时间,历史中的概念形成原则就显示出来了,即与价值相关。也就是说,它与现实生活相关。这就是历史科学中时间概念的逻辑结构。

毫无疑问,这篇文章弥漫着李凯尔特的味道①,透露着新康德主义对科学的传统划分(即"制定法则的科学"和"描述特征的科学"之间的区分)的思想,并追随新康德主义把生活理解为精神客体化的结果。② 关于时间概念,海德格尔也并未从根本上突破传统的理解,依然将之看作需要概念界定的对象。但是,通过比较自然科学和历史科学之时间概念的差别,他将自然科学和历史科学区分开来,进而将外部世界的实在与历史实在区分开来,看到了一种个体性的、异质的、流动的、充满价值和意义的存在样式。他也看到了,要把握和理解这种存在样式,就必须获得原初的时间观念。为此,他不再像 1911 年写给他的资助人绍尔(Josef Sauer)教授的信中所说的那样,要通过运用数学物理学的原则来解决时间问题了③,也不像他在 1910 年发表的一篇文章中那样,要对"任何热衷于讴歌地面事物和高度评价生命此岸观点的人都予以无所畏惧的痛击"(GA13,2),而是发现了一个新的方

---

① 巴拉什就曾明确指出:"海德格尔的早期著作显示了他当时正在密切研究的李凯尔特的理论"(Jeffery Andrew Barash, *Martin Heidegger and the Problem of Historical Meaning*, p. 106)。比如,在这篇试讲论文中,海德格尔宣称:从被给予的东西中选择出历史的东西,奠基于一种价值关联(SU,56)。这种以价值为标准来划分历史和非历史之物的做法,显然遵循着李凯尔特的思路。而区分纯粹逻辑的领域与经验的实在、数学的领域的做法,也表明此时的海德格尔是李凯尔特的"忠实追随者"(See Michael Friedman, *A Parting of the Ways*: *Carnap*, *Cassiree*, *and Heidegger*, Chicago and La Salle, Illinois: Open Court, 2000, p.40)。谢汉则指出:李凯尔特关于自然和历史的区分虽然粗糙,但对当时的海德格尔来说是基本性的(*Heidegger*: *The Man and the Thinker*, p.6)。

② 新康德主义是海德格尔思想形成的重要背景和氛围,尤其是其导师李凯尔特和师兄拉斯克,在很多方面极大地影响到了他。以至于 Tom Rockmore 认为,海德格尔的哲学可以看作是新康德主义的"非典型"(atypical)形式(See *Heidegger*, *German Idealism*, *and Neo-kantianism*, p.12)。卡普托则说,与其把海德格尔 20 世纪 20 年代之前的立场描述为一个"经院主义"哲学家,还不如把他描述为一个新康德主义者(See John D.Caputo, *Heidegger and Aquinas*: *An Essay on Overcoming Metaphysics*, p.45)。罗森茨威格甚至认为,海德格尔恰恰是新康德主义马堡学派的代表人物柯亨思想的后裔和重复(See Peter Eli Gordon, *Rosenzweig and Heidegger*: *Between Judaism and German Philosophy*, Berkeley, Los Angeles, London: University of California Press, 2003, pp.276, 293)。当然,就像对待胡塞尔的现象学一样,海德格尔对新康德主义一开始就没有无批判地全盘接受。海德格尔 1914 年对经院主义者查理斯·森特罗尔(Charles Sentroul)《康德与亚里士多德》一书的评论表明,他此时的企图只是在于用新康德主义的先验主体理论来补充经院主义片面地指向对象的反思。

③ See Hugo Ott, *Martin Heidegger*: *A Political Life*, pp.70-71.

向,即从现实生活出发来理解时间。这预示着海德格尔已明确意识到了实际生活的时间性和历史性维度。同时,这也使如下的任务变得更加紧迫了:寻获与把握外部实在的方法不同的特殊方法。所以说,海德格尔已把逻辑和范畴研究与生活和人的历史问题链接了起来,并相信对作为方法的胡塞尔现象学的理解应该从实际生活经验开始。这样,"实际生活经验"领域的出现也越来越迫近了。

小　结

在动荡不安的艰难时代和生活中,海德格尔形成了"追求生活的真理、拒斥生活的谎言"的原初动机,在这一动机的推动下,以及胡塞尔、狄尔泰等人思想的影响下,海德格尔开始走出纯粹逻辑和思辨神学的王国,把"存在"范畴之无时间的绝对有效的逻辑意义导向了"生—动"的精神生活(经验)领域,发现了存在的个体性、时间性和历史性维度,获得了如何言说这一领域的指示。虽然这一切只是星星之火,他此时的思想还有诸多不足之处(比如,依然囿于主客二元分立的认识论大框架之中,把生活看作是精神、意识的生活,依然在追寻着无时间地同一的终极之物,还留有新康德主义的价值论和经院主义形而上学的残余等),但是如伦奇所言:海德格尔已经开始把逻辑和哲学理解为与行为相关的、实践的,将意识看作有意义的和实现着意义的活生生行为,从而顾及到了活动和生活的关联。① 这些因素把他逐步地引向了"实际生活经验"的熊熊燎原。正如菲加尔说:"在海德格尔晚期著述的背景上适当地留意这些早期著述,就会识别出,核心性动机在这里已经跃然纸上。这种核心动机就是:历史经验以及对自身生命的真实体验,或像海德格尔后来讲的那样:对此在的真实体验。这些动机的效应就是海德格尔独特的哲学的标志。"②

---

① See Thomas Rentsch, *Martin Heidegger-Das Sein und der Tod*, S.40-41.
② [德]君特·菲加尔:《海德格尔》,鲁路、洪佩郁译,北京:中国人民大学出版社2010年版,第7页。

在 1915 年发表的一篇文章中,海德格尔已经洞见到,思想(Besinnung)不是通过生活而理解,而是生活的一种理解。思想是对生活意义的无偏见的认知,是对生活意义的决定性的实现。① 也就是说,思想乃是生活自身的一种存在样式。在 1916 年 3 月 5 日写给佩特瑞的一封信中,他就已说道:"现在我知道了,可以有一种活生生生活的哲学"。而且,他还声言要与理性主义进行一场生死搏斗,反对把被理性主义破坏的生活保存在非现实的僵死范畴形式和无血液的框架之中,从而使之腐烂。在 1917 年 3 月 12 日写给佩特瑞的信中,他又进一步指出:我们需要一种实在的本己现实(reale Eigenwirklichkeit),我们应当首先在其历史的唯一性(Einmaligkeit)和充盈中,而不是静力学地(statisch)在图式中,思考生活。② 在 1917 年写给佩特瑞的另一信中,海德格尔看到:生活太丰富、太伟大,谁要只是逻辑学家,谁就因而只能将一个根本性的悖谬摆在自己面前,在哲学上处于极端的无助之中。他把自己这些思想上的转变称作"翻倒"(Umkippung),并明确说道:自成为私人讲师至今,我一直都在体验着这些"翻倒",直到这个冬天,"历史的人"对我闪现。③ 所以,克兹尔把理查德森(Richardson)关于海德格尔 I 和海德格尔 II 的划分进一步复杂化,将 1912—1916 年的海德格尔称作"海德格尔—零起点(Heidegger-Zero)"。④ 而史密斯甚至认为,1916 年海德格

---

① See Martin Heidegger,"Das Kriegs-Triduum in Meßkirch",*Heidegger-Jahrbuch* 1,p.24.

② See Martih Heidegger,"*Mein liebes Seelchen*!":*Briefe Martin Heideggers an seine Frau Elfride*,pp.36-37,54.

③ See Martih Heidegger,"*Mein liebes Seelchen*!":*Briefe Martin Heideggers an seine Frau Elfride*,pp.36-37,54,57。不过,由于在写了教职论文的《结论》之后,直到 1919 年的战时哑须学期,海德格尔没有再公开发表著作或论文,他 1915—1917 年的所有讲课稿都已不存在了,学生抄本也未被发现,所以这一时段内其思想发展的具体情形现在还很难理清。克兹尔因此把海德格尔的这段时间称作"空白期""间断期"(Interregnum)(See Theodore Kisiel,*The Genesis of Heidegger's Being and Time*,p.114)。但我们在此可以稍加提示的是,海德格尔这个突破过程与他对中世纪神秘主义的热情关注密切相关。因为在海德格尔看来,在宗教神秘主义者那里表现出了原初的、直接的、活生生的体验。后来他曾回忆说,1918 年他在奥古斯丁那里就首次遇到了"牵挂"现象(GA20,418)。本书在此无法详细展开这一点了,可参见他写于 1918—1919 年的一篇演讲纲要《神秘主义的哲学基础》(德文版《海德格尔全集》第 60 卷,第 303—337 页)。

④ Theodore Kisiel,"Heidegger (1907-1927):The Transformation of the Categorial",*Heidegger's Way of Thought:Critical and Interpretative Signposts*,pp.84-85.

尔就已成了海德格尔,所有关键性的直觉和核心性的理解都已潜在了,从此以后,他的根本理解没有发生重要的改变。①

实现了思想"翻倒"的海德格尔发现了新的领域、新的方法、新的哲学。他迫切地想向世人宣布这一切。1918 年 10 月 2 日,他就曾对布洛赫曼(E-lisabeth Blochmann)说:"我们的义务是,把我们在最内在的真理中所经历到

① See Gregory Bruce Smith, *Martin Heidegger:Paths Taken, Paths Opened*, pp.42,45.史密斯在此提出的理由是:到 1916 年,海德格尔那里已有了反现代的道德和政治预感,有了反主体主义的基本思想,有了对宗教的核心性和不可逃避性的理解,有了对日常实在和哲学自身实际的、历史的根基的理解。但是,海德格尔的道德和政治预感与他在哲学上的原初突破并无直接关联;被史密斯视为海德格尔此时提出的核心概念的"活生生的精神",其最终目的恰恰是寻求一个恰当的主体,所以说他此时反主体主义至少是有误导性的(这实际上是海德格尔20 世纪 30 年代的思想转折之后才彻底做到的事情),更准确和可靠的说法是说他反心理主义;宗教尤其是它的神秘主义经验的确是使海德格尔取得哲学上的突破的一个重要因素和方面,但是这一点只能从他 1918—1922 年所写的关于宗教生活现象学的著述中才能得到文献上的初步证实;将外部实在和哲学自身奠基于人的实际性之中,这的确是海德格尔所取得的核心性的哲学突破,但是,正如史密斯自己所言,这只是些"潜在的"倾向而已,在 1916 年之前的海德格尔那里并没有哲学高度上的系统的明确阐述,这样一个只有潜意识的人如何就能成了真正的自己呢? 据此,就哲学层面而言,我们无法说海德格尔 1916 年就成熟了。史密斯的这一论断建立起他如下的错误前提之上:海德格尔不是一个慢慢成长的传统式的思想家,他一开始就是他自己。显然,他过分地夸大了海德格尔思想的独立性,他把海德格尔著作中所表现出来的经院主义、新康德主义、现象学等哲学思想的影响,看作是海德格尔为了寻求职位、升迁或为自己的政治错误进行辩护而实施的策略,根本不是实质性的。于是,海德格尔的著述中一切与对现代性的批判和实践生活无关的思想和表述,都被解释成了预先有计划地被建构的起虚饰作用的"门面"。这样挂羊头卖狗肉的海德格尔根本就是油盐不进,根本不会受到其他人的"深刻"影响。他成了蹦着走的速成哲学家,真的成了一出生就全副武装的雅典娜! 另外,我们也不能说海德格尔 1916 年后的思想基本没有重要变化。比如,在后期海德格尔那里,哲学或思想已处在了高于宗教的层面上,它完全可以不关心宗教的问题,而后期海德格尔把哲学自身归属于存在自身的召唤则是一个更重要的思想转变。Braver 甚至说,虽然海德格尔两个阶段的思想之间存在着许多重要的连续性,但是一些区别(比如,在海德格尔后期思想中人的作用发生本质性的变化,历史性弥贯一切)有足够的意义使"转折"成为一种真正的"断裂"(See Lee Braver, *Heidegger's Later Writings:A Reader's Guide*, London ;New York :Con-tinuum, 2009, p.3)。然而,史密斯却又说,海德格尔的现象学洞见(即存在是在人的绽出时间性的活动中在场的)从始至终都是其思想的不变基础。海德格尔的后期思想是脱离、背叛了他早先的现象学洞见的结果,以至于几乎他所有的后期思想都是背叛。但是,如果这种"脱离"和"背叛"都不算重要变化或转折的话,那是什么呢? 史密斯又将之化解为修辞性的策略,即是非实质性的。真不知是谁在要策略和手段,是海德格尔自己,还是史密斯? 当然,史密斯的这种解释方式实际上并不新鲜,布迪厄早在 1975 年出版社的《海德格尔的政治存在论》一书里,就采用了这种解释方式。

的活生生的和紧迫的东西,讲述给志同道合的人们。"①在 1919 年的战时亟须学期(Kriegsnotsemester)中,面对一群被第一次世界大战震动得迷失了方向的、淹没于"厌倦之海"中②的退伍老兵,海德格尔终于有了履行这一义务的机会。

---

①　Rüdiger Safranski,*Martin Heidegger*：*Between Good and Evil*,pp.85-86.

②　See Hannah Arendt,"Martin Heidegger at Eighty",*Heidegger and Modern Philosophy*：*Critical Essays*,p.294.

第三章　突入"实际生活经验"领域

1919年2月25日至4月16日,海德格尔为一战中的退伍老兵开设了被称作"战时亟须学期讲座"的课程①。在该讲座中,他在主题和方法方面都取得了突破性的进展:突破了传统理论姿态和立场的束缚,把"在自身之中并为了自身的生活"(Leben an und für sich)确立为了其哲学的主题,把"解释学的直观"(hermeneutische Intuition)作为其思想的方法。

海德格尔这个讲座的目的出自其追求生活之真理的原初动机,它具体表现为一个内在的召唤:"人,成为本质性的(wesentlich)!"(GA56/57,5)他指出:为了实现这一动机,就需要对大学进行改革,以使整个一代人都成熟(reif)起来。而这又意味着,要使真正的科学意识和生活脉络(Lebenszusammenhang)重生,即唤醒(erwecken)和提升科学意识的生活脉络,也即重新理解生活和科学以及二者之间的关系。② 在他看来,这不是理论阐释的事儿,而是典范性的榜样(vorbildlich Vorleben)的事情,也就是说,先行给出指示的事情;不是提供实践规则的事儿,而是实行(Vollzug)的事情。给出何种指示? 如何实行呢?

---

① 该次课程的讲座稿是海德格尔现存的最早的讲课稿。他一开始宣布的课程内容是关于康德的,但是后来改成了"哲学的观念和世界观问题"这一题目。

② 克洛维尔的如下说法是有问题的:海德格尔所提出的不是大学的改革,而是通过对作为实际生活之"原初科学"的现象学的彻底化而改革哲学(See Steven Galt Crowell, *Husserl, Heidegger and the Space of Meaning*, p.160)。实际上,对海德格尔来说,大学的改革和哲学的改革,其终极旨归都在于人的改革。也就是说,二者是本质上内在一致的。

海德格尔指出,首先要打破理论之物①的统治地位(Vorherrschaft des Theoretischen)。在这里,他还是接着以有效性问题为突破口,开展这一工作的。如我们上文已经看到的,有效性问题的核心困难在于:无时间的绝对有效的形式领域如何与在时间中变化的实在质料领域发生关联。而此时的海德格尔已经认识到:这个难题的提出本身就证明:我们依然囿于理论的领域之中。我们"只是由于已经理论地(theoretisch)摧毁了这两个领域之间的桥梁,现在才无助地站在河的一岸"(GA56/57,55)。因此,首先必须从这一理论领域中突围出来。但这并非意味着宣称时间之物的统治地位,也不是引入某些东西从新的方面来展示问题,而是要回溯到"前理论的东西"(Vortheoretisches),确立起"生活的优先性"(Primat des Leben)。为此,海德格尔让听讲的学生们与他一起实行两种不同的体验。

第一节　发问体验

第一种体验是发问体验(Fragerlebnis)。被问的问题是:"有东西在吗(Gibt es etwas)?"海德格尔指出,之所以挑选这个问题,是为了尽量减少先入之见,因为这一问题是不固定于任何具体内容的、最为空洞的问题,说"某个东西是东西"是能对此东西所做的最少的陈述。不过,他强调,在"有……吗?"这一发问的开端处,就已有东西了。这"东西"不是心理的主体,而是发问的体验。也就是说,当我们自己正在发问"有东西在吗?"的时候,我们并不是像生物学家在实验室里观察标本那样,在认知某一个外在对象,因为此时我们并没有认知到在我们面前经过的过程(Vor-gang)或事件

---

① 根据张汝伦先生的理解,"理论的"(das Theoretische)在海德格尔的这个讲座中有广狭两种含义:狭义上它是指在科学思维和认知中表现出来的理论,也就是我们日常所理解的"科学理论"意义上的"理论";广义上的"理论"则指认识论、哲学心理学和反思现象学对全部前科学体验的专题化。海德格尔主要是在后一种意义上使用这一概念的(参见张汝伦:《论海德格尔哲学的起点》,《复旦学报》2005年第2期,第38页)。根据海德格尔的有关论述,本书对此大体表示赞同。

（Geschehen），也没有认识到某个物理的或心理的东西被给予了，而是通过将某东西作为可问的东西摆在面前，我处于关联行止（verhalten）中，在实行（vollziehen），或者说纯粹地投身于（hingeben）这一体验。

　　但是，海德格尔进一步指出，在发问体验中，我们看到的只是通过对可问的东西的发问，"它生活着"（es lebt），我们发现的是"对东西的体—验（Er-leben）"和"向东西而生活"（Leben auf etwas zu），却并没有发现一个有着自己的名字和年龄的"我"（Ich）之类的东西。发问体验与正在发问的、对我来说如此如此存在的、我的个体的"我"没有任何关联，而只是一般地与某一个"我"相关。在此意义上，它是绝对地"远离我的"（Ich-fern）。这里的"东西"没有任何特定的内容，而是任何的东西，或者说是最抽象、最普遍的东西（Algemeinste）。

　　另外，"有东西吗？"问的不是东西是否存在或有价值等具体内容，而是问是否"有"东西。海德格尔看到，这里需要继续追究的问题是："有"是什么意思，"有"的意义的动机何在？发问行为的意义是什么？他发现，从这种发问体验出发，无法彻底地回答这些问题，因为它抹平了具体的、历史的个体及其特有的境域，从而是一种理论性的事物化（Verdinglichung）。

第二节　周围世界体验

　　与上面这一发问体验相对，海德格尔提出的另一种体验是"周围世界体验"（Umwelterlebnis）。这种体验是我的体验、我有的体验和我已有的体验。在讲课过程中，他要求听讲的学生们和他一起进入"教室体验"：你在惯常的时间像平常一样走进教室，并走向你的座位。现在关注你"看你的座位"的体验，或者你转而将自己置身于我的位置上：我走进教室，我看到了讲台。"我"看到了什么呢？四方的棕色表面吗？一个大盒子上面放着一个小盒子吗？不，我看到的是我要在上面讲课的讲台。你们看到的是你们要在它前面听讲和我已经在那里讲过课的讲台。我并不是先看到一个棕色表面，然后它对我显示为一个盒子，接着显示为一张桌子，再后来显示为课桌、讲台，这样我才把那个盒子似的东西标示为讲台,而是一下子(in einem Schlag)就看到了讲台。即使是黑森林的农民和塞内加尔的奴隶被带到教室里来,他们也不会只看到一堆颜色和表面,而是在一个背景中看到充满意义的东西。

在上面这种看的体验中,一方面,讲台是从一个直接的周围世界(如黑板、书本、学生等等)中而被给予我的,而这个世界是一个充满了意义的世界。对于这个意义的世界自身来说,"到处都是这种情况:'它世界化着'(es weltet①)"(GA56/57,73)。也就是说,在世界中存在的并不是被一个理论主体所审视和考察的客体、对象,而是意义的发生事件。在这世界中,不经过思想的弯路(Umweg)而直接被给予的、有意义的东西,才是原初的东西(Primäre);另一方面,在这周围世界体验中有属我的东西,只有通过与这特定的"我"的调谐,才有"它世界化着"的意义发生事件。在它对我而世界化的任何时候和任何地方,一个我总是在。但这"我"不是一个心理实在,也不是一个先验的认知主体,而是一个拥有自身世界的、具体的、当下的我。因而,海德格尔指出,周围世界"体验(Er-leben)不是像一个事物一样在我面前经过,而是我把它据为己有,而它则根据其本质将自身居有(er-eignen)",而且"生活只以这种方式而生活着"(GA56/57,75)。简而言之,周围世界体验不是过程,即被客体化的、被对象化和认知的事件(Geschehen),而是"居有事件"(Ereignis)②。在这发生事件中,我与世界相

① "welten"这个词并不是海德格尔自己造的,而是一个古老的德文词,意指"过喜好花费的生活"(See César Lambert, *Philosophie und Wlet beim jungen Heidegger*, p.127)。

② 海德格尔此处所使用的"Ereignis"的含义与该词在其后期思想中的含义基本相同,只是在这里他强调的是"我"对"Ereignis"的居有,而后期则更加被突出的是"Ereignis"的自身居有。当然,此处该词的含义还不像后来的那样丰满。国内外对这个词的翻译可谓五花八门了:有人将之译为"事件"(event)、"发生"(happening),有人译为"转让""居有"(appropriation),有人译为"居有事件"(the event of appropriation,appropriating event),有人译为"居有的揭蔽"(disclosure of appropriation)或"自身化"(enownment),"本成事件"(propriative event),有人译为"性起"(shoki),有人译为 bearing,有人译为"大道",有人译为"本有""本是",有人译作"自身的缘构发生",有人译作"大化流行",有人译作"统化",近来又有人想将其译为"自在起来"。当然也有人干脆两手一摊无可奈何地任其不可译而照直搬上德文,于是苦了那不懂德文的觅思者。本书认为,国内学者的译法解释性因素太强,这样的译名虽然易于为国人所接受,但是也必然造成对其原意的部分遮蔽,甚至是虚增。英译虽然也有解释性成分,且显冗长,但毕竟更贴近该词的德文原意。所以,本书遵从"居有事件"的译法。而且这样一来,在相应动词的翻译上也会更流畅一些。

互居有,从而相互勾连。而"es weltet"中的"es"就是这个发生事件。相反,在"有东西吗?"的发问体验中,我对其"有"而进行发问的任何东西并不"世界化"。在这里,世界被消除了,成了被审视的客体对象,我的属己自我被压瘪而成了一个不变的理论的我。这是活生生体验经过事物化后的残余,是一种"去生活化"(Ent-leben)。

根据这种周围世界体验,海德格尔摧毁了理论之物的统治地位,摆明了一个前理论的原初领域。他指出,在周围世界体验的居有事件中,没有什么"被给予性的意识"(Gegebenheitsbewußtheit)。所谓质料的"被给予性"已经是一种理论的形式,是一种强加于周围世界之上的、虽不明确但已是真正的理论反思(theoritische Reflexion),是对周围世界最初的对象化式的侵害,是一种"去生活化"。因为,所谓的"被给予性"自身就以"内在的"与"外在的""物理的"和"心理的"之间的区分为前提。而这一区分乃是理论姿态的产物,只有在事物性(Dinghaftigkeit)的领域内才有其价值,只有站在主客二元分立的立场上才能看到其意义。因此,"对外部世界实在性问题的真正解决在于如下洞见:它根本就不是一个问题,而是一个无意义的谬论",而且只要我们还严肃地对待和回答这个问题,我们就是在强化这个谬论。而提出反对意见说周围世界体验预先设定了实在为其前提的人,同样依然陷在理论领域之中,因为设定(Voraussetzung)和不设定只有在理论领域之中才有其意义。这种理论化的顶点是被对象化的、完全形式的和空洞的东西,"它是绝对地无世界的、与世界异在的;它是一个使人们无法呼吸、无人能够居住的领域"(GA56/57,112)。据此,海德格尔彻底解决,或者说消解①了外部世界的实在性(Realität)问题。他认识到,无论是实在论②还是唯心

① 所以,霍尔指出:海德格尔把哲学成功地限于自然态度之中,这使得他不能严肃地对待认识论上的唯我主义(See Harrison Hall,"The Other Minds Problem in Early Heidegger",*Heidegger Reexamined*,Volume 4,p.225)。阿尔维斯说:海德格尔"掠过"(pass over)了物质世界,总是"逃避"世界的物质性(See Lilian Alweiss,*The World Unclaimed:A Challenge to Heidegger's Critique of Husserl*,pp.102-103)。但是,根据青年海德格尔关于实在性问题的讨论,阿尔维斯的这个指责性的断言并不精当。
② 在1919/1920年冬季学期的讲座《现象学的基本问题》中,海德格尔称批判实在论是"庸俗的非哲学",认为它本质上是一种认知理论(GA58,7)。自此,他就与他曾经颇为赞赏的批判实在论彻底划清了界限。

论本质上都属于理论姿态,而所谓的"被给予的实在性领域"已是属于从周围世界中割离出来的理论性领域,"实在性的意义动机(作为理论性的意义因素)来自生活,并且首先来自周围世界体验"(GA56/57,92)。①

另外,在战时呕须学期的这个讲座中,海德格尔也已明确意识到,他的根本问题在于对体验本身的方法论把握。虽然在该讲座中,他并没有对方法问题进行详细探讨,但是在讲座的最后,他明确指出,意义、语言表述不必是理论性的或对象性的,而可以是原初的活生生的和体验的,并提出了"解释学的直观"的方法。这一方法的关键之处在于:它不是把生活体验作为对象、客体来做理论性的考察,而是在生活自身之中并与生活同行(GA56/57,117)。这种方法后来就发展成了海德格尔的"秘密武器"——形式指引。

小　　结

在战时呕须学期中,海德格尔打破了理论之物在哲学中的统治地位,把理论判断的逻辑意义彻底地溯回了前理论的实际生活体验②,突入了一个原初的领域,并意识到了进入这一存在领域的哲学方法,在哲学的主题和方法方面都获得了一个新的开端。在该讲座中,他以如下的一句话摆明了他的这一原初突破:"真正的洞见只能通过真诚地、不懈地沉入生活自身的本真性中,最终只有通过个人生活自身的本真性才能达到",哲学应该成为对生活"绝对真诚的科学"。③

---

① 21世纪,依然有人认为,在《存在与时间》中,海德格尔只承认人的存在是实在的,只有具有自我意识的存在者的存在才是实在的,在这个问题上,表明了他早期哲学的主观唯心论的特征(参见夏汉苹:《海德格尔传》,武汉:长江文艺出版社2001年版,第87页),足见西方近代传统哲学姿态的顽固。

② 在该讲座中,海德格尔并没有提到"实际生活经验"这个词。但是,如张祥龙先生所言:在1919年的时候,虽然海德格尔"用别的词表达人的实际生活经验,但是意思已经在那儿了"(张祥龙:《朝向事情本身——现象学导论七讲》,北京:团结出版社2003年版,第216页)。

③ Martin Heidegger, *Towards the Definition of Philosophy*, p.188.

第二部分

前理论的、动荡的"实际生活经验"

我们已经看到,对于海德格尔来说,1919年是其思想发展过程中至关重要的一年。如克兹尔所言,在这一年的战时亟须学期讲座中,海德格尔成了真正的海德格尔、"第一个海德格尔"①、"原初的海德格尔"(Ur-Heidegger),因为他第一次确认并命名了自己的终生主题:实际生活、实际生活体验。在此后的早期弗莱堡讲座和论文中,海德格尔的思想就是围绕着这一主题领域而展开的。借用他后来的话说,"实际生活(经验)"就是他这一时期的"事情自身"。下面我们就对海德格尔的"实际生活经验"概念进行具体的阐述。为此,我们首先需要对"实际生活经验"(faktische Lebenserfahrung),以及"生活""经(体)验""实际性"这几个词作一下简略的交代,以期打破对它的传统偏见,获得一个恰当的前理解。

我们在前文已经看到,在海德格尔学生时代的书评和论文,尤其是后来的教职论文中,"生活"、"经验"("体验")、"生活经验(体验)"就已出现了,虽然其含义与1919年之后并不完全相同。在1919/1920年冬季学期的讲座《现象学的基本问题》中,他第一次使用了"实际生活"(GA58,37)和"实际生活经验"(GA58,70)。②

在为讲座《现象学的基本问题》而写的散页中,海德格尔指出了"实际生活经验"这个复合词的四个含义:在自足的意蕴脉络中生活;生活显明自身;生活具有朝向某个世界的倾向,但没有对自身的明确拥有;"我"和"有"不是被构造的,而是在"动机—成就"(Motiv-Leistungen)中可经验和被经验

① John D.Caputo,*Heidegger and Aquinas:An Essay on Overcoming Metaphysics*,p.57.

② 在《评卡尔·雅斯贝尔斯的〈世界观的心理学〉》一文中,海德格尔也提到了"实际生活经验"一词(GA9,32)。不过,该文的具体写作时间至今尚无法准确地被确定。该文的第一位编者 Hans Saner 认为它写于1919—1921年,而克兹尔则认为它写于1920年夏季学期之后的几周之内(See *The Genesis of Being and Time*,p.137)。如果克兹尔是对的,那么海德格尔就是在此评论中第一次使用"实际生活经验"这个词了。而至于海德格尔是何时开始使用"实际的"一词的,本书无法确定,毕竟这个词在德文中是一个普通的常用词。

的(GA58,185)。而在1920/1921年的讲座《宗教生活现象学》中,他称"实际生活经验"是"姿态地、沉沦地、对意义关联漠不关心地、自足地对意蕴的忧惧(Bekümmerung)"(GA60,16)。但需要指出的是,按照海德格尔1919年后的一贯看法①,我们不能用普遍性的种加属差的方式,获得"实际生活经验"的精确完整定义,而是只能通过他早期弗莱堡时期的具体阐释而获得一些指引和提示,并将之纳入自己的当下生活中加以具体的实行。这一点也适用于"生活"这一表达。

在1920年夏季学期的讲座《直观和表达的现象学》中,海德格尔指出了当时哲学界对"Leben"一词的两个主要理解:作为客体化的"Leben"和作为体验的"Leben"。在他看来,这两种理解都是不恰当的,它们各自引起了难以解决的问题。对前者而言,是先天性和历史性的对立;对后者而言,是理性与非理性的对立。

在1921/1922冬季学期的讲座《对亚里士多德的现象学解释:现象学研究导论》中,海德格尔从正面对"生活"的含义进行了指示。首先,他指出,"生活"意指一种终极性的东西(Letztes),当人们使用"生活"这个表达时,他自己就已在场了。在此,人们不是追问严格的意义,而是与表达进行游戏。当然,这游戏不是故意地玩耍,而是被词语所吸引,并且是出自对生活的真正的基本情感。然后,他探讨了"生活"的动词含义:"Leben"可作不及物动词来被理解,比如人们常说:"他放荡地生活着""人们如此地生活着"等。这种意义上的"生活"被海德格尔规定为"牵挂"(Sorgen);"生活"也可作及物动词用,比如人们会说:"生活生活"(das Leben leben)。这个意义上的"生活"多是以复合词的形式被使用,比如"过(verleben)年""体验(erleben)某物"等。而当作为动词的"生活"被名词化之后,就已经具有了及物和不及物的两义性了。据此,海德格尔列出了作为名词的"生活"的三个基本含义:作为及物和不及物的"生活"的后果、扩展和实行的生活;作为可能性的分化、给出和塑造的生活;作为在其不通透性中的力量、命运

---

① 参见德文版《海德格尔全集》第56/57卷,第39页;第58卷,第150、241页;第60卷,第3、10页;第61卷,第9、17页。

（Schicksal）的生活。简而言之，"生活"乃是对命运之可能性的实行。①

至于"实际性"一词的含义，在阐述实际生活经验的实际性特征时，我们会详细交代。下面我们对海德格尔所谓的"经（体）验"再先行做一勾描。

在早期弗莱堡时期，海德格尔并未明确区分"经验"（Erfahrung）和"体验"（Erlebnis）这两个词，而是经常将二者混用，只是当与"实际的"一词连用时，他一般会用"经验"这个词。②

在《现象学的基本问题》中，海德格尔对"经验"的含义进行了探讨。他指出，我们每个人在其实际生活中的遭遇、认知、留下印象、感到震惊、迷恋他人等就是经验，它们是我们在生活的运行中获得的。经验的名词形式"Erfahren"和"Erfahrung"不仅仅是指遭遇本身，而且还同时意指被遭遇者。因此，海德格尔故意保留了经验的双重含义："Erfahrene"既可指经验者，也可指被经验者，它既是接受又是赢获。这也就意味着，实际生活就是实际生活经验，反之亦然，而非一边是实际生活，另一边是对实际生活的经验，后者把前者作为一个对象来认知和表述。所以，他特别强调经验并不是获得认知，而是我在每一时刻经验到的东西或如此如此地被经验者，以某种方式被纳入了我的自我生活，或者说对我成了可通达的（zugänglich）。以这种方式，我居有我看到的东西，被经验到的东西对我显示为可支配的。因此说，经验是进入了我的自我世界的东西，由之我知道什么对我来说是可支配的，我可以动用什么。这样，经验就具有可支配性（Verfügbarkeit）的特征。这种可支配性或者是明确自发的，或者是被动可用的，并且在不断地增长变化，因而实际生活中的经验是多种多样的。这些不同的经验样态虽然在内

① 但是，在早期弗莱堡时期，海德格尔并未对此做出进一步的阐释。只是到了《存在与时间》，尤其是 20 世纪 30 年代的思想转折之后，"给出自身的同时自身引退"的"命运""天命"才在他那里成了关键性的词语。本书作者认为，在海德格尔的后期著作中频繁出现的"命运"一词，对于理解其后期乃至整个思想来说，都具有极其重要的意义。

② 也正因此，本书将不加区分地在同一个含义上使用这两个词。不过，在后期表达对于语言的转变性经验时，海德格尔只使用"Erfahrung"，因为在那里他解释说，"Erlebnis"与科学技术之计算性思维的"图谋"（machination）相应，在其中一个以二元论为框架的世界发生了 [See Martin Heidegger, *Beiträg zur Philosophie（Vom Ereignis）*, Frankfurt am Main: Vittorio Kloster-mann, 1988, p.132; *Unterwegs zur Spache*, Frankfurt am Main: Vittorio Klostermann, 1985, p.122]。

容上互不相干,但就它们都是在同一实际生活之流中而言是有关联的,形成了一个共同的节律,通俗地说也就是形成了习惯。这样,经验自身就进入了一个经验脉络(Erfahrungszusammenhang)之中。又由于这脉络是由自我生活的特定动机所规定的,是各种倾向的混杂和转换,所以具有混合斑杂的特征。

在1920/1921年冬季学期的讲座《宗教生活现象学》中,海德格尔则简单明了地说,经验是指:(1)经验活动,(2)通过这一活动而被经验到的东西。总而言之,"生活经验是人们对世界的主动和被动的整个姿态"(GA60,11)。在这里,他同样指出,他是故意保留这个词的双重含义的,因为它们是不能像事物那样截然分开的,这乃是实际生活经验的本质之处。而且,他再次强调,经验并不意味着"认知"(zur Kenntnis nehmen),而是与什么遭遇,是被体验到的东西的自我宣示。

在1920年夏季学期的讲座《直观和表达的现象学》中,以一种更符合其思想发展方向的方式,海德格尔规定:"经验不是认知,而是活生生的牵连(Beteiligtsein)和忧虑(Bekümmertsein)"(GA59,173)。在《对亚里士多德的现象学解释:现象学研究导论》中,他则直接提出了"牵挂"一词,并指出,牵挂是与对象相遇时的经验,"遭遇"(Begegnis)是与世界性对象相关联的基本方式,而经验就是通达、遭遇对象的基本方式。在此,他强调,不能在理论意义上把"经验"理解为与理性思维或类似的东西相对立的经验性感觉。而且,在该讲座中,随着"经验"被"忧虑"所取代,"实际生活经验"也逐渐地让位于"具体的、实际的缘在"。

根据上面的概述,我们对海德格尔早期弗莱堡时期所谓的"实际生活经验"获得了一种先行的理解。带着它,我们就可以具体地来阐释他此一时期的这一"事情自身"了。综观他的"实际生活经验"思想,我们可以从以下几个方面对之加以显明和指示:实际生活经验的特征(前理论、动荡)、实际生活经验的样式(原初基督教的生活经验、哲学和科学)、通达实际生活经验的方法(形式指引、解构、解释学)。

第四章 "前理论的"实际生活经验

上面我们看到,1919年海德格尔打破了理论的统治地位,并将之溯回了前理论的生活体验。但是,在他这里,"前理论的"并不意味着"实践的",因为理论与实践的区分本身依然囿于理论的范围之内,因而恰恰忽略了"前理论的"东西。他认为,从哲学上来看,求助于实践只是对彻底研究的放弃,是一种逃避和疏忽。那么,"前理论的"究竟意味着什么呢? 在早期弗莱堡时期,海德格尔从多个方面对其含义进行了深入阐释。

第一节 总是携带着自己多样性的
"动机"和"倾向"

我们前文已经看到,在"有东西吗?"这一发问体验中,"东西"是空洞的,并不固着于任何具体的内容。周围世界的是东西,有价值的是东西,有效的也是东西,所有世界性的都是东西。简而言之,可以被体验的一切都是东西。"东西"的意义就是"一般可体验的"。然而,海德格尔却敏锐地发现:这种相对于每一真正的世界特征和每一特殊对象的"无论任何东西"之无差异性,并不必然地完全等同于"去生活化",也不必然等同于"去生活化"的最高层次,即最高的理论化。也就是说,它并不必然就导向形式逻辑或形式本体论(formal Ontologie),从而受制于普遍性对象的领域和形式性的领域,比如逻辑的种属范畴领域和数学中抽象的数领域等。相反,它不局限于任何具体的领域这一点,使得它有一个明显的优势,即它是自由的,可以与任何具体内容发生关联。海德格尔借此提出了"原初的东西"

(Uretwas)或"前世界的东西"。

在海德格尔看来,"原初的东西"是"尚未",它本质上是"前世界的东西",即它还没有真正的世界性特征,还没有进入一个真正的(即具体的、特定的)生活领域。但是,这样的"进入一个特定世界"的动机就活在它自身之中。"原初的东西"本身就含蕴着"出向……""指向……"这样的因素,它们就蕴涵在未经削弱的"生命冲力"之中(GA56/57,115)。可见,他这里所谓的"前世界的东西"或"原初的东西",乃是生活自身所具有的动机和倾向。因而,它并不是已然现成地摆在那里的实在之物,当然也不是超越于生活自身之外的虚无之物,而是走在以某种方式成为自身的过程中的东西。借此,海德格尔想加以强调的就是实际生活进入一个特定世界的、包含着无限可能性的运动倾向性,以及这倾向出于自身动机的无需外求性。所以,他说,生活同时就是"前握的"(vorgreifend)和"后握的"(rückgreifend)。生活是前握的,也就是说,它在自身中就是有倾向的;生活是后握的,也就是说,它在自身中就是有动机来源的。总而言之,"生活在其自身之中是被推动的和有倾向的:推动着的倾向(motivating tendency)和有倾向的动机(tending motivation)"。生活就总是处身于这"动机—倾向""前握—后握"的摆荡①之中。

也正因此,"生活的基本特征就是在特定的经验世界中向什么东西而生活"②,"对某东西的体验"就是"向某东西而生活"。在实际的生活中,每个人都总是生活在某一倾向(Richtung)之中,虽然在通常情况下我们并没有明确地意识到这一点。而且,这"向"的方式有着无尽的可能性。也就是说,生活的动机和倾向具有多样性。不但在实际的生活中,在不同的时间和地点我们会有不同的动机和倾向,比如有时我坐在桌子旁边感到疲乏,需要提起兴致的东西;我去听巴赫的音乐会;另外的时候,我看图画、读历史;我

---

① 克兹尔恰当地将"原初的东西"理解为"原初的运动"(original motion)、"发生事件"或"生活自身的基本运动"(Theodore Kisiel, *The Genesis of Heidegger's Being and Time*, pp.25, 52)。在这个意义上,我们也许可说,"前世界的东西""原初的东西"已经预示着海德格尔后来所谓的"存在自身"了。但是,我们不应该说,这时海德格尔已经明确地意识到了这一点。

② Martin Heidegger, *Towards the Definition of Philosophy*, p.186.

在宗教团体中听布道;我参加学术会议;我参加体育运动、政治选举。而且,甚至在同一时间和地点我们有时也会具有不同的动机和倾向,以至于有时被对立的生活倾向抛来抛去,面临着艰难的痛苦抉择,感到特别地紧张。①

"总是携带着自己多样性的动机和倾向"这一特征,意味着实际生活经验拥有属于自身的多种表达"形式",所以它自身就是可理解的,无需以理论考察的方式为它创造外在的概念框架和手段,而且理论概念也无法原初地把握实际生活经验自身在"动机—倾向""前握—后握"之间的摆荡。在"动机—倾向"这一对概念之中,胡塞尔的"意向性"显然被"扬弃"了,即从实际生活经验出发得到了更原初、更彻底的把握和思考。

第二节 生活在意蕴性的世界境域之中

由于生活自身总是携带着属于自身的动机和倾向,从而总是蕴含着走向某个具体的、特定的世界的可能性,所以实际的生活经验总是在自己当下的世界之中实现自身,具有"世界性"的特征。而世界又属于境域,而且二者归根结底都是意蕴性的。实际生活经验就总是生活在这意蕴性的世界境域之中。

一、世界性

前文我们看到,在战时哐须学期中,海德格尔就已指出,"生活自身"蕴含"前世界的东西"。但是,这却不是意味着,生活首先是没有世界的、先于世界的或在世界之外的,而是意味着它具有进入某一具体世界的动机和倾向,它们总是在一个属于自己的世界或"周围环境"中实现自身,因而实际生活的"一切都具有世界性的特征"(GA56/57,73)。在 1919/1920 年冬季学期的讲座中,他又进一步将"世界"划分为三重的:"周围世界"

---

① 在此,海德格尔特别地指出,"职业"也属于倾向中的一种(GA58,32)。显然,他此处对生活倾向之多样性的阐释,源自他自己艰难选择职业的实际生活体验(从实习牧师到数学自然科学的学生,从天主教信仰的辩护士到哲学教师)。

（Umwelt），比如城市等；"公共世界"（Mitwelt），比如父母、拄拐杖的男人等；"自我世界"（Selbstwelt），比如我如此如此地遭遇等。

显然，在海德格尔这里，"世界"并不是一个地理概念，三重世界也不是彼此相互隔离的三块区域，而是一个统一的整体。区分三重世界的最终根据在于生活的"牵挂方式"。三者之间也并不存在优先性的关系，其中任何一重世界的出现都会有其他两重世界相伴随。

海德格尔指出，我们所有人都向来就生活在作为一个整体的三重世界之中，"我们的生活就是我们的世界"（GA58，33），"实际生活经验在字面意义上是'世界地被调谐的'，它总是生活在一个'世界'中，在一个'生活世界'中发现自己"（GA58，250）。也"只有当我们在世界中生活时，我们的生活才是生活"（GA58，34）。生活过程的每一时刻都会遭遇到世界。但是，海德格尔强调，这却并不意味着，生活先是空的，然后需要寻找一个世界来充实自身，而是它总以某种方式生活在它的世界之中。"世界"的含义就是指被生活的东西、生活自身从中而被获得的东西和生活紧握住的东西。简言之，世界就是人们操劳地生活于其中的东西。因而，"生活在其自身之中就与世界相关，'生活'和'世界'不是两个为自身而存在的客体，就像桌子与放在其前面的椅子空间性地相关一样"（GA61，86）。生活并不是把世界作为一个客体对象来观望（zusehen），而是在其当下的世界中"在此而在"：或被束缚、或被排斥、或享受、或放弃。二者之间的关联不是事后被理论地证明的，而是被生活的，也就是说，是处在当下体验之中的，以至于生活和世界这两个词是可以互相替换的。

也正是由于这种世界性特征，生活才是可理解的，因为"世界"意味着在特定的人群之中，存在着对在其中生活的每个人来说，同样可通达的共同领域（如公共设施等）和共同的目标体系（如学校等）。所以，在世界中生活的"每一个人自身都携带着可理解性和直接可通达性的基金"（GA58，34）。这种理解是前理论性的，在它的基础之上才有了关于生活的各门科学。比如，研究过去的共在世界生活的历史学，研究我们周围世界的自然科学，研究我们自我世界的心理学，等等。只要生活着的人们在生活中在某个方向上出现了，生活就会被体验到，就会有相应的科学产生。这也就是说，理论科学最终来源于前理论的实际生活经验。

二、境域性

在战时亟须学期讲座中阐释"周围世界体验"时,海德格尔看到,这种体验是在背景中进行的。而在该讲座行将结束之时,他将之称为"体验的境域"(Erlebnissituation)。在1919年夏季学期的讲座《论大学的本质和学术研究》中,他对实际生活经验的境域特征进行了探讨。

海德格尔指出,"生活经验的脉络是一个相互渗透的境域脉络"(GA56/57,210)。这里所谓的"境域"是体验中的某种统一体,包含着一个统一的倾向。但是,境域中并不包含着静止不动的因素,而是具有变易和节律的特征。境域是对我发生的"事件"(Ereignis),它涉及使对生活世界的遭遇得以可能的情绪维度,而不是理论地被观察的、现成摆在面前的过程(Vorgang)。因此,在境域性体验中,生活脉络的动机和倾向是隐退的,都不是明确地被给予的,它们只是暗中通过"我"。而"我"也不必触目地显现,而是与境域同游,不是一个"理论的我",而是一个"境域的我"。比如,为了看日出,人们爬山。当已经到达了山顶时,所有的人都在沉静地体验着,完全投入了事件之中。在这个经验里,不存在一个进行理论考察的、孤立的自我(当然也不存在理论性的对象),而只有一个活生生地生活在其当下境域中的我。海德格尔称这"境域的我"为生活经验的函数。也就是说,自我随着生活境的不断转换而变化着。在此,特别需要指出的是,境域中的这种活动当然不在理论思辨的意义上是有意识的,但也不在弗洛伊德的意义上是无意识的,而只是顺着境域做出反应。这种境域性的活动已经超出有意识和无意识的概念框架。

理论的东西和姿态则是对实际生活之境域特征的消解,即对境域的完整性、"境域性的我"及其倾向特征的消解。这样一来,"我"与境域之间的活生生关联就被阻断了,所有情绪性的关联都被排除了。被体验的东西虽然还保留着其内容,但已从境域之中脱离了出来,具有了"被外化的特征",成了纯粹的"事态"(Sachverhalte),成了过程和感觉材料的并置,最后直至成了时空系列的交叉点。当然,应该说,这并不意味着理论的东西是脱离了人而纯粹客观地现成在手的,也并不意味着理论的活动不发生在某个境域之中或者不是在某种意义上也可以被看作一种实践形式。海德格尔只是说,这些都衍生自实际生活经验之境域的消解。

在写于1919—1921年的书评《评卡尔·雅斯贝尔斯的〈世界观的心理学〉》一文中,海德格尔讨论了雅斯贝尔斯的"边缘境域"思想。虽然他批判后者对"境域"的规定中还掺杂着理论性的因素,但是自此以后,"境域"成了他用来阐释"实际生活经验"的一个关键性术语。不过,在早期弗莱堡时期,海德格尔并没有像雅斯贝尔斯那样把奋斗、死亡、机遇和罪责看作最原初的境域,对他来说最为原初的境域乃是本己地属于每一个个人和时代的"恩赐""使命"和"命运"(Schicksal)①。这也意味着,在海德格尔这里,"境域"并非为许多人共同所有的普遍之物,而是具体的、属己的东西。对境域来说,关键的是每个人出自自身的决断,而不是对外在对象的认知。海德格尔再次强调:从根底上说,境域包含的并不是静止的东西,而是对我发生的"居有事件",也即意义的发生。为了能够恰当地理解他的"实际生活经验"思想,这一点我们必须时时牢记在心,否则他所说的"境域"会很容易地被理解为个人只能被动接受而无法改变的时代背景或地理环境。

在1919/1920年冬季学期的讲座《现象学的基本问题》中,包括周围世界、公共世界、自我世界在内的整个生活世界,都被海德格尔纳入了"境域"之中。这也就意味着,世界本质上乃是一个境域的世界。实际生活的世界总是在一个境域中显明自身和被遭遇,世界中的一切也都必须在这境域中被理解。反言之,境域对我们来说属于实行的(vollzugsmäßig)、理解的东西,它不以秩序整理的方式规定任何东西。因此,为了理解,"人自身必须首先拥有完整的境域"(GA58,219)。② 但是,这并不意味着境域是一个摆在我们对面需要被把捉的客体对象,它不属于一个特殊的存在者领域,更不属于意识领域。"境域自身是生活的一种方式"(GA61,161),我们就以境域的方式而生活着。它并非与具体的个人无关的、可有可无的东西。没有

---

① 参见德文版《海德格尔全集》第58卷,第167—259页。

② 在这里,海德格尔顺便接过了其博士论文中的非人称句问题,指出了其独特意义之所在:非人称判断通过其内容先行标示了一个完整的、特定的境域。

境域的生活,就根本不是实际的生活。但也正因此,当我在境域中体验经验时,这境域对我是遮蔽着的。另外,海德格尔在此还指出:"时间问题与境域相关"(GA58,259)。而所谓"理解"就在于"依据并为了自身的境域而重演在过去中被理解的东西"(PIA,11)。也正因此,他说:"理解,也就是说,实行的样式"(GA60,203)。

综上所述,在海德格尔这里,"境域"从根本上来说乃是"实际生活经验"在其中当下自身发生的东西,在其中我们才得以理解世界和自身,获得决断自我命运的当下时机。这也正是实际生活的经验方式。它是前理论的。这意味着,在海德格尔这里,世界不是一个不变的外在框架,而是一个动力学的概念,它依赖于实际生活经验自身的当下发生。

三、意蕴性

海德格尔指出:实际生活中所有被经验的东西都拥有存在的意义,就连最琐碎和最无价值的东西也是"有意蕴的"(bedeutsam)。实际生活先天地、必然地具有意义的可能性。而且,具有意蕴的东西是直接给予我们的,并没有经过对事物进行反思的弯路。我"总是实际地沉浸于意蕴性之中"(GA58,104),"'我自己'是一个意蕴脉络,在其中我生活着"(GA58,248)。实际生活经验的"世界"说到底乃是意蕴的世界。在实际生活中,我们所当下经验和拥有的也就是这意蕴,而非客体对象。比如,喝茶时我把杯子拿在手中;在谈话过程中我把杯子放在我面前。这并不是说我把一个有颜色的东西或感觉材料理解为物,然后把这个物理解为受时空规定的、在感觉过程中出现的杯子,而是杯子在其意蕴中充实它的现实性:"它是我从中喝水的杯子"。

海德格尔指出,只要生活实际地生活在意蕴关联之中,只要这意蕴脉络不被强行打断,经验就是没有限制和障碍的,被经验到的东西就不会像与主体相对的客体对象那样,"突兀"地阻在我面前。这也就是说,"实际生活经验"并不首先在认知理论中遭遇世界和自身。当我看到一个熟人对我打招呼并热情地予以回应时,我不是把他的打招呼看作是在客观空间中的一个物质身体的运动,然后再把这个运动看作是打招呼的标志,并由此得出结论:因此我必须也做出一个运动,而这个运动又是别人感觉到一个特殊运动并将之理解为我在打招呼的原因。这里的情形是:我看到他在打招呼,而且一下子就明白了它的含义,并不假思索地做出了回应。而当我感到怀疑时,我也不会以这样的方式问我的同伴:"那边有一个手臂的运动吗?"而是问:"这位先生打招呼了没有?"或者当我开玩笑地问一位熟人:"打招呼的那个人真的存在吗?"他会以这种方式回答:"是的,晚上我在咖啡馆看见他了",或者"这些天他要出一本有意思的书"。听了这些话,我不是得出结论说:因此,他是在时空中现实地存在的,就像火星或山脉一样,而是我经验到了他的存在,这一存在经验终结于并满足于意蕴特征。显然,对于这种处身于意蕴世界中的实际生活经验来说,外在世界与内在世界的二元对立是不存在的,"外在世界是否独立于我而客观存在"这一问题的提出是毫无意义的。①

综上所述,在实际生活中,我们是把世界作为无精确理论意义上的明确规定的,但有意蕴的东西来经验的。我们总是在意蕴特征的这种无规定性中进行经验,但对之并没有明确的意蕴意识,更没有对意蕴的理论性反思。因此,意蕴体验并不是价值认定、评价或明确的价值判断,它也不同于根本就与之不属于同一领域的"合目的性"行为。为了看到意义现象,我们需要生活在意义之中。但是,这并不意味着我们的生活是完全混混沌沌、模模糊糊、幽幽暗暗的,"毋宁说它是最为丰盈和最为活生生的,所有理论的事物性关联的多样性都达不到这种丰盈和活生生性"(GA58,113),因为意蕴中的生活具有虽还未明确被意识到但却永远敞开的诸多期待视域,这些视域总是在不断地变化,每次都是新的,以至于意蕴脉络总是"一次性的"、不可重复的,在经验中不会有完全相同的东西被遭遇到。

这些期待视域的存在意味着:实际生活对自己身处于其中的意蕴世界

---

① 劳伦斯·E.卡洪(Lawrence E.Cahoone)竟依然认为,"必须向海德格尔的体系提出的问题是:此在和那些独立于此在而获得存在的完整性的存在者有关联吗?此在和它们照面吗?"(劳伦斯·E.卡洪:《现代性的困境——哲学、文化和反文化》,王志宏译,北京:商务印书馆2008年版,第268页)。这非常令人奇怪,因为对于海德格尔来说,这显然是一个打破了意蕴世界之后才出现的理论性问题,而海德格尔自己所要寻求的不是一个肯定或否定的答案,而是这个问题能够被提出的源泉。

总是已有了某种先行的理解,从而与之处于一种"亲熟状态"(Vertrautsein)中。在这种状态中,我们自己与自身也处于一种信赖的状态之中,或者说委身于(Hingabe)意义之中①。在实际生活经验中,我并不问自我是什么,而是以生活的方式在可理解的东西中拥有自身。海德格尔将这种亲熟或信赖的状态看作实际生活经验的基本姿态。所以说,实际生活经验拥有属于自己的风格和节律,拥有属于自身的特殊"形式",而非像柏格森所认为的那样是"闷哑之流"(GA58,231)。

也正是由于实际生活经验所具有的这种期待视域和亲熟状态,生活中一切偶然之物、令人惊奇之物、新事物才有了出现和被理解的可能。比如,一位从未见过火车的老农突然看到一辆火车从他身边疾驰而过,他就立即向他的同伴惊呼:"看呀,那边有一只'铁牛'在飞!"在此,他见到的的确是一个陌生的东西,但是他会从他对世界意蕴已有的领会视域中来理解它,将之理解为跑得飞快的牛,从而使之在某种程度上成了有意义的,成了可以理解的。

后来,受亚里士多德的影响,海德格尔有意识地从"使用""制作",而不是"看"的方面再次阐释了意蕴世界。比如,在1923年夏季学期的讲座《存在论:实际性的解释学》中,他再次描述了"桌子体验":屋子里的桌子是用来写作、吃饭、缝制衣服或玩耍的。它立于房间中就意味着它以如此的有用特征而起着作用。它的上面处处是线条,但它们并不只是油漆的裂缝,而是显示了孩子们常常在此玩耍。就桌子的面而言,它们不在于是东边一面,还是西边一面,也不在于这一面比那一面短多少厘米,而在于它是我的妻子想熬夜读书时所坐的地方,是我们曾举行讨论,与朋友一起做决断,书写著作,庆祝节日的地方。

另外,海德格尔还指出,实际生活经验的意蕴脉络是有结构的。不过,在他这里,"结构"(Struktur)并不意味着不变的图式,而是动态的、无定型的。他强调:"意义的结构是方式性的东西(wiehaft)。"(GA62,298)也就是

① 海德格尔这一关于"Hingabe"的思想,来自拉斯克。详情参见张祥龙:《朝向事情本身——现象学导论七讲》,北京:团结出版社2003年版,第217—218页。

说,意义的结构就是意义实现自身的方式。在为讲座《现象学的基本问题》所写笔记的结尾部分的一个脚注里,他第一次完整地提出了意蕴脉络的三重结构:关联意义(Bezugssinn)、实行意义(Vollzugssinn)、内容意义(Gehaltssinn)。就这三者的关系而言,他一方面认为,在任何一个生活世界的整体中,它们都是同时存在的,是一起被把握到的,而不是彼此分离相互孤立的。但另一方面,他更强调三者之间存在着一种优先性的关系:关联意义优先于内容意义,而在关联意义和实行意义之间,后者的重要性又一再地被强调。比如,他曾说:在活生生自我的充盈自发性中,实行意义居于支配地位(GA58,260-261),"决定性的实际上并不是内容,而是'关联',确切来说是关联自身的实行"(GA60,223-224)。在我们后文的论述中,这一点会变得更加清晰。

在讲座《直观和表达的现象学》中,海德格尔对关联意义和实行意义进行了阐释。他指出,对被经验的东西而言的"通达关系"(Zugangsbeziehung)就是"关联"(Bezug)。由于这关系是意义性的东西,所以就被称为"关联意义"。可见,所谓的关联意义本质上乃是"通达的方式""被经验的方式",或者说"被拥有的方式"。而这也就意味着,"关联是在实行中被拥有的"(GA59,62)。所以,我们不能把"关联意义"理解为两个孤立的对象或客体之间的关系,也不能将之理解为理论认知所把握的特殊对象或客体,否则人们就会认为关联本身还需要有关联,从而最终要求一个普遍有效的通达方式。

关于实行意义,海德格尔指出了三点:第一,它的标尺是"具体的、自我世界的缘在"(GA59,146);第二,"实行"是一个发生(事件),不是过程;第三,单个的"实行"是在一个非秩序脉络的体验脉络中出现的,所以不能将之理解为通过区分种属性的高低等级而出现的东西,否则实行意义的本己意义就被摧毁了。

此外,随着海德格尔思想的推进,时间性因素越来越得到了凸显。在《宗教现象学导论》中,他借助对保罗书信的分析提出了"瞬间"(Augenblick)、"时机"(kairos)①概念,并洞见到:"对于关联或实行来说,决定性

---

① "kairos"可以直译为"时间",但它还含有"机会"的意思。在基督教的境域中"kairos"意味着"关键性的转折点"或"危机时刻"。据此,本书将"kairos"译为"时机"。

的东西在于何时"(GA60,150)。在《对亚里士多德的现象学解释:现象学研究导论》中,他第一次提出了"时机化"(Zeitigung)①(GA61,3)和"时机化意义"(GA61,31),并将内容意义、关联意义和实行意义都整合进了时机化意义之中。根据他的简略论述,这"时机化意义"的关键之处在于:一切都在特定的时刻之中逗留,一切都在一个特定的、时间性的发生事件中显现。

综上所述,实际生活向来就生活在意蕴性的世界境域之中,以关联意义和实行意义的方式经验着世界,是一个在当下时机中实现自身的发生事件。它首先经验到的就是意蕴性的东西,而不是被一个理论主体所考察的僵死的客体对象,不是被科学家所观测的变化过程。所以说,具有意蕴特征的实际生活经验以前理论的方式存在于世界境域之中。对于它来说,"外在对象是否独立于主观意识而客观存在"这一认识论的问题毫无意义。

第三节　浮雕性地、不触目地显明自身

由于"实际生活经验"总是携带着自己动机和倾向,所以它总是以某种方式进入一个特殊的、具体的世界,并在其中实现自身。也就是说,它总以某种方式在当下境域中显明着自身。但是,"实际生活经验"的动机和倾向是多种多样的,它们以浮雕的方式实现出来。而"实际生活经验"对此并没有明确的意识,更没有理论性的反思,从而以不触目的方式显明着自身。

一、显明性

前文我们看到,"实际生活经验"拥有属于自己的各种各样的倾向,以

---

① 在此顺便提及的是,根据德文版《海德格尔全集》第60卷和第61卷的内容,应该说海德格尔的"时机性的时间"观念有两个来源:基督教和亚里士多德,而且基督教方面似乎更加重要一些。就此而言,本书认为如下的断言恰恰有点过了:"说海德格尔的时间性是对亚里士多德的实践智慧和其中包含的时机性诠释的结果,并不为过"(朱清华:《回到原初的生存现象:海德格尔前期对亚里士多德的存在论诠释》,北京:首都师范大学出版社2009年版,第131页)。

及实现这些倾向的方式和三重的世界。这就表明,它无论如何都以某种方式在表达着自身,海德格尔称此为生活的"显明"(Bekundung)。

海德格尔指出:我们在活生生的生活之中遭遇到的东西,总是在一个事件(Begebenheiten)脉络之中显明自身。处在显明中的东西可以再次显明自身,其中有一种显明阶段的推进和延长,而且显明的中心(Bekundungszentrum)是会发生变化的。另外,海德格尔还看到,当我在关注着在被遭遇的境域之中对我而显明的东西时,这个显明者如何再次在显明中给出自身这一点就已显示了出来。我可以在不同的目光射线(Beleuchtung)中、从不同的面、在不同的情绪中来看它。无论是周围世界,还是公共世界,抑或自我世界,都是以这种方式给出自身的,也只能在显明之中被遭遇。

二、浮雕性

上面我们看到,实际生活总是以各种各样的方式在世界中显明着自身,但显明的中心却总是在变化着,因为生活脉络中总是不停地有不同的东西在占据着显明中心的位置而得到突显,然后又一个个地相继遁入了暗淡之中。这样,在生活的倾向及其实现方式、三重世界之中,就必然存在着一系列的遮掩、缠结和渗透。因而,从总体上来看,实际生活显现出一种摇摆起伏的貌相。海德格尔称此为生活的"浮雕特征"(Reliefcharakter)。他指出,关于这个特征需要注意如下四个方面:

第一,周围世界、公共世界和自我世界通常且恰恰是不显明地显露出自身的,在生活中人们将之遭遇为一个被后置的、不再被注意的显示。

第二,实际生活自身是由周围世界、公共世界和自我世界的交互渗透而被规定的,而不是三者的简单集合,因为这交互渗透的关联绝对不是理论性的,而是情感性的。"我不是在世界之中的我自己及我的生活的看客,尤其更不是理论化着的认知者"(GA58,39),而是置身于作为整体的意蕴世界之中。

第三,生活还具有稳定化的因素,但这不是在生活倾向的静止化意义上来说的,而是指生活之贯彻始终的单一性倾向所表现出来的确定性。也就是说,生活总是会按照自己所熟悉的惯性倾向,在世界中生活。

以上这三点所表达出来的是生活之"中性的""朦胧的""不触目的"色彩,这也恰好就是海德格尔对"日常性"(Alltäglichkeit)的规定。

第四,相对于这通常不触目的摇摆起伏的显露,还有一种显露显示出来的则是坚韧、猛烈、对统治和彻底形态的追求,比如科学的、艺术的、宗教的、政治经济的生活。它们是对生活的理论性考察,追求鲜明的秩序,排斥其他异在的世界,并把其统治领域扩展到整个生活,然而却越来越偏离、疏远,甚至故意隔离了它们由之而来的根源——"实际生活经验"。

三、不触目性

实际生活经验的浮雕性特征表明:在实际的生活中,我生活在世界的活生生流向之中,享受着生活,虽然偶尔也会遇到自身,但通常是匆匆而过。所以,通常的情形是在生活的充盈中,我忘却了自己。一切都是不触目地发生的。

海德格尔指出,在周围世界和公共世界里,我通常也是以上述方式遭遇到自身的。我对它们不进行任何的理论性反思,根本就没有看到二元分立着的主体和客体、内在的意识和外在的对象,而只是生活在我现实地经验到的东西之中。据此,他认为,实际生活经验可以通过一种特殊的"无规定性"和"不触目性"(Unabgehobenheit)而被规定,"生活首先是不触目的,它不以明确显示的方式触目地带出自身"(GA61,98)。

在此需要指明的是,实际生活经验的这种不触目性特征与其显明性特征并不矛盾。因为,显明性只是表明实际生活总是以某种方式在表达自身,但它对这表达方式自身却是漠不关心的,从这个意义上来说,生活是不触目的。

综上所述,实际生活经验通常首先浮雕性地、不触目地显明着自身,遭遇着意蕴性的世界境域。也就是说,它以一种前理论的方式显现、理解着自己。而理论立场和姿态的源泉也恰恰在于此。

第四节 自足地向自我世界聚焦

由于"实际生活经验"总是携带着属于自身的多种多样的动机和倾向而无需外求，首先而通常地以浮雕的方式不触目地在意蕴性的世界境域中显明自身，所以实际地经验着的生活就是自足的，而实际生活向自我世界的聚焦则是这种自足性的一个突出表现。

一、自足性

由于"实际生活经验"在意蕴性的世界境域中，浮雕性地、不触目地显明着自身，实现着属于自己的多样的动机和倾向，所以它对自身及其世界总有着某种先行的理解，总是为自身设定任务，对自身提出总是只限于它自身领域之中的要求，并以此在所有可能的形态、偶然性和条件之中，克服其局限性和不完善性。换句话说，生活在其自身中就把出自其自身之需要的可支配性作为来自其自身倾向的现实可能性而携带着。它以某种方式所体验和遭遇到的东西都具有生活的特征，这些东西也只能在生活自身中存在。只要实际生活经验在实行着自身，它就不会发现一个孤零零的意识主体，就不会发现突兀地横亘阻断在自己面前的、需要反思地加以考察和研究的客体对象。所以说，我们与生活自身之间是没有绝对的距离的，我们自身就是生活，而且也只有按生活自身的方式而循视①，我们才能越来越清楚地看到生活自身的方向。简言之，我们就是生活自身，生活自身就是我们。"为了实现其天生的倾向，生活合乎结构地不需要走出自身（从自身扭转而出）。它总是用自己的语言对自己说话"（GA58，31），"它是一个完满封闭的脉络"（GA58，207），"它自己是一个'自身'"（GA58，42）。所以，海德格尔指出：自足性是实际生活经验的实现形式，是生活自身的一个动机倾向。

---

① 在海德格尔这里，"Umsicht"无论是译为"环视"，还是译为"环顾"，还是译为"四下打量"，实际上都不太合适，因为它所指涉的乃是遵循着或顺着自身的倾向（即后来海德格尔所谓的理解的前结构）而观看。

　　而且,虽然所有在生活中被遭遇到的东西都是"以某种方式"被遭遇的,但是实际生活经验的独特之处恰恰在于:经验的方式自身却没有一同被经验,而是被置于一种"漠然"态度之中。生活逗留于自身之中,根本就看不到以另外的方式被谈及的可能性。在这个意义上,也可以说实际生活经验具有"自足性"(Selbstgenügsamkeit)。① 它最为直接、明显地表现了"实际生活经验"的前理论特征。而"向自我世界的聚焦"则是"实际生活经验"之自足性的一个突出表现。

二、实际生活向自我世界的聚焦

　　海德格尔指出,实际生活能把自我世界以某种突出的方式置于中心的位置上(比如自传)。这表明,实际生活自身总是生活在它的属己世界之中,总是以一个自我世界为中心。生活关联的核心就是这自我世界。他称此现象为"实际生活经验"向自我世界的"聚焦"(Zugespitztheit),并将之称作"实际生活的奇观"(GA58,178)。在他看来,实际生活只有"在向自我世界的奇特聚焦之中才能被生活、被经验,并相应地也被历史性地理解"(GA58,59)。

　　但是,海德格尔强调,他所说的"自我世界"与理论心理学的反思、心理体验的内在知觉过程和行为没有任何关联,在自我世界中没有"作为自我的自我"。自我世界的这种聚焦式的"被突出性"并不是来自外在的观察,而是出自现实生活自身的倾向,以及这些倾向的现实的实行。而且,这种"被突出性",以及倾向的显明性和世界性特征,通常是不触目地活生生的。我在我所遭受和遭遇到的东西中,在失望和高昂等状态中经验到自身,因此被体验的自我世界不是从周围世界中突显出来的东西,反而好像是由周围世界规定并引导着似的。在与世界中的人、事、物打交道的过程中,除非通过事后的反思,我们通常是不会意识到一个作为认知主体的独立自我的存

---

　　① 然而,很多人会反对生活具有自足性的看法。比如,叔本华就曾说过:生活是一次得不偿失的买卖,生活是不完善的。西美尔也曾指出过我们生活的界限性特征和我们的存在的不充足性。不过,很显然,他们和海德格尔是在不同的意义上来谈论生活的自足和不完善的,他们的立场和观点并不必然相互矛盾。

在的。由此,生活的自足性及其显明特征也就可以更好地被理解了。

另外,由于"自我世界在境域之中给出自身"(GA58,233),所以实际生活向自我世界的聚焦总是在一个基本境域之中被看到、被体验到的。因而自我世界具有境域特征,自我总是生活在不断变换而又永不会消失的境域之中。不但生活世界中的一切东西总是在自我的一个境域之中而被遭遇,而且生活世界自身也在自我世界的当下各是的境域之中并为了它,而以某种方式显明自身。因此,自我世界的变动着的"顾及现状性"总是作为境域特征规定着自我世界的"以某种方式"(Irgendwie)。从自我世界之中生长出来的一个新倾向的动机及其实现,总是返回到自我世界和它的境域。海德格尔认为,"这实际上就是实际生活"(GA58,63)。显然,这样的自我世界并不是一个孤立的主体意识的领域,这里一切都是活生生的、流动着的。

但是,需要注意的是,对海德格尔来说,生活所显示和给出的可经验内容是特殊的"如何内容"(Wiegehalt),它并不受限于一个特定的"什么内容"(Wasgehalt),而是可以进入所有"什么内容"之中。在这个"如何"的形式之中,有一种实际的"方式"给出自身。这样,在这"如何内容"中就存在着一个"对……指示",凭此我们才谈及向实际自我世界及其实际状态的聚焦。因此,他认为,非理论的实际生活向自我世界的聚焦并非"什么内容",而是"如何内容"。换句话说,向自我世界的聚焦本质上乃是一种指向性关系,是实际生活经验自身的一种存在方式,而非是在实质性的事物性内容意义上来说的。

综上所述,蕴含着属于自身的各种动机和倾向的、在属于自身的意蕴性世界境域中不触目地显明自身的"实际生活经验",在其实行中是自足的,根本就不会以理论反思的方式意识到在自身之外的、与自身相对立的客体对象。它向自我世界的聚焦就是这种自足性特征的一个突出表现。

第五节　历史性

我们已多次提及,在早期弗莱堡时期的海德格尔这里,"实际生活经验"总是携带着属于自身的多样的动机和倾向,是被推动着的和有倾向的,因而同时是前握的和后握的。而这也就意味着，“实际生活经验”总是处身于来回摆荡的运动之中，变动不居地实现着自身。所以，在1919年的战时亟须学期里，他就已明确地看到：“实际生活经验”自身就是历史性的，而且一切具体的历史科学都源于此。用他自己的话说就是：“所有历史和哲学史都在‘在自身之中并为了自身的生活’中构造自身，生活自身是历史的——在一个绝对的意义上。”（GA56/57,21）这一洞见，为他后来对“历史”问题的探讨定下了基调。

在《评卡尔·雅斯贝尔斯的〈世界观的心理学〉》一文中，海德格尔指出：“历史的东西”不是认知的客观对象，不是为将来的行为提供指导的机遇和场所，不是被当作过时的而被批判和拒斥的东西，也不是材料的收集和书本讨论的对象。总而言之，“‘历史的东西’不是客观的、理论的历史考察的相关物，而是自我对自身之忧惧（Bekümmerung）的固有内容和方式”（GA9,32）。在这忧惧中，在非时间图式的、关涉到经验之实行的意义上，特定的过去、当前和将来被经验到，因而“实际生活经验”的自身实行本身就是历史的东西，“我们自身就是历史，我们在历史中承荷自身”（GA9,33）。基于此，在实际生活的实行中被经验到的东西才成了历史的东西。所以，在讲座《现象学的基本问题》中，海德格尔把“在自身中并为了自身的生活”称为“原初历史”，并指出：黑格尔哲学的意义在于表明了，在历史和生活的原初问题之间存在着原则性的关联①（GA58,246）。

---

① 因此，当伽达默尔说“海德格尔把历史同化到他自己的哲学研究中去，这似乎是他与黑格尔所共有的”时，他是正确的。但当他说，海德格尔没有意识到这种近似的时候，他是错误的（参见［德］伽达默尔：《哲学解释学》，夏镇平、宋建平译，上海：上海译文出版社1994年版，第225页）。在1915年为其教职论文所写的简历中，海德格尔就明确指出：对黑格尔的阅读有助于他摆脱由对数学的偏爱而导致的对历史的反感（GA16,39）。另外，巴拉什也曾指出：海德格尔从黑格尔那里继承了对“过去”的尊重（Barash, *Martin Heidegger and the Problem of Historical Meaning*, p.27）。当然，海德格尔虽然赞同黑格尔对历史性运动的强调，但对其辩证法却一直持否定态度，因为在绝对精神自身之正反和的封闭循环中，个体自我的决断被窒息了。后来，在1929年夏季学期的讲座中，海德格尔明确指出：“黑格尔哲学的最大和隐藏的秘密在于：对于否定的积极的原初的功能，他真正认识到了、赞许了和要求了，但是——只是为了扬弃它，以及把它吸取到那绝对者的内在生活中去。”［*Martin Heidegger, Der deutsche Idealismus（Fichte, Schelling, Hegel）und die philosophische Problemlage der Gegenwart*, Frankfurt am Main: Vittorio Klostermann, 1997, S.260］

在1920年夏季学期的讲座《直观和表达的现象学》中,海德格尔对具有歧义性的"历史"(Geschichte)一词的多种含义进行了详细的探讨,试图寻求其统一性的意义。

首先,海德格尔摆明了"历史"的六种含义:1.理论姿态的关联史;2.已然过去之物的总体;3.传统;4.与对成就的信赖相关的、非本己地指向自我世界的"过去";5.与在自我世界指向的倾向中被激发的"有"相关的、最为本己的"过去";6.与实际的自我世界、公共世界和周围世界相关的、具有实际生活经验之发生特征的"事件"(Geschehen)。

然后,海德格尔指出,接下来的任务是返回意义关联的根源处去,并把握住其中的意义方向,确定意义脉络的系谱学位置。为达此目的就需要一个尺度,他认为,这尺度只能是自我世界的缘在的"实行"特征,并给出了一个形式指引性的规定:"只要一个实行根据其意义,作为一同被指向自我世界的关联的实行,总是要求在自我世界的缘在中进行不断的革新(Erneuerung),以至于这革新和在它之中存在的革新的'必要性'(要求)一起构成了自我世界的存在,那么它就是原初的"(GA59,75)。简而言之,原初性实行的尺度有两个因素:与自我世界相关和要求革新。

根据上述尺度,海德格尔认为,第五种意义上的"历史"与其最原初的意义更为切近,它显示了与人之缘在的紧密结合,它的关联总是要回溯到一个具体的缘在(GA59,65-66)。但是,这"更为切近"既不是指空间上的也不是指心理上的强度,它的含义只能在对原初的东西自身的前握和回握中才能被理解。这"切近"乃是相对于"源泉"而言的。这也就意味着,第五种意义上的"历史"并非就是原初的历史自身,因为如此给出的"历史"只是一个哲学上的理论命题。但是,它之所以更切近于历史的原初意义,乃是由于它提供出了走向和靠近源泉的指示。而这"指示"所给出的只是如下的要求:不要把对"历史"的第五种规定作为万古不易的真理性知识来记忆和传诵,这里更为重要的事情是认识到:"实际生活经验自身······是实行历史的现象"(GA9,32),并从而由"对象历史的境域"转向"实行历史的境域"。在海德格尔看来,只有这种"实行的历史"才是原初的历史自身,其关键之处在于:在对过去的拥有中不断地革新自身。在这里,他也称此为对自身的

"忧虑"。他认为,在这种忧虑中存在着整个历史问题的突破点。

显然,这种实行意义上的原初历史表明,它自身乃是"负—担",因为既然它意味着对自身的不断革新,那么"关于转变的意识立即搅扰和取走了我们对于绝对之物的热情"(GA60,38)。于是,实际生活面临着一个难于抉择的两难境地:一方面,必须通过革新不断地实现自身,否则就只有僵死和毁灭;另一方面,总在渴望和追求着安宁与永恒,否则就会失去安身立命之地而无家可归。海德格尔认为,当今的精神生活已经不再清楚地意识到它是在不断地面对历史了,而是通过各种理论姿态的方式把历史看作可以被处置的对象而逃避真正的历史。于是,生活的历史性特征也就被压制了,"对我的去历史化"现象也就出现了(GA56/57,206)。而当"历史的我"走出自身进入"去生活化"的过程中时,理论概念性的东西也就开始出现了。历史科学的出现也才有了可能。

总而言之,在海德格尔这里,对于本己意义上的"历史"来说,最为本质之处就在于实行对自我的不断重新追寻,历史就是实际生活不断追寻自身的样态,就是实际生活自身的存在方式。而"我们自身就是历史的"就意味着我们需要把历史(即不断追寻自我的责任)作为本己的任务担负起来,而不是把"历史"看作然过去的、与己无关的、现成地摆在面前等待研究的课题对象来冷眼旁观。简而言之,原初意义上的"历史"意味着实际生活经验不断实现自身的运动,意味着一种前理论的存在方式。在这种意义上,实际生活经验具有历史性的特征。在"历史"的这种意义上,海德格尔才说:"宗教的最高对象在本真的意义上是历史:宗教开始并终结于历史"(GA60,322)。而历史科学意义上的"历史"则只不过是实际生活经验这种原初历史的一种衍生样式而已,在其中,原初的运动被压制了,前理论的特征被摧毁了。①

---

① 基于本书这一节的论述,本书无法认同如下的观点:海德格尔"对生活世界的历史性也未予以足够的关注,而这一点在其学生伽达默尔那儿得到了相应的克服"(夏宏:《生活世界:从科学批判走向社会批判》,《广东社会科学》2011年第1期,第88页)。

第六节　实际性

海德格尔关于"实际性"(Faktizität)①的思想主要有三个来源:司各脱、费希特②、拉斯克。他自己是在1919/20年冬季学期的讲座《现象学的基本问题》中第一次提到"实际性"这个词的(GA58,107)。此外,在该讲座过程中没有被讲授但已写出的稿子中,他又三次提到该词,并指出:在其实际性中的实际生活、它的丰富的关联,对我们来说是最为切近的东西,我们就是它自身。在他看来,"实际性"在与自我相关的基本经验中是决定性的,因此对它的通达和解释必须首先再次被看作基本现象,它的意义应当首先被确定。但是,在以上这些提及"实际性"的地方,他都没有对其含义进行具体阐释。另外,他还使用了"实际的东西"(Faktische)一词,并明确指出:"人们必须把实际的东西自身理解为表达"(GA58,257)。这也就是说,它自身就拥有可被理解的东西,自身就在显示着自身。

在1920/1921年冬季学期的讲座《宗教现象学导论》中,海德格尔则指出,不能把"实际的东西"理解为具有自然因果性规定的现实之物,不能从特定的认识论前提出发来对之进行解释,只有从"历史"出发才能使之成为

---

①　本书把"Faktizität"这个德文词翻译为"实际性",因为这个译名中的"实"表达了"实在""已成事实无法人为地加以改变""不可完全穿透"的意思,而"际"一方面乃是"间",所以可以表达"实际生活经验"本身就处在堕落与反堕落之间而动荡不安的意思;另一方面"际"乃是"分",所以在"实际性"这个词中,海德格尔所着力强调的如下一点也可以得到表达:实际生活本身已有独特的意蕴区分。而且,"分"也意味着分别,代表着实际性所蕴含的个体性因素。此外,"际"又有时候、时机的含义,所以能表达"实际性"所蕴含的"时间性"和"历史性"维度。

②　克兹尔也证实:就"实际性"这个词而言,是费希特首先生造了抽象名称"Facticität",后来又将之改造为"Faktizität",克尔凯郭尔、费尔巴哈、狄尔泰、新康德主义者都曾持久但零散地使用过这个词(See Theodore Kisiel,"Hermeneutics of Facticity",*Martin Heidegger:Key Concepts*,p.17),但费希特是海德格尔所经常引证的(locus classicus)(See *Zur philosophischen Aktualität Heideggers*,Band 3,p.93)。不过,伽达默尔认为,海德格尔是在谢林那里看到他自己最内在的问题,即实际性问题的(Hans-Georg Gadamer,*Heidegger's Ways*,pp.163-164)。从海德格尔在托特瑙堡山上的小屋的墙上挂着谢林的肖像来看,他对谢林的确很喜欢。

可以理解的。而"历史"就是"直接性的活生生的东西",就是实行或充实,所以"实行现象必然与实际性的意义纠结在一起"(GA60,121)。这也就是说,在海德格尔这里,"实际性"不是现成地摆在我们面前的、我们只能被迫接受而不能对之有丝毫改变的对象或客体,它就是我们每个人不断地实行和改变着的历史性的生活自身。或者说,实际性就意味着,只有变动不居的生活,更准确地说,生活的变动不居,才是我们不得不面对也不得不接受的唯一终极的事实。

显然,"实际性"总包纳着"不得不"的含义。在1921年夏季学期的讲座《奥古斯丁和新柏拉图主义》中,海德格尔就指出,"实际性"意味着必然的、强制性的东西。它总是在实际生活中在场,因而是不可逃避的。在生活的忧惧中,生活的严肃性必须面对被强行抛给它的实际性。所以,"'负担、麻烦'表明自身对实际性概念来说是构成性的"(GA60,280)。显然,根据我们前文对其个人生活经历的阐述,他的这一洞见源自其个人的实际生活经验。在1921年写给勒维特的一封信中,海德格尔明确说道:属己的实际性是"被强加的",我不能是其他样子,除非我放弃自我。①

在1923年夏季学期的讲座《存在论:实际性的解释学》中,海德格尔又进一步指出:"'实际性'指的是'我们的''属己的'缘在的存在特征。更确切地说,这一表达意味着:当下各是(jeweilig)的我们自己的缘在"(GA63,21)。这也就是说,"实际性"是特别地属于我们每个人自己的东西,它不是我们所面对的、可以被所有人客观地把握的客体对象,而是被我们每个人当下地生活着。"'被生活'是实际性的一个特殊方式"(GA60,228)。在"那托普手稿"中,他同样指出:"实际缘在总是只有作为它自己的缘在才是其所是,而从来就不是作为普遍人性的任一缘在"(PIA,12)。这也表明,"实际性"是时间性的东西。② 也就是说,"实际性"虽然是我们每个人都不得

---

① *Zur philosophischen Aktualität Heideggers*,Band 2,S.30-31.

② 后来,在1929/30年夏季学期的讲座《形而上学的基本概念》中,海德格尔明确地说道:"时间性:它不只是一个事实,而且自身是事实的本质:实际性。"[Martin Heidegger, *Der Deutsche Idealismus* (*Fichte,Hegel,Schelling*) *und die philosophische Problemlage der Gegenwart*, Frankfurt am Main;Vittoria Klostermann,1997,S.9]

不接受的东西,但却不是固定不变的东西,不是认识论意义上的客观的东西(当然更不是反之成了主观的东西),只有被纳入生活自身的实行中来,它才成为真正的实际性。因此,相应于实际生活的实行中自我的不断变革,实际性在恰当的意义上总是历史的。海德格尔甚至说:"实际性:历史"(GA61,159)。也就是说,二者是同一的。然而,我们前面已经看到,自足的生活总在以某种方式逃避或抵抗着它的历史性,从而它必然也总在逃避或反抗着这"实际性"所带来的"负担、麻烦"。由此而来的是烦恼和忧虑。

综上所述,海德格尔所谓的实际生活的"实际性"具有如下含义:它是我们每一个人都不得不接受的东西,是我们每一个人在特定的时间和境域中之正所是的东西,是在意蕴世界域之中的生活的自足性和不断革新自我的历史性,更是二者之间的斗争及对这斗争的忧惧。① 这里就涉及了实际性的另外两个含义:堕落(Abfall)和牵挂(Sorgen)。

在《现象学的基本问题》中,海德格尔就已指出:实际生活本身就是危险的、令人不安的,因为作为"前理论的东西"或"原初的东西",它是不确定的可能性,它需要被具体的实行之后才能成为现实性,然而实行的过程中却必然存在着失去本己可能性的可能,从而导致"实行"的本真性和实行的革新消失了,实际生活经验就逐渐过渡向了"非原初性",并最终脱离了生存的关联而堕落了。

在1921年夏季学期的讲座《奥古斯丁和新柏拉图主义》中,海德格尔指出:"生活无非就是永恒的诱惑"(GA60,206)。所以,在实际生活的具体实行中,存在着被引诱着堕落入非真的东西(Unechte)中去的危险可能性。"生活全是无间断的考验"(GA60,209)。在此,海德格尔已经明确洞见到:关键的是应该把"本真的(eigentlich)自我"与"自我世界"区分开来,与自我世界关联的遭遇恰恰是最困难的,因为"自我实际的忧惧在自身之内携带着假相"(GA60,118)。

然而,危险之中蕴藏着拯救,堕落的可能性同时也给出了达到最本己生

---

① 就此而言,事实并不像哈尔所说的那样:在海德格尔这里,实际性引入了一个不能被纳入到自我筹划之核心中去的欠缺(Michel Haar, *Heidegger and the Essence of Man*, preface, p.xxvii)。粗略地说,实际性就是实际生活经验或缘在自身的存在。

活的机会。因为寻求"安宁和稳靠"的人,并不能逃离毁灭,也不能拯救自己,而是将自己困陷在生活所直接提供的东西之中而忘记了自己,这样堕落及其可能性就增强和显示了"畏"(Angst),即为失去了本己自身的危险可能性而畏。所以,在其实际性中的生活最终具有"产生畏""心灵的颤抖"的特征(GA60,241),或者说实际生活总有面对"永恒的不安"(Unsicherheit)的可能。海德格尔认为,"这永恒的不安是实际生活的基本意义的特征",而且这"不安不是偶然的,而是必然的"(GA60,105),它就像孕妇的阵痛一样总会不期而至。当忧惧着的生活接受并真正地面对永恒的不安,从而经历并通过了严酷的考验之时,自我对自己彻底地成了问题和负担,本真自我存在的可能性也就随之显现了。

根据上面的理解,海德格尔对"实际性"做了进一步的规定:"最终,'我之所是'、我的'实际性'是最强烈的诱惑,是对我的存在的反击;它是对真正的可能性的自我筹划,即更确切地说是对实行脉络的忧惧;在这脉络中我以某种堕落的方式在运动"(GA60,253)。然而,在具体的和真正的经验之实行中,对自我的拥有一方面赋予自身以堕落的可能性,另一方面赋予自身达到其本己生活存在的机会,即使是在完全的世俗堕落之中,也依然有真正的生存状态上的运动。简而言之,在海德格尔这里,"实际性"的本质之处就在于"堕落—反堕落的忧惧运动",即在本真自我的失去和赢得之间的斗争。所以他说:"实际问题,运动(kinesis)问题"(GA61,117),即实际性问题就是运动问题。在他看来,这个意义上的"实际性"乃是生活的"存在的意义"①。

综上所述,与指向超时间的、普遍的东西的逻辑性不同,实际性所指涉的是个体的、具体的、时间性的、历史性的东西。② 所以,实际生活经验具有

---

① 参见德文版《海德格尔全集》第61卷,第114、131页。

② 在这个意义上,本书不能赞同克洛维尔的如下观点:海德格尔的"实际性"试图确认那些使得哲学研究得以可能的境域性主体的先验的或范畴的方面,因为如果实际性是主体的经验的历史—文化的规定,那么从它出发的哲学就只能产生历史地和文化地相对的世界观(Steven Galt Crowell, *Husserl, Heidegger and the Space of Meaning: Paths toward Transcendental Phenomenology*, Evanston, Illinois: Northwestern University Press, 2001, p.138)。实际性就意味历史的和相对的,而且从它出发的哲学不会产生"世界观"。《存在与时间》中的"实际性"也依然是如此。

"实际性"的特征,虽然它是我们每一个人都不得不接受的东西,但这并不意味着它是现成地摆在那里、永不变化的客体对象,而是我们每一个人在特定的时间和境域中之正所是的东西,是在意蕴世界域之中的生活的自足性和不断革新自我的历史性,更是二者之间的斗争(Kampf)及对这斗争的忧惧,从而既是前理论的又在来回摆荡的运动之中。"实际性"既指生活本身不得不承纳接受由意蕴性的世界境域所给定的存在可能性,也指生活在对这些可能性的具体实行和对自身存在状态的决断中的堕落—反堕落的运动。① 而且,"实际性"也意味着:这就是我们能够且不得不承认,也终究不得不面对的、令人忧惧的实际生活之唯一的终极事实。

小　结

上述的诸多特征显然是彼此相关的,它们从不同的方向和层面汇聚于"前理论"这一核心,多角度地刻画了"实际生活经验"的原初存在状态。而且,在这些特征之中,"总是携带着属于自身的多样性的倾向和动机"乃是"实际生活经验"其他前理论特征的根源之所在。正是由于具有这一特征,实际生活经验才总是要进入一个特殊的、具体的意蕴性的世界境域,并在其中实现自身的动机和倾向,显明自身。也正是由于多种多样的倾向和动机交替地、相互遮掩地显明自身,实际生活经验的显明方式才是浮雕性的。又由于实际生活经验所具有的动机和倾向是源自其自身的,而不是外在地获得或被添加的,它漠然地对待其动机和倾向实现自身的方式,所以它的显明方式具有不触目的、自足的特征。而向自我世界的聚焦则是这自足性的突出表现。但是,由于实际生活经验在不得不被接受的当下境域之中、在"前握—后握""堕落—反堕落"的来回摆荡中实现着自身的动机和倾向,并随时有失去本真的实现可能性的可能,所以它又具有历史性的特征。所有这

---

①　所以,不能笼统地说在海德格尔这里实际性"本身是非本真的沉沦之在"(参见张一兵:《回到海德格尔——本有与构境》,北京:商务印书馆2014年版,第345页)。

些特征一起造就了实际的生活经验,使之具有"实际性"的特征。

借助这些内在相关的前理论特征,海德格尔摧毁了理论姿态在哲学上的统治地位,端呈出了"实际生活经验"的前理论的原初存在方式。它们共同表明:在世界中实际存在的并不是被一个理论主体所审视和考察的客体对象,不经过理论反思的弯路(Umweg)而直接被给予的意义和有意义的东西,才是原初的东西(Primäre),世界终归是一个意蕴的境域;另一方面,在实际生活经验中,"我"不被看作一个心理的实在,或一个先验的认知主体,从而不是一个从实际生活中抽身而出冷眼旁观的"观众",而是在属于自己的意义世界中,以浮雕的方式不触目地显明着自身,自足地生活在自我世界之中。因此,"实际生活经验"并不是对生活的经验。也就是说,不是把生活作为对象来经验,而是实际生活本身就是经验,经验就是实际生活。实际的生活就在经验着,经验着的生活才是实际的。在其实行中,实际生活经验向来就总已身处于世界之中,与世界打着交道,对世界及其中存在的东西的意义,向来就有了某种理解,或者说向来就已通达了世界。这种理解是先于理论认知的姿态的,根本不同于理论的专题化。对于在意蕴世界中自足地、不触目地生活的实际生活经验来说,"内在的"与"外在的",以及"物理的"和"心理的"之间的区分都毫无意义。它们都是理论姿态的产物,只有以这种姿态为前提,才有其价值。因此,对于以前理论为其根本特征的实际生活经验来说,根本就不会提出所谓的外部世界及其存在问题,根本就不会提出内在的意识如何通达外在对象的问题。所谓的有待证明的实在的外部世界,已经是属于以理论的姿态从实际生活经验的周围世界中割离、孤立出来的领域。因而,实际情形是:这种理论姿态起手就把桥梁打断了,然后才无奈地站在河的一岸。或者用贝克莱的话说:他们先是扬起尘土,然后才怪自己看不见东西。所以,在海德格尔看来,理论科学及其立场和姿态只是"实际生活经验"自身的一种衍生样式,而并非其原初样式。①

然而,虽然不触目地生活在意蕴性的世界境域中的、自足地生活在自我

---

① 塔米尼奥的如下论断绝对是一种误解:海德格尔实际上是柏拉图主义的,赞成理论活动是比实践活动更优秀的生活方式(Jacques Taminiaux," Heidegger and Praxis", *The Heidegger Case*: *On Philosophy and Politics*, p.196)。

世界之中的实际生活经验,向来就对自身及其世界有着某种先行的理解,但是它却通常地、首先地倾向于被周围世界所诱惑而堕入没落的状态,所以它对自身和世界的先行理解并不总是本真的,从而总是具有、面对着失却本真自我的可能性。不过,实际生活经验的历史性却又表明,它总在不断地重新追寻着自己,从而又总是蕴含着"反没落的动荡"的可能性。上述这种状况也就是实际生活经验的真实的存在状况,也即是其"实际性"之所在。

显然,无论是携带着自己的动机和倾向的实际生活经验在"前握—后握"之间的来回摆荡,还是它不断地重新追寻自身的历史性,还是它在"没落—反没落"中对本真自我的失去和赢得,都表明:实际生活经验本质上乃是运动之可能性,或可能性之运动。这"前握—后握""没落—反没落"的运动,被海德格尔称作"动荡"(Bewegtheit)。这乃是实际生活经验的另外一个最为基本的特征。

在1921/1922年冬季学期的讲座《对亚里士多德的现象学解释:现象学研究导论》中,在未做任何交代的情况下,海德格尔就用"牵挂"(Sorgen)直接取代了与《圣经》相关的"忧惧",并将之规定为生活的关联意义(GA61,89)。在"那托普手稿"中,他将牵挂看作实际生活运动的基本意义(PIA,14),而将牵挂运动的基本特征描述为实际生活的"沉沦倾向"(Verfallensgeneigtheit),简称为"沉沦"(PIA,19)。明了了这些用词上的变化,我们下面就可以探讨海德格尔所提出的"实际生活经验"的"动荡"特征了。

第五章 "动荡的"实际生活经验

我们已经看到,"实际生活经验"总是在"动机—倾向""回握—前握""堕落—反堕落"的摆荡中先行地理解着自身和世界,这决定了它本质上乃是运动性的存在,而其时机化、历史性、实际性等特征也都意味着它是一条变动不居的河流。但是,海德格尔认为,"流动"(Fließen)和"涌流"(Strömen)都已是秩序性的观念了,在其中"同质性"即使不是明确地被设定了的话,也是被暗含了,所以他拒绝使用这两个概念来表达"实际生活经验"的运动特征,而是采用"动荡"一词来标示之。在他看来,在阐释生活这个基本现象的时候,"动荡特征是目标之所在","实际性(生活的存在意义)根据动荡而规定自身"(GA61,114),动荡乃是实际生活的"原则性规定"(GA61,116)。此外,海德格尔有时也采用"动力学"(Dynamik)①一词来表达实际生活经验的运动。

在此还需要指出的一点是,在行文过程中,虽然海德格尔通常是将"运动"和"动荡"这两个词并用,但是有时也会对二者加以区分。他之所以这样做,用意有二:其一,"动荡"多用来指"回握—前握""没落—反没落"的运动,即回握的运动与前握的运动、没落的运动和反没落的运动之间来回交替的运动,或者说"动荡"是双向交织的运动,这体现了"荡"字的含义②,并透露出了其中所必然蕴含着的"不安"。因此,如果严格进行区分的话,在海德格尔这里,并非所有的"运动"都是"动荡"。其二,在于用另外一个词

---

① 海德格尔借用"Dynamik"这个德文主要是来表达"活跃""生动""能动性"等含义,它并不意味着是与现代"静力学"相对立的一门科学。

② 图尔恩黑尔似乎意识到了这个词对于早期海德格尔思想的重要性(See Raner Thurnher,"Verboten der Hermeneutik der Faktizität",*Heidegger-Jahrbuch* 1,S.334-345)。

来提醒人们,不要在流俗的意义上来理解"运动"这个词,强调根据空间性运动及其秩序特征来看待实际生活经验自身的运动是不合适的①。

那么,什么是实际生活经验的"动荡"呢? 海德格尔说道:"实际生活的动荡可先行被解释、描述为不安(Unruhe)。这不安的样式作为丰盈的现象规定着实际性。"(GA61,93)然后,他首先通过四个范畴对实际生活经验的动荡特征进行了先行的指示。

第一节 对实际生活经验之"动荡"的指示

海德格尔用来指示实际生活经验之"动荡"的四个范畴是:"倾向"(Neigung)、"距离"(Abstand)、"锁闭"(Abriegelung)和"容易"(Leichte)。

一、倾向

前文已经提到,实际生活经验总是携带着本有的动机和倾向而生活在意蕴的世界境域之中。在 1921/1922 年冬季学期的讲座《对亚里士多德的现象学解释:现象学研究导论》中,海德格尔称这种生活样态为"牵挂"。自然,生活的这种牵挂具有属于自身的方向,也就是"倾向"。这"倾向"必然会赋予生活以一个重力、重力方向和"走向……的牵引力",而且这重力不是来自生活之外和不具有生活特征的东西,而是在它自身那里本就与它自己一起同在。可见,"倾向"与生活之"实行"相关,生活的"实行"也必然总是能够从生活自身那里"塑造"出活生生的倾向。"对……的牵挂"就是在这倾向的实行意义中实行自身的,倾向就是牵挂的实行样式。也就是说,牵挂总在一定的倾向中实现自身。如何实行的呢?

倾向把生活推入了它的世界之中,并使之在其中牢靠地立足,而生活也只有在它抓牢倾向的地方才能找到自己。也就是说,实际生活总是倾向于投身于世界之中。这样,"在其朝向世界的倾向中,生活总是以其'世界'的

---

① 参见德文版《海德格尔全集》第 61 卷,第 143 页。

形态'有自身'并经验自身"(GA61,101)。所以,生活在本质上总是作为世界而被经验,总是以被它所遭遇到的意蕴世界一同携带的方式,进入其倾向之中。生活的方式就是对其世界的映射,从而必然消散于世界之中。这"倾向"不允许任何东西逃离这消散,反而总在强化它。简而言之,"倾向"把生活拉入其最切近的世界,并试图使之一去不返,从而不再关照和追问自身的倾向,造成了实际生活的自足性特征。

海德格尔认为,上面所提到的这些现象为对"动荡"之基本意义的彻底理解提供了必要和恰当的前领会。

二、距离

与"倾向"同样原初的另一个范畴是"距离"。这里"同样原初的"意味着"距离"是这样一种特征:它在其实行中遮蔽、推挤"倾向"并将之带入消散之中,以至于它在世界之中作为被消散的东西、不触目的东西而被遭遇到。海德格尔称这种关联意义为"距离"或"距离的消除"。它意味着,在实行其倾向的过程中,生活与其世界之间本有的距离被消除了,或者说倾向是消除距离的倾向。这乃是因为,虽然距离一方面使倾向成为可能,没有距离就不会有"倾向"存在的空间,但是另一方面,距离也被吸向倾向,这表现为:在对其世界的牵挂关联中,生活将其世界和当下具体的意蕴在自身面前拥有,然而这一"对某东西的'在自身面前拥有'"在这牵挂中恰恰又被排挤了。对于在意蕴中出现的牵挂来说,"面前""距离"恰恰不在场。因为,牵挂总倾向于自足地、不触目地沉没在世界之中。所以说,"在……之中牵挂地出现"就是对这"面前"或"距离"的消除。

由于具有这种"距离的消除"特征,在倾向和消散中生活的实际生活并不持守着距离,在经验的实行中它越过了自身,以与之不相适合的尺度错认、错量了自身。在这些牵挂方式中,生活尽可能广泛地采取尺度,从而使它与之打交道的东西及打交道的方式变得容易了,也即更易于消散在意蕴世界之中了。这样,在生活的倾向和对消除距离的牵挂中,常常会有新的动力出现。也就是说,能一同被携带的可能性、自足的方式是多种多样的,甚至显示出了一种无限性。在这无限的牵挂样式的实行中,生活与其世界之间的距离无限地在缩小。然而,这同时意味着,它与本己自身之间的距离却在无限地拉大。在此,海德格尔形象地说:"在其距离性的关联意义之倾向性的消散中,生活是双曲线式的"(GA61,104)。①

但是,海德格尔指出,"距离"是不可能被完全根除的,它在对世界的牵挂中依然还存在着,只不过是在消散中一同被获得的,是不触目的、潜伏的。因为生活无法把自身与世界完完全全地合而为一,毕竟它与周围世界的事物有着不同的存在方式,任何一个人也不可能使自己完全成为另外一个人。②

三、锁闭

我在其中牵挂地生活和我与之牵挂地打交道的东西,是能够在我"面前"存在的东西,当它被端呈出来并触目地被显示时,我触目地牵挂着某种东西,与之明确地发生关联,这样我自己、实际的自我世界就一同被经验到了。但是,只要牵挂在其实行的基本样式,即倾向中实际地生活着,并且将自身固定于倾向之中,那么这"面前"就不会突现,如下的可能性就会被失去:拥有"面前"的可能倾向,以及在距离中生活所持有的东西。这样,牵挂着的生活在倾向于进入世界的方式中发现自身,而没有以不同的方式去寻求自我的动力,在让自己被世界的意蕴一同携带着的实行中,不断地重新调转目光在它不测度自身而是掩蔽着自身的地方寻求和遭遇自身。以至于,只有就其或触目或不触目地避开自身而言,生活才存在。结果,生活越是增强其世界性的牵念,即越是在被增强的倾向和距离的消除中埋身于世界,丧失"面前",它离自身就越来越远,最终反对于它自身而锁闭了自身。

---

① 在此需要指出的是,早在出版于 1900 年的《货币哲学》一书中,西美尔就探讨了生活风格的距离感,将之看作现代社会生活的感性存在样态之一。而且,他已明确看到:在现代技术的统治之下,"外在的方面被征服的距离越多,内在方面增加的距离就越大"(转引自陈戎女:《西美尔与现代性》,上海:上海书店出版社 2006 年版,第 195 页),"最遥远的东西离人近了,付出的代价是原初和人亲近的东西越来越遥不可及"(转引自陈戎女:《西美尔与现代性》,上海:上海书店出版社 2006 年版,第 198 页)。二者对"距离"的论述显然极为相似。

② 1951 年的《人诗意地栖居》一文中,海德格尔再次讨论了"距离的消除"问题,但有了明确的神学意味。

显然,虽然这种"锁闭"刻画的是实际生活在其世界中牵挂自身的一个方式,但是在其中却显示出了一种"不牵挂"。虽然这"不牵挂"也是一种牵挂,在其中生活自身还依然在,但却是作为在牵挂及其实行中而被完结、被摧毁的东西而在。因为,在反对于自身的锁闭中,实际生活总是塑造出新的意蕴可能性,它在这意蕴中感到熟悉,并能获得自己稳靠的意义,从而不再追问自身的存在意义。所以,这些不断增加的可能性实际上显示出的是实际生活在意蕴性的、世界性的对象中错过自身的无尽性。人们形式地将这"无尽性"刻画为无限性、不可穷尽性、不可克服的东西、"总是更多的生命"和"比生命更多",乃是在进一步强化它。这样,本己的自我在更深的层次上被遮蔽了。这可能性的无尽性成了实际生活的一副越来越厚的面具,戴着它生活迷惑了自身。于是,在锁闭中,实际生活就以故意积极地阻断自身的方式而出离、避开了自身。它越是积极地使世界中的所有东西对它都成为敞开的,它越是锁闭了自身。所以,海德格尔又形象地说:"锁闭具有特殊的椭圆的实行和时机化特征"(GA61,108)。

四、容易

海德格尔指出:实际生活就是总在寻求"简易化",而且这一倾向完全是出自其自身的牵引力,无有它助。"在其动荡之中,实际生活自身已经为此做好了准备……向容易切近"(GA62,75)。于是,对于在消除距离的倾向中锁闭了自身的世俗生活来说,一切事情都被弄得变容易了,从而获得了它所寻求的稳靠性,感到很舒适安逸,除了简易化这件事情之外,不再有任何艰难可言。相反,要抵抗或破除这一简易化倾向,却是非常非常艰难的。世俗生活的简易化恰恰就是它的艰难之所在和表现。也就是说,实际生活之原本的艰难恰恰在于抵抗或破除其总是寻求简易化的倾向,还复、赢得本真的存在状态。

由于这一"简易化"特征,虽然实际生活还是牵挂,但却是居于"使自身变得容易"和逃避倾向之中的牵挂。这里所显现出来的是"可错过性"、沉沦、"用某物欺骗自己"、"寻欢作乐"、"热情洋溢"等倾向。也就是说,生活总是通过把目光从自身转开而试图安定自身,从而处于一种"了无牵挂"的状态之中。虽然这种"了无牵挂"还是牵挂的方式之一,是生活忧虑自身的方式之一,但它只是沉浸于世界之中并为了获得满足而被强化。它避开艰难,使实行和牵念都变得容易了。它永不停歇,但从不做任何决断,不重演着决断而存在,离本真的自我越来越远,以至于最终完全封闭在了虚假的自我之中,堵死了回到前者的可能性。

在海德格尔看来,这"简易化"是倾向、距离(的消除)和锁闭三者的统一的时机化,也就是说,在简易化中,实际生活的倾向、距离(的消除)和锁闭一起当下地表现了出来。实际生活实现这简易化所具有的艰难,只是假装使生活自身变得艰难了。实际生活无可逃避的艰难却恰恰在此显露了出来:生活的艰难恰恰在于生活很容易地就能被获得,然而恰恰又能很容易地被失去。

第二节　实际生活之"动荡"的基本意义

按照海德格尔的思路,在以上面的四个范畴指示出了实际生活经验的动荡特征之后,接下来的任务就是将它们分别指示出来的东西明确地挖掘出来,然后为"运动""动荡"寻求一个基本意义。

一、倾向中的运动

我们已经看到,按其本有的倾向,实际生活总是牵挂着世界,并总是以世界的形态给出自身,把它的世界作为自身的"散射"来遭遇,从世界那里照出自己的身影,从而通过它的世界并与之一起返回它自身,即返回作为牵挂着的生活的生活。由此可见,倾向所显示的是生活向着自身的运动。生活这种在朝向自身的遭遇性倾向中的运动,被海德格尔称作"回溯"(Reluzenz)。

然而,另一方面,在回溯运动中,生活从世界的反射光里获得它的视线、要求和尺度,从而依据世界并为了世界而先行建造起一种"前—取"或"前—有",即从周围世界那里获得了对自身的先行理解。实际生活在这

"前有"中安定了自身,并且触目或不触目地牵挂着"前有"。因此,牵挂着的生活又总是先行建造的,"在其回溯中它同时是前构的(praestruktiv)"(GA61,120)。而"动荡"就是以这种回溯又前构的方式而运动的。

二、距离消除中的运动

海德格尔指出,生活的距离特征、明确地被拥有的"面前"的可能性,以及在"前有"中生活的实行,并不会在"距离的消除"这种牵挂方式中完全消失,而只是世界性地被转换和遭遇了,而牵挂的关联则以世界性距离的方式回溯到了自身,也即将自身指向了成果、等级、优越性、位置等世界性的意蕴,并以双曲线的方式积极地、独立地前构着。以这种方式,生活的牵挂在世界之内消除距离、安排秩序,从而使生活获得了稳靠性。于是,生活越是忙于牵挂,就越是陷入世界之中,离本己的自我就越来越远。

三、锁闭中的运动

正如在"倾向"那里,"前构"特别地突显了出来并获得了一种优先性,在"锁闭"这里,"回溯"也以一种特殊的方式规定着"动荡"。这种特殊方式就是一同携带和推挤的方式:在对其世界的牵挂和遭遇中,生活使自己离开了自身,然而却又在特殊的动荡中让自己遭遇到自身,回到自身,也即在走向自身中消除自身。所以,海德格尔指出,这种回溯显示出了对于实际性的结构来说的一种基本关联意义:"同自身脱离""出离自身"。在这种"同自身脱离"中,生活自身塑造了一种"反—自身"。

由锁闭的这种回溯运动显然可以看出,生活正是以回溯的方式而获得了其前构的方向。因此,虽然由于在锁闭中遭遇着和显现着的生活避开了自身,没有对之发生兴趣,因而锁闭显得似乎没有"前构"这一规定,但实际的"前构"已经实际地先行起着规定作用了。在这种脱离自身、错过自身的时机化方式中,在"装腔作势"的遭遇和拥有方式中,显现出来的是椭圆性的东西,即一种特殊的前构性的动荡方式,它与锁闭的回溯运动相关。

四、实际生活之"动荡"的基本意义

通过上面的论述,现在变得清楚的一点是:必须把握住由"回溯着的—前构着的动荡"所表达出来的运动性关系,只有在回溯和前构的"分环勾连"中,动荡的意义才能更加显明。

海德格尔指出,锁闭中前构着的运动表明了它是如何以各种方式迎合倾向的,这作为倾向之保持的"迎合"自身就是一个动荡特征,这个特征表现了"倾向"和"锁闭"之间存在着关联:倾向导致了锁闭,锁闭迎合、强化着倾向;在锁闭那里被遭遇和被激起的倾向自身,又回溯到了距离的消除。倾向从其世界出发,把意蕴作为可塑的距离可能性而敞开,为虚夸的装腔作势和距离的营造提供了动力和时机;消除距离的双曲线自身前构地追随着被回溯的、借助于倾向而被"锁闭"显示出来的消散可能性,从而自身也回溯到了锁闭,为目光的转换提供了机会。三者之间的所有这些特有的关联都显示出了"牵挂"自身的动荡,显示了它是如何实行自身的,即其实行意义:虽然初看起来,前构和回溯的分环勾连只是提供了一个空的结构,因而不足以规定动荡中的实际生活,但是在通过各种不同的运动而显示出来的关系脉络中,二者是相互改变的,而这表明,它们的运动意义自身也是关联意义地被规定的。这种关联意义是这样的:作为运动方式的回溯是被自身所前构的,前构则是回溯地被塑造和时机化的。简而言之,这里的情形是:回溯是前构着的回溯,前构也是回溯着的前构,二者总是同时在场。而牵挂就总是试图在一种世界性的回溯中,让前构着的运动出场,也就是说,总是在向周围世界前构的同时,又从周围世界那里回溯到自身,即通过周围世界的映射来观看自身。

于是,在前构和回溯的这种动荡脉络中,生活的奇特运动就表现了出来:在每一种运动中,实际生活都牢靠地生活在它的世界之中。也就是说,所有运动都是为了能够在对世界的牵挂中获得稳靠。通过运动寻求稳靠!这使得实际生活作为"在世界之中生活",没有本己的运动,而是把世界作为生活的所在、所向和所为而生活着。因此,实际生活经验的运动具有特殊的独立、自动的特征,即"生活出离自身而生活"(GA61,130)。

实际生活的这种不断增强的在寻求自身中出离自身的动荡，又被海德格尔称作"跌落"（Sturz）。它是这样一种运动：它塑造着自身，但确实说来它所塑造的却不是自身，而是虚空，这运动就在这虚空中发生，这虚空乃是其运动的可能性。也就是说，一个虚假的自我为跌落运动提供了可能性。这样，实际生活之动荡的基本意义就被赢得了，海德格尔把拉丁词"ruina"（倒塌、毁灭、堕落）和古高地德语词"Sturz"合起来生造了一个词"Ruinanz"（没落）①来标示它。而且，他还为"Ruinanz"给出了一个指示性的定义："实际生活的动荡，它在实际生活自身之中，出离于生活自身，在所有反对于生活自身的东西之中，将实际生活作为自身来'实行'，也即'存在'"（GA61，131）。总而言之，实际生活之"动荡"的基本意义就是：在越来越远离自身的没落中对自身的牵挂。反言之，没落是实际生活的基本动荡样式。为了能更好地理解这种没落运动，海德格尔又具体地阐释了牵挂的增强，即"牵念"（Besorgnis），及其时机特征：

我们上面已经提到，牵挂在其实行中看到了它自身。但是，这个"它"自身，并不是"自己"自身。相反，这个"它"表明被纳入牵挂中的牵挂（即实际生活的动荡）是世界性地被遭遇到的，因而这"自己"不是原初的，而是由于"它"的遭遇而被中介化的。在这里，牵挂"被—牵挂"，它自己由于牵挂而操劳过度、负担过重。这种被牵挂的牵挂、增强了的牵挂，就被海德格尔称为"牵念"。

在牵念中牵挂的动荡将自己抛投给自身，也就是说属于牵挂自身的动荡由牵挂自身所推动着。这样，就有一种牵挂动荡的"增强"在牵挂的实行中出现了。这"增强"表现为牵挂被它自身卷入了跌落之中。这样一来，倾向、距离的消除、锁闭自然也以各自的方式增强了自身，在更高的现实、忙碌、作为严肃性的牵念这样的假相中，更加稳靠地生活在它的世界之中，因而它在自身之中、在自身面前再也认不出自己了，实际地没落的生活在牵念之中遮蔽着自身。在这遮蔽中，"将自身卷入世界之中去"被虚假地理解为

---

① 把这个词翻译成"懵懂"（参见靳希平：《海德格尔与其思想的开端》，北京：商务印书馆2009年版，第358页）虽不能说不搭边，但似乎也只是搭边而已。

一项任务。当生活投入于这项任务之中时,它就成了纯粹被拖拉、携带的东西,也就是说,将自身完全交付给了没落。

另外,海德格尔还指出,生活通常世界性地在牵挂的实行中出现,但这"出现"不能被客观对象式地理解,而是应被把握为牵挂之实行的一种方式。这样,每一种显现方式都有其特定的时机性特征,即它们与其自身的时间相关,而这种关系就存在于实际性的实行脉络之中。在这里,他强调,"时间"既不是秩序框架和秩序维度,也不是杂多的历史事件的特征,而是"动荡的特殊方式",它不仅使动荡得以可能,而且一同形成着动荡。借此,他试图解决一个如下的问题:从时机的角度看来,生活在牵念中如何和可以如何呈报自身? 他自己回答道:生活就以时机化的方式,在其牵念中显现自身。以这种方式,实际生活越是更少地在时间中显现自身,它就越是更多地沉浸于世界之中,越是更多地不触目。所以说,牵念的时机特征表现出来的是没落的增强。这意味着,没落的生活"没有时间",因为它的基本动荡(即没落)取走了时间。"实际生活的没落就具有消除时间的实行意义"(GA61,140)。反言之,"没有时间"作为实际生活的一种方式表现了它的没落。

第三节 "没落"运动的四个特征

对于作为"动荡"之基本意义的"没落"运动,海德格尔借助于对其所具有的四个特征的阐释,给出了如下指示:

一、诱惑(考验)

前面我们曾提及了海德格尔相关于"沉沦""堕落"而对"诱惑"的阐释,现在他又从"没落"的角度进一步对之进行了规定。他指出,没落是有诱惑力的,也就是说,实际的牵挂在其动荡中在诱惑着自己。因此,不能在伦理的或宗教的意义上来规定诱惑,从而将其看作从生活之外而来的东西。真正的情形是:诱惑就在实际生活自身之中,并在生活的"缘—在"中塑造着实际性。所以,实际生活是不能完全抛弃诱惑的,从其本己的存在意义上来说,它就是遭受着诱惑而没落在它的世界之中的。因而,实际生活必然总是面对着无尽的考验。

二、没落之所向:无

海德格尔在此首先指出,"方向"不是一个秩序概念,也不首先和必然是空间的规定性。"方向"的意义之源就首先具有周围世界的特征,然后才可能会被当作自然对象、几何对象之类的东西而被理解。

就作为实际生活之动荡的"没落"而言,它并不是随处出现的,它不在对其存在方式来说是陌生的领域中发生。或者说,没落仅仅是没落。这"仅仅"就表明了,"没落之所向不是对它来说陌生的东西,它自身具有实际生活的特征,它就是'实际生活的无'"(GA61,145)。

海德格尔指出:实际生活的"无"不给出秩序,不提供出安置之所,而是一种可能性,它实际地将没落时机化。没落是以一种独特的方式由它的这种"所向"塑造的,而"所向"又是在牵念中时机化自身的。海德格尔称没落的这种特征为"毁灭"。作为生活之"无"的"毁灭",是在特定的无化(Nichtung)、不触目的"说不"(Nein-Rede)中被时机化的。据此,他给生活的"无"做了一个规定:"实际生活的无是属于其自身的东西,是生活自身在没落的缘在(即实际性)中的不出现,而且这不出现是由生活并为了生活自身而被时机化的、按照生活的样式周围世界性的不出现"(GA61,148)。简而言之,在没落中,实际生活陷身于周围世界之中,不触目地遭遇着被生活的世界,因此,虽然它显示出自己"尚还缘在",但它本己的自身不再对自己显露。这就是作为没落之所向的"无"。随着向这"无"的跌入,实际生活也就在世界中寻到了"安乐窝"。所以,海德格尔也把没落的这个特征称为"安慰(宁静)"。也正是这"无"为实际生活之没落运动提供了可能性。①

---

① 俞宣孟先生正确地指出,在1947年之前的海德格尔那里,"无"被看作人的某种生存状态,而且是一种泯灭物我的状态。但是他却不恰当地认为,这种生存状态类似于佛教所说的"禅定",即摒弃了对一切外物的执着的状态(俞宣孟:《现代西方的超越思考——海德格尔的哲学》,上海:上海人民出版社1989年版,第37页)。因为,我们看到,在早期弗莱堡时期的海德格尔这里,"无"的状态恰恰是完全执着于外物的状态。这里的"不出现"(Nichtvorkommen)直通后来海德格尔所谓的"无家可归""阴森可怖"(Unheimlichkeit)。

三、异化（疏远）

实际生活自身对自己的"不显现"和在世界中的"尚还缘在"，不仅表明了生活世界的被给予所具有的直接性特征，而且也显示出这"直接性"并不是开端和基本尺度，而是没落生活的一种时机化。由于这种直接性，牵挂不受阻碍地冲向世界并进入其中，使自身跌落进事物之中，忙于亟待解决的事务，所有这些都使世界成了最切近地被给予的东西，而牵念首先经验到的就是它。这种非理论的、将"拥有世界"的直接性时机化的牵挂方式，只存在于没落的动荡之中。在其中，被牵念世界之被给予的直接性成了自我之被给予的基本尺度，周围世界性的生活就持守于这直接性，享受着这直接性，以此方式实现着自身。在这里，生活根本就遇不到阻抗，直接性根本就没有成为一个问题。① 而事实上，实际生活离本己的自身却越来越远，以至于与自身异化（entfremden）了，或者说"去—陌生化"了。即使是在自我被关注的地方，自我也是作为一个世界性的对象而被审视的。因此，海德格尔也把没落的异化特征称作对象性特征。

在那托普手稿中，海德格尔对以上三个特征重新进行了探讨。在那里，他指出，实际生活朝向沉沦的倾向表明了动荡的如下基本特征：首先，通过使事情变得容易，这倾向错过自身而诱惑着生活；其次，作为诱惑它同时又是安慰，也就是说，它把实际生活牢牢地按在没落的境况中，以至于生活把这些境况当作无忧虑的稳靠性和人的活动的理想可能性境域而来谈及和塑造；最后，作为安慰，以诱惑为方式的朝向堕落的倾向是异化。也就是说，沉浸于世界之中牵念着自身的生活，变得离自己越来越远。另外，海德格尔在该手稿中还涉及了实际生活在公共世界中沉沦的状况。他指出，实际生活通常并不被作为个体的而被生活，而是在某种牵挂的"平均性"中生活。在此，他已把这"平均性"称作"常人"，并指出它实际上是"无人"（PIA，21-22）。

---

① 在此需要指出的是，海德格尔这里指出的这种本源性的同一性、直接性并不是"不允许任何形式的分立"的"'非此即彼'的思维方式"，因为这里总有一个"自我世界"在。

四、可问性

据上文,对于获得直接性和稳靠性的确定性,直接性的生活自身能够但不必须发问。然而,没落中的实际生活总是缺少点儿什么,即缺少它本己所是的东西。这样的生活具有一种"符合现状性",此时海德格尔称之为"匮乏"。在这匮乏中,人们舒适地回避着实际生活的动荡所带来的阻抗。但也正是由于在直接性的生活表面的完满自足中存在着匮乏,它总有遭遇到阻抗力猛烈反冲的可能性,生活自身实际的不完满所带来的痛苦也随时都有可能打破周围世界、公共世界和自我世界之意蕴性的自足,使之成为无关紧要的东西,使本己自我之丧失这一残酷的事实显露出来,这些都在增强着对生活之"不确定的可能性"的畏,从而使生活本身所具有的严肃的可问性特征得以显现。就此而言,生活的直接性和稳靠性是成问题的。正是在这可问性中,"生活同自身的脱离"同时也在塑造着一种"反一生活",因为它总是或多或少地回望着它所由之脱离的地方。或者说,在实际生活中就蕴藏着一种"反没落的动荡"(gegenruinante Beweg-theit),这动荡在"追问"中实行自身。追问的问题就是:"我是(存在)吗?"(GA61,176)实际生活在追问过程自身中、在对可问性的实行中,获得了其本己的位置,从而"在追问中走向其真正的可塑的自我被给予性"(GA61,153)。这样,在作为"反运动"的追问中,没落的倾向被反转了,赢得本真自我的可能性出现了。但是,追问作为反没落的运动不应被理解为同世界的脱离。相反,同世界的脱离恰恰在于没有在根本性的可问性中把握、激起世界,而是将之纳入一个新的安宁世界之中去了。作为对生存的忧惧,"追问"对生活的实际环境没有做出任何改变,被改变的是生活的动荡的样式,也即反转了没落的运动。因此,在反没落的动荡中,实际生活依然与世界打交道,但是不沉沦。用我们中国传统思想的语言来讲就是:入世而出世。

不过,持守于真正的可问性并不意味着遵循"总是只在追问"这一空泛的原则,也不是在随便某个时候随便问问,而是当下各时地根据被澄明的境域和实际生活的动机而发问。这也就是说,追问总是具体的。追问在对问题的回答中体验自身,答案的形成总是与追问相关,或者说,自我总是在场。而且,追问乃是"前取—后取—重取"着的(weiter-zurück-wiederholend)追问,也就是说,追问总是回溯至被追问的对象、先行至"答案"而追问,追问在追问的过程中变得更加可问而一再重演。但是,这"重演"不是指对曾经存在过的不变事实的简单重复,而是意味着在每个人自身当下的境域中,把曾在的意义作为未来的可能性而创造新的可能性,它在根底上乃是在动荡不安的生活之流中不断地选择、决断和赢得自身的任务。这样,在不断地"重演"中,对实际生活及其存在意义的基本经验就保持在了实际的、历史的活生生性之中,而又没有在自足中没落。因此,在海德格尔看来,"追问"就是一种本真的生活样式。

另外,在此还需要加以补充的是,早在1915年在李凯尔特主持的研讨班上所做的一个演讲《追问与判断》中,海德格尔就对"追问"进行了规定。在那里他指出了判断与追问的区别:判断活动通过先天有效的判断意义而使生活走向安宁,而在追问中,追问者生活在某种"紧张状态"之中。① 另外,他还摆明了追问和决断之间的关联:追问不仅仅是接受,它表示的乃是一种走向决断的倾向②。由此,我们也很容易理解,为什么海德格尔把"动荡"先行解释为"不安"了。也就是说,自足而没落的生活总蕴涵着追问之"反运动"的可能性,而在走向决断的不断追问中,实际生活就总是处在紧张不安之中。

第四节 "动荡不安"是"实际生活经验"的本质

如研究者沙茨基(Schatzki)所言,"生活是运动这一观念是海德格尔早期思想的突出特征"③。对早期弗莱堡时期的海德格尔来说,"动荡不安"

---

① Martin Heidegger/Heinrich Rickert, *Briefe 1912 bis 1933 und andere Dokumente*, S.89.

② Martin Heidegger/Heinrich Rickert, *Briefe 1912 bis 1933 und andere Dokumente*, S.87.

③ Theodore R.Schatzki, "Living out of the Past:Heidegger and Dilthey on Life and History", *Inquiry*, Vol.46, Iss.3, 2003, p.308.

乃是"实际生活经验"最为重要和最为本质性的特征。在关于雅斯贝尔斯的评论中,他就已明确指出:"生活的本质,即是它的不安和运动"(GA9,18)。当然,这里的"本质"并非意味着传统意义上的抽象普遍之物,它就是海德格尔所追求的"生活的真理",即实际生活的原本面目,即动荡不安。简言之,"本质"就是"运动"①。此后,他一再地对实际生活的这一"本质"加以阐释和强调。

在那托普手稿中,海德格尔指出,哲学把相关于其存在的缘在作为追问对象,这并非对实际生活的外在附加,而是对实际生活之基本动荡的明确担承。由此,我们也可以看到,在他这里,实际生活、缘在、存在、动荡、哲学之间所具有的内在关联:哲学能够理解和显明缘在之原本的存在意义,即它总处于动荡不安之中。另外,在该手稿中,海德格尔还表明,亚里士多德对传统本体论的批判奠基于如下的体验:我们必须从一开始就认为,有在运动中的存在者;对于亚里士多德来说,关键之处在于,他看到了"运动"是不能用"存在"和"非存在"这两个传统范畴来理解的,于是提出了"潜能"和"现实"这两个范畴,并用"偶然性"和"自发性"解释了实际生活的历史性运动(PIA,70-71)。

在1921/1922年冬季学期的讲座中,海德格尔124次使用了"动荡"一词及其相关词组。在1922年夏季学期的讲座中,他继续着上面的思路。他把亚里士多德所说的"physis"看作一种"存在样式",并认为理解这种存在样式的关键就在于"生活的运动",因为对于亚里士多德和希腊经验来说,"physis"的基本特征恰恰就是"kinesis"("运动"),所以人的存在样式要到这"运动"中去寻找。可见,海德格尔之所以如此地重视对亚里士多德的研究,不仅仅是因为后者把理论认知解释为实际生活经验的一种打交道的方式,更在于亚里士多德原则性的、新的、根本性的开端是运动现象,其存在论和逻辑学都是出自于此。显然,对于海德格尔的亚里士多德解释来说,证实和发展他自己对实际生活经验前理论、"动荡不安"之本质的理解,乃是一

---

① 可见,后期海德格尔对"真理的本质"的重新解释,并不是无源之水,并不是突发奇想,而是在对实际生活经验的动荡特征的理解中有其根苗。

个根本性的目的。①

1923 年夏季学期的讲座《存在论——实际性的解释学》则指出:缘在在自身中存在,但是作为"在自身通往它自身的途中"而在,即在先行的跳跃中持守住它的能在(GA63,17)。而如埃利奥特(Elliott)所言:可能性又必然与运动相关。② 所以,作为能在的缘在自身就是动荡,而实际性解释学的任务就在于表明:在何种意义上缘在就是动荡,而且这动荡是时间性和实际性的一种方式。"在自身这里使自己彻底地'运动'——这就是海德格尔要做的"③。

小　结

在意蕴的世界境域中,"实际生活经验"总是在"前握—后握"中自足地实现着属于自身的动机和倾向,这一点决定了它总是处身于对世界的"回溯着的和前构着的"牵挂之中,并总是首先倾向于被诱惑着堕入周围世界之中,寻求着简易化,锁闭了本己自我出现的可能性,从而将自身完全交付

---

① 如下的断言有些言过其实了:"海德格尔前期对人的存在和存在自身问题的答复就是建立在亚里士多德诠释基础之上"(朱清华:《回到源初的生存现象:海德格尔前期对亚里士多德的存在论诠释》,北京:首都师范大学出版社 2009 年版,第 17 页)。因为如范提斯所言,海德格尔总是带着问题去接触亚里士多德的文本的,而这些问题通常并不出自这些文本自身,而且语气明确的目的和倾向背道而驰;考虑到海德格尔对历史性的独特理解,尖锐对立和强烈影响并不相互排斥,反而密切相关;海德格尔 1921/1922 年冬季学期开始转向亚里士多德与现象学的奠基问题有关,并受宗教学哲学问题的本质性规定;海德格尔关于宗教哲学的两个讲座先于他向亚里士多德的直接转向,并对之是决定性的(Dimitrios Yfantis, *Die Auseinandersetzung des frühen Heidegger mit Aristoteles:Ihre Entstehung und Entfaltung sowie ihre Bedeutung für die Entwicklung der frühen Philosophie Martin Heidegger*, Berlin: Duncker & Humbolt, 2009, S. 24,S.36,S.65)。当然,这并不是否认海德格尔从亚里士多德那里获得过新的启示,但是总体而言,他在亚里士多德那里找到的更多的对自身已有想法的印证和扩展。

② Brian Elliott,"Heidegger and Aristotle on the Finitude of Practical Reason", *Journal of the British Society for Phenomenology*, Vol.31,No.2,2000,p.182.

③ [瑞]迪特尔·托马:《一种超越生物主义和出于"形而上学史"范围内的生命哲学——评尼采和海德格尔,兼及爱默生、穆西尔和卡维尔》,载《海德格尔年鉴·第二卷:海德格尔与尼采》,北京:商务印书馆 2015 年版,第 366 页。

给了没落。不过,没落的实际生活又总有可能发现自身是可问的,是充满着紧张和不安的,从而蕴含着"反没落"的运动,即不断地重新寻得本真自身的可能性。这"回溯—前构""没落—反没落"之间的来回摆动,就是实际生活的动荡。它也就是实际生活的本质之所在。因此,实际生活总是处在动荡不安之中,原本就是艰难的。

另外,由此我们也可以看出,实际生活经验的"动荡"特征是由其"前理论"特征决定的,从根底上来说,也是一种前理论的特征。也正是因此,海德格尔所理解的"动荡"才不是客观时空中的位移,才不是需要被研究和反思的客体对象,而是实际生活经验自身实际的存在和实现方式。也正是基于此,海德格尔对"运动"的理解才超越了传统哲学,即他是以前理论的方式对之进行把捉的,从而保证了对"存在自身"的理解的原初性。

当然,对于我们在这一部分中所阐述的"实际生活经验"的全部特征,我们同样也需要时刻注意,不能将它们理解为附着于某种实体之上的可有可无的性质或属性,而是应在实行意义和时机化意义上来理解它们,即将它们把握为"实际生活经验"自身的存在样式。也就是说,这些特征共同展现了"实际生活经验"是如何存在的。因而,把它们作为抽象的、普遍的概念和范畴一个个分门别类地加以列举是无关痛痒的,对它们的恰当理解需要我们回到自己当下生活境域中去实行它们。作为实际生活经验的存在样式,所有的这些特征都具有时间性。

如果说"实际生活经验"是理解海德格尔早期弗莱堡时期思想的核心和钥匙的话,那么"前理论"和"动荡"这两个特征则是理解"实际生活经验"的关节和基点。立足于这两个特征,我们才能更恰当、更深刻地理解海德格尔在早期弗莱堡时期关于基督教、哲学和科学的论述,及其塑造和使用的哲学方法。

第六章　"实际生活经验"的样式

正是以"实际生活经验"的"前理论"和"动荡"这两个基本特征为依据，海德格尔判定了"实际生活经验"的三种样式："原初基督教的生活经验"和真正的哲学(即真正做哲学的经验)分别被看作"实际生活经验"的典范样式和本真样式，因为它们原初地具有、体现了实际生活经验自身之"前理论"和"动荡"的特征，保持和实行着实际生活的可问性和动荡不安，警醒着每个人抵制没落的诱惑，塑造着本真的存在状态。而科学则被理解为"实际生活经验"的一种衍生样式，因为它扭变了"实际生活经验"的"前理论"和"动荡"特征，遮蔽或逃避了实际生活之原本的艰难，压制了决断本真自我的时机和境域。

第一节　实际生活经验的典范样式：
原初基督教的生活经验

在讲座《现象学的基本问题》中，海德格尔明确指出：对于实际生活和生活世界的重心向自我世界和内在经验的转移来说，基督教原初的生活经验是最深刻的历史典范①，它在最内在的自我之中把握了自我，进入了与自

---

① 所以，波格勒说道：海德格尔把原初基督教的生活经验作为实际生活经验的一个模型(Modell)来看待(Otto Pöggeler, Martin *Heidegger's Path of Thinking*, pp.25-26)。巴姆巴赫也认为，海德格尔把基督教的"警醒"经验解释为实际缘在的模型式的经验，并且将之看作(本书后面将对之加以论述的)"实际性的解释学"的基础(Bambach, *Heidegger, Dilthey, and the Crisis of Historicism*, p.212)。布尔特曼(Bultmann)甚至认为，海德格尔对人的存在的存在主义分析只是《新经》观点之世俗化的、哲学的表现。而海德格尔此处所说的"原初基督教"一方面意指公元1世纪20、30年代初创时期的基督教，另一方面主要的是指具有原初的生活经验的基督教。

我的直接切近之中,以至于可以说我就是经验。比如,奥古斯丁就在"我们不安歇的心"(inquietum cor nostrum)中,看到了生活之伟大的、不间断的不安(Unruhe),看到了在实际性中拥有自身(Sichselbsthaben)的艰难和最终"产生畏"的特征。因而,海德格尔认为,一切都依赖于理解实际生活经验,尤其是基督徒的原初实际生活经验。在 1920/1921 年冬季学期的讲座《宗教现象学导论》中,他通过阐释保罗写给迦拉太人和帖撒罗尼加人的书信,将原初基督教的生活经验端呈了出来。

在该讲座中,海德格尔首先给出了"原初基督教"的两个规定:第一,原初基督教在原初基督教的生活经验(urchristliche Lebenserfahrung)之中,而且它就是这生活经验自身;第二,"实际生活经验"是历史的,原初基督教生活在时间性之中。而这"原初基督教的生活经验"在对基督再临的期待经验中得到了完满的体现。

海德格尔借保罗之口指出,真正的基督徒总是在对基督再临的期待中,生活在"窘困"(Bedrängnis)之中,这也就意味着真正基督徒的生活是艰难的。因为基督徒总是敞开并直面着在至高无上的上帝面前所显露出来的自身的脆弱(Schwachheit),以及不断地经受到撒旦式的诱惑而成为原初基督之敌人的罪恶可能性。这"脆弱"和"罪恶"就像一根伴随着他生活之每时每刻的"肉中之刺"一样,处处都在刺痛着他,以至于常常使他感觉到无法再继续忍受下去。基督徒就是在这种紧张痛苦的状态中期待着基督的再临。海德格尔指出,对于原初的基督教经验来说,这里关键的不是去用世俗的方式为自己辩护,不是计算基督再临的确切时刻,而是去接受并经受生活的脆弱,拥有生活自身。但是,生活的痛苦并不会因此而减轻,反而是被增强了。因此,基督徒在期待基督再临中抱有的"希望"(Hoffnung),完全不同于所有的"等待"(Erwartung)。对于希望着基督再临的基督徒来说,虽然他对基督之再临的"何时"并非完全一无所知,但他知道这"何时"并不是可以客观地加以把握的确定时刻,基督就像夜间的贼一样随时都可以到来。所以,真正的基督徒必须时刻警醒着(wachsam),时刻为基督的再临准备着。也正因此,他总感到自己只还有一点点时间来做准备,他总是生活在这不断增强其困窘的"只—还"(Nur-noch)之中。所以,海德格尔说:"对基督教信仰来说,紧迫的时间性是构造性的:一种'只—还',没有时间来拖延"(GA60,119)。由此可见,基督的再临最终溯回到了基督徒的生活自身,对基督何时再临这一问题的回答只取决于基督徒自己的生活的实行(GA60,105)。在这里,得救和毁灭是"现在进行时",而不是"完成时"。所以,真正的基督徒总是不断地重新追问自身,而不会去寻求"安宁和稳靠",不会完全沉浸于生活所提供出来的东西之上,更不会认为自己能从上帝那里获得宁静和慰藉。"基督徒不在上帝之中寻找'立足点'(Halt)。那是亵渎!"(GA60,122)

如上所述,既然基督何时再临取决于基督徒自己如何生活,而他的实际生活又充满了脆弱和罪恶的可能性,那么他就不能够总是把要求于他的信仰和爱坚持到底,于是他就陷入了绝望之中。但是,海德格尔认为,这样进行思考的人恰恰是在真正的意义上担忧(ängstigen)自身的人。也就是说,他们时刻忧惧着自己是否能够实现信仰和爱,以及是否能够持守着,直到决断之日的到来。对他们来说,"没有退缩,只有被扩展的紧张",用保罗的话说就是"去爱真理(aletheia)"。因而,他们不会以世俗的方式,成天忙于闲谈(Rede)和闲逛。他们拒绝让自己上当受骗,拒绝相信谎言。[1] 显然,海德格尔的"原初动机"在这种经验中得到了典范性的体现。

然而,基督的敌人随时都可能出现,它们披着虚假的外衣诱使生活变得更加易于沉沦,而且它们的出现并不仅仅是偶然的事件,而是决定着每个人的命运(Schicksal)的事情,即使是对已经信了的人来说也是如此。所以,真

---

① 后来,海德格尔经常提及基督教对于自己的思想所具有的源泉性作用,显然这里所表达出来的原初基督教的经验乃是其中最主要的因素之一。当然,关于海德格尔与宗教神学的关系是一个非常复杂的问题,本书不拟对此进行详细讨论,而只是做一些简单的提示。有兴趣的读者可以参阅以下研究著作:Hanley Catriona, *Being and God in Aristotle and Heidegger: The Role of Method in Thinking the Infinite*, Lanham, Md.: Rowman & Littlefield Publishers, 2000; Yannaras Christos, *On the Absence and Unknowability of God: Heidegger and the Areopagite*, London: T.E T.Clark Ltd., 2005; Jeff Owen Prudhomme, *God and Being: Heidegger's Relation to Theology*, Atlantic Highlands, N.J.: Humanities Press, 1997; George Kovacs, *The Question of God in Heidegger's Phenomenology*, Evanston, Ill.: Northwestern University Press, 1990; *Heidegger – Jahrbuch 1: Heidegger und die Anfänge Seines Denkens*, herausgegeben von Alfred Denker, Hans – Helmuth Gander, Holger Zaborowski, Müchen: Verlag Karl Abler Freiburg, 2004。

正的基督徒必须能够认出基督的敌人,随时准备着面对虚假宗教狂热的诱惑而经受考验。也就是说,随时警醒着准备着对没落的可能性做出决断。但是,"可能性是真正的'负担'(Last)。艰难的!"(GA60,249),因此"决断自身是非常困难的"(GA60,115),它意味着承受因期待基督再临而必然带来的不断增加的痛苦。所以,海德格尔说:"基督徒不知道这样的'宗教狂热'。而是说:'让我们警觉和清醒(wach und nüchtern)吧!'在此被显示给他的恰恰就是基督徒生活的可怕的艰难(Schwieringkeit)"(GA60,124),基督徒的生存就是"永恒的(ständig)和彻底的(radikal)忧惧"的生存,就是"在途中"(unterwegs)和绝对的总在变成中(zu einem Wreden)。

由上述可以看出,对海德格尔来说,本真的实际生活经验是这样的:抵制世俗的诱惑,直面并坦承自己动荡不安的实际生活的艰难和困苦,担负起属于自己的使命和命运,时时刻刻对自己沉沦而失去本己自我的可能性保持着警醒,永远不断地把自己的存在作为问题来追问和决断,永远走在为寻找、赢得本真的自身而进行痛苦斗争(Kampf)的路上,而不是在虚构的、永恒不变地有效的东西中一劳永逸地寻找稳靠的避风港,以此来抵抗、逃避本是动荡不安的实际生活。简而言之,就是永远走在"追寻生活的真理、拒斥生活的谎言"的动荡不安的路上。这也就是海德格尔所谓的对生活的真诚或"良知"(Gewissen)。① 因而,在他这里,实际生活经验要完满地成为本真

---

① 在海德格尔对本真实际生活经验的理解中显露出了路德的身影,尤其是后者关于"光荣神学"和"受难神学"的区分的思想。布伦就认为,海德格尔的宗教现象学实际上发展了一种路德式的神秘主义和神秘的路德主义(John van Buren, *The Young Heidegger*, p.296.)。迈克格拉斯甚至说:海德格尔的早期哲学是对路德之十字架神学的一种解释学、现象学的完善和补充(S.J.McGrath, *The Early Heidegger & Medieval Philosophy:Phenomenology for the Godforsaken*, pp.10,12)。不过,在海德格尔的理解中,我们显然还可以看出除基督教之外的其他思想来源,比如陀思妥耶夫斯基和帕斯卡:"Patior sum(我痛苦故我在)——这就是陀思妥耶夫斯基的观点",而且陀思妥耶夫斯基早就洞见到"每个人的良心都是自由的,即没有任何力量或权力会迫使它做出批评或选择。对于人来说,没有任何东西比他的良心自由更有魅力,但也没有任何东西比这更痛苦,因为良心自由使他面临着善与恶的严峻选择。所以,人们不断寻找外在的权威,它们把这种权威的道德训条等同于内在的道德规律,用'我们服从道德训条'的话来安抚自己";而"On aime mieux la,que la prise(喜爱道路甚于目的)——这是巴斯葛的箴言"(参见[德]赖因哈德·劳特:《陀思妥耶夫斯基哲学》,沈真等译,桂林:广西师范大学出版社 2005 年版,第 12、98、55 页)。这与勒维特对海德格尔的如下回忆是一致的:"我记得在

137

本己的自身,并不意味着达致一个终极的完满目标,而是恰恰意味着彻底地成为不完满的,也即永远走在成为自身的途中,成为动荡不安的,因为这才恰恰是其本质或真理。①

然而,海德格尔看到,原初的基督教生活经验早就受到了古希腊科学,尤其是亚里士多德和柏拉图哲学的侵蚀和破坏。② 保罗、使徒时代,尤其是教父学时代,就开始根据古希腊的解释来理解生活世界了。甚至奥古斯丁也把享受(frui)当作对生活的基本态度,并期待在享受中获得永恒和不变的东西,从而赢得生活的最终目标:安宁。所以,海德格尔说,在奥古斯丁那里存在着审美的(ästhetisch)因素。就连路德(Luther)对经院主义的反对也都带有亚里士多德的倾向。只有神秘主义作为对经院主义的反运动(Gegenbewegung),还偶尔会闪现出深刻的洞见。在现代宗教神学里面,更是不可能再找到原初的基督教生活经验了。③ 因此,海德格尔试图通过重新规定哲学来回取原初的基督教生活经验。④

他的弗莱堡书桌上看到过帕斯卡和陀思妥耶夫斯基的画像,在房间—类似一个蜂巢—的角落里挂着表现主义的基督受难图"(Karl Löwith, *My Life in Germany Before and After* 1933: *A Report*, p.30)。另外,应该说雅斯贝尔斯的如下论述也为海德格尔提供了指示:"斗争是所有生存的基本形式",这一斗争"永远不让特殊的个体栖息在完满的状态之中"(参见德文版《海德格尔全集》第9卷,第25页)。奥特对海德格尔对Kampf一词及其复合和衍生词的使用的深入研究(See Hugo Ott, *Martin Heidegger: A Political Life*, p.157),也只能在海德格尔所理解的这种原初实际生活经验的基础上,才能恰当地进行。

① 如果从马克思主义的立场上批判海德格尔"始终把人看作是捉摸不定、没有任何固定本质的东西"(参见夏汉苹:《海德格尔传》,武汉:长江文艺出版社2011年版,第93页),那就不仅误解了海德格尔,也误解了马克思。马克思把人的本质规定为社会关系,并不意味着他认为"社会关系"是固定不变的"结构"或"本质"。

② 海德格尔曾在多个地方一再地强调过这一点(参见《海德格尔全集》第58卷,第205页;第59卷,第91页;第60卷,第201页;《那托普手稿》,第62—63页)。

③ 这也是海德格尔提出"原初基督教"(urchristliche Religiosität)这一说法的一个主要原因。

④ 也就是说,海德格尔并没有彻底贬斥、放弃宗教神学,而是想通过新的哲学来重新理解宗教,或者说恢复其原初的面貌。也正是在这个意义上,他说:我在做哲学时不是宗教地在活动,虽然作为哲学家我可以是一个宗教的人。这里的窍门在于:"做哲学,并从而成为真正宗教的……"(GA61,197)。也是在此,他提出了那句著名的话:彻底地被理解的哲学原则上是"无神论的"(a-theistisch)(GA61,197、199),因为哲学是生活自身的表达,是彻底的追问。因而,确如伽达默尔所言:"海德格尔的哲学追问是由其深层的不安引起的,而这不安是由他的

第二节 实际生活经验的"反没落"样式:哲学

相对于传统观念而言,海德格尔对哲学的规定主要取得了两个方面的突破:第一,把哲学自身理解为"实际生活经验"的一种存在样式;第二,把哲学规定为作为没落生活之"反运动"的无尽追问,即实际生活经验的一种本真样式。

一、作为"实际生活经验"的一种样式的哲学

对于海德格尔来说,哲学不是对一个内容的立场姿态(Einstellung),不是显示了客体关系的事物领域(Sachgebiet),不是理论关联中的对象。简言之,一方面,它不是一门理论认知性的科学或学科,不是理性的认知活动;另一方面,哲学也不是对生活的实践性的指导,而是"实际生活经验"本身的一个因素。不过,这却并不是说哲学不应当进行构建,而应当停留于流俗意义上的"经验"(empirische Erfahrung)之内,应当是"归纳的"和"实证的"。所谓哲学是"实际生活经验"的一个因素,与上面这些都毫无关系,它说的乃是完全原则性的东西:"所有的哲学在任一意义上——即使还是隐蔽地、非真地和强烈理论化地——在其问题中,一开始就携带着实际生活经验","哲学源自实际生活经验,并在实际生活经验中返回到实际生活经验之中去"(GA60,8)。哲学就这样在实际生活经验中前后反转(Umkehr),又"总是存在于实际生活经验之中"(GA60,32)。因而,只有从"实际生活经验"出发,哲学自身才能被真正地理解,"通往哲学的道路的出发点是实际生活

宗教召唤和他对当时的神学和哲学的不满所引起的"(Gadamer, *Heidegger's Ways*, p.9)。勒维特也曾说:海德格尔是一个令其同代人激动的思想家,因为他的哲学思想的力量系于一种宗教的动机(Karl Löwith, *Heidegger—Denker in Dürftiger Zeit*, S.193)。在此顺便指出的是:普腾普拉克尔说上帝问题(更不用说一种非形而上学的神)没有被理查德森所说的海德格尔 I 思考过(Johnson J.Puthenpurackal, *Heidegger: Through Authentic Totality to Total Authenticity: A Unitary Approach to His Thought in Its Two Phases*, Louvain: Leuven University Press, 1987, p.268),这自然没问题。但是,他不知道,早期弗莱堡时期的海德格尔早已思考过这样的问题。

经验"(GA60,10)。

作为"实际生活经验"自身的一个因素,哲学就不是一个现成地摆在面前等待被研究的客体对象,而是我原初地与之关联行止的东西。海德格尔把这"关联行止"(Verhalten)称作"做哲学"(Philosophieren),并认为哲学实质上就是做哲学,"'研究哲学'必然是现实的'做哲学'"(GA61,54)。也只有在这"做哲学"中,哲学才能显明自身是什么。不过,"做哲学"并非只意味着"从事于"(treiben,beschäftigen)哲学,即把哲学作为研究对象来"搞"。海德格尔说,"做哲学"像"做音乐"(musiezieren)一样,并不只是与可能的纯粹"忙碌"(Betrieb)相关,也并不只是掌握一门技术。这里的"做"不是及物动词意义上的活动,而是非及物动词意义上的关联行止。因而,它不是"对……的关联行止",而是关联行止自身。对它来说,"在关联行止中存在"才是关键性的。

海德格尔指出,所谓的"关联行止"有两个含义:举止、行为;与……相关。其中,第一个含义指的是最广意义上的实行①。这意味着,关联行止出自"纯粹的实行"。因而,哲学作为一种关联行止就是存在者的实际生活经验的一种实现方式,"就是生活之实际性历史的彻底实行"(GA61,111)。所以说,"哲学是一个……生存状态上的(existenziell)现象"(GA61,56),"哲学研究自身构成了实际生活的一个特殊的样式"。哲学与实际生活经验自身具体的、历史的特殊存在一同时机化和展开,而且它是在其实行中,而不是在对生活的随后(nachträglich)"应用"中做到这一点的(PIA,13)。哲学是它所把握的东西并把握它所是的东西。总而言之:"哲学是生活自身的一种基本样式(Grundwie)"(GA61,80),"'哲学的'生活,即存在者的存在(Existenz)"(GA61,187)。

但是,另一方面,海德格尔在此还有一个深刻的洞见:"实际生活经验必定不仅是做哲学的出发点,而是恰恰本质性地阻碍着做哲学的东西"(GA60,16),因为在狭义的周围世界中呈报自身的自我,总是倾向于不言自

---

① 海德格尔认为,"关联行止"的这个含义是相对于"有"(Haben)而盈余出来的一个含义。这样,他曾论及的"有"最终落实在了"关联行止"上。这意味着,如何"有"外部对象这一传统认识论问题,被他转化成了实际生活经验如何"存在"的生存论和存在论问题。

明地被理解为周围世界性的存在者,从而总是有没落于周围世界之中去的倾向,使自我缺乏与生活自身的绝对距离,所以实际生活中的自我也很难看出没落生活的运动是"反对于"(Gegen)自身的。这样,虽然生活还可以是其他的样子,而且这些其他的样式在没落中还存在,但却是以被排挤的方式而存在。所以,实际生活经验通过其自足性总是一再地掩盖可以出现的哲学倾向。因而,真正的哲学作为实际生活经验的一种本真样式,其独特之处就在于:它只能以没落生活之"反运动"的形式存在。

二、作为"没落生活之反运动"(追问)的哲学

我们已看到,海德格尔把哲学规定为一种关联行止。不过,他又指出:"但是,只有在充盈的具体化,即具体的疑问(Problematik)中,关联行止才是其所是"(GA61,61)。这也就意味着,哲学首先是一种提出问题、进行追问的活动。"哲学的本己根基是彻底的生存状态上的实行和可问性的时机化",哲学的最彻底的基本概念总是将自身、生活及其实行置入可问性中去(GA61,35)。甚至可以说,"哲学和哲学研究就是……最彻底的追问"(GA63,108)。因此,在他看来,"推入绝对的可问性中去并理解地拥有它,这就叫做本己地把握了哲学"(GA61,37)。而根据我们前文的论述,追问乃是一种"反没落的动荡"。所以,归根结底,哲学作为追问或研究是没落生活的反运动,"做哲学是反没落的"(GA61,160)。它作为实际生活经验的一种基本样式,"总是本己地重—取(wieder-holen)生活,从堕落那里取回。这一取回自身,作为彻底的研究(Forschen)①,就是生活"(GA61,80)。由于没落的可能性是必然的、时刻存在的,所以哲学作为没落的反运动,乃是不断地重取和无尽地追问。

而且,根据海德格尔的论述,"实际生活经验"总是处身于没落—反没落的动荡之中。在这动荡中,它总是牵念着自己的存在,以至于它的一个特征是:它发现自身是难以忍受的。所以说,"根据其存在的基本意义而不是

---

① 虽然后期海德格尔使用"研究"一词时,指的是信息搜集、在会议不断的时代中科学的制度特征,并对之加以批判,但是在早期弗莱堡时期,他却将之看作在实际生活和生活脉络的时机化之中,并作为这种时机化而追问着的寻求(GA61,189),是一种本真的生存样式。

偶然的特征,生活是艰难的"(PIA,10)。对此的一个明确无误的证明是如下的事实:实际生活有使自身对自身变得容易的倾向,因此它总是心怀不安,总是必须保持警醒,时刻准备着与没落的倾向做斗争。而作为追问的哲学,就是实际生活经验对自身之动荡不安的明确担负和实行①,而不是它的外在附加:"哲学研究是实际生活的基本动荡的明确实行,并永远将自己保持在它之内"(PIA,13)。只有当哲学在其实行中展开了具体地研究、追问的存在的具体生存,它才是本真的和完全实际的。因此,"所有真正的(echt)哲学都出自生活之充盈(Fülle)的困顿(Not),而不是出自认知的虚假问题或伦理的基本问题"(GA58,150)。它永远在与实际生活的没落倾向做艰难的斗争。从根底上来说,哲学就起源于此,而非起源于求知的好奇和对不变的实践法则的需要。就此,克兹尔指出:海德格尔认为,真正的意义上哲学比科学"更多",而这"更多"就在于做哲学的原初动机,即生活深处的"不安"②。在早期弗莱堡时期的海德格尔这里,这一点也从根底上决定了真正哲学的任务和对象。

关于哲学的任务,海德格尔明确指出:"如果事实是,实际生活在这困难和艰难中才本己地是其所是,那么通达和葆真(Verwahrung)它的真正恰当方式只能是使之变艰难(Schwermachen)。这是哲学研究所能被要求完成的唯一的任务"(PIA,10);哲学的任务就是获得并增强生活的实际性,具体说来就是:"提升在缘在的实际性中不断革新的忧惧,并使实际的缘在成为最终不稳靠的(unsicher)"(GA59,174);"对哲学来说——如我对它的任务的理解——它只在于在所有的严格性中使人警醒(*aufmerksam zu machen*③)"(GA59,188),"我不需要自己的哲学,也不追求这样的哲学,而是为我自己只设定使人警醒的任务"(GA59,191)。他甚至说:"当您因此而被触怒了,并对明摆在面前的无意义(Unsinn)感到了恼怒,那么目的就已完全被达到了。"(GA59,188)在他看来,这不仅是哲学超出所有科学的严

---

① 实际上,早在其教职论文中,海德格尔就指出:哲学家必定总是体验到"精神的不安"(geistige *Unruhe*),并为"Unruhe"这个词加了斜体,以示强调(GA1,400)。

② See Theodore Kisiel, *The Genesis of Heidegger's Being and Time*, p.17.

③ 这里的斜体是原文就有的。

格性之所在,而且这就是作为实际生活经验之一种样式的哲学的"动机"或"基本经验"(Grunderfahrung)。

总而言之,哲学的任务就在于:通过对实际生活的不断追问,促使人们对失去本真自我而没落的可能性时刻保持警醒和不安,使实际生活保持在永远追寻着本真自我的悬而未决状态之中,从而"在其实行中,塑造着具体的研究的—追问的存在(Sein)的特殊生存(Existenz)"(GA61,169)。也就是说,它的这种"永不安歇的问题意识"是一个活生生的个人存在(Sein)和创造(Schaffen)的时机,因而哲学的追问一同塑造着本己的自我存在①。所以,海德格尔把彻底的生存状态上的把握和可问性的时机化,看作哲学的本己基础。这也意味着,每个个人、每个时代的人都必须在其本己的境域中自己不断地追问自身。因此,他指出:"哲学只有作为'它的时代'的哲学才是其所能是"(GA63,18),"根据其存在特征,哲学研究是一个'时代'(Zeit)的东西……它永远不想提出这样的要求:它被允许和能够减轻未来时代不得不忧虑彻底地追问的负担"(PIA,9),"只要哲学忠实于它自身,那么它就没有被指定去拯救或救赎时代、世界等等,或者去减轻大众的不幸,或者去使人们幸福,或者去形成和提升文化"(GA59,170)。所有的这一切都是虚构和幻想,都是谎言,当被靠近时它们也就会立即消失,因为实际生活总在没落—反没落的动荡之中,人们试图作为稳靠不变的东西抓在手里的一切早晚都会被这"动荡"撞个粉碎。绝对的、无条件的认知不过是一场"梦"(Traum)而已。所以,恰恰是当哲学把绝对的终极之物作为追求的目的时,才会出现教条主义,从而导致怀疑主义和虚无主义。

"但是,人们总是在自身之内一再发现如下可鄙的东西:想安逸地逃避艰难,并为自己建造空中楼阁(Kartenhäuser)"②。而哲学恰恰出自实际生活自身,所以必然也会受制于生活的这种没落倾向,从而会认错自身和自己

---

① 但需要注意的是,对海德格尔来说,这"本己性"(Eeigenheit)并不是对一个对象领域的规定,而是一种存在样式,是对可能的警醒之路的显示(GA63,7)。

② Martin Heidegger/Karl Jaspers, *Briefwechsel* (1920‐1963), herausgeben von Walter Biemel und Hans Saner,Frankfurt am Main:Vittorio Klostermann,1990,S.24.

的任务,于是就有了总是试图给出确定的答案而逃避进一步追问的形形色色的哲学理论体系。海德格尔看到,在他那个时代,"追问"已在解决"问题"(Problemen)的忙碌中过时无用了,人们只维护"忙碌"(Betrieb)中的无牵无挂,以至于"谎言的组织化"(Organisierung)的时机已经成熟了。结果,"我们如今已经变得如此地无力和软弱,以至于不能再持守在追问之中了"(GA63,20),"使之变容易"(Leichtmachen)、诱人的对需要的妥协、形而上学的安慰成了各色哲学理论所要达成的任务。

真正哲学的如上起源和任务决定了它的对象只能是"实际生活经验",或者说是"人的缘在"(menschliche Dasein)。所以,海德格尔说:"实际生活经验是哲学的出发点和目标"(GA60,15),"在一个完全原初的意义上实际生活经验属于哲学的问题"(GA59,38)。这当然不是在客观对象的意义上,而是在实行的意义上。也就是说,所谓哲学以实际生活经验为对象,说的乃是把实际生活经验担负和实行起来,塑造本真的生存。然而,这同时也意味着,哲学的对象不是固定不变的、现成在手的,而是需要不断地通过斗争而重新追寻的。所以,它没有所谓得到公认的普遍一致的结果和真理。"哲学总是重新开端"(GA58,141),它不得不总是一再地澄清自己的本质,总在不断地重新规定自己的概念,这乃是哲学的本己动机。这乃是作为"追问"的哲学的根本性特征。这也意味着:并不是所有的追问都是哲学性的。

综上所述,对于海德格尔来说,真正的哲学乃是实际生活经验的一种样式,但却不是一种沉沦的样式,而是以追问或研究的方式是没落生活的反运动,是人之生存的最彻底的、最本己的可能性,它显示了对生活自身的最彻底的把握:实际生活原本就是动荡不安的、艰难的、可问的,从而警醒人们去追求生活的真理,即忠诚于生活的真理,拒斥生活的谎言,即认识到一切所谓的安宁和牢靠都只是骗人的虚构,从而打破日常生活没落于周围世界之中的无决心状态,赢得决断本真的自我存在的时机和境遇。这是哲学所能也必须担负的唯一任务,也是海德格尔自己做哲学的终极旨归。所以,这也是彻底理解其全部思想的关键之处。如他自己所言:"如果人们认识到了当今自身已足够不真的生活样式的新污染的危险,那么下面所说的东西也许可以避免大的误解。"(GA59,95)①简而言之,哲学在反没落的运动中塑造本真的生存状态,乃是实际生活经验之"动荡"的一种本真的实现方式。显然,海德格尔对作为实际生活经验之本真样式的哲学的理解,源自他对原初基督教的生活经验的理解。只有在这个意义上,我们才能更真切地领会到为什么海德格尔后来一再强调其神学上的思想来源,为什么他会对勒维特做如下的表白:"我是一个基督教的神学家"。这"来源"中所包含的因素并不仅仅是哲学方法和系统概念,而是融合了"个人的痛苦和概念的激情"②。

由上述可见,在海德格尔这里,一方面,哲学作为实际生活经验的一种样式,就避免了它对实际生活的无视或偏离;另一方面,哲学作为没落生活的反运动或追问,就避免了它对现实生活的狂热或谄媚。换句话说,哲学来自实际生活,这保证了它与实际生活之间的切近,保证了它有了一个真正恰当的出发点,避免了一上手就以抽象的普遍概念扭曲实际生活经验将之作为外在的客体对象的倾向;哲学作为没落生活的反运动,这保证了它与现实生活(或理论和实践)之间的适当距离,从而能够重新实行实际生活经验自身的前理论的实行,明确地居有它,不断地革新它。③ 哲学就这样在与实际生活经验的争执中起落落。这"居间的争执"乃是它的本己形态。哲学既不能抽离实际生活脱身而去,也不能扎到实际生活之中一去不返。正像兰贝特所指出的那样,哲学不是简单地等同于生活,而是奠基于生活的一个内在的哲学倾向,即可问性。④ 它把生活的可能性端呈给生活,使其对当下

---

① 也正是出于对海德格尔的这种意义上的"哲学"的不理解,才会有勒维特无从证实的如下报道:海德格尔"演讲的方法在于构造一个观念的大厦,然后他自己再拆除它,以此难为入了迷的听众,把他们留在了半空中。这种魔法有时有着最为搅扰性的效果,它吸引了或多或少心理变态的人,一个女学生在三年的如此猜谜游戏之后,自杀了"(Karl Löwith, *My Life in Germany Before and After* 1933: *A Report*, p.45)。也才会有雅斯贝尔斯如下的抱怨:海德格尔"是当代最令人激动的哲学家,精彩、有说服力、深奥莫测——但是,然后,让你两手空空,一无所获"(Rüdiger Safranski, *Martin Heidegger*: *Between Good and Evil*, p.100)。

② *Zur philosophischen Aktualität Heideggers*, Band 2, S.29; Karl Löwith, *Martin Heidegger and European Nihilism*, p.214.

③ 在这个意义上,在后来的《形而上学导论》中,海德格尔说道:"哲学的一切根本性问题必定都是不合时宜的","哲学本质上是超时间的"([德]海德格尔:《形而上学导论》,熊伟、王庆节译,北京:商务印书馆1996年版,第10页)。

④ See César Lambert, *Philosophie und Welt beim jungen Heidegger*, S.109.

的现实性永远保持警醒和疑问。它与实际生活的永恒不安相应。而这只有对于现代科学的观念来说,才是一种需要避免和消除的缺陷。就此而言,由于海德格尔强调前理论的实行意义,人们可以说早期弗莱堡时期的海德格尔没有明确区分生存状态上的和生存论上的这两个维度,但是很难说他的形式指引的哲学只想要直接性,而牺牲了其中介性。①

第三节　实际生活经验的"扭变"样式:科学

1919 年之后,虽然海德格尔对哲学是否是严格的科学还犹疑不定,但他断然清楚的是:哲学绝对不是诸多具体科学或学科中的一门,而是"原初科学"(Urwissenschaft)或"起源的科学"(Ursprungswissenschaft),它的一个重要任务就是追溯具体科学是如何起源的。

我们前文已经看到,实际生活经验具有"显明性"的特征,即它总是以某种方式在世界中将自身表现出来,而且其方式是多种多样的。海德格尔认为,科学就出自实际生活世界及其活生生的多样性。具体说来,科学无非就是将其首先在实际生活中遭遇到的、尚未以严格的概念被表达的东西,明确地截取出来予以显明而已,是"作为生活世界的某个截片而给出自身"的(GA58,207)。因此说,科学就是一种生活的形式,就是实际生活经验的显明方式之一。这也就意味着,从根本上来说,科学源自实际生活经验自身。

科学作为实际生活经验的一种显明方式把(广义上的)周围世界作为出发点,周围世界是它最切近的根基。周围世界总是可以不断地在新的方面和倾向上展示自身,科学也总是一再地以某种方式回到周围世界。比如,在为建造饮水渠而挖沟时,一个工人在一堆排列整齐的石头中发现了带有符号的金属物。于是,一个长久被埋没的世界就"显现"了出来。由此可见,我们与我们的周围世界的直接遭遇可以指示着一个过去。这样,我们就能够谈论历史的遗物和原始材料。至于这些原始资料如何被看待,则取决

---

① See Dimitrios Yfantis, *Die Auseinandersetzung der frühen Heidegger mit Aristoteles*, p.206.

于问题和主题的设定。比如,那个发现金属物的工人会说:这是古钱。而被叫来的专家则会说:这是罗马硬币,是罗马宫廷遗物。于是,当原始资料作为曾经存在过的单独对象来被考察的时候,作为一门科学的历史学就产生了。

由此可见,作为实际生活经验的显明方式之一,科学的独特之处在于:它把本来不触目的实际生活片断从其活生生的意蕴关联中割离了出来,使之成了一个"事物区域"(Sachgebiet)。而科学,在海德格尔看来,就是关于这事物领域的"具体逻辑学"(konkrete Logik)。在这个"割离"过程中发生的是自我世界境域的转换,即活生生的、流动的(fließend)生活以某种方式被凝僵(erstarren)了。这样,生活世界通过科学获得了一个抹平一切的、对象化地去生活化(Entlebung)的倾向,从而失去了其实际的活生生实行的本己可能性,失去了其活生生的节律和关联特征,失去了其紧迫、紧张、可问和充盈。这种科学的典型代表就是以说明、分类、经验测量和统计为方法,来观察研究自我世界的心理学。它代表着一种理论性的倾向和抱负,也就是对自我世界的事物化和去生活化。

那么,从前科学、前理论的实际生活经验世界向科学区域的转换这一过程是如何具体发生的呢?其中关键性的基本现象就是"取知"(Kenntnisnahme)。[①]

海德格尔指出,我们能以记忆的方式唤回曾被经验的东西,并以此方式再次实际地经历它们。或者说,我们能在实际生活自身的脉络之中,讲述被经验到的东西。这种"再经历"和"讲述"虽然也是一种认知,但它们是在各种日常的、个人或公共交往中可以遇到的、依然逗留于实际生活经验之中的认知。他就称这种认知为"取知"。它可以是当下拥有的(gengenwärtigen),也可以是再现的(vergengenwärtigen)。而且,它还可以同时是"予知"(Kenntnisgabe),比如聊天、讲述、报道和命令等。其中的关键之处在于:表达中被意指的东西,以及意指的方式都是"意蕴态"(Bedeutsamkeitsverhalte)、"生活态"

---

① 需要注意的是,海德格尔在这里(德文版《海德格尔全集》第 58 卷)所使用的"Kenntnisnahme",与他在全集第 56/57 卷(第 211 页)、第 9 卷(第 30 页)、第 60 卷(第 14—18 页)、第 63 卷(第 18 页)中所使用的是同一个词,但具有不同的含义,不能混淆。

(Lebensverhalt),而非"事物态"(Sachverhalt),它们出自实际生活中流动着的"期待脉络"(Erwartungszusammenhang)。"取知"就是由当下各时的、支配性的期待倾向推动的,并从后者那里获得其恢复力(Richtkraft)①。它的对象总是在实际生活经验境域的意蕴脉络中出现,而且只要不走出这意蕴脉络,就没有谈论严格认知的有效性和价值要求的必要。

但是,另一方面,"取知"虽然还没有走出意蕴脉络,但与实际生活经验的流动已有了距离。虽然它对自身及其意蕴脉络还没有清晰的理论认知,但已具有自身的确定性,已有了对它们的坚定信念。由此可见,"取知"是实际生活自身的一个奇怪的变样(Modifikation),它位于一个边缘之上:已分环勾连或表达(Artikualtion)②,但就其依然留在实际生活的基本样态中而言,还没有分环勾连或表达(GA58,114-115)。而被取知的内容不再是意蕴关联,但也尚未是被观看的客体。在此,海德格尔依据一个具体的事例对"变样"的情况进行了阐释。

在一次访问中,我有如下的一系列经验:和别人一起看书、参观图画、喝茶、吸烟、散步;天气晴朗、阳光充足、太阳落山、天气转凉。到了晚上我问自己:我今天下午做了什么?我就讲述这次访问,或者晚上我追思它,在大脑中再次经历它,或者在我的日记中写下所发生的事情。总而言之,我讲述着取知这次访问。在这里是什么被变样了呢?被经验到的是同一个东西,即一次访问,但一次是实际地被体验的,另一次则是被再现的。可见,这里被改变的乃是"姿态"(Einstellung)。在实际生活经验的实行中,我在期待倾向中流动,视域不断地变化,每一次只为一个视域敞开,并滑向接下来的视域。在这里,存在着从一个时相(Momentanphase)向另一个时相前展着而不回顾自身的脉络,它保留在流动(Strom)之中而一起漂浮(mitschwimmen),并影响着我的总在当下境域中出现的流动。在这里被经验到东西是在意蕴脉络的流动之中的。但是,在"取知"中,意蕴脉络是被再现的,所有的时相

———————

① "恢复力"是指一种经受困境和挫折后迅速恢复重新崛起的能力。在佛教用语中,它又名律仪力,是指"发誓今后纵遇命难也不再作先前的罪业"的意思。

② 在此处给出的脚注中,海德格尔指出:形式指引地说,"Artikualtion"就是标划、凸显、形成、剪裁。

都被打开了,被经验到的东西作为一个整体被凸显了出来,从而不再有流动的期待倾向,而只有把被体验的意蕴脉络凝固住(Verfestigung)而使之成为可支配的东西的倾向。于是,"取知"获得一种进行鸟瞰(Übersehbarkeit)的动机和一个"赋形"(Gestaltgebung)功能。① 它的内容成了散落的个别之物,失去了其指向一个意义境域的独特运动方向,从而"使实际生活安静了下来,延缓、松弛了它的流动"(GA58,221)。这样,虽然被凸显出来的东西依然留在实际生活经验的世界之中,虽然还表达着意蕴关联,但是在"取知"中却存在着奇特的危险机会,即这里存在着一个岔路口:一条路通向前理论的、作为没落生活之反运动的真正哲学,另一条路则通往通过精确地再现将意蕴脉络打碎而彻底理论化的"物认知"(Dingerkennen)。后者是实际生活经验的一种彻底"扭变"(Deformation),科学便由此而来。

在精确的再现中,被牺牲的不仅是实际生活经验脉络的活生生性,而且就连被凸显的经验脉络整体也被摧毁而成了意义的碎片,失去了意蕴领域的特征,最终成了触目的、自我固化的、明确的、对象性的东西,海德格尔称之为"物对象性"(Dinggegenständlichkeit)或"物性"(Dinglichikeit)。这种"物对象性"或"物性"观念的实行就是理论性的"物认知"。在这里,期待境域不再具有实际意蕴经验的自由生活运动(Lebensbewegung)的功能,可获得之物也不再在自我世界习惯性的、活生生的内在趋向之中。现在的情形是,所有从物领域的方向而被遭遇到的东西都具有事物化(Verdinglichung)的机会,它们与个人的关联都被切断了,只是作为可以被支配的对象来被看待。这种事物化的排序必然要求对象性规定的终极有效的结果和永恒不变的原则。②

---

① 在这里,我们可以看到后期海德格尔对技术的本质——"Ge-stell"——的分析的根苗。
② 在《存在与时间》中,海德格尔对理论科学是如何从使用工具的日常活动中产生出来的论述,显然遵循着这里的思路。在那里他指出,当被使用的工具出现故障时,缘在可有两种方式来处理:对之进行简单的修理,或者换一件新的,或者无视故障凑合着继续使用。在这种情况下,缘在虽然对被使用工具的某种特性有了意识,但他依然是在其所指引的意蕴世界中来理解工具的,因而并非持有了一种理论态度。只有当缘在试图弄清楚故障的原因,打破了工具的意蕴关联而只是盯着工具进行观察研究时,理论科学才会出现。See Hubert L.Dreyfus, *Being-in-the-World:A Commentary on Heidegger's Being and Time,Division I* ,Cambridge,massachusetts;London/England:The MIT Press,1991,pp.70-83.

综上所述,在非科学或前科学的实际生活经验自身中就有一种经验根基,它为事物—对象性认知的出现做了准备,并最终导向了作为实际生活经验自身的彻底扭变的科学。科学作为纯理论姿态通过认知性的把握获得普遍有效的永恒法则,并以之为唯一的真理,而把变动不居的实际生活当作转瞬即逝的、无价值的假相来控制和支配。① 然而,在海德格尔看来,实质上这不过是科学所编织的谎言而已,它无可避免地僵死了活生生的生活之流,它的根本动机在于逃避生活自身的艰难和本真决断的痛苦,满足自足的生活对稳靠和安宁的需要。② 所以,从根底上来说,作为理论姿态的科学与活

① 实际上,理论认知姿态的原初动机不单单在于对永恒在场的渴望,而且也在于自由的确立,所以亚里士多德才把思辨的哲学看作最自足的学问和生活。但是,在早期弗莱堡时期,海德格尔似乎并没有涉及"自由"问题。《存在与时间》中,自由被看作是缘在先行的畏死中的决断。在 1930 年夏季学期的讲座《人类自由的本质》中,海德格尔竟将人类自由的本质问题看作哲学的基本问题,甚至存在问题也被看作是扎根于这个问题之中(Martin Heidegger, *Von Wesen des Menschlichen Freiheit*:*Einleitung in Philosophie*,Frankfurt am Main:Vittorio Klostermann,1994,S.300)。20 世纪 30 年代的思想转折之后,他把自由看作是对存在自身的需要的应和,以及让存在者如其自身的显现和存在。他这种自由观念表明,理论认知姿态的自由就如康德所说的那只试图在真空中飞翔的鸟的自由一样,是虚假的,因为没有重力或者约束存在,而海德格尔的自由的重力就是人所不能掌握和控制的存在自身的遮蔽和揭蔽的双重运作。也正因此,有学者看到,海德格尔的思想是可以融合社群主义和自由主义之间的分歧的理论资源。

② 1918 年 4 月,在柏林物理学会举办的麦克斯·普朗克(Max Planck)60 岁生日庆祝会上,爱因斯坦的讲话可以说是对此的一个极好注脚。在该讲话中他指出:"把人们引向艺术和科学的最强烈的动机之一,是要逃避日常生活中令人厌恶的粗俗和使人绝望的沉闷,是要摆脱人们自己反复无常的欲望的桎梏。一个修养有素的人总是渴望逃避个人生活而进入客观知觉和思维的世界;这种愿望好比城市里的人渴望逃避喧嚣拥挤的环境,而到高山上去享受幽静的生活,在那里透过清寂而纯洁的空气,可以自由地眺望,陶醉于那似乎是为永恒而设计的宁静景色。除了这种消极的动机以外,还有一种积极的动机。人们总想以最适当的方式画出一幅简化的和易领悟的世界图像;于是他就试图用他的这种世界体系(cosmos)来代替经验的世界,并来征服它。这就是画家、诗人、思辨哲学家和自然科学家所做的,他们都按自己的方式去做。各人把世界体系及其构成作为他的感情生活的支点,以便由此找到他在个人经验的狭小范围里所不能找到的宁静和安定。"(《爱因斯坦文集》第一卷,许良英、范岱年编译,北京:商务印书馆 1976 年版,第 101 页)可见,对科学来说,无论是其消极的还是积极的动机,实际上只是出于同一个原初动机:逃避艰难,寻求简易和安宁。因此,在 1925 年夏季学期的讲座《时间概念的历史引论》中,海德格尔就指出:"相对论的目的不是相对主义,而恰恰是其反面"(GA20,5),即它追求的又是一种绝对的法则。爱因斯坦之后最伟大的科学家霍金同样抱怨哲学家没有能力跟上科学理论的进展,不能协助人类理性获得最终的胜利(参见[英]霍金:《万有理论:宇宙的起源于归宿》,海口:海南出版社 2004 年版,第 127—128 页)。

生生的实际生活自身乃是隔离的,它严重地破坏了"实际生活经验"的两个基本特征,即前理论性和动荡性。这也恰是当今科学会陷入危机并失去对实际生活的意义的根本原因。因为,在奥妙难测的实际生活面前,所谓永恒不变的科学原则总会有失灵的时候。纸终究是包不住火的,谎言总是会被拆穿的。人们试图通过构造人为的东西来阻止或终止实际生活之动荡不安所本有的痛苦,实际上恰恰给了它显示自身力量的机会,进一步凸显了生存的短暂和脆弱。只有认识到自己只是从实际生活经验自身中生发出来的诸多具体样式之一,科学才能正确地认识到自身的界限,重新寻得它应有的意义。①

然而,另一方面,也正是由于科学和哲学有着共同的根基,都是前理论的、动荡的实际生活经验的实行方式之一,所以科学才能阻碍作为实际生活的一种本真样式(即没落之反运动)的真正哲学的出现。这也是为何做真正的哲学是如此艰难的一个重要原因,因为实际生活经验总是首先倾向于走上通往科学的那条路。而当在现实中科学的方法、原则和成果强势地被普遍接受的时候,实际生活经验的这种没落倾向就被满足并强化了。因此,我们需要时刻警醒的是,科学并非生活唯一的可能性,更不是唯一真正的可能性。必须拒绝将某一门科学,尤其是某一门自然科学及其方法绝对化。这也是理解海德格尔的科学批判的关键之处:拒斥、打破理论科学将自身看作唯一真理的谎言,追问实际生活自身的真理,即原本动荡不安的艰难生活。所以,如伊姆达尔所言:海德格尔对科学以及世界观的态度,可以由"不安"这一哲学的基本经验来解释。②

---

① 这也意味着,实际上海德格尔是赞同波兰尼对海德格尔的所谓修正的:哪怕是在科学抽象的最高领域中,知觉活动也不是"纯粹的"或完全"漠然的",科学的辨识能力也是通过选择、塑造和消化暗示而不聚焦于它们的方式而操作的(See Michael Polanyi, *Personal Knowledge* [New York:Harper and Row,1964]关于"理智激情"的一章;*Science, Faith and Society*,Chicago:University of Chicago Press,1964,p.11),因为无论如何它都是实际生活经验本是的一种存在或显现方式,它并没有脱离理解的一切前结构。但与原初基督教经验和真正的哲学相比而言,科学无论如何都是一种理论姿态了,因为它已不再与生活同行,而是在某种意义和程度上中断了它。而且,在海德格尔这里,科学家的理论活动作为一种生活方式,并不是自身就是非本真的,科学家对普遍真理的追求自身也并不是错误的,他想要表明的是:科学家往往试图把自身的存在方式和追求绝对化,从而总有扭曲前理论的、动荡不安的原初实际生活经验的可能。

② See Georg Imdahl, *Das Leben verstehen*,S.44.

小　结

正是以"实际生活经验"的"前理论"和"动荡"这两个基本特征为依据,海德格尔判定了"实际生活经验"的三种样式:"原初基督教的生活经验"和真正的哲学(即真正做哲学的经验)分别被看作"实际生活经验"的典范样式和本真样式,因为它们原初地具有、体现了"前理论"和"动荡"的特征,保持和实行着实际生活的可问性和动荡不安,警醒着每个人抵制没落的诱惑,塑造着本真的存在状态。而科学则被理解为"实际生活经验"的一种衍生样式,它扭变了"实际生活经验"的"前理论"和"动荡"特征,遮蔽或逃避了实际生活之原本的艰难,压制了决断本真自我的时机和境域。所以,只有通透地理解了"实际生活经验"的"前理论"和"动荡"特征,我们才能深刻地领悟海德格尔关于基督教、哲学和科学的论述。

第七章　通达"实际生活经验"的方法

我们已经看到,真正的哲学被海德格尔看作"实际生活经验"的一种本真样式,因为它原初地具有、体现了其"前理论"和"动荡"的特征,保持、实行、增强着动荡不安的实际生活本有之可问性和艰难,从而促使每个人警醒着自身没落的可能性,在无尽的追问中不断地重新赢得本己的自我。但是,这里关键的问题在于,如何能实现这种真正的哲学呢? 或者说,哲学如何能够获得一个恰当的"距离",既如其自身地通达前理论的、动荡的实际生活经验,获得对实际生活经验的原初理解,又警醒人们去决断本真的存在状态呢? 或者说,作为实际生活经验自身之本真样式的哲学与作为其对象的实际生活经验自身之间的关联和区分如何实现呢? 我们所是的生活如何通达自身、面对自身,而不把自己转变为一个去生活化的客体对象呢? 海德格尔对此很清楚,这就需要恰当的方法。而要获得这"恰当"的方法,关键之处就在于对实际生活经验的"前理论"和"动荡"这两个特征的恰当理解和实行。所以说,海德格尔早期弗莱堡时期的方法,是由实际生活经验自身的这两个特征所决定的,它们源自并应合着这两个特征。

第一节　方法问题的提出

在突入到"实际生活经验"这一原初领域之后,海德格尔接下来面临的一个迫切问题就是:如何去通达这一领域,也就是如何用哲学概念来把捉它,从而实现他的原初动机,即赢得对实际生活经验的原初理解,寻得"生活的真理",获得决断本真自我的原初境域。而根据他对实际生活经验的特征的阐释,这个问题也就是如何通过概念直接通达和理解前理论的、个体的、运动的东西的问题。于是,如克兹尔所言:"前理论的科学的问题最终就变成了语言的问题:如何去通达和表达动力学的(dynamic)并因而难以把捉的生活的实际性?"①然而,海德格尔看到,恰恰是由于实际生活经验所具有的前理论和动荡这两个基本特征,当今哲学的代表性观念是:实际生活是概念不能通达的。他以那托普和李凯尔特所提出的诘难为例,摆明了这里所存在的困难:

在那托普看来,我们是不可能对生活体验有直接的把握的。他的这一看法是通过批判胡塞尔的现象学方法而表达出来的。胡塞尔认为,只有通过反思的经验活动,我们才能认知活生生的体验之流。因为,反思也属于生活经验的领域,是它的一个特殊形态。这样,反思所提供的经验之流就成了可以描述的,即我们只是把存在于经验自身中的东西端呈出来而已。② 也就是说,在这里是经验在直接地描述经验自身。但是,那托普指出:在反思中,我们把经验从直接的经验中截取出来摆在了我们面前,这样我们就强行闯入了经验之流,把这"流"中的一个个碎片拉扯了出来,将之搅扰、重塑、扭变为一个个被意指的对象,从而"止住了流动"。用海德格尔的话说就是:生活经验不再被活生生地体验着(erlebt),而只是被观看着(erblickt)。所以,那托普说:反思对被体验的东西必然有一种分析的,可以说是解剖的或从化学上来说分解的作用。另外,他还认为,描述必然得通过概念来进行,而所有概念都不可避免地是普遍化和抽象化,所以不可能有直接性的描述。在他看来,只能通过主体化对客体化进行重构,我们才能把握到体验之流。这也就意味着,我们只能有对经验之流的间接把握。

李凯尔特则认为,要如其自身地描述现实(Wirklichkeit)是不可能的,因为现实是一个不能被概念把握的"无限的多样性"(unübersehbare Mannigfaltigkeit)。与剩余的内容相比,概念所能把握到的现实内容只是一小部分,而且还是在消逝着的。换种说法,与理性的概念相比,现实是非理性的,

① Theodore Kisiel, *The Genesis of Heidegger's Being and Time*, p.47.
② 参见德文版《海德格尔全集》第56/57卷,第99页;胡塞尔:《纯粹现象学通论》,李幼蒸译,北京:商务印书馆1992年版,第192页。

因而不可能被前者毫无遗漏地把捉到。现实的这种非理性特征主要表现在两个方面:第一,在直接被给予我们的一切(包括物理的和心理的)现实中,我们找不到截然的和绝对的界限,而是到处都能发现连续的转换(Übergang)。李凯尔特引用一句古老的谚语说:自然界中没有飞跃,一切皆流。他将此称作一切现实之物的连续性原理(Satz der Kontinuität alles Wirklichen)。第二,世界上的任何两个事物,以及一个事物之内的各个部分之间都是不同的,人们在现实中看不到绝对同质的东西,每个现实之物都会表现出一种特殊的、特有的、个别的特征。李凯尔特称此为一切现实之物的异质性原理(Satz der Heterogeneität alles Wirklichen)。合而言之,非理性的现实乃是一种连续的异质性(stetige Andersartigkeit)。面对它,概念只会显现出它的无能为力。现实是不可能被"如实"地纳入任何概念之中的。因为,连续性只有被转变成同质的才是可把握的,而异质性只有被转变成间断的才是可以概念化的,所以只有通过概念把非理性的现实之流变为理性的,即分开差异性和连续性,使之成为同质的连续性或异质的间断性,现实之流才会成为可把握的。但这样一来,它显然就已不是原初的现实之流了。所以,李凯尔特说:概念性的认知不是复制和直观,而是改造,与现实相比总是一种简化(Vereinfachen)。① 哲学所达到的不是生活,而是关于生活的思想。总而言之,在他看来,"所有概念的意义恰恰在于:它们把自身同生活的直接现实分离开来。最为活生生的对象一旦被把握了,就停止生活了。现实和概念的二元论是永远不能被克服的。"② 在根底上,面对在自身中并为了自身的现实,我们只能接受而无话可说。

在早期弗莱堡时期,海德格尔对那托普和李凯尔特所提出的上述问题就有着明确的认识,他从自己的角度指出:当我谈及体验时,我已经把经验当作某物(Etwas)而将其客体化了。于是,"对于每一个我想思考的体验来说,我必定要孤立、打碎、破坏掉体验的脉络,以至于尽管我竭尽全力,但最

---

① 参见德文版《海德格尔全集》第56/57卷,第171—172页;李凯尔特:《文化科学和自然科学》,涂纪亮译,北京:商务印书馆1986年版,第30—33页。

② Heinrich Rickert, *Die Philosophie des Lebens*: *Darstellung und Kritik der philosophischen Modeströmungen unserer Zeit*, Tübingen: Mohr, 1922, S.110.

终获得的却只是一堆事物"(GA56/57,64);"生活是一个无限流动的整体，而概念却是把生活带向停滞的形式，因而要把握生活并真正地理解它是不可能的"(GA9,39)。但是，他站在一种更加彻底的立场上看到，那托普、李凯尔特以及雅斯贝尔斯都从根本上坚持着理论的立场，都没有彻底逃出主客分立的对象性思维框架，他们所谓的困难就是由他们所坚持的这种理论姿态必然带来的。而且，他们所提供的方法也是建立在这一基础之上的，因此根本就不适合用来把握前理论的实际生活经验领域。于是，在此就出现了对跳出理论框架的新方法的迫切需要。

事实上，在做学生时，海德格尔就已经意识到，生活是一种特殊的存在，如果要赢得生活的真理，那么现代哲学那些现有的"蹩脚的方法"[1]就不再适用了。在1911年的《论学者的哲学方向》一文中，他明确指出了理性逻辑的方法不适合于用来建立指导生活的世界观："如果我们的理智、道德和宗教所需要的世界观要改变整个生活，并在永恒的理想之光中赋予生活以方向，那么这种世界观就不能在纯粹理智的方向上被建立"(GA16,13-14)。1912年在《宗教心理学和下意识》一文中，他又指出，形而上学的理论思辨根本就无法把握下意识，"'下意识'这一概念指明的是一种完全不可把握不能安置的内容，对它的理论澄清几乎毫无价值"(GA16,24)。因此，不应像形而上学那样先行设定永远有效的先天概念、体系和方法，而是应该不断地发展、增加规定性。

在战时呕须学期中突入到周围世界体验的领域之后，海德格尔更加明确地意识到了自己的问题所在。他明确宣称："我们正站在方法的十字路口上，它将决定哲学的生与死"(GA56/57,63)，而且"这整个的讲座实际上就是围绕着方法问题而进行的"(GA56/57,110)。后来，他也多次地强调方法的优先性[2]，认为"相关于对体验脉络的拥有而言，方法问题是首先的和最终的"(GA59,114)。他甚至说："哲学是一个围绕着方法的圆环"(GA58,228)，"说到底，所有的哲学问题都是关于如何(Wie)，即严格被理

---

① 关于这个词，See Martin Heidegger/Heinrich Rickert,*Briefe 1912 bis 1933 und andere Dokumente*,p.11。

② 参见德文版《海德格尔全集》第59卷，第112—115、128、193页。

解的方法的问题”（GA60,88）。

在战时亟需学期中,海德格尔对方法问题就做出了具体的点明:“基本问题就在于对体验自身的方法上的把握,即这样的问题:关于体验自身的科学是如何可能的?”（GA56/57,98）他把这种科学称作“原初科学”,并认为哲学就应该成为这种原初科学。不过,这里的“原初”不是时间意义上的,而是实质上的,“它首先与原初的奠基和构造相关:原则”（GA56/57,24）。

海德格尔认为,原初科学的方法应该能够使哲学原初地跳向“起源”（Ur-sprung）①。“真正的哲学以与起源的切近和活生生性为标准来衡量自己的意义”（GA58,148）。所以,在接下来的讲座《现象学的基本问题》中,他明确地指出:原初科学是关于绝对起源的科学,并用“起源的科学”（Ur-sprungswissenschaft）渐渐地代替了“原初科学”（Urwissenschaft）一词②。与这“起源的科学”相应的有一个“起源的领域”（Ursprungsgebiet）或“原初领域”（Urgebiet）,即“在自身中并为了自身的生活”（Leben an und für sich）③。但是,所谓的“起源”并不是普遍性的原则、公理或力量源泉,而是生活在所有境域中创造自身的形态（Gestalt）,“起源”问题就是如何原初地“有”自身的问题。这也就意味着,“起源”并不是一个现成地摆在那里伸手就可及的东西。因为生活的自足性使得对生活之起源领域的通达成了问题,生活常常是在关联意义中生活着而不拥有自身,以至于“起源的领域本质性地绝没有（nie）在生活自身（Leben an sich）之中被给予”（GA58,203）,从我们总

---

① 在这里,海德格尔利用了“Ur-sprung”一词中“sprung”与“跳跃”（springen）这一含义的牵连。在兰贝特看来,海德格尔的“Ursprung”可以用“radikal”（彻底的）来代替和理解（Lambert,*Philosophie und Welt beim jungen Heidegger*,p.43）。

② 对于这一用词上的变化,海德格尔没有做出明确的解释。本书认为,这应该与他这一时期对哲学是否是科学这一问题所持的模棱两可态度有关（甚至在1927年夏季学期的讲座中,他还时而肯定现象学是严格科学,直到1929年他才明确地放弃了将哲学变为严格科学的设想）,或者说与他对“科学”的含义尚未做明确的规定有关。“作为原初科学的哲学”一词似乎暗含着哲学依然属于科学的范围,而“作为起源的科学的哲学”则可以表示哲学不是科学,而是科学的起源。See Theodore Kisiel,*The Genesis of Heidegger's Being and Time*,p.17,以及César Lambert,*Philosophie und Welt beim jungen Heidegger*,p.30.

③ 早在战时亟须学期中,这个词就被提到了（参见德文版《海德格尔全集》第56/57卷,第88、116页）,只是没有与“生活自身”相对地被使用。在1919/1920年冬季学期的讲座《现象学的基本问题》之后,“在自身之中并为了自身的生活”一词很少再出现了。

是首先看到的、自足的"实践生活"(praktisch Leben)这里,我们对之一无所知。所以,这一领域离我们很远,我们只能从"生活自身"中去发现(entdecken)它。而且,"它必须一再地被重新赢得"。① 如何去赢得呢?"必须按照一定的方法(methodisch)将之更切近地带向我们"(GA58,203)。因此,对海德格尔来说,方法就是在实际生活经验之没落—反没落的动荡中,不断地靠近"在自身中并为了自身的生活"这一起源领域的道路。"方法就是动荡中的道路"(GA61,157)。正是在这个意义上,就海德格尔所谓的"方法",波格勒和布伦分别指出:"获致经验,这是'方法'一词的更为原初的意义,即走过一条道路"②;"从字面上来看,方法问题就是将思保持在其朝向⋯⋯的道路(way-toward)的本质特征之内的任务"③。简而言之,在海德格尔这里,"方法"就是对通往前理论的、动荡的实际生活经验的道路的开辟和保持。

而根据我们先前的论述,海德格尔上面所说的"生活自身""实践的生活"无非就是自足的、在舒适安逸的意蕴世界中没落的实际生活,而他所谓的"在自身中并为了自身的生活"则就是动荡不安的、总在当下的境域中不断地(历史地)追问本真自我的生活。当然,二者不是截然分开的两种生活,而是后者必须在前者之中不断地被追寻和赢获。我们可以说二者只是同一生活的不同样式。这样,我们可以看到,在海德格尔这里实际上存在着两个不同层次上的"方法"。第一个层次上的方法的目的是通达前理论的、自足的生活,它解决的是如何摆脱掉理论姿态,前理论地通达实际的生活经

---

① 因此,本书不赞同科凡克斯的观点(See George Kovacs,"Philosophy as Primordial Science in Heidegger's Course of 1919",*Reading Heidegger from the Start*,pp.104,106)。本书认为,对于海德格尔的方法来说,绝不在于重新激活"好奇感"(the sense of wonder)(哪怕是提问题的好奇感,因为在海德格尔这里追问的动机根本就不是好奇),而在于重新袒露实际生活的艰难和困苦的原初动机。其实,早在战时亟须学期中,海德格尔就已明确指出了这一点(GA56/57,66—67)。伊姆达尔也看到:哲学的最初动机在柏拉图和亚里士多德那里是惊讶,在海德格尔这里则是"不安"(Beunruhigung)(See Georg Imdahl,*Das Leben Verstehen*,S.44)。勒维特则说:亚里士多德的"惊讶"关乎宇宙中合秩序的变化的隐蔽原则,而不是存在自身的陌生的实际性(See Karl Löwith,*Heidegger—Denker in dürftiger Zeit*,S.115)。

② Otto Pöggeler,*Martin Heidegger's Path of Thinking*,p.239.

③ John van Buren,*The Young Heidegger*,p.325.

验的问题;第二个层次上的方法旨在通达虽然也是前理论的,但却是作为没落生活之反运动的生活,它解决的是如何赢获本真生活的问题。① 不过,这两个层次上的方法并没有明确的分野,海德格尔所提出的方法都可以同时在这两个层次上运行,它们一起保证了哲学既出自实际生活自身,又与实际生活自身保持着应有的距离,从而可以在原初地理解实际生活经验自身的基础上,不断地追寻、赢获"在自身之中并为了自身的生活"。② 这里,我们可以套用《圣经》里的一句话:"谁失去自己,谁就发现了自己"。只有不把自己看作一个面对客体的认知主体、沉入了实际生活经验中去的自我,才能发现自己的本真存在状态。不过,海德格尔曾经指出:"自足和生活现象作为向方法问题的过渡:不是对象化,不是对象直观,而是在生活自身中与之同行"(GA58,161)。这意味着,第一个层次上的方法是向第二个层次上的方法的过渡。所以,他似乎更看重第二个层次上的方法。这也是本书更加强调实际生活经验的动荡特征及海德格尔的原初动机的重要原因之所在。

另外,海德格尔一再强调:"哲学的方法……在生活自身之中有其根基"(GA58,228),"现象学的概念形成的方法……经验了生活的基本特征

---

① 兰贝特触及到了这一点,他提出了所谓的两个层面(Ebenen):与自身的前哲学的遭遇、对"我是"的意义的哲学追问(See César Lambert, *Philosophie und Welt beim jungen Heidegger*, S.215)。另外,伯内特(Rudolf Bernet)似乎也意识到了这一点。在他看来,在海德格尔那里存在着双重的还原:第一个还原是在非本真的生活之内进行的,它把一个牵挂着意蕴的生活世界端呈给了缘在,而第二个还原则提供了对缘在之存在的本真理解,这样第二个还原就包纳了存在论上的经验教训(See "Phenomenological Reduction and the Double life", *Reading Heidegger from the Start*, pp.259,264)。德雷福斯则认为,在海德格尔那里存在两种解释学:日常状态的解释学和怀疑的解释学。前者描述一个充满意义的生活世界,后者赢得一个本己的自我。而且,他还指出,"常人"具有两种功能。其积极性功能在于它是可理解性的源泉,而其否定性功能则在于其抹平一切的顺从主义(See Hubert L.Dreyfus, *Being-in-the-World:A Commentary on Heidegger's Being and Time, Division I*, pp.34-38,154-158)。而索洛克兹则看到:如果解释指向实际生活在意蕴世界中的亲熟特征,那么就会有没落的或沉沦的生活被重构,而如果解释指向"对自身的拥有"(Sichselbshaben),那么就会出现反没落的生活(See Angel Xolocotzi, *Der Umgang als „Zugang"*, S.251-252)。其中显然也透露出了对方法的两个层面的意识。但是,他的后半句话是不恰当的,因为当解释指向日常世界中的"向自我世界的聚焦"时也不会有反没落的生活出现,只有当解释指向"作为拥有自我的实行"的历史时才会如此。

② 所以,我们才会看到,海德格尔对日常沉沦生活的描述时而是中性的,时而是否定性的、贬斥的,因为日常的沉沦生活具有可以从两个不同的层次上来被看待的可能。

的理解"（GA58,169），因为"在实际生活经验中已有一种更为原初的概念，我们所熟悉的事物性概念在其中首先有其来源"（GA60,85）。这也就是说，原初科学的方法并不是从外部强加给实际生活经验的，其最终根源在实际生活经验自身的特征之中，根据这种方法而形成的概念所摆明的东西就是对生活自身的表达。也正因此，他所提出的哲学方法不是用来认知客体的外在程序，不是用来对预先被给予的各种对象进行分类的附加手段，不是把牢靠可用的东西端呈给人们的虚假工具，也不是用来构建理论体系的不变框架，而是对"以牵挂的方式拥有自身"这一具体基本经验的历史地被实行的、追问着的解释。这样的方法一同塑造着它所涉及的对象，即实际生活经验。归根结底，在海德格尔这里，方法及其所使用的范畴概念乃是实际生活经验自身的一种存在方式，在其中实际生活经验时机化自身，并时机化地与自身交谈，把对存在的本真理解交付给自身。所以，这样被理解的方法可以确保哲学的真正任务的被实行。显然，海德格尔对方法的理解和他对实际生活经验的特征的理解是一致的。这一点保证了其哲学方法是适合于通达、理解实际生活经验自身的方法。

综上所述，以回应那个时代的哲学的代表性观念（生活体验是概念所不能通达的）为契机，海德格尔在早期弗莱堡时期看到了方法问题的重要性，并基于他对实际生活经验的理解提出了他自己的方法。对于他这些方法来说，其最为根本和关键之处在于：适合于言说实际生活经验的前理论和动荡特征，或者说，让前理论的、动荡不安的实际生活经验如其自身地得以显现，从而获得对它的原初理解，赢得决断本真生存的恰当时机和境域。也正因此，"方法"在海德格尔这里，乃是实际生活经验自身的存在方式。这样的方法主要有三种："形式指引""解构""解释学"。[①]

---

① 虽然海德格尔在早期弗莱堡时期也曾提及过"重构"（Rekonstruktion）的方法（GA58,139;GA9,5），但他所以详细阐释的只是那托普的作为一种理论化方法的"重构"，故本书在此对之不予探讨。另外，虽然在早期弗莱堡时期，海德格尔也偶尔提到"现象学的还原"（如德文版《海德格尔全集》第58卷，第151、156、249—250页），但是他并没有对之进行详细的阐释，而且研究者们对于他有没有自己的还原方法也众说纷纭[库尔蒂纳（Bereits Courtine）和比梅尔就认为，海德格尔那里没有独立的还原方法，而卡普托则试图在胡塞尔的先验还原的基础

第二节　形式指引

一、"形式指引"方法的提出

海德格尔坚信,前理论的、个体的、运动的"实际生活经验"是可以如其自身地被通达的,他借助胡塞尔的"所有原则的原则"表达了这一方法上的原则:"所有在'直观'中原初地自身……呈现的东西,都应当被直接承纳……如其自身所显示的那样"①。那么,通过什么样的方法才能做到这一点呢?海德格尔找到的突破点是构造性范畴(konstitutive Kategorie)与反思性范畴(reflexive Kategorie),以及普遍化(Generalisierung)与形式化(Formalisierung)之间的区分。由此出发,他提出了形式指引的方法。

构造性范畴与反思性范畴的区分来自拉斯克的思想。拉斯克认为,在一切理论化过程之前,就已有一种最原初意义上的生活体验,其中还没有任何概念性的反思,也没有感觉方面的区别,人完全委身于(hingeben)这正在进行的体验之中。不过,他强调:这种委身的生活体验本身就已具有自己的

上去理解海德格尔的还原;梅尔克斯(B.Merkers)认为,海德格尔的基础存在论中的现象学还原相应于胡塞尔的反思的成就;罗德里格斯(R.Rodríguez)则认为,海德格尔的解释学还原是胡塞尔现象学还原的变样(See Angel Xolocotzi, *Der Umgang als "Zugang"*, pp.226-227)]。在早期弗莱堡时期,海德格尔甚至也没有对现象学的方法做过专门的详细讨论[只是在《现象学的基本问题》和《存在论——实际性的解释学》中,对"现象学"一词的出现历史进行过简略的考察(GA58,11-17;GA63,67-74)],尽管他许多讲座和论文的题目都带有"现象学"字样。只是到了马堡时期的第一个讲座《现象学研究导论》,他才明确地把对"现象学"这一表达的阐释作为一个主要任务来看待(GA17,1)。1927年夏季学期的讲座《现象学的基本问题》才提出了现象学方法的三个层次:还原、构造、解构(Martin Heidegger, *The Basic Problem of Phenomenology*, translated by Albert Hofstadter, Bloomington & Indianapolis: Indiana University Press, pp. 19-23)]。另外,马克斯·米勒(Max Müller)曾报道说,海德格尔曾说自己的课程名称加上"现象学"字样无非就是为了向胡塞尔表达一个姿态,他的阐释方式与胡塞尔根本不相干([德]马克斯·米勒:《马丁·海德格尔——一个哲学家与政治》,《回答——马丁·海德格尔说话了》,南京:江苏教育出版社2005年版,第162页)。这也是本书在此对所谓的"现象学还原"方法不做详细探讨的一个原因。

①　参见德文版《海德格尔全集》第56/57卷,第109页;胡塞尔:《纯粹现象学通论》,北京:商务印书馆2002年版,第84页。

意义和理智形式,这些非感觉的形式不是首先被认知的,而是首先被体验和生活的。并且,他已明确地把这种对非感觉者的直接体验称作"前理论的东西",将之看作一切理论的意义和形式的唯一来源。按照胡塞尔的范畴直观思想,拉斯克认为,生活体验的直观本身就有构成范畴形式的能力。我们向来就生活在真理中,也即生活在可理解的范畴意义和形式中。于是,他做出了构造性范畴与反思性范畴的区分。前者是由形式与质料的关系决定的,因此受限于它所要规范的质料或内容,而后者则只是由主体与客体的关系引发的,并不受限于特定的质料内容,因而是最空泛最抽象的范畴,但却更加接近存在者自身的具体整体。而生活自身对之本就含有一种理解的范畴形式,乃是反思性范畴。所以,只有反思性范畴才适合于用来表达委身的生活体验。这种反思性范畴的原初形式是"有"(es gibt),其他的如"某物""和""多"等。①

在拉斯克的上述思想中,海德格尔看到了从生活体验自身出发,非(前)理论地表达生活体验的可能性。但是,他也看到,拉斯克所谓的反思性范畴依然是陷于主客分立框架之内的理论性范畴,因而从根本上来说,并不适合于被用来把握前理论的实际生活经验。在战时亟须学期中,海德格尔突破了拉斯克的理论框架,针对那托普的反对意见指出:"意义、语言表达不必是理论性的,甚至也不必是对象性的,而是原初地体验着的"(GA56/57,116-117)。在这里,本质性的东西在于,语言的意义功能表达了生活体验的"居有事件特征"(Ereignischarakter)。因为,它们与体验同行(mitgehen),生活在生活自身之中,在生活的"被推动着的趋向"(motivierten Tendenz)和"趋向着的推动"(tendierenden Motivation)之中,同时前握和后握地表达了生活。他称此为"理解的直观"(verstehende Intuition②)、"解释学的直观"。这样,如何"有"前理论的、动荡的实际生活经验的问题,最终

---

① 详情可参见克兹尔:《海德格尔的〈存在与时间〉的起源》,第33—38页;张祥龙:《海德格尔传》,北京:商务印书馆2017年版,第86—90页。

② 按照日本学者高田珠树的说法,在这里海德格尔不是按德语通常的"Anschaung"之义,而是按与法语同形的"Intuition"之义来使用"直观"一词的,这反映了柏格森对他的影响(参见高田珠树:《海德格尔:存在的历史》,第96页)。

成了如何"理解"和言说（ansprechen）它的问题。① 海德格尔由此获得的洞见是：如果人们处身于与生活自身的直观关联之中，那么生活自身的绝对可理解性就出现了②。

根据海德格尔上面的理解，原初的语言表述在生活自身之中并出自生活自身，它自身就是一种生活经验。而根据他对"实际生活经验"的特征的阐述，生活经验不是事物性的对象或在我们面前消逝的过程，而是携带着自己的动机、倾向和属于自身的独特节律，在具有三重意蕴的世界境域中"前握—后握"着自身和世界，这意味着生活经验自身就具有自己的意义和形式③。这样，原初的语言表述就能够在依然持留于活生生的实际生活关联之中的前提下，依据生活经验自身的意义和形式，再次经历、重演曾被经验到的东西，却不打断活生生的生活之流，因为在这里是经验在经验经验。

比如，在索福克勒斯的悲剧《安提戈涅》中，送信人对安提戈涅罪行的报告④就是如此。虽然海德格尔自己没有对此做出具体说明，但根据他前后文的相关论述，我们可以对之阐释如下：安提戈涅违抗国王克瑞翁的命令，埋葬了她的哥哥波吕涅克斯的尸体。守护士兵发现后大为惊恐，其中一个守兵不幸被抽中去向国王报道这件事情。这个守兵知道，如果自己不去送信，克瑞翁早晚也会知道，到那时他们这些守兵就都得被处死，但如果去送信并报以实情，那么这个暴虐的国王就很可能会把他给处死。所以，他一路上犹犹豫豫，思考着怎样报道才能有希望逃过一死。这就是这个守兵当下的生活境域，其中涵纳着它的动机、倾向和意蕴。也正是在这个境域中，当向克瑞翁报告时，守兵带着他的期望，在回忆中来解释他所经历过的那件罪行所具有的动机、倾向和意蕴。所以，在对克瑞翁言说的过程中，他期待着表明这件罪行不是他们这些守兵干的，他们也没有玩忽职守，因为做这件

① 但是，在早期弗莱堡时期，"理解"和"语言"这两个现象自身并没有像在《存在与时间》中那样，被明确地详细阐释。

② See Martin Heidegger, *Towards the Definition of Philosophy*, p.187.

③ 换用《存在与时间》中的话来说就是：在其充满意蕴的生存之中，缘在对自身、他人、周围世界，乃至存在就已经有了先行的领会和理解。

④ 参见《索福克勒斯悲剧两种》，罗念生译，北京：人民文学出版社 1961 年版，第 13—16 页。

事的人没有留下任何迹象。由此可见,这个守兵的报道是在自己当下的生活世界中与他曾有的经验一起发生的。他不是把那件罪行看作是一个现成地摆在面前的、与自己的世界无关的、需要进行理论性反思和考察的对象或客体,他的报道根本就不同于法医的专题尸检报告。简而言之,这里是经验在经验经验,因而是直观性的。也就是说,在实际生活自身的境域、倾向和动机的实行中,"理解"自身前跳后跃。

在那个守兵的报道那里,没有表达与外在对象的符合一致,而只有理解的同感(Sympathie)。海德格尔认为,这就是对生活的真正的"爱",即敞入生活的终极倾向之中去,并返回到其终极的动机之中去。因而,在他看来,只有在实际生活经验自身的意蕴境域关联的实际显明中,才能寻找到理解和言说"生活如何经验自身"的原初方法,也即形成恰当的概念。① 他在拉斯克关于构造性范畴和反思性范畴的区分中看到,这种概念只能像反思性范畴那样是形式性。通过对胡塞尔关于普遍化和形式化的区分的思想②进行阐释和推进,海德格尔找到了这种原初的概念表达,即"形式指引的范畴"。

所谓的"普遍化"是根据种属来进行的意识行为。比如,我们说:红是一种颜色,而颜色是感觉性质。这个从"红"到"颜色",再从"颜色"到"感觉性质"的转变过程就是普遍化的过程。当然,我们还可以把这个过程继续推进到性质自身、事物自身(即本质)和对象,甚至一直到"存在"。但是,从"感觉性质"到"本质",再从"本质"到"对象"的转变,却不再是一种普遍化,而是一种形式化。二者的区别在于:与理论的普遍化相比,理论的形式化并不局限于一个特定的实在领域,不像普遍化那样需要各种步骤和层次,因而是自由的。比如,在"石头是一个对象"这一表述中,谓词"对象"就不受限于具体的事物,而且也不必从较低的种属上升到较高的种属,它就是一

---

① 这一思想显然是受了李凯尔特的影响,后者的一项主要工作就是探讨自然科学和文化科学在概念之形成上的差异。他认为,"规定着科学方法的形式特征,必定蕴含在形成用以把握实在的概念的方式之中。因而,为了理解一门科学的方法,我们就必须知道它形成概念的原则"(Heinrich Rickert, *Science and History: A Critique of Positivist Epistemology*, translated by George Reisman, Princeton, N.J.: Van Nostrand, 1962, p.38)。

② 参见[德]胡塞尔:《纯粹现象学通论》,北京:商务印书馆 2002 年版,第 66—68 页。

个形式范畴。可见,形式范畴并不是由特定的内容(Wasgehalt)规定的,而是出自纯粹的姿态关联(Einstellungsbezug)自身。所以,海德格尔说:"形式的东西就是关联性的东西"(GA60,63),"形式的东西的起源就在关联意义之中",而且"纯粹的姿态关联自身还必须被看作实行"(GA60,59)。

　　海德格尔由此获得的洞见是:简单地谈及理论化的类型和差别是不恰当的,形式化并不是一开始就必然与理论化的过程相关。与理论化相关的形式化是"形式本体论"(Formel-Ontologischen),它的产生乃是由于遮蔽了关联的实行,而片面地转向了内容导致的。这样一来,它就又受限于某一对象领域了,虽然这对象不再是个别的,而是普遍的,比如数学和逻辑学的对象领域。这种"形式本体论"意义上的形式化与普遍化一样,都是姿态性的(einstellungsmäßig)或理论性的(theoretisch)。二者都是一种与普遍性或一般之物相关的排序(Ordnen),只是在前者那里是间接的,而在后者那里是直接的而已。①显然,这种完全支配着整个哲学史的事物化的、理论化的形式化,根本就无法用来通达和理解动荡不安的实际生活经验。于是,海德格尔提出了他的"形式指引"范畴和方法。虽然"形式指引"也要达到"形式的东西",但不是"形式的普遍性",而恰恰是松解这种普遍性和固定性。

二、"形式指引"的含义和功能

　　在此,首先需要说明的是,虽然在战时亟须学期的讲座中,海德格尔还没有明确地提及"形式指引"这个词,但是其基本思想实际上已被指示出来了。在那里,他指出:原初的东西自身就具有进入某一世界的倾向,人们只能在回握动机和前握倾向中靠近"在自身中并为了自身的生活",并提到了对充盈生活自身的"形式的刻画"(formale Charakterisierung)(GA56/57,115-117)。不过,直到为 1919/1920 年冬季学期的讲座《现象学的基本问题》而写的散页中,他才第一次以动名词的形式提到了"形式指引"(formal anzeigend)这个词(GA58,198)。在全集第 58 卷的编者根据贝克的课堂笔

---

　　① 　在这个意义上,海德格尔说:"形式"逻辑根本就不是"形式的"(GA61,20)。在他看来,这种普遍的形式之物只是人们在世界之中找到的解除负担的助手(GA63,18)。

记而重构的该讲座之结尾部分中,名词形式的"形式指引"才被提及(GA58,248)。①

对于海德格尔来说,虽然"形式的"意味着不受限于特定的内容的东西,但它与普遍或一般之物毫无关联,也不进行排序,而是意味着关联性的东西。简言之,形式就是纯关系。而他所谓"指引"是指为对现象②的理解先行标划方向和道路。总而言之,"形式指引"就是为获得原初的理解而实行的、对现象关联的先行显摆和暗示。因此,它主要有两种功能:

首先,"形式指引"的肯定性功能在于先行给出现象自身的关联,为理解的实行提供出先行的指点和暗示,因为它可以"从不确定的、但以某种方式可理解的显示内容出发,把理解带向正确的视路(Blickbahn)"(GA63,80)。换句话说,形式指引起着这样一种功能:向要被显示的东西自身之中进行引领。所以说,形式指引虽然在内容上是空的,但它可以得到具体的实行(Vollzug)。也就是说,它先行地敞开了要被理解的东西的某个特定维度,给出了理解可以借以开始的可能性和方向。

形式指引所给出的这种开端和可能性一方面突破了近代西方哲学主客二元分立的和实体主义的思维方式和姿态,因为它并不把要被指引的对象作为与内在主体相对的外在客体对象来看待,而是要把与对象发生关联的某种可能性显示出来,它是"前理论的",所以它既不像客观主义那样完全"坐实"在对象上,也不像主观主义那样完全"抽空"对象;另一方面,形式指引的方法也突破了胡塞尔的理论性哲学的根本缺陷,即不再囿于意识甚至是纯粹意识的领域之内,而是进入了"实际生活经验"自身之中。形式指引的方法来源于实际生活经验自身之中,并且是为了实际生活经验而被塑造的一种方法。因此,它一方面给出了从实际生活自身出发来理解实际生活的开端可能性,另一方面又没有使得实际生活固化为近代西方哲学意义上

① 就此而言,李章印先生的如下说法是值得仔细核查的:海德格尔"是在 1920/1921 年冬季学期的讲座《宗教现象学导论》中正式提出形式指引方法的"(李章印:《解构—指引:海德格尔现象学及其神学意蕴》,济南:山东大学出版社 2009 年版,第 91 页)。

② 对早期弗莱堡时期的海德格尔来说,"现象"就是我们在生活之中遭遇到的一切(GA58,50)。

的客体对象,而是前理论地把实际生活经验保持在其原本的动荡不安之中,从而使得我们既与实际生活保持一定距离从而拥有了"观看"的可能性和空间,又没有使得我们脱离实际生活经验,成为自身实际生活的冷眼旁观者。

也正是由于形式指引方法所给出的只是开端和可能性,而不会提供精确的对象性规定或普遍适用的一般命题,所以对于以形式指引方法来表达的文本的读者来说,形式指引所起的关键功能不在于什么东西被表达和传达了,而在于它所给出的先行指示激发了每个人当下的生活境域,并可以被具体化。也就是说,顺着这开端而进入当下的实际生活境域之中而理解自身,这个任务被转交给了读者自身。①

其次,形式指引还具有否定性的功能。它是一种"警告"和"防御",具有先行禁止、先行阻挡的特征。在这一点上,它类似于胡塞尔所讲的"悬置"或"悬隔"方法。它禁止任何被认作是不言自明的、天经地义的、无可置疑的先行设定和先入之见,禁止任何以主客二元分立为基础的理论姿态和立场,抵制任何未经审思的权威观点和意见,而是要求回到事情自身,与事情自身偕行。而对于早期弗莱堡时期的海德格尔来说,这"事情自身"就是实际生活经验。形式指引的这种否定性功能的关键之处在于:它不是一上手就确认某种方式是与对象发生关联的唯一可能性,而是先行保证了关联之实行的各种可能性依然是敞开的和未被堵塞的,从而也就保证了如下的

---

① 达尔斯多姆甚至说:鉴于形式指引的本质,问题不在于海德格尔是否能够把自己的存在专题化而不对象化,而在于这对他的读者来说是否可能(See Daniel O. Dahlstrom, *Heidegger's Concept of Truth*, p.439)。就此而言,我们很难理解沃林怎么会有如下的断言:海德格尔的思想弥漫着一种语言独裁主义,它要求读者温顺地服从(See Richard Wolin, *Heidegger's Children*, p.226)。"我决断了,但就是不知道对什么"这个玩笑显明了海德格尔形式指引性思维和概念的特征,在这个意义上才如勒维特所言是"恰切的",但另一方面,它也体现了一种对海德格尔形式指引的深层误解,或者说对自身责任的深层逃避。而哈贝马斯的如下观点也是有问题的:海德格尔"有一种比概念性的思更严格的思"的态度首先与下面的主张有关:只有少数人有权获得真理(See Jürgen Habermas, "Work and Weltanschauung: the Heidegger Controversy from a German Perspective", *Heidegger: A Critical Reader*, edited by Hubert Dreyfus and Hanison Hall, Oxford UK & Cambridge USA: Blackwell, 1992, p.203)。这种关联实际上最起码并不是"首先"的。

可能性：在不断地实行中，把现象的关联意义保持在"悬而未决"和"既不—也不"的原本状态之中，也即将之维持在本有的运动变易之中。这当然是出自实际生活自身的要求，因为实际生活经验的本质就是动荡不安的。这也意味着形式指引的方法也必然只能是"一个本己的、具体的、实行的任务"（GA61，33）。换句话说，实际生活经验需要不断地被重新显示。在这个意义上，海德格尔早期弗莱堡时期的"形式指引"方法就是他所提出的"解构"（Destruktion）的方法。

另外，海德格尔强调指出，形式指引所具有的这种否定性的预防功能的必要性，出自实际生活经验自身的没落倾向。它禁止把关联意义导向世界性的内容，而是将其引向自我世界中的起源领域，即动荡不安中牵挂着自身的"实际生活经验"或"缘在"。它致力于打破漠不关心的自足态度，而要求一种在瞬间中的转变，向任何想寻求理解的人都提出了如下的要求和挑战：去承担起将其自身转入其本己缘在中去的任务。① 在这个意义上，可以说形式指引是没落生活的一种反运动。这也就是海德格尔提出形式指引方法的根本动机之所在。

综上所述，形式指引所指引出的不是一个"什么""内容"（Was），而是一个"如何""方式"（Wie）。所以，一方面，形式指引可以在实际生活经验自身之中保持住实际生活经验的关联，先行显摆出理解的原初境域，而不固着于对象性的规定和思维方式而脱离生活的脉络，寻求绝对普遍有效的概念性规定。因而，它可以通达和理解前理论的实际生活经验领域，在具体的实行中把捉历史性的个体；另一方面，形式指引既不盯着实际生活经验的动荡死看，也不被吸入其中，而是与之同行，从而可以在与实际生活经验的同行中，将之保持在实行的动荡之中，逆转其没落倾向，赢得本真的自我，而不是寻求稳固和牢靠而切断生活自身的流动。因而，这种"意义的动力学"可以原初地通达和理解动荡不安的实际生活经验，赢得决断自我的本真境域。

可见，正如张祥龙先生所指出的那样：海德格尔的形式指引是"生命的

---

① See Martin Heidegger, *The Fundmental Concepts of Metaphysics*：*World*，*Finitude*，*Solitude*，translated by William McNeill and Nicholas Walker，Bloomington and Indianapolis：Indiana University Press，1995，pp.295-298.

实际冲动态势而境域式地（纯关系式地）构成意义和领会的方法"①，他所使用的"生存"等形式指引的词语"所揭示的是一个主客还未分、正在构成之中的时机生活本身的构意方式和理解'存在意义'的方式，因而是一种离不开生活（生命）之流，并让这最不平静的湍流本身表达出自身的方式"。②"用这个方法确实能以一种非反思的（这一点跟胡塞尔不一样）但毕竟是哲理的方式，以不牺牲生活经验的流动性、生成性为代价来讨论哲学问题，讨论人的本性、世界的本性问题。"③伊姆达尔则说："形式指引概念是运动的概念（Bewegungsbegriffe）：它们在方法上引入了一种能够把'运动'推入其向来我属性中去的解释学的动力学。"④孙周兴先生也曾指出：形式指引具有"运动性"，"其任务在于把对一个概念的把握直接改变为一种当下个体化的存在的阐释，'推动'、'激发'向来个体化的实际生命或者实存"，海德格尔借他所谓的这种"形式显示的概念意在发动一场变革，可以说是一场旨在激发词语（语言）的力量的变革，也可以说是一场旨在重新唤起哲学改变人性的使命的变革"。⑤

总而言之，由于"实际生活经验"的动机和倾向只是潜在的可能性，它永远处在动荡变易之中，所以对于海德格尔来说，传统的种属和类概念，恰恰由于其备受称赞的、可以毫无困难地被所有人共同接受的普遍性和精确性，是不适合于用来表达"实际生活经验"的，而看似空泛的、没有任何确定性的、把不断具体地加以实行的沉重任务交给理解者的形式指引，却恰恰就是理解前理论的、个体的、运动的（历史的）实际生活的恰当方法和语言。可见，归根结底，形式指引乃是出自实际生活经验自身前理论的、动荡的特征。反言之，如克兹尔所指出的那样：海德格尔之所以强调形式化的肯定性

---

① 张祥龙：《本体论为何是诠释学？》，载张祥龙：《从现象学到孔夫子》，北京：商务印书馆2011年版，第110页。另外，由此我们也可以看出，形式指引既能满足我们上面所说的第一个层次上的方法要求，也能满足第二个层次上的方法要求。

② 张祥龙：《海德格尔传》，北京：商务印书馆2017年版，第148—149页。

③ 张祥龙：《朝向事情本身——现象学导论七讲》，北京：团结出版社2003年版，第227页。

④ See Georg Imdahl, *Das Leben verstehen*, S.171.

⑤ 孙周兴：《形式显示的现象学——海德格尔早期弗莱堡讲座研究》，《现代哲学》2002年第4期，第94页。

意义,提出形式指引的方法,就是为了寻找适合于描述生活之动力学的前理论的词语。① 它能使哲学在出自实际生活经验自身的同时,引发对实际生活之没落运动的反运动。当然,这种方法已经不是用来把握外在对象的抽象概念体系,虽然它并不等同于实际生活经验自身,但是实际生活经验本身的自身显示。用这种方法来做的哲学当然自身也就是实际生活经验的一种存在样式,而且是本真的存在样式。

普腾普拉克尔在 1985 年做关于海德格尔的博士论文时,意识到了如下一点是不清楚的:海德格尔通过表明非概念之思的原初性在哲学中引发了一场革命,但是这前概念的理解和思想行动是否可以在口头和书面语言中得到描述? 他当时认为,原初的经验不能完全不用概念而被表述。于是,他面临了一个尴尬的境地:做海德格尔思想的研究是违背海德格尔思想的精神的!② 这显然是出于他对海德格尔的形式指引方法的无知,出于他依然坚信概念都是普遍的种属概念。而在知道海德格尔这种方法的人中间,也有同样的误解:形式指引的概念同样是哲学性的和普遍性的,即是理论性的③;形式化的概念不适合于对生命的解释,因为它属于一种不充分的概念④。这

---

① See Theodore Kisiel, "Why Students of Heidegger Will Have to Read Emil Lask", *Man and World*, Vol.28,1995,p.229.就此而言,斯坦纳的如下断言显然最起码是易引起误导的:海德格尔的"最终失败也是不容否认的……海德格尔本人就未能给存在(Sein)一个既非纯粹同义反复式的、又非形而上学无穷倒退论证式的定义。他自己承认这点,并将其归因于人类语言本身在面对存在时所具有的某种极端缺陷"(乔治·斯坦纳:《海德格尔》,李河、刘继译,杭州:浙江大学出版社 2012 年版)。从"形式指引"的角度来看,如果海德格尔能够提供这样的定义,恰恰似乎他的"失败",而且这也不是人的语言的"极端缺陷",而是使得人的语言甚至人之为人得以可能的根本性的"内在界限",没有这个界限,人就不成其为人了。当然,斯坦纳针对海德格尔形式指引的语言所是的断言同样是易引起误解的:"这种语言实际上没有说出任何东西,或者说,它没有从孤芳自赏的自我陶醉状态中解脱出来"(同上书,第 111 页)。

② See Johnson J.Puthenpurackal, *Heidegger: Through Authentic Totality to Total Authenticity*, p.293.

③ See Jean Grondin, "Die Hermeneutik der Faktizität als ontologische Destruktion und Ideologiekritik:Zur Aktualität der Hermeneutik Heideggers", *Zur Philosophischen Aktualität Heideggers*, Band 2,S.172.

④ See Elzbeieta Paczkowska-Lagowska, "Ontologie oder Hermeneutik? Georg Mischs Vermittlungsversuch in der Auseinanderseztung zwischen Heidegger und Dilthey", *Zur philosophischen Aktualität Heideggers*, Band 2,S.196.

种误解的关键之处就在于:依然把哲学及形式指引方法看作外在于生活自身的概念体系。然而,用海德格尔后来的话说,把形式指引那"活生生的、动态的词语转换为一系列单义的、机械地固定下来的僵化符号,这或许就是语言的死亡,是此在的僵死和荒芜了"①。

三、"形式指引"的一个例证

在早期弗莱堡时期,海德格尔将"形式指引"方法加以了具体的应用,其中最为明显的两处是《宗教现象学导论》中对保罗书信的阐释,以及《对亚里士多德的现象学解释:现象学研究导论》中对哲学定义的分析。下面我们就以前者为例,来具体地呈现一下他的形式指引方法。②

在1920/1921年冬季学期的讲座《宗教现象学导论》中,通过分析保罗的书信,海德格尔阐释了保罗是如何形式指引地表达他的原初基督教生活经验的。在该讲座中,海德格尔首先阐释的是保罗写给迦拉太人的信。

保罗曾迫害过基督徒,后来才皈依了基督,因此在他看来,不必拘泥于犹太教的死板律法和礼仪,只要信仰基督就可以成为基督徒。他自己就是在与犹太人和犹太基督教所做的关于"律法"与"信仰"的斗争(Kampf)中发现自身的。他给迦拉太人写信,就是要把自己的这种基督教生活经验表达、解释给他们。但是,这表达和解释不是与他自己的宗教经验相分离的,"而是总与宗教经验同行,并推动着宗教经验"(GA60,72)。他不是僵死教条的照本宣科者。海德格尔认为,对这些书信的阐释必须把保罗的这种境域和动机作为出发点。而且,他还强调指出:保罗表达自己生活经验的方式(Wie),即"宣告"(Verkündingung)的"实行"是关键性的。在宣告的实行中,保罗的自我世界与周围世界、公共世界的生活关联才能被把握到。因

---

① 马丁·海德格尔:《尼采》,北京:商务印书馆2015年版,第158页。

② 张祥龙先生曾对第一个例子多次做过阐释,孙周兴先生则在其论文《形式显示的现象学——海德格尔早期弗莱堡讲座研究》(《现代哲学》2002年第4期,第92—94页)中,探讨了第二个例子。实际上,确切来说,这并不只是"例子",因为如达尔斯多姆所言:离了基督教神学,海德格尔的方法自身就是不可理解的。See Daniel Dahlstrom, "Heidegger's Method: Philosophical Concepts as Formal Indications", *Review of Metaphysics*, Vol. 47, No. 4, 1994 (47), pp.795–796.

此,要原初地理解保罗书信,就不能通过以主客体二元分立为前提的移情(einfühlen),就必须从"对象历史的脉络"(objektgeschichtlich Zusammenhang)转向"实行历史的境域"(vollzugsgeschtliche Situation)(GA60,90)。根据以上这些先行的把握和理解,海德格尔具体阐释了保罗写给帖萨罗尼迦人的书信。

耶稣受难后 20 年,保罗第一次前往科林斯传道。他首先到了菲利比,然后在帖萨罗尼迦传道三个星期。由于引起了犹太人的反对,他秘密地离开了帖萨罗尼迦前往雅典。到了科林斯,听了提摩太关于帖萨罗尼迦人状况的报告后,保罗就给他在帖萨罗尼迦的信徒写了信。

海德格尔认为,虽然上面这种对象历史性的认知也是必要的,但如果我们只是以这种方式端呈出这件事情,那么保罗就像一个传教士,像一个到处云游的普通布道者一样讲着话,毫无吸引力。为了原初地理解保罗的经验,我们必须看到他的境域,以至于我们和他一起写信。为此,我们就必须看到保罗与公共世界发生关联的方式,即他如何"有"在他面前的人们。海德格尔指出,保罗的方式是在那些已成为其信徒的人中"一同经验"(miterfahren)着自身。这表现在两个方面:他经验着他们的"已成为"(Gewordensein);经验着他们"知道"(Wissen)自己的已成为。这意味着,他们的"已成为"也是保罗的"已成为",而且从他们的"已成为"保罗也一起被遭遇到,保罗和帖萨罗尼迦信徒在他们的"已成为"中彼此相连。在写信的时候,保罗把信徒们看作他已进入了其生活之中的人,因而他们的"已成为"与他向他们生活的进入相关联。保罗的生命就依赖于帖萨罗尼迦人在其信仰中站稳脚跟,他把自己完全交付给了帖萨罗尼迦人的命运。所以,当保罗在信中一再地对他在帖萨罗尼迦的信徒说"你们已成为""如你们所知"等话语时,他是在与他们的生活经验同行。

保罗这里所谓的"知道"并非以客体为对象的、具有必然性的理论知识。对帖萨罗尼迦的信徒来说,"知道自己的已成为"意味着,"已成为"并不是偶然的事件,而是不断地被一同经验的东西,以至于他们的存在(Sein)就是他们的已成为,而他们的已成为就是他们的存在。也就是说,帖萨罗尼迦信徒自身对自身本来就已有一种前理论的知和理解。而保罗又是与他们本身就有的这种前理论的意义和形式同行的,所以当他对他们说"你们已成为""如你们所知"时,这些话语就是出自他的帖萨罗尼迦信徒和他自己的实际生活经验本身所具有的意义和形式。这样,自然就能在他们那里共振起一个理解的境域。因为,这里的情形是经验在经验自身。

　　然后,海德格尔讨论了保罗的"宣告"。保罗向帖萨罗尼迦的信徒宣告:在(伴随着上帝所赋予的快乐的)痛苦之中"接收"(annehmen)、"接受"(paralamssanein)上帝的道,从而实现一个绝对的"转变"(Umwendung),即使自身"转离"(Wegwendung)幻象,并在"服侍"(douleuein)、"等待"(Erwartung)这两个方向上"转向"(Hinwendung)与上帝的关联。保罗在此所说的"接收""接受""转向""服侍"和"等待",就像前面的"已成为"和"知道"一样,都是在信中反复出现的形式指引词语。这里关键的不是他所宣告的内容,而在于他宣告时的境域和方式。海德格尔指出,保罗宣告的本己境域是他生活在一种时常令他感到难以忍受的窘困(Bedrängnis)之中,他也只想在这脆弱和窘困中被看到。在这一境域中,保罗的宣告不是传递给帖萨罗尼迦人可以确定地把捉的内容,而是引导他们走向本真的实行,即将他们引回他们自身以及他们对自己已成为基督徒这一境况的知,在对生活之窘困的忍耐中期待基督再临,使他们理解基督并不是在一个只需坐等的确定时刻再次回来,再临完全取决于他们自己随时保持警醒,面对生活的各种诱惑去做痛苦的决断。保罗不会给他们带来慰藉,反而极力增强他们的痛苦。所以,他对他们宣告:"兄弟们,论到时候、日期,不用写信给你们,因为你们自己明明知道,主的日子来到,就像夜间的贼一样。人正说平安稳妥的时候,灾祸忽然降临到他们,如同产难临到怀胎的妇人一样,他们绝不能逃脱。"①

　　海德格尔指出,保罗写给帖萨罗尼迦人的第二封信的关键之处就在于:实际生活的实行到处都在被强调着,也正因此,这封信的表达具有令人有重负压身的感觉。比如,保罗向他们谈及:"我们必须总是给出感谢","所有好

────────

① 参见《新约》,"帖萨罗尼迦前书",5:2,及5:3。

的决断和信仰的功夫","邪恶的欺骗","去爱真理",等等①。他尤其告诫他们在实际生活的实行中,对决定着他们每个人命运的基督之敌人时刻保持警醒,他们的"已成为"同时也是一个新的"正在成为"(Werden),要在实际生活经验的实行中不断地去维持与上帝的关联。同样,对于基督再临的"时间"来说,"原初的乃是实行的脉络(Vollzugszusammenhang)"(GA60,153)。

综上所述,借助形式指引的词语,保罗前理论地将自己的实际生活经验传达给了信徒们,向他们端呈出了动荡不安的实际生活状态,从而显明了他们当下的决断境域,警醒他们时刻为赢得本真的自我而进行斗争。而信徒们所倾听和领受到的并不是亘古不易的真理、定理、公理、法则或命题,不是只待伸手便可采摘的成熟果实,而只是需要他们加以具体实行的先行指示,只是开端性的方向,这指示和方向将信徒们引入他们自身的当下境域之中,并在其中看到需要自己严肃地担负和具体实行的任务。如张祥龙先生深刻而准确地指出的那样,海德格尔的上述阐释表明:形式指引"不是仅仅表示某种现成对象或状态的符号,而是原本意义上的语言、逻各斯和解释,在其使用中总在引发和当场实现出人的实际生活体验本身(缘在)的纯境域含义。简而言之,这种词语是人生境域本身的缘构旋涡的语言化,是关系境域网中的交缠机变之处,总在两极[说者与听者、个别与一般、过去(未来)与现在、文本与读者]之间'循环'回旋,从而显示出那'不可(表示性地)言说'之原意或缘意。"②

因此,我们要恰当地理解海德格尔哲学和语言,就必须在它们所引发的恰当境域中实行被给出的这些方向,将之带向本己的具体化。如布伦所言:"海德格尔的形式指引实际上是直接交给其他人自己去追问的问题,让他们冒险走向总在逃逸的东西自身","形式指引的形式化方法'源自'并'返回''每个人自己的具体的生活'"③。简而言之,这里最为关键的还是"实行",并在实行中不断地赢获本己的自我。如果我们把海德格尔的形式指引词语看作抽象的、僵死的普遍概念,如果我们把被指引出来的东西当作与

---

① 分别参见《新约》,"帖萨罗尼迦后书",1:3、1:11、2:10、2;10。

② 张祥龙:《从现象学到孔夫子》,北京:商务印书馆2011年版,第115—116页。

③ John van Buren, *The Young Heidegger*, pp.338,341.

我们当下的自我毫无关联的东西,当作可以一劳永逸地被把握的命题或知识而漠然接受,那么即使把形式指引词语千万遍地说来说去,我们也是根本就没有理解它们。当我们这样理解海德格尔的表达方式时,我们读他的著述难免会产生雅斯贝尔斯所体会到的那种"受骗"的感觉。①

第三节　解　构

我们已经看到,对于如何理解"实际生活经验"这一问题来说,在哲学方法上所需要的乃是能够引导出开端性方向并激发当下境域的"形式指引"。不过,海德格尔又指出:"对问题的引导是在现象学的—批判的解构(Destruktion)②的路上而发生的"(GA59,29)。这也就是说,形式指引需要"解构"来为其开路,用他自己的话说就是"开光"(lichterschließen)。这乃是因为"解构"能够使先前被遮蔽的东西首次以某种方式显现出来,从而赢得某些决定性的东西。用现象学的口号来说就是,通过解构可以"回到事情③自

---

①　See *The Heidegger–Jaspers Correspondence*(1920–1963),p.158.

②　在1919年夏季学期的讲座《现象学和先验价值哲学》的起始处,海德格尔提及的是对先验价值哲学的"批判"(Kritik)(GA56/57,127),在1919/1920冬季学期的讲座《现象学的基本问题》的结尾处,他才提到了对理性秩序的"解构"(GA58,150)[另外,在作于1919—1921年间的《评卡尔·雅斯贝尔斯的〈世界观的心理学〉》中,海德格尔提到了对传统的解构(GA9,3)]。1920年夏季学期这个词才得到了详细的探讨。据布伦的考证,海德格尔所用的"Destruktion"一词来自克尔凯郭尔,尤其是路德的"destruction"(See John van Buren,"Martin Heidegger,Martin Luther",*Reading Heidegger from the Start*,p.172)。克洛维通过阐明"destruction"一词在路德那里的如下两个含义也证明了这一点:上帝的外在工作,即消除人的虚假的自我评价,以使他的本属工作发生作用,即把人塑造为一种新的造物;参与上帝之外在工作的做神学的方式,即拒斥对宁静的快乐主义的渴望,拒斥或多或少地陷在其中的虚假神学(See Benjamin D.Crowe,*Heidegger's Religious Origins*:*Destruction and Authenticity*,Bloomington and Indianapolis:Indian University Press,2006,p.45)。

③　在早期弗莱堡时期,海德格尔并不像在《存在与时间》之后的著作中那样,将"Sache"看作思想的终极指向,并诉诸其原初的含义,即诉讼或法庭辩论,而是常常在理论认知的现成对象或客体的意义上来使用它。只是在提及胡塞尔的现象学原则时,这个词才似乎有了积极的含义。大概是从1921/1922年冬季学期的讲座提到哲学问题的两个"主要事情"(Hauptsache)(GA61,12)开始,这个词才开始慢慢有了后来的含义。

身"。但是,对海德格尔来说,这却不再意味着像胡塞尔所要求的那样,还原回先验的绝对意识,而是"越来越原初地实行本己的实际境域,并在实行中为真(Genuität)做好准备"(GA59,30),即打破生活的谎言,警醒人们直面生活自身原本的艰难,向本真的实际生活经验和"在自身中并为了自身的生活"这一前理论的、动荡的起源领域回返。①

可见,解构的必要性、范围和艰难性,都出自自我之被遮蔽和在生活自身之中再次遮蔽自身的基本经验,实行解构的动机就在于打破实际生活的遮蔽。具体说来,"解构"出自实际生活经验追求安宁和稳靠的"褪色""没落"倾向。它就"在褪色中开始"(GA59,183),并与之不断地进行斗争。而自古及今的各色哲学对绝对、普遍、永恒、无限、必然之物的固执追求,就是实际生活经验这种没落倾向的典型表现。所以,对海德格尔说,真正的"哲学必须被规定为对实际生活经验的原初地实行着的、理解着的和使人警醒着的解释",而"这解释必然总是从解构开始"(GA59,183),因为"只要在哲学的动机中存在着属己缘在的稳靠化(Sicherung),或者毋宁说制造不稳靠(Unsicher-Machen)的动机,那么解构就是哲学的表达"(GA59,171)。而总是追求稳靠化的、事物性的——体系性的(sachlich-systematisch)哲学,显然就是"解构"的一个主要对象,海德格尔把往这种哲学里不断地扔火把看作自己的任务。

也正因此,在海德格尔这里,"解构"只是给出不间断的否定和拒绝,人们不能从它这里期待最终会有一个大大的"是"(Ja)。它并没有预先设定最终的和决定性的东西,而是以哲学的基本经验为前提,即它总在不断地怀疑和追问之中。对于"解构"来说,最本己的东西就是它自身及其实际性,即拆除,而不是结果。它是一个需要被不断实行的无限任务。恰恰是对自身之赢获的不断牵挂和忧惧构成了它自身(GA9,5)。所以说,"解构"是没落生活的反运动,它可以实行哲学的原初动机及其真正任务。在其中,被解

---

① 虽然,海德格尔极力强调他的"解构"方法与胡塞尔的现象学还原方法的区别,并专门用一个拉丁词"Diiudication"(审判)来表示自己所说的"还原",但是他无疑受到了后者的极大影响。海德格尔此处讲的"解构",显然与胡塞尔所说的"悬置"或"加括号"具有相似的功能。可以说,前者是对后者的改造。

构的是没落的生活,被还复的是艰难生活的本来面目,被赢得的是本真的自我。

海德格尔还指出:虽然"解构"自身具有实行性的结构和易变性,但它不是纯粹的"摧毁"(Zertrümmern),而是"拆除"(Abbau)。也就是说,它所从事的主要是清理性的工作,从而将原本被遮蔽的可能性显露出来。而且,"解构"是"有方向的",它在"先行标划"(Vorzeichnung)、"前把握"(Vorgriff)和基本经验的实行境域中运行。简言之,"解构"不仅揭示先行的领会,而且自身也总是受限于先行的领会。哲学从其基本经验那里获得的动机的前领会引导着对要被解构的前领会的解构,从而可以断定后者的原初性或非原初性。而"前领会"出自实际生活经验自身,并在解构的实行中随着生存的变化而不断革新。由此可见,解构的可能性最终来自实际生活经验不断革新自我的历史性特征。

在早期弗莱堡时期,海德格尔对"解构"方法的具体运用,是以对传统哲学的拆解为方式而进行的。比如,他批判作为世界观的哲学总是在寻求终极的、普遍有效的东西,妄图以此破解生活和世界之谜(Rätsel der Lebens und der Welt),最终走向安宁①,所以要求将世界观与哲学明确地分离开来;他批判雅斯贝尔斯以生命过程的力量为关注核心的生命观也是"审美的",即其基本的动机是把生命作为固定的对象来凝视、观察,所以必须把雅斯贝尔斯的纯粹观察的方法推进为无尽的彻底追问,而且这追问总是把自身纳入问题之中并在这些问题中保持自身;他还指出:先验哲学的危险在于毫无疑问地接受了主体性,并用它来变出客体性,于是主体自身就被客体化、事物化(verdinglichen)了,即在僵固的结构中,而不是在运动(Bewegung)中来审视它;他还不点名地批评了胡塞尔:"然而,它最为舒适地把自身置于世界和生活之外,而进入了极乐和绝对的大陆"(GA61,99);

---

① 所以,兰贝特指出:对于海德格尔来说,世界观的非哲学(Unphilosophie)之处在于,它要为生活提供终极的意义和目的,而免除了人自身与缘在的可问性、与生活的存在以及存在自身的争执(auseinandersetzen)(See César Lambert, *Philosophie und Welt beim jungen Heidegger*, S.24-25)。伊姆达尔则敏锐地看到:通过世界观问题,海德格尔把握住了同时代的哲学争论,抓住了内在于实际生活中的"动机脉络"(See Georg Imdahl, *Das Leben verstehen*, S.48)。

他批判当今所谓的客观的科学哲学只是提供了客观的庇护、令人欣慰的确定性和牢靠性的希望，以及所谓直接的"切近生活"的壮丽。

综上所述，通过对先前哲学的解构，海德格尔试图摧毁理论的姿态、立场和方法的统治，打断对所谓的普遍、绝对、永恒、无限、本质、必然之物的固执追求，还复实际生活之前理论的、动荡不安的原本面貌，从而赢得不断地重新决断本真自我的时机和境域。也正因此，"解构"并不是哲学所使用的可有可无、可以随意更换的外在手段，而是处身于"没落—反没落"之中的动荡不安的实际生活自身的一种实行和担承，从而是适合于用来原初地通达和理解实际生活经验的恰当方法。

第四节　解释学

在 1919 年战时亟须学期即将结束时，海德格尔非常突然地提出了一个"杂交性"①的词语——"解释学的直观"（GA56/57,117）②；紧接着，在讲座《现象学和先验价值哲学》中，他提出了"现象学的解释学"的说法（GA56/57,131）；在《现象学的基本问题》的一个脚注里，他则指出，"起源的科学"最终是解释学的（GA58,55），并在该讲座的结尾部分提到了令人

---

① 这是克兹尔给海德格尔所使用的"解释学的直观"一词所加的评论性定语（See Theodore Kisiel, *The Genesis of Heidegger's Being and Time*, p.498），其用意显然在于表明："解释学的直观"是海德格尔把现象学和解释学结合起来的结果。此外，克洛维尔也认为，海德格尔所谓的"解释学的直观"是现象学反思和解释的混合。克洛维尔甚而不恰当地将之看作对反思的重新把握，即依然是一种反思的方式（See Steven Galt Crowell, "Question, Reflection, and Philosophical Method in Heidegger's Early Freiburg Lectures", *Phenomenology: Japanese and American*, edited by Brut C.Hopkins, Dordrecht ; Boston: Kluwer Academic, 1999, pp.201-230）。事实上，如海德格尔自己所言，他的形式指引、解释学方法是"先于一切反思的……但是应当理解为光学含义上的反映一词的文脉"（[德]海德格尔：《现象学之基本问题》，丁耘译，北京：商务印书馆2018年版，第 229 页），即实际生活经验自身的折返。

② 因此，当在《从一次关于语言的对话而来——在一位日本人和一位探问者之间》一文中，海德格尔说他 1923 年夏季才第一次提及"解释学"这个词时（参见孙周兴选编：《海德格尔选集》，上海：上海三联书店 1996 年版，第 1013 页），他或者是真的记错了，或者是故意混淆视听。

感到怪异的"辨证解释学"（Diahermeneutik）（GA58,262）；在《直观和表达的现象学》和《宗教现象学导论》中，他强调了"解释学的前领会"；在《对亚里士多德的现象学解释：现象学研究导论》和《对亚里士多德的现象学解释：解释学境域的显示》中，他对"解释学的境域"进行了阐释，并在后一个讲座中提到了"实际性的现象学的解释学"（PIA,29）。但是，在以上这些地方，海德格尔对"解释学"自身并没有做出过详细的阐释，这个任务是在他早期弗莱堡时期的最后一个讲座，即1923年夏季学期的讲座《存在论——实际性的解释学》中完成的。

该讲座的第一章起首就对"解释学"做了一个形式指引性的规定："'解释学'这一表述指的是投入、接近、通达、追问和解释实际性的统一方式"（GA63,9）。也就是说，在海德格尔这里，解释学乃是实际性的解释学。所以，他要诉诸的是"解释学"的原初含义：呈报（Mitteilen）之实行。它是这样的一种对实际性的解释：在其中，实际性在概念中被遭遇、看到、把握和表达。因此，其解释学是由"实际性""缘在"①本身的特征所决定的。

根据我们前文的论述，解释学所要通达的"对象"，即生活经验的"实际性"或"缘在"，具有如下的特征：它总已处在"前握"（倾向）和"回握"（动机）之中，在意蕴世界之中对自身具有一种先行的领会，拥有属于自身的独特形式和风格。可以说，日常生活中人们依据生活自身的倾向和动机，就已在使用特定的概念了，只不过它们还不是作为概念来被使用的。或者说，这里不存在概念地、区域地被标划的"作为"，只有意蕴性的"作为"（»Als« der Bedeutsamkeit），后者总是境域性的、历史性的。

现在，海德格尔进一步指出：实际生活经验是作为能够进行解释和需要进行解释的东西而存在的，"以某种方式已是被解释的"就属于它的存在，它有一种"解释学的作为"（hermeneutisches Als）。因而，解释学与实际性之间的关系并不是"对对象的把握"和"被把握的对象"之间的关系。解释自身就是实际生活经验的一个可能的和突出的存在方式，它逗留于（Aufhalten

---

① 在该讲座里，海德格尔已经很少再提"实际生活（经验）"了，而是更多地采用"缘在"这一说法，但二者是一脉相承的，后面我们还会对此详加探讨。

bei)实际生活之中。这种生存状态上的理解的直观,不仅保证了概念范畴上的解释学直观是可能的,而且表明原初意义上的解释学就是实际性自身的一种存在方式。因此,归根结底,解释学就是"实际性"或"缘在"的自我解释(Selbstauslegung)①,而不是关于解释的条件、对象、方式及其实际运用的理论学说(Lehre),也不是广义上被理解的"关于"(von)"解释"的理论学说,它根本就不是一门理论学说。在这个意义上,"实际性的解释学"(Hermenuetik der Faktizität)是双重属格的,即既是宾格的也是主格的。也就是说,"实际性的解释"既可以指"对实际性的解释",也可以指"实际性自身进行的解释"。

正是由于原初意义上的"解释学"是实际生活经验的自我解释,所以它能就其自身地将实际生活经验本身的生存动势"解开释放出来"(Aus-le-gung),将它本身的关系势态以"悬而未决"的方式当场呈现出来,将其本身所包含的"前握—回握""没落—反没落"的动荡活生生显示出来,从而不扭曲它的前理论特征,也不阻断它的动荡之流。在这个意义上,解释学就是形式指引的。② 所以,解释学能够相关于其存在特征而使"总是属于我们自己的缘在"成为可通达的,将其呈报出来,并从而能够追索使缘在毁灭的"与自身的异化",它呈供给缘在的是理解自身的方式,为其自身而变易和存在的可能性。海德格尔强调,这里的"理解"(Verstehen)不是意味着对他人生活的认知活动,而是缘在自身的一个存在方式(Wie),它可以先行被规定为"缘在对其自身的警醒(Wachsein)"(GA63,15)。这种在没落—反没落的动荡之中的"警醒的存在",就是缘在或实际性最为本己的存在可能

---

① 据此,兰贝特建议,在海德格尔这里区分广义上的解释学和狭义上的解释学。前者指缘在之实际的被解释性,后者指对实际的被解释性在概念上进行彻底解释的哲学的"实际性的解释学"(See César Lambert,*Philosophie und Welt beim jungen Heidegger*,S.88)。

② 后来,在1925/1926年冬季学期的讲座中,海德格尔又指出:只有在形式指引中,解释学的指示(Indikation)才能被看到(GA21,410)。波格勒和伊姆达尔都把海德格尔的解释学称作"形式指引的现象学"(See Otto Pöggeler,"Destruction and Moment",*Reading Heidegger from the Start*,p.149;Georg Imdahl,*Das Leben versthen*,S.18)。克兹尔甚至认为,自1919年战时亟须学期中的突破以来,形式指引就是海德格尔解释学的核心(See"Heidegger on Becoming a Christian",*Reading Heidegger from the Start*,p.177)。

性,他在此明确地将之称为"生存"(Existenz)。① 解释学的追问就是从生存出发,在其基础之上并着眼于它,而展开对实际性的解释的。由这种解释而来的概念被称作"生存论范畴"(Existentialien)。但是,这里的"范畴"不是抽象的词语,而是根据其意义,以某种方式,在一个意义方向中,把现象作为被解释者带向理解的东西。这里的"概念"(Begriff)也不是僵死的图式,而是一种存在的可能性,是一个开眼的时刻(Augenblick),它把我们转入一个基本经验,即根据解释的倾向和忧惧把我们转入我们的缘在之中去。因此,海德格尔说:"解释学:担负起当下彻底的实际性"(GA63,105),做哲学就是哲学的实际解释反对它的实际没落的永恒斗争(Kampf)。总而言之,对于作为真正哲学的"实际性的解释学"来说,其根本之处在于:不断地端呈出实际生活经验或缘在的本真存在可能性。因此,在海德格尔这里,解释学不是公众讨论的对象,所有"关于"解释学的谈论都是根本性的误解,解释学的本质特征就在于解释的不断实行。如果解释学应当予以时机化和展开的对实际性的警醒不"在"(da),解释学自身就依然是无关紧要的东西。

而且,也正是由于解释学是"实际性"或"缘在"的自我解释,所以解释学的实行总会遇到一个循环②:在对被解释者有明确的概念把握之前,解释就已经以某种方式"拥有"了它,否则面对一个完全陌生的东西,解释根本就无从下手。海德格尔称这种先行的拥有为"前有"(Vorhabe)或"前把握"

---

① 海德格尔在这里使用的是狭义上的"生存"概念,它只是实际生活经验的一种可能性,而不是像在《存在与时间》中那样,在广义上把"生存"理解为对缘在之存在可能性的形式指引。

② 早在战时呕须学期探讨对"原初科学"的规定时,海德格尔就指出了这种循环:就我们对作为"原初科学"的哲学观念的规定而言,我们对这个观念的寻求就已设定了我们以某种方式已经熟悉了它,否则我们就根本不能谈及它。进一步说,"在本质上,终极的起源只能出自自身,并在自身之内被获得"(GA56/57,16)。这就意味着,作为"原初科学"的哲学观念是自我设定和自我奠基的。所以,对这个观念的规定必然是循环性的。无论是借助于哲学史,还是借助于哲学家科学的精神态度,还是借助于归纳形而上学,这循环性都不能被逃脱。而且,克服循环性的困难是理论地被造成的困难,也就是说,只有在理论的领域之内才有克服循环性的问题和困难。然而,海德格尔认为,这种为起源和开端进行奠基而遭遇到的克服循环性的困难,却表明我们行走在原初科学的领域之中了。循环性乃是原初科学的标志,是真正的问题的标志(GA56/57,39)。理论的科学就起源于这前理论的、超理论的,无论如何是非理论的真正的原初科学(GA56/57,96)。

(Vorgriff)。① 而解释学的具体实行就取决于"实际生活经验"或"缘在"已被置入其中的这种"前有"和"前把握"的原初性、本真性。所谓的"脱离任何立场"的要求,只有当无事可做时才会有被满足的可能。实际上,"脱离任何立场"本身就是一种立场。因此关键的不在于预先有没有立场,而在于先行拥有什么样的立场。海德格尔认为,他的解释学的"前有"可以形式指引地表述为:"缘在(实际生活)是在一个世界中的存在"(GA63,80)。在这"前有"中最可问的东西是牵挂、不安、畏、时间性:缘在总是逗留于当下各是的境域中,牵挂地遭遇着先行敞开的意蕴世界。也正因此,每个缘在具有自己的独特"时间性"。但是,"牵挂"的一个特征在于,它会被诱惑而消融于它的时间化和实行中,从而总会倾向于显现出它的一个最切近的方面,即"无牵无挂"(Sorglosigkeit),以至于"牵挂睡着了"(GA63,103)。然而,"窘困"(Bedrängnis)突然出现的可能性也总是存在着,就如难产的痛苦降临怀胎的妇人一样。它会将在世界之中存在本身所蕴含的不安和可畏展现给缘在,将它的"无牵无挂"警醒。

不过,解释学的具体实行恰恰就需要从离我们最切近的现在(Gegenwart)、常人(das Man)、共在、日常性、我们的时代、公众性(Öffentlichkeit)或平均性(Durchschnittlichkeit)的理解开始。② 海德格尔称此恰当的开始境域为"当今"(Heute)。在这"当今"中,缘在总在漠不关心地与自身和他人攀谈,即"闲谈"(Gerede)。流传中的闲谈不属于任何人,无人对之负责,每一个人都已说过。常人总以公众性的方式而存在。因此,"常人"就是"无人"(Niemand)。它只是缘在举在自己面前的一张面具,用来逃避畏惧,以防被本真的自身吓倒。但是,另一方面,"常人"不仅是一种沉沦现象,而且是某

---

① 在那托普手稿中,海德格尔就已指出:先行被具有的"视点"(Blickstand)、"视向"(Blickrichtung)和"视域"(Blickweite)属于所有解释的本己参数(PIA,S.7-8.)。另外,按照克兹尔的考证,解释学循环的另一个因素"前见"(Vorsicht)直到1923/1924冬季学期的讲座(GA17,110)才被提出(See *The Genesis of Heidegger's Being and Time*, p.509)。但克兹尔没有提及这个词在1921/1922年冬季学期中的出现(GA61,125),也许他认为该词在那里的出现是海德格尔在晚于1923/1924年冬季学期讲座的某个时候被后补插入的。

② 在那托普手稿中,"平均性""公众性""常人""无人"等概念就已出现了(PIA,21-22)。它们所表达的显然就是《存在与时间》中所讲的沉沦的日常生活世界。

种确定的和肯定性的东西,即实际缘在存在的一种方式。解释学应当逗留于"当今"之中获得关于缘在的特定范畴的指示,并对之保持警醒。① 在这个意义上,解释学就是解构,即解掉舒适的常人生活的遮蔽和谎言,还复艰难生活之真理。② 所以,海德格尔说:"只有通过解构,解释学才能完成其任务"(PIA,34)。

综上所述,解释学就是实际性的自我解释,它逗留于实际生活经验之中并出自实际生活经验自身而显示生活的实际性,从而可以与实际生活经验之"前构—回溯""没落—反没落"的动荡一起"随波逐流"。这意味着,解释学能够端呈出实际缘在前理论的存在特征,显示出在何种意义上缘在就是动荡。所以,波格勒说:与流行的生命哲学和存在哲学不同,青年海德格尔试图通过解释学使生活和存在的不可言说的运动成为显明的。③ 然而,解释学并没有将自己完全埋身于实际生活经验对意蕴世界的无尽牵挂之中,而是对生活之实际性保持着警醒,揭开日常生活的遮蔽使之永远处在可问的状态之中,指示出"作为真正的逗留的反运动的可能性"(GA63,109)。④ 如海德格尔自己所说:解释学"逗留于生活自身、它的对象意义和存在意义,即实际性中。克制没落的动荡,即严肃地担负起艰难,实行由此而来的对艰难的警醒着的强化,葆其为真(verwahren)"(GA63,109)。简而言之,在他这里,解释学就是实际生活经验自身之"显伪葆真"的(反)运动。对此,卡普托有着深刻的体悟,他说:"解释学就是隐退、遮蔽和沉沦的牵引

---

① 本书不赞同如下看法:日常性可能本真地或中性地被实行,因而日常性不等于非本真性(See César Lambert, *Philosophie und Welt beim jungen Heidegger*, S.141)。因为,海德格尔没有说过什么"本真的日常生活状态"。日常性本来就是指非本真的生存状态,只是本真生存的可能性就掩蔽在这非本真的日常性之中而已。

② 卡普托一再地极力强调,海德格尔的实际性的解释学在生活逃离之际捉住了生活,从而将实际生存恢复到了它的原初的艰难(original difficulty)。而且,他指出:海德格尔的这一思想来自亚里士多德,是把《尼各马可伦理学》解释成了关于实际生活及其艰难的故事;在克尔凯郭尔、胡塞尔、尼采和艾克哈特那里,可以找到这种解释学的原史(See John D.Caputo, *Radical Hermeneutics*, pp.1-3)。实际上,海德格尔自己也曾明确指出,他的解释学的动机就来自克尔凯郭尔。但是,他认为克尔凯郭尔还是把事情弄得太容易(zu leicht)了(GA63,30)。

③ See Otto Pöggeler, *The Paths of Heidegger's Life and Thought*, p.284.

④ 格罗丁称此为"生存的自我启蒙",并认为这就是海德格尔实际性解释学的一切(See Jean Grondin, "The Ethical and Young Hegelian Motives", *Reading Heidegger from the Start*, p.354)。

力的反运动(countermovement)","彻底的解释学,按我的解读,是运动(kinesis)的哲学"。① 谢汉也曾指出:在海德格尔这里,"解释毋宁是这样一种方法,用这种方法,才能对基本运动中的现在,以便对一个人的过去进行原初的保护,依此保卫人的根本,总而言之,以便存在"②。因此说,海德格尔的解释学是适合用来原初地通达、理解、显示前理论的、动荡的实际生活经验,并实现其原初动机的方法。或者更确切地说(以避免误解):在海德格尔这里,解释学就是实际生活的自我解释,而不是它的方法。

小　结

海德格尔曾明确地指出:"方法不是人造物,而是由事情所规定的,并总是重新发生。"(GA56/57,214)在他的早期弗莱堡时期,这"事情"就是前理论的、动荡的实际生活经验。他这一时期所提出的"方法"就是通达、端呈、开显、理解、实现这实际生活经验的道路。它们都出自前理论的、动荡的实际生活经验自身。也正因此,它们之间并非彼此孤立互不相关的,而是内在勾连、互相需要的:形式指引需要解构为其开路,解构需要形式指引的引导,而解释学不仅是形式指引的,而且就是解构,它只有通过解构才能实现自己的任务。作为实际生活经验时机化自身的一种方式,它们共同如其自身地清理出实际生活经验对自身的前理论的解释,督促实际生活对自身的没落可能性时刻保持警醒,从而一同不断地塑造着本真的生存状态。它们都服务于如下难题的解决:本身就是一种运用普遍概念的理论的哲学如何能够原初地端呈出前理论的、动荡的实际生活经验? 或者说,它们服务于就

---

① John D.Caputo, *Radical Hermeneutics*, p.63, p.198. 波格勒也曾指出:"关于一种生命的生存哲学,青年海德格尔坚持认为,正是这种哲学才有可能通过解释学的重述,表述动态生命以及具有个体化决断色彩的生存的不可言说性。"([德]波格勒:《东西方对话:海德格尔与老子》,载莱因哈德·梅依:《海德格尔与东亚思想》,北京:中国社会科学出版社2003年版,第221页)。

② 转引自[美]约瑟夫·科克尔曼斯:《海德格尔的〈存在与时间〉》,北京:商务印书馆1996年版,第33页。

其自身原初地通达和理解动荡不安的实际生活经验这一共同任务。对于海德格尔来说,由于这一任务是需要每个人自身担承的无尽任务,所以"方法"并不是永恒有效的指导法则,而是需要不断地重新在当下的实行中被赢获的。通过这些方法,他在战时亟须学期中提出的,使整代人成熟起来的任务也借此得以被执行,他的原初动机也借此得以被实行。也是凭借形式指引、解构、解释学的方法,海德格尔自身的原初哲学经验也形诸了语言,而不必如有论者所言,必须诉诸辩证的中介①。他对原初现象的描述,也绝对不是要返回人兽杂处、危机四伏的生存状态和远古的蒙昧状态。②

---

① See Gregory Bruce Smith, *Nietzsche*, *Heidegger*, *and the Transition to Postmodernity*, Chicago and London:The University of Chicago Press,1996,p.277.

② 参见鲍克伟:《从此在到世界——海德格尔思想研究》,北京:中国社会科学出版社2010年版,第322页。

第三部分

海德格尔早期弗莱堡时期的
"实际生活经验"思想与其思想道路

1923 年海德格尔受聘前往马堡大学执教,结束了他的早期弗莱堡时期,开始了五年的马堡时期。巧合的是,这一来之不易的升迁也正好伴随着他思想的变化。早期弗莱堡时期的最后一个讲座(即 1923 年夏季学期的《存在论——实际性的解释学》)与马堡时期的第一个讲座(即 1923/1924 年冬季学期的《现象学研究导论》①)之间,就已显示出了诸多不同之处。到 1927 年《存在与时间》发表,这两个不同时期思想之间的差别表现得越来越明显。然而,自《存在与时间》成为未竟之残篇,尤其是 20 世纪 30 年代所谓的思想“转折”之后,却又出现了另一个现象:早期弗莱堡时期的一些思想又被重新拾了回来。那么,在海德格尔这条变动不居的思想道路上,早期弗莱堡时期的思想具有什么样的意义呢? 或者说,它与海德格尔其他时期的思想之间存在着什么样的关联呢? 下面我们以“实际生活经验”,尤其是它的“前理论”的“动荡”特征为关节点,对此问题进行一下探讨。

---

　　① 　在当时学校公布的课程目录中,该讲座的题目是《现代哲学的开端》。但是,在该讲座举行之时,题目被改成了《现象学研究导论》,这与原稿及听讲者的笔记是一致的[参见全集版中该卷编者的后记(GA17,322)]。所以,虽然当 1976 年开始出版全集时,第 17 卷被公布的题目是《现代哲学的开端》(参见《海德格尔全集》第 21 卷最后的全集目录),但 1994 年该卷出版时被改名为《现象学研究导论》。另外,这样一来,《海德格尔全集》第 17 卷的题目就与《海德格尔全集》第 61 卷(即 1921/1922 年冬季学期的讲座《对亚里士多德的现象学解释:现象学研究导论》)的副标题同名了,切不可将二者混淆起来。

第八章　海德格尔早期弗莱堡时期的"实际生活经验"思想与其马堡时期(《存在与时间》之前)的思想

相对于其早期弗莱堡时期的思想而言,海德格尔马堡时期的思想发生了一些明显的变化,其中最为关键的是:"缘在"取代"实际生活(经验)"成了核心话语;存在论问题,或者说存在自身的问题越来越被强调和凸显;时间和真理问题得到了更加明确而详细的阐释。但是,这些彼此内在相关的变化却并非凭空而来,而是都萌发于他的"实际生活经验"思想,尤其是它的"前理论"和"动荡"这两个最基本的特征。

第一节　"实际生活经验"与"缘在"问题

在海德格尔早期弗莱堡时期和马堡时期的思想之间,最为明显不过的一个变化就是"缘在"取代他曾提出的"在自身中并为了自身的生活""历史的我""境遇的我""实际生活""实际生活(经验)",成了核心话语。通过对这一变化过程的梳理,我们就能够回答如下的问题:"缘在"这个《存在与时间》中的核心概念是如何出现的? 为什么要以"缘在"取代"实际生活(经验)"? "缘在"与"实际生活(经验)"之间是否还有关联?

事实上,早在其博士论文中,海德格尔就已使用了"Dasein"一词①。在那里他指出:逻辑的对象作为同一之物在我们面前而在(da),是一种不同

---

① 参见德文版《海德格尔全集》第 1 卷,第 169—170、339、376 页等处。

于物理、心理和形而上学之物的特殊"Dasein"。显然,他这里所谓的"Dasein"泛指"一种存在方式"或"一个存在领域"(GA1,169-170)。只是到了1919年的战时哹须学期,突入到生活体验领域之后,相关于自我世界,"Dasein"才渐渐地摆脱了其泛指的含义,越来越倾向于专属于人和实际生活经验,以至于"Dasein"和"实际生活"之间被画上了等号。

在1919/1920年冬季学期的讲座《现象学的基本问题》中,海德格尔就开始把"生活的整体"看作一种独特的缘在,并指出:实际生活不是首先发现缘在,而是它自身就是缘在。在1920年夏季学期的讲座《直观和表达的现象学》中,他又把人称作"实际自我世界的缘在""具体的、个体的、历史的缘在"(GA59,86)。在1920/1921年冬季学期的讲座《宗教现象学导论》中,他还提出了一个复合词——"实际的生活的缘在"(faktisches Lebensda-sein①),并明确地把"实际缘在"称作彻头彻尾的新范畴。这意味着海德格尔已经开始意识到了,相对于"人"和"实际生活经验","缘在"这个概念所具有的特殊意义。

在1921/1922年冬季学期的讲座《对亚里士多德的现象学解释:现象学研究导论》中,海德格尔将"缘在"和"实际生活""实际经验"并提②,提出了"作为生活之实际性的缘在"(GA61,76)、"作为生活的人的缘在"(GA61,81)。另外,在该讲座中,他还第一次提出了"'da'的存在意义"问题,认为对于这个问题来说,生活的"实际性"是构成性的。而且,他还把"da"和"sein"分开后再用短线连起来,把第一个字母大写,从而造出了"Da-sein"这个词③。这表明,对于"缘在"这个词的独特价值和意义,此时的海德格尔有了更加明确的认识,并开始对之加以利用和发挥。不过,就"缘在"这个词的演变而言,他在该讲座中所获得的最为关键性的成就却在于,洞见到在"生活"这一表达的动词和名词含义中,回荡着如下的意义:"生活=缘在、

---

① 在1922年的那托普手稿中,海德格尔也使用了"Lebensdasein"这个词(参见文版《海德格尔全集》第62卷附录三,第404页)。

② 参见文版《海德格尔全集》第61卷,第7、19、142页。

③ 同上书,第67、142、187页。另外,根据克兹尔的看法,在其1920年关于雅斯贝尔斯的评论中,海德格尔第一次区分了"da sein"向内和向外的两个矢量(See Theodore Kisiel, *The Genesis of Heidegger's Being and Time*, p.493)。

在生活之中并通过生活的'存在'（Sein）"（GA61,85）。这句话意义重大，它一方面表明了海德格尔早期弗莱堡时期与马堡时期在思想上的关联，即"生活"就等于"缘在"，或者说"缘在"来自"生活"，是在"生活"的根基上生发出来的；①但另一方面，它也预示着由于潜藏在后面的"存在"问题，"生活"必然要被"缘在"所代替。

于是我们看到，虽然在1922年的那托普手稿中，海德格尔还将"人的缘在"（menschliche Dasein）（PIA,10）、"实际的人的缘在"（PIA,12）与"实际生活"并称为哲学研究的对象，但是在早期弗莱堡时期的最后一个讲座（即1923年夏季学期的《存在论——实际性的解释学》）中，他开篇即明确宣称：从缘在而来，并为了缘在，哲学才"在"（GA63,3）。在该讲座中，他有意地把"缘在"作为一个专门术语提了出来，并强调指出：实际性解释学的任务之一就在于澄清"Da"这一基本现象，对"缘在"进行范畴的—存在论的刻画。而"生活""实际生活""实际生活经验"等词，在该讲座中则已很少被提及了。② 将"实际性"放到紧跟在"缘在"后面括号之中去的行文方式，以及将"缘在（实际性）"[Dasein（Faktizität）]的最本己可能性规定为"生存"（Existenz）的做法，已经显明了海德格尔早期弗莱堡时期思想向其马堡时期思想（尤其是《存在与时间》）的过渡和演变。

在马堡时期，海德格尔继续着上述已经开始了的演变，只是更加彻底化了。这一时期的第一个讲座，即1923/1924年冬季学期的《现象学研究导论》，开篇就提出："我们决定把缘在作为我们的主题"（GA17,2）。于是，在该讲座中虽"生活"一词还偶尔出现，但是"实际生活（经验）"已然淡出了他的视野，并基本上被"缘在"所代替。只是在对该讲座第27节的一则非常简短的补充中，海德格尔提及了"实际生活的经验脉络"（GA17,316）。在1924年夏季学期的讲座《亚里士多德哲学的基本概念》中，到处出现的

---

① 索洛克兹甚至因此而把"缘在"和"实际生活"直接看作是一回事儿（See Angel Xolocotzi, *Der Umgang als „Zugang"*, S.23）。不过，他的这一提法显然是有失精当了。海德格尔用一方来代替另一方，这意味着二者之间毕竟存在着不同的地方。

② 不过，在该讲座中，海德格尔还偶尔有"实际生活（缘在）"的说法（参见德文版《海德格尔全集》第61卷，第81、85页）。

已是"人的缘在",同年的演讲则已明确地用"缘在"来意指人的生活的存在（GA64,111-112）。在此后的讲座中,"实际生活经验"一词更是难觅踪影了。

那么,接下来需要回答的一个问题自然就是:海德格尔为什么要用"缘在"来替代"实际生活（经验）"呢?

一个明显的原因就在于:在对当时哲学界正在盛行的"生活""经验""体验"这些时髦概念的使用上,早期弗莱堡时期的海德格尔打一开始就心存疑虑。比如,"Leben"一词所具有的生物学含义就是他一直试图避免的。所以,我们看到,他曾一再地抱怨"Leben"这个词所具有的容易招致误解的多义性。① 在1919年战时呕须学期的讲座中,他就指出:"体验"这个词如今已被如此地滥用了,以至于它不再适用了,所以最好是把它扔到一边儿去。但是,他也看到,在当今哲学的讨论中,使用这个词又是不可避免的,所以当时他只得迫切地要求重新理解"体验"的本质。这也就意味着,对海德格尔来说,"实际生活（经验）"这个概念的使用,一开始就是在还没有彻底理解和无法更为恰当地言说生活体验的情况下,而不得不采用的权宜之计。相应地,一开始他就在寻找着更为合适的替代概念。而以"Dasein"这个词来接替它则是一个自然的选择,因为"Dasein"在德语中本来就有"生活"的含义,从而使得这个词语上的替代能保证思想的连贯性。正因此,就如张祥龙先生所指出的那样,即使"到了《存在与时间》,'人的实际生活经验'被'缘在'（Dasein）所代替,但两者的基本思路是一脉贯通的"。②

不过,更为重要的原因却在于:在马堡时期,存在自身的问题越来越被强调,时间和真理问题得到了更加明确的强调和阐释,而"实际生活（经验）"这个概念却显然无法明确地、灵活地体现海德格尔的这些思想变化了。在这种情况下,他逐渐找到了"Dasein",试图借之来凸显新的思想内涵。这是因为:

---

① 参见德文版《海德格尔全集》第1卷,第38页;第59卷,第18页;第61卷,第81页;第9卷,第14—15页;PIA的第13—14页等处。

② 张祥龙:《从现象学到孔夫子》,北京:商务印书馆2011年版,第102页。

第一，"Dasein"本来就有"存在"的含义①，而且从词形上来看，这个词就已显然不过地包纳着"sein"（存在）了。在 1922 年夏季学期的讲座中，海德格尔就已明确指出："'da'规定着'是'（ist）及'是什么'（Was es ist）的意义"（GA62，231）。所以，"Dasein"可以表达"缘在"是"存在"的显明场所的意思，即缘在在意蕴世界中先行理解着存在而生存着。如海德格尔在 1924 年夏季学期的讲座《亚里士多德哲学的基本概念》中所言："通过对存在者的'Da'特征的阐释，它的存在将成为可见的"（GA18，25）。这样，通过与"Sein"的紧密关联，海德格尔的"Dasein"这个概念把存在论的倾向在语词和语义上表达了出来，实际生活经验在"Da"中准确地表达了自身。所以，在 1929 年的《什么是形而上学》一文中，他说道：为了用一个术语描述人与存在的本质性关系，"Dasein"被选来指人之为人的那个存在领域。② 布伦也已证实：1921 年海德格尔就在"存在的场所"的意义上使用了"Dasein"一词，因为他已经看到，"Dasein 既指世界的存在也指人的存在"，而世界及世内存在者都是存在的一个拓扑的"Da"。③

第二，"Dasein"中的"da"作为一个指示副词，像一束指向暗冥之处的光一样，显现出敞亮的时空，因此它与"揭蔽"相关。如海德格尔在《存在与时间》中所指出的那样，"Da 这个词意指着这种本质性的展开状态"（SZ，132）。这也就意味着，"Dasein"蕴含着与"真理"的内在关联。就此，张祥龙先生曾指出："Dasein 从根本上就具有这个存在的空间……这个 Dasein 本来具有的存在空间乃是一种'解蔽'或'打开遮盖'的状态"，"所以，'Da'具有'解蔽'、'打开'、'疏朗开'这些与真理密切关联的意义"。④

第三，"Dasein"中的"da"有"这儿""那儿""这时""那时"的含义，因此它可以表明实际生活经验与时间的关联。而海德格尔用"缘在"取代"实际

---

① 参见《德汉词典》编写组编：《德汉词典》，上海：上海译文出版社 1987 年版，第 255 页；黄柏樵主编：《德华标准大字典》，上海：上海科学技术出版社 1961 年版，第 282 页。

② See Martin Heidegger, *Was ist Metaphysik*, Frankfurt am Main: V. Klostermann, 1955, S. 13.

③ See John van Buren, *The Young Heidegger*, p. 251.

④ 张祥龙：《从现象学到孔夫子》，北京：商务印书馆 2011 年版，第 77、81 页。另外，伽达默尔还认为，作为"Da"而发生的东西就是后期海德格尔所谓的"存在的澄明"（Gadamer, *Heidegger's Way*, p. 23.），也即无蔽的真理。

生活经验"的一个目的,恰如克兹尔所指出的那样,就在于突出人的"时间性的特定性"(temporal particularity)①。而且,无"此"就无"彼",有"彼"必有"此",相生相灭的"这儿"与"那儿"、"这时"与"那时"的缠结可以表明,"实际生活经验"是在缘起缘灭的"前握—后握""前构—回溯""没落—反没落"动荡之中而存在的。"da"既不是"这儿"也不是"那儿",既不是"这时"也不是"那时",而就是它们之间的动荡、缠结和变易,这就是它的存在。它只有在"去存在"(zu-Sein)中,才是其自身。② 可见,如海德格尔在亚里士多德那里洞见到的:"运动形成了存在的本己的'Da'特征"(GA18,287)。他可以把"Dasein"写为"Da-sein"来表示这一点,而"faktische Lebenserfahrung"这个词则无法灵活地做此种语言游戏。另外,在此顺便指出的是,这也是本书随张祥龙先生把"Dasein"译为"缘在"的一个原因。"此在""亲在""本是"这些译法的一个根本缺陷就在于,无法明确地表达"Dasein"是运动的存在。③

综上所述,"实际生活经验"有一个被"缘在"逐步替代的过程,这一过程在早期弗莱堡时期就已现端倪,马堡时期只是将之进一步明朗化、彻底化了而已。但是,这个过程不是一个分道扬镳的过程,而是一个瓜熟蒂落的过程。也就是说,"缘在"是在"实际生活经验"的根基上生长出来的果实,承继、吸纳了后者的基本因素和特征。我们可以清楚地看到,对于代替了"实际生活经验"来突显存在、时间和真理问题的"缘在"来说,拥有属于自身的动机和倾向、显明性、世界性、意蕴性、历史性、实际性等前理论特征和"前握—后握""前构—回溯""失去自我—赢得自我""没落—反没落"的动荡特征,依然是其最基本的和本质性的特征。因此,虽然在马堡时期,"实际生活经验"已基本被"缘在"所代替,但是如果不透彻理解海德格尔早期弗莱堡时期的"实际生活经验"思想,那么显然就无法彻底理解他马堡时期

---

① See Theodore Kisiel,*Heidegger's Way of Thought*,p.52.
② 乔治称这种意义上的缘在为一个"动力学的过程"(See Vensus A.George,*Authentic Human Destiny:The Paths of Shankara and Heidegger*,Washington D.C.:The Council for Research in Values and Philosophy,1998,p.374)。
③ "亲在"这个译名只有回溯到《大学》才能找到一个"不断变化与不断更新之义"(参见王庆节:《解释学、海德格尔与儒道今释》,北京:中国人民大学出版社2009年版,第91页)。

（当然包括《存在与时间》）所说的"缘在"。前者是理解后者的源泉。在这
个意义上，人们可以说《存在与时间》中的"缘在分析论""归根结底是一种
对'实际生活'（faktischen Leben）的分析"①。

第二节　"实际生活经验"与"存在"问题

　　根据海德格尔自己后来的说法，他早期的著作开启了一条曾锁闭着的
启程之路，即存在与语言的问题。也就是说，"如何用语言恰当地言说存
在"是他一开始就关注的问题。但是，研究者费赫和施密茨却不同意海德
格尔的如上说法。费赫认为，在海德格尔的早期讲座中明显没有存在问
题②。施密茨则说，在 20 世纪 20 年代早期，海德格尔对存在论不感兴趣③。
那么，我们该相信谁的话呢？ 存在问题是否真是海德格尔终生都在探索的
主题？ 对于海德格尔在马堡时期对存在问题的处理来说，其早期弗莱堡时
期的"实际生活经验"思想有何意义？ 通过厘清"实际生活经验"与"存在"
问题的关联，我们可以给出一种回答。

　　根据我们前文的论述，海德格尔是带着对存在问题，即"存在的统一意
义是什么"这一问题的困惑而踏上其思想征程的。在 1957 年发表的一篇就
职演说《回忆》中，海德格尔说道：自从 1907 年读到布伦塔诺的博士论文之
后，"对存在的多样性中的同一性的追问，那时只是暗中地、不稳定地和无
望地在我内心搅扰着，经过许多的反复、流荡和混乱，依然是 20 年后出现的
论文《存在与时间》的唯一的无休止的动力"④。布亥格的《论存在：存在论
纲要》就已使得海德格尔第一次经验到了对于存在问题的系统解答。布亥
格把柏拉图、亚里士多德、阿奎那和苏阿雷斯（Suarez）的因素结合起来，形

---

　　①　彼得·特拉夫尼：《海德格尔导论》，张振华、杨小刚译，上海：同济大学出版社 2011
年版，第 8 页。

　　②　István M.Fehér，"Heidegger's Postwar Turn"，*Philosophy Today*，1996，Vol.40，p.22.

　　③　See Pierre Keller，*Husserl and Heidegger on Human Experience*，Cambridge：Cambridge U-
niversity Press，1999，p.87.

　　④　Martin Heidegger，"A Recollection（1957）"，*Heidegger：The Man and the Thinker*，p.21.

成了一种完全不同的存在问题。他认为,存在/上帝隐藏在特殊存在者之中,隐藏在使之可能的东西之中,它乃是动力学的自我设定行为,它对于以存在者为导向的思想来说必定显现为无,所以规定存在的任何企图必然要失败,只能用某一特殊的存在者的属性来代替存在自身。而且,布亥格还看到,存在论的概念先天地存在于我们的自我认知中,因此需要对思想的一种先验的存在论的分析。后来,海德格尔自己曾怀着记忆和感激说:布亥格对其后来的学术生涯有着决定性从而是不可消除的影响的两个人中的一个(另一个是沃格[Whihelm Vöge])。所以,海德格尔最早的思想研究不是围绕着神学的实证性进行的,而是在神学范围内围绕着存在问题而展开的。这应该可以表明:在学生时代海德格尔的确已把存在问题作为他的引导问题,虽然它并没有被凸显出来而处于前台。他在1912年关于实在问题的讨论,就已被克兹尔看作是海德格尔经典的存在问题的第一个版本。

在其教职论文中,海德格尔自己找到了存在问题的第一个答案:存在就是有效。这"有效"已经超越了物理的、心理的以及形而上学的存在者,或者说,已然不是具体的存在者,而是存在者的存在。对范畴问题的探讨从而敞开了一条通往存在问题的道路。用后来海德格尔自己的话说,范畴问题是披着逻辑外衣的存在问题。① 教职论文对范畴的探问乃是"进入存在论的历史通道"②。然而,随着对历史的兴趣日益增强和向实际生活经验领域的逐步迈进,他发现这个答案乃是他囿于"理论判断的逻辑之物"这一特殊存在领域之内的结果,或者说是他对无时间地普遍有效之物的偏爱的产物。也就是说,他认识到,"作为普遍有效真理的存在"并不是"存在"的统一意义,而是只适用于作为系词的"存在"。实际上,在1913年为布勃诺夫(Nikolai v.Bubnoff)的《时间性与无时间性》一书所写的评论中,海德格尔就已洞见到:巴门尼德和赫拉克利特并没有死,也就是说,他们如下的问题依然存在,也无法回避:抽象思想的无时间性的现实(Wirklichkeit)与感官知觉

---

① See Theodore Kisiel, "Editor's Introduction", *Becoming Heidegger: On the Trail of His Early Occasional Writings*, 1910–1927, pp.xvii, xix.

② [德]马丁·海德格尔:《海德格尔自述》,张一兵编,李乾坤译,南京:南京大学出版社2015年版,第96页。

的时间性的现实之间的裂隙,如何弥补? 通过博士论文和教职论文对不同存在领域的探讨,他发现可以弥补这裂隙的意义之源是活生生的精神生活,并进而将之导向了实际的生活体验。于是逻辑的"意义的存在"问题、范畴问题最终成了实际生活经验的"存在的意义"问题。所以,当早期弗莱堡时期的海德格尔把"实际生活经验"作为核心现象来探讨时,存在问题仍是其背后的推动力,并依然时而显现。就此而言,虽然可以说海德格尔"通向存在的路穿过了逻辑理论",但是并不能由此说"在1919年,海德格尔不是作为一个存在的哲学家而开始其生涯的"①,因为在海德格尔这里,逻辑问题、范畴问题从根底上来说牵涉的就是存在问题。"'前理论'、'前世界的'、'原始的东西'毫无疑问就是他后来所思所言的'存在'了"②。如迈克格拉斯所言:早在1915年海德格尔就已走在实际性存在论的轨道上,而《存在与时间》中的缘在分析、时间的存在问题首先出现在海德格尔的教职论文中,而且早期弗莱堡时期的讲座以不同于《存在与时间》的方式讨论了这一问题。③ 赖纳·恩图赫尔和因斯布鲁克很准确地指出了对于海德格尔来说范畴、生活、存在之间的内在关联:"这种对于建立相应的范畴的兴趣,完全是出于生活本身的要求,所以存在问题只能努力回溯到生活本身,回溯到生活的运动性本身,即努力回到倾向与动机之间的前后联结性中的振荡(Schwingung)。这样我们看到了在《存在与时间》中处理的问题的端倪。"④

　　比如,1920年夏季学期的讲座《直观和表达的现象学》之所以把"生活"作为"原初现象"来探讨,乃是为了以之为根源来解构两组对立,其中第一组对立就是历史的相对性、偶然性与理性先天之物的绝对有效性之间的对立,这显然就是我们上面提到的"未死之存在问题"的继续。1920/1921年冬季学期的讲座《宗教现象学导论》则明确指出:"问题是存在概念的起

---

① See Steven Galt Crowell, *Husserl, Heidegger, and the Space of Meaning*, pp.76–77.

② 孙周兴:《后哲学的哲学问题》,北京:商务印书馆2009年版,第237—238页。

③ S.J.McGrath, *The Early Heidegger & Medieval Philosophy: Phenomenology for the Godforsaken*, pp.60,116.

④ 靳希平:《海德格尔与其思想的开端》,北京:商务印书馆2009年版,第380页。

源。理论解释的述谓的'是'出自原初的'我是',而不是反之"（GA60，92）。① 而在 1921/1922 年冬季学期的讲座《对亚里士多德的现象学解释：现象学研究导论》中，通过对作为牵挂的一种样式的哲学之定义的探讨，海德格尔再次明确地涉及了存在问题。

海德格尔指出，"定义"应当是原则性的（prinzipiell）、形式指引的。这里所谓的"原则"乃是指某物由之而出的东西，是一切都依赖之的东西。他认为，这原则应是被定义对象的"存在样式"（Wiesein），而非其存在内容（Wassein），前者作为原则规定着后者。原则性定义的关键就在于把对象的"存在样式"显示出来。② 我们已经看到，对于海德格尔来说，哲学乃是实际生活经验的一种样式、一种关联行止。在这里，他进一步指出：这关联行止之所向，或者说它所"拥有"的是"存在""存在的意义"（Seinssinn）。因此，对于给哲学下定义来说，所要面对的对象就是"与作为存在的存在者（Seiende als Sein）的、认知的（erkennend）关联行止"。这样，在对哲学的定义中，哲学自身的对象就一同被显示了出来，它即"作为存在的存在者"或"存在的意义"，也即"存在的存在"（Seinssein）或"存在'存在'（ist）"。所以，他明确地宣称："哲学是'存在论'（Ontologie）"，而且是彻底的存在论（GA61，60）。如马克瑞尔所言，在此，海德格尔从战时亟须学期所说的"作为直接的直观着的有"转向了"作为存在之领会（Seinsverständnis）的理解（Verstehen）"③。

---

① 就此而言，斯托尔岑贝格的如下观点虽然不无道理，但并不十分确切：海德格尔 1922 年的那托普手稿代表着一个新的阶段，在开始于 1919/1920 年冬季学期讲座的第一个阶段，旨在为历史的、实际的生活的现象学解释学奠基，而那托普手稿之后的第二个阶段则转向了存在论(See Jürgen Stolzenberg, "Hermeneutik der praktischen Vernunft. Hans-Georg Gadamer Interpretiert Martin Heideggers Aristoteles-Interpretation", "*Diemensionen des Hermeneutischen*" *Heidegger und Gadamer*, Herausgegeben von Günter Figal und Hans-Helmuth Gander, Frankfurt am Main: Vittorio Klostermann, 2005, S.136)。实际上，在早期弗莱堡时期的海德格尔这里并没有这么明确地可以区分的两个阶段。

② 早在教职论文中，海德格尔就看到了方法意识不仅要知道"如此这样"（Daß）和"什么内容"（Was），而且还应知道原则性关联的"如何"（Wie）（GA1，201）。

③ Rudolf Adam Makkreeel, "Heideggers ursprüngliche Auslegung der Faktizität des Lebens: Diahermenetik als Aufbau und Abbau der geschichtlichen Welt", *Zur philosophischen Aktualität Heideggers*, Band 2, S.186.

　　另外，1922 年夏季学期，海德格尔举办了讲座《对亚里士多德关于存在论和逻辑学的部分论文的现象学解释》，其目的就在于获得对亚里士多德存在论的根本性理解。它要探寻的问题就是存在者根据其存在特征是什么，即存在者的存在意义（Seinssinn）问题。就此而言，1923 年夏季学期讲座的题目由《逻辑学》改为《存在论》，绝非只是出于避免与其他人的讲座重名这一外在原因而随意为之的，也不像它的出版者所说的那样是"模糊的和偶然的"。海德格尔在该讲座中关注的是实际生活经验或缘在的存在特征，并试图突破传统哲学对存在者理解。该讲座的导论中就明确提出，"存在论"和"存在论的"指示着对"存在自身"（Sein als solche）的追问和规定。而且，他还认识到，虽然传统存在论宣称自己涉及的是对存在的普遍规定，但实际上它只是看到了存在的某一特定领域。这里显然已有了后来所谓的存在论差异的苗头。

　　由上述可见，事实上，早期弗莱堡时期的海德格尔不仅没有放弃存在问题，而且他的目的恰恰在于从"实际生活经验"出发，重提存在问题。在 1922 年写给格奥尔格·米施（Georg Misch）的求职简历中，海德格尔说：他自一战后以来的讲座和研讨班的目标是对实际生活之基本现象的一种系统的、现象学的、存在论的解释。[1] 如波格勒所言：海德格尔在早期弗莱堡讲座中，试图逃避经院主义的传统存在理论，意识到"存在，或存在论必须依据对实际生活的解释、实际性的解释学而再次成为问题"[2]。而这一重提是通过对"我是什么（Was ist das Ich）？"这一问题的追问而进行的[3]。

　　在 1919/1920 年冬季学期的讲座《现象学的基本问题》中，海德格尔就已明确指出："最终的现象是活生生自我的自发性（Spontaneität），从其中可以获得'存在'（Existenz）[4]的基本意义。自我在其生活中的实行（Vollzug）的基本意义赋予'存在'之意义以原初的含义"（GA58,261）。1920 年夏季

①　*Becoming Heidegger*，pp.108-109.

②　Otto Pöggeler，*Martin Heidegger's Path of Thinking*，p.19.

③　参见德文版《海德格尔全集》第 58 卷，第 156 页。

④　此时，海德格尔显然还没有在"生存"的意义上来使用"Existenz"一词，因为他在该讲座中所讲的是被经验到的东西的"Existenz"（GA58,104）。

学期的讲座认为,先天的东西乃是理论地、对象化地被推导出来的,绝非是原初的,原初的东西只能是实际生活不断地实行着对自身之革新的、历史的自我世界。在《那托普手稿》中,海德格尔则明确认识到:"哲学研究的对象是就其存在特征而被追问的人的缘在"(PIA,10),"哲学的基本问题关乎实际生活的存在。在这方面哲学是原则性的存在论",而"实际性的存在论"则是世界之特定领域的存在论(PIA,29)。也就是说,他已经看到:就如永远有效的逻辑之物一样,实际生活经验也只是一个特定的存在领域,而非存在自身。不过,实际生活经验却是通向存在自身的恰当入口。在1923年夏季学期的讲座中,海德格尔就明确指出:只有从实际缘在出发,才能获得引导着所有问题的存在的决定性意义,并提出了"生活的存在论"(GA63,65)。在1950年5月6日写给阿伦特的一封信中,海德格尔明言,在他1923年夏季学期最后的弗莱堡私人讲师讲座中出现了一种开端,即"此在的存在论",它要"通过此在与存在的关联,来追踪存在",并通过这样的回路和弯路,重新达及存在自身的问题。① 可见,对于作为弗莱堡讲师的海德格尔来说,"若没有对完整生活的考察,'存在问题'就无从得到理解"。②

根据上面的论述,本书不赞同费赫和施密茨的观点,也不能完全认同雷帕达图的说法。实际上,雷帕达图自己的说法就存在着不一致的地方。一方面,他决绝地说:在海德格尔的初始年代里"存在问题完全(total)缺失",《存在与时间》的内容独立于他初始年代里的总体筹划;另一方面又说:初始年代里,海德格尔感兴趣的首先主要(primarily)不是"存在"自身,而是活生生地存在或我们活生生地存在,而且以任何一种有意义的方式把对存在意义的解释同对生活的存在意义的解释割裂开来的企图都是不可能的,人们的确可以在早期弗莱堡讲座和接下来的《存在与时间》的讲座之间发现内在的然而是间接的关系。③

---

① Hannah Arendt/Martin Heidegger, *Briefe 1925 bis 1975 und andere Zeugniss*, S.104.

② [德]彼得·特拉夫尼:《海德格尔导论》,张振华、杨小刚译,上海:同济大学出版社2012年版,第7页。

③ See Gilbert V Lepadatu, *Early Heidegger: From Life to Being*, Saarbrücken: VDM Verlag Dr.Müller, 2009, pp.5, 9, 10, 14.

　　所以,总体而言,本书还是相信海德格尔自己后来的说法:"如何用语言恰当地言说存在"是他一开始就关注的问题。其实,国外也有许多学者持这种看法。比如,波格勒就看到,作为博士候选人的海德格尔就已知道逻辑问题包含着存在论或存在问题,他早期生活现象学的核心问题是存在问题。① 克兹尔则认为,在早期海德格尔那里,在"解释学"等词语掩盖下的主题是:语言与存在的关系,或存在问题,这个问题在 1915 年就被激发起来了。② 布伦也认为,青年海德格尔所关心的是在"实际生活"的视域中,重思（re-thinking）存在问题。③ 兰贝特则明确地说:"在海德格尔这里,对人之本质的理解问题一开始就是为一种新存在论的基本范畴问题而服务的。"④ 伊姆达尔其至认为,当海德格尔在 1919 年战时亟须学期中提出"前理论的某物""它给出"（es gibt）和"它世界化"（es weltet）时,就首次提出了存在论的问题。曼弗雷德·里德尔（Manfred Riedel）则将它们看作存在问题的形式上的原初形态。⑤ 索洛克兹更直接地说:"在《存在与时间》中,作为理解着存在的缘在而提出的存在问题,在早期弗莱堡讲座中已被蕴含着了";在战时亟须学期中,"实际生活的问题就是由存在问题推动的","海德格尔最初的著作以解释学的方式已经看到了存在问题"⑥。赫尔曼则说:"实际缘在的解释学现象学为对存在自身、一般存在之意义的追问提供了引线",即"作为缘在理解着存在的生存的时间性的原初时间"⑦。所以,海德格尔早期弗莱堡时期之所以对亚里士多德进行如此集中探讨和研究,并不仅仅是因为他可以从后者那里赢得对实际生活经验或缘在的前理论的理解和把握,更是因为在他看来,"亚里士多德的伟大之处在于他把运动（kinesis）置

---

①　See Otto Pöggeler, *The Path of Heidegger's Life and Thought*, p.8,12.

②　See Theodore Kisiel,"Introduction",*Readign Heidegger from the Start*, p.2.

③　See John v Buren,"The Young Heidegger and Phenomenology",*Man and World*,1990, Vol.23,p.244.

④　César Lambert, *Philosophie und Wlet beim jungen Heidegger*, S.222.

⑤　See Georg Imdahl, *Das Leben verstehen*, pp.21,52,67。另外,在伊姆达尔看来,海德格尔所谓的体验的三重意义也都承载着存在意义。

⑥　Angel Xolocotzi, *Der Umgang als „Zugang"*, S.24; S.273; S.303.

⑦　Friedrich-Wilhelm von Hermann, *Wege ins Ereiginis:Zu Heideggers »Beiträgen zur Philosophie«*, Frankfurt am Main: Vittorio Klostermann, 1994, S.11.

于哲学反思的中心地位"①,从而第一次使得"运动存在"(Bewegtsein)成为探究和把握存在的基本方式②。虽然可以说"存在的意义首先并最终是生活的存在的意义",但是这并不意味着对于海德格尔来说"存在论是并且始终首先是'我们的生活存在的科学'"③。

在马堡时期,海德格尔承继着早期弗莱堡时期的上述思路,试图通过对由"实际生活经验"演变而来的"缘在"之存在的领会,来理解其他存在者的存在,最终获得存在的原初统一意义。

1923/24 年冬季学期的讲座《现象学的基本问题》指出:"对一个存在者的存在特征的规定,通过对牵挂的解释才是可能的"(GA17,57),"追问的存在者(缘在)从根本上一同规定了被追问的存在者的存在"(GA17,76)。为此,在该讲座中,他对存在论历史及其逻辑第一次进行了完全自觉的解构,极力表明笛卡尔、狄尔泰,以及胡塞尔的致命缺陷就在于对存在问题的延搁(Versäumniss der Seinsfrage),④即没有把意识或生命的存在作为问题明确提出来。

1924 年夏季学期的讲座《亚里士多德哲学的基本概念》则强调:"存在者最终总是就其存在而被言说。在所有对存在者的自然解释中都有一个特定的存在意义在引导着,它无需在范畴上是明确的"(GA18,271-272)。缘在原本就具有一个由其对存在的"前有""前见"和"前概念"所组成的解释学境域,所谓"解释"就是存在者在其存在中对自身的言说。另外,在该讲座中他还指出,生活存在(Lebendsein)是对存在的所有进一步考察的出发点,并第一次明确提出了"存在者层次上的"(ontisch)和"存在论层次上的"(ontologisch)之间的区分⑤(GA18,291)。

---

① [加]安德鲁·芬博格:《海德格尔和马尔库塞:历史的灾难与救赎》,上海:上海社会科学院出版社 2010 年版,第 28 页。

② 参见海德格尔:《路标》,孙周兴译,北京:商务印书馆 2000 年版,第 281 页。

③ See Gilbert V Lepadatu, *Early Heidegger*: *From Life to Being*, p.11.

④ 参见德文版《海德格尔全集》第 17 卷,第 247 页及以下;第 274—275 页。

⑤ 虽然在以德文版《海德格尔全集》第 61 卷的形式出版的 1921/1922 年冬季学期的讲座中,海德格尔就已提到了这两个词,但却是在无法确定其具体时间的某个时候,后补插入到该讲座中来的一句话中提到的(GA61,53)。

1924 年的演讲又指出，缘在总是牵挂着它的存在，对缘在的牵挂总是把存在也置入了牵挂之中。1924/1925 冬季学期的讲座《柏拉图的〈智者篇〉》提出了"缘在的存在论"（GA19，369），并指出，对古希腊哲学的研究是以阐明存在论的研究背景为核心的，因为希腊人是从实际缘在自然的、最切近的存在解释中，引出它们隐蔽着的存在意义的。

在 1925 年夏季学期的讲座《时间概念的历史引论》中，海德格尔达到了如下的洞见：对存在领域的基本划分没有先行把握住存在自身的意义问题，对于存在自身这一问题的提出来说，只有缘在自身才是其唯一的根基，因为"在世界中存在"的缘在自身原初地就具有意义，存在问题在缘在不确定的前理解中才出现。① 而且，他在该讲座中第一次提出了存在问题的发问结构，即问之何所以问（即存在的意义）、问之所问（即存在者的存在）、被问及的东西（即存在者自身），并认为发问必须从发问着的存在者，即我们自身所是的缘在开始。因此，为了端呈出存在的意义问题，首要的任务在于从其最切近的日常性开始的对缘在的根本性分析，以及对通达缘在之途径的恰当规定。缘在不仅在存在者层次上，而且在存在论上都是关键性的。但另一方面，海德格尔明确指出：缘在分析的任务在于提出存在自身的问题，赢得缘在的整体只是一个过渡性的思考（GA20，422–424），从而严格地区分了存在与意义。

综上所述，在早期弗莱堡时期的海德格尔那里，"存在问题"依然是一个引导性的、推动性的问题。而他的新洞见则在于：存在必须被理解为变易、发生，必须被理解为实际性，只能从"实际生活经验"或"缘在"的自我存在出发，才能以前理论的方式恰当地理解和言说动荡性的存在领域，从而才能寻得存在的原初意义。而他在马堡时期对"存在问题"的探讨也是遵循着同样的路向。② 这也意味着，他对前理论的、动荡的"实际生活经验"的理

---

① 参见德文版《海德格尔全集》第 20 卷，第 183、184—185、288、193—194 页。

② 坎贝尔在其《早期海德格尔的生命哲学一书》中所提出的主要论点就是：早期海德格尔是的存在经验与人的生命密切相关，那时他非常关注存在问题（See Scott M.Campbell, *The Early Heidegger's Philosophy of Life：Facticity，Being and Language*，New York：Fordham University Press，2012，pp.xi-xii）。

解从根本上决定着他马堡时期对存在问题的处理和解答。就此而言,生存的分析和存在问题不是海德格尔思想发展的结果,而是其前提条件!因此,他对存在问题的理解,以及我们对其存在问题的理解,都必然以对"实际生活经验",尤其是它的"前理论"和"动荡"特征的恰当理解为源泉。

第三节 "实际生活经验"与"时间"问题

毫无疑问,在海德格尔这里,时间问题乃是一个核心性的问题。早在教职论文中,他就看到了他那个时代对时间的兴趣在不断增长,以及对中世纪哲学进行历史性考察的必要,并曾试图弄明白司各脱是如何规定"时间"范畴与动词之间的关系的。他1915年的大学试讲论文则直接阐释了历史科学中的时间概念问题。自此,突破传统哲学和具体科学的立场、姿态和方法,寻找对时间的恰当理解,从而获得对存在意义的原初理解,就是海德格尔的一个核心任务。那么,对于这个任务来说,他早期弗莱堡时期的"实际生活经验"思想有何意义呢?他的这一思想对其马堡时期对时间问题的处理,又产生了什么样的影响呢?这就是我们下面的论述所要回答的问题。

在早期弗莱堡讲座时期,海德格尔虽然没有再专门详细阐释过时间问题,但是他并没有放弃或遗忘这个问题。比如,1919/1920年冬季学期的讲座《现象学的基本问题》中,他就提到了与境域相关的时间问题。而1920/1921年冬季学期的讲座《宗教现象学导论》则在基督再临的境域中阐述了"时机"(kairos)问题。对他关于时间问题的探讨来说,这一阐述是一个关键性的突破,因为它抛弃了姿态性的、对象性的时间,把时间与实际生活在畏中痛苦的当下自我决断从根本上关联了起来。于是,海德格尔认识到:"时间问题必须以我们在实际生活经验中原初地经验时间性的方式来被理解"(GA60,65)。1921/1922年冬季学期的讲座中,他用"时机化意义"整合了内容意义、关联意义和实行意义。在那托普手稿中,他又看到:对于存在论来说,死亡绝对是构造性的问题,它是实际性的一个构成性因素,是解释缘在之时间性的关键现象，而且，历史性的基本意义也只能在时间性的基础上被规定。1923 年夏季学期的讲座则起首就指出："实际性"意指缘在的当下各是（jeweilig）的存在（GA63，7），缘在就是在特定时刻的逗留。也就是说，生活的实际性或缘在与时间内在相关，或者说实际生活经验或缘在就是时间性的存在。而且，在该讲座中，海德格尔还对自己以前曾持有的排序分类（Ordnen）的哲学立场进行了自我批评。他看到，这种立场一上手就依据类型、本质普遍性来把握时间性的东西，因而时间性的东西自身并没有得到追究，而只是被看作排序分类的出发点，被认为只有通过被纳入永恒之中才能得到最终的规定。

总而言之，对这一时期的海德格尔而言，实际生活经验自身就是时间性、历史性的存在，它在其当下各是的境域中时机化自身，在畏和痛苦中决断自身。只有依据对实际生活经验自身之时间性的这种理解，才能理解原初的实际生活经验，进而赢得对存在意义的恰当理解。也就是说，他试图从实际生活经验的时间性来理解存在。就此，有人指出：在 1923 年夏季学期的讲座中海德格尔就清楚了，实际性的解释学包含着在时间境域内对存在的解释。①

海德格尔在马堡时期对时间的理解，也是顺着以上思路走下来的，只是时间的结构性特征越来越被强调了。

1923/1924 年冬季学期的讲座《现象学的基本问题》就已明确指出：缘在从"已经"（schon）向"尚未"（noch nicht）的扩展是其基本的结构，它出自在牵挂中被确定的先行而一同牵念着它的过去，并一同把自己带入现在，这种时间性使得缘在成了历史的。而且，他还指责笛卡尔一点儿也没谈到在生与死之间的时间扩展，认为笛卡尔对确定性的牵挂本质上就是缺少对时间性的牵挂，结果是把所有的存在都摆在了同一个平面上，因而没有遭遇到"缘在"自身。1924 年夏季学期的讲座《亚里士多德的基本概念》发现，对亚里士多德来说，"言说""美德"作为缘在的存在方式都是由时间规定的，

---

① See Charles R. Bambach，"Phenomenological Research as Destruction：the Early Heidegger's Reading of Dilthey"，*Philosophy Today*，1993.Vol137，Lss.2，p.122.

所谓的"中庸"无非就是对瞬间的恰当决断,"善"也与作为"kairos"的时间相关。① 也正因此,为善才是一件艰难的事情。海德格尔强烈谴责巴门尼德和希腊科学没有真正地面对时间所带来的痛苦,而是享乐于理论思辨之中。② 1924 年写就但当时没有公开发表的一篇文章,以及同年为马堡神学会所做演讲的题目都是《时间概念》,在其中海德格尔指出:"缘在就其存在的最极端可能性而言,是时间自身,而不是在时间之中"(GA64,118),出于这种时间性,缘在可以先行到未来,从而可以把握它的极端的可能性,即死亡,从而对存在有着先行的理解。1925 年的卡塞尔演讲中,海德格尔也看到,本己的历史实在是人的缘在自身,它的基本特征是时间,因而只有在时间特征的基础上,我们才能弄清楚人的存在是历史的。1925 年夏季学期的讲座《时间概念的历史引论》原本打算讲三个部分,其中第一个部分分析时间现象以获得恰当的时间概念,第二个部分探讨时间概念的历史,第三部分就是要把时间解释为一般存在问题,以及特殊的历史和自然之存在问题的视域,即以时间为线索展开存在问题。

综上所述,海德格尔早期弗莱堡时期从期待基督再临的实际生活经验出发来理解时间,把时间与实际生活在畏和痛苦的当下自我决断联系起来,将实际生活经验自身看作是时间性的并因而是历史性的存在,从而突破了传统的理论姿态,以前理论的方式把握了时间,获得了对动荡不安之存在的原初理解,赢得了决断本真自我的时机。这一思路从根本上规定着他马堡时期的时间观念。因此,只有从被看作前理论的、动荡的"实际生活经验"之模型的期待基督再临的原初基督教生活经验,它的实行的时机化、它的不断革新自我的历史性,及其原初动机出发,海德格尔马堡时期突破了传统观念的"时间"概念才能得到恰当的理解。

---

① 参见德文版《海德格尔全集》第 18 卷,第 126、131、181、186、192、306 页。也见亚里士多德:《尼各马可伦理学》,廖申白译注,北京:商务印书馆 2003 年版,第 47 页。实际上,亚里士多德自己用 kairos 这个概念来指实践智慧在其中把握时间性地展开的整个具体境域的关键时刻。与基督徒在其中期待基督再临的 kairos 不同,在亚里士多德所谓的 kairos 中发生的是支配世界的活动。

② See Theodore Kisiel, *The Genesis of Heidegger's Being and Time*, pp.299,301.

第四节　"实际生活经验"与"真理"问题

在这个标题下,我们要回答的问题是:通过对"实际生活经验"之前理
论和动荡特征的阐释,海德格尔对真理问题获得了何种理解？这种理解又
如何影响了他马堡时期的真理观？

根据前文的论述,我们可以清楚地看到,实际生活经验从一开始就与真
理问题密切相关,它是从海德格尔追求生活之真理的原初动机中涌流出来
的。在这一原初动机的推动下,有效的逻辑判断意义上的真理逐渐地被导
向了"真实和实真",即实际生活经验的前身——"活生生的精神"。

在1919年的战时亟须学期中突入生活体验领域之后,海德格尔不仅反
对把真理看作有效性①,也反对把真理理解为有价值的东西,而是认为,实
际生活自身就在真理中,它自身就是为真的存在,就是真理,从而最终回溯
到了实际生活经验自身的真理。虽然他此时还未明言,但是显然这也意味
着,真理与存在内在地相关。1921年夏季学期的讲座《奥古斯丁和新柏拉
图主义》则点明:这种"生活的真理(Wahrheit des Leben),不是理论的"
(GA60,287),而是前理论的,是最为原初意义上的真理。

另外,在战时亟须学期中,海德格尔还第一次使用了希腊词"a-
letheia",即"去—遮蔽",来表示"真理"(GA56/57,49)。② 而这就意味着,
真理与非真理有内在的关联。在1920/1921年冬季学期的讲座《宗教现象
学导论》中,他就有了如下洞见:一方面,本真的(eigentlich)自我在自身中
携带着假象(Schein),因为实际生活由于受到种种诱惑而不能拥有本真的
自我,而是一再地在生活中遮蔽着自身;但另一方面,在将自身交付给自足

---

① 参见德文版《海德格尔全集》第56/57卷,第32页及以下。

② 根据托马斯·谢汉的说法,甚至早在1911—1913年,海德格尔就开始认识到,哲学的
中心问题既不是意识,也不是先验主观性,而是"aletheia"(参见约瑟夫·科克尔曼斯:《海德
格尔的〈存在与时间〉》,北京:商务印书馆1996年版,第7页)。不过,本书对他的这种说法只
能存疑。

的实际生活而沉沦的倾向中,也存在着朝向真理的倾向,即"生存论的真理"(GA60,200),因为面对畏和敞开的可能性,周围世界性的意蕴可以不再被考虑,本真本己的自我可以被显现和经验到。而且,实际上,在《宗教现象学导论》中,海德格尔就已经体会到了上帝、基督是以在场又不在场、显示自身又自身隐退的方式而存在的。这种真理显然预示着后期海德格尔所说的"既遮蔽又揭蔽的双重运作"意义上的"存在的真理"。所以,本书认为,理查德森的如下说法是有道理的:海德格尔所表达的作为遮蔽又揭蔽的存在体验可以回溯到1921年。①

1921/1922冬季学期的讲座《对亚里士多德的现象学解释:现象学研究导论》则进一步表明,"实际生活经验"或"缘在"自身向来就处身于没落—反没落的动荡之中。也就是说,它向来就在真与非真的双重运作之中。这恰恰就是最为原初的生活之真理,或者说生活之真相②。据此,那托普手稿明确指出:沉沦是生活之实际性的一个构成性因素,它不是生活之偶尔出现的邪恶特征,而是无法彻底消除的(PIA,19)。

在1923年夏季学期的讲座《存在论——实际性的解释学》中,海德格尔又认识到,"逻各斯"是实际生活显明自身并揭示存在者的一种特殊方式。在其原初意义上,"逻各斯"并不是指理性,而是指言谈、言说。而作为言说的逻各斯具有特殊的"使之为真"的可能性,也就是说它能将先前被遮蔽的东西揭蔽。

另外,在这个的讲座中,海德格尔还发现,只有出自意蕴的先行展开状态(Erschlossenheit),并在这展开状态之中,缘在才能遭遇到存在者。这展开状态具有两个统一的特征,即先行可得(Vorhandenheit)和公共世界的先

---

① See William J.Richardson,S.J.,*Heidegger:Through Phenomenology to Thought*,New York:Fordham University Press,2003,pp.xxxiii,632.

② 陈嘉映先生曾指出:德文"Wahrheit"或英文"truth"都是形容"真的"抽象名词,译为"真"或"真相"也许比"真理"更贴切。虽然它们确实常用来指道理之真,但字面本身并不特偏于道理、理性方面。中文的"理"原本也不关人的认识,而是指事物自身的纹理(陈嘉映:《海德格尔哲学概论》,北京:三联书店1995年版,第176页)。俞宣孟先生也认为,海德格尔的"真"甚于"理",当他谈真理的时候,他心目中重视和突出的是事情的真实情况本身,而不是关于真实事情的理(俞宣孟:《现代西方的超越思考——海德格尔的哲学》,上海:上海人民出版社1989年版,第290页)。

行显现（Vorschein）。缘在与意蕴原本就处于一种亲熟状态（Vertrautheit）中，所以缘在对这展开状态是了知（bekennen）的，或者说对之有一种先行的理解。在这种"拥有先行理解"的意义上，海德格尔把"缘在"称为"真理"（GA63，99）。在缘在的真理中显现自身的东西，则在"被揭蔽状态"（Entdeckheit）的意义上在真理之中。虽然海德格尔在此还尚未言明，但这显然同时也意味着：意蕴之先行给出自身的"展开状态"是一种更深层的真理。

而尤为重要的是，在这个讲座中，海德格尔已经明确地看到了：自我遮蔽（Sich-verdecken und Sich-verschleiern）属于存在的存在特征（Seinscharakter des Seins）。根据他对实际生活经验的阐释，我们可以理解，在这里他是在两个层面上来说"自我遮蔽"的：一方面，它指实际生活总是以某种方式显明自身，但却是以浮雕的方式，即总是将自身的某些方面驱入暗淡之中；另一方面，则是指实际生活经验虽然总是对自己的存在及存在自身有先行的理解，但这种先行的理解通常是非本己的，即本真的自我通常没落在周围世界之中而不显现，本真的自我理解需要通过反没落的运动争而后得。

海德格尔在早期弗莱堡时期对"真理"的如上理解，也从根底上引导着他马堡时期的"真理"观念。

1923/1924 年冬季学期的讲座《现象学研究导论》的前言提出了现象学研究的基本问题，在其中虽然不包括"真理"问题，但却有"语言"问题。在该讲座的第一部分，海德格尔探讨了亚里士多德的"现象"和"逻各斯"概念。他指出：对于现象之"光"而言，"暗"完全是肯定性的东西。作为缘在的一种存在方式的语言可以把现象带入光明之中，但由于语言总是把某物作为某物来说，因而存在着把被言说者作为它者而不是其自身来看的可能，因而欺骗、假象、遮蔽的可能性也一开始就同时存在了。以至于，只要缘在作为言说（Sprechen）而在，那么它自身就是"虚假"（Täuschung）的来源，"在语言的实际性中就存在着谎言"（GA17，35），"恰恰是语言遮蔽着事情（Sache）"（GA17，40）。这样，在自身显示自身这一原初意义上的显相者（Erscheinende）就会成为假象（Schein）。而且，缘在越是具体地在世界之中，虚假就越本己。

事实上，在这个讲座中，海德格尔通过对笛卡尔真理观的探讨，也直接涉及了真理问题:什么叫作生活和缘在的真理? 他指出,真理不是理论认知的特征,而是生活自身的基本状态(Grundverfassung)。但是,如1924年夏季学期的讲座《亚里士多德哲学的基本问题》所指出的,缘在首先(Überhaupt)、通常(Zumeist)、最初(Zunächst)并不在其本己的"Da"之中,而是生活在常人之中(GA18,351)。它没有看到或故意逃避自身的被揭蔽性,因为在其被揭蔽性中显现出来的是生活的真理:无家可归性。[①] 所以,本真的生存状态需要通过某种牵挂的方式,从其他可能性中被抢夺出来。而且这种"抢夺"也是可能的。1924年,《时间概念》的讲演指出:缘在的本真性是其存在的最极端可能性,而死就是这样的一种可能性,因而通过先行到死中去,缘在就能在对"无"的畏中,决断本真的生存。因为,在这畏中,在世界中存在被转换成了纯粹的不在家(Nicht-zu-Hause)(GA20,400)。所以,1924/1925冬季学期的讲座《柏拉图的〈智者篇〉》指出:真理是一个褫夺性概念(GA19,15)。1925/1926年冬季学期的讲座《逻辑学:关于真理的追问》则又说道:本真性和非本真性是缘在之存在的基本可能性,真理问题与存在问题相互缠结(GA21,171)。本书认为,如赫尔曼所言,在海德格尔这里,真理问题乃是存在问题的"途径问题"(Zugangsfrag)和"前问题"(Vorfrage)。[②]

另外,海德格尔在马堡时期也曾指出:自然之光属于缘在,它在自身之内被照亮,因而只有缘在才能恰当地被称作真的,它在真理之中;"Aletheia"是缘在的一种存在方式,它既指对某物的揭蔽,又指揭蔽的存在者(GA19,194);真理无非就是在其被揭蔽性中的存在者(GA18,240)。

由上述可见,海德格尔马堡时期对不同意义和层次上的真理[③]的理解,

---

① 实际上,早在1910年为亚伯拉罕纪念碑揭幕典礼而写的报道中,海德格尔就已在实际生活当中体验到现代都市生活的无家可归状态,并已确定了拯救之途——返回自然纯朴的乡村生活。这也是海德格尔后来能与荷尔德林亲密对接的关键一环。

② Friedrich-Wilhelm von Hermann, *Wahrheit-Freiheit-Geschichte:Eine systematische Untersuchung zu Heideggers»Von Wesen der Wahrheit«*,Frankfurt am Main:Vittorio Klostermann,2002,S.8.

③ 关于海德格尔所谓的"真理"的不同意义和层次,见下文关于真理问题的讨论。另外,在此顺便指出的是,海德格尔显然并不像图根特哈特所说的那样,是在《存在与时间》第44节中才第一次展开真理概念的(See Ernst Tugendhat, "Heidegger's Idea of Truth", *Martin Heidegger:Critical Assessments*, Volume III,p.80)。

在早期弗莱堡时期就都已有对应的萌芽了，前者归根结底导源于后者。具体说来，就是导源于"实际生活经验"的显明性、浮雕性、历史性、实际性等前理论特征和"前构—回溯""没落—反没落"的动荡特征。因此，要恰当地理解海德格尔马堡时期的真理观，就需要返回到他早期弗莱堡时期对"实际生活经验"的基本特征的阐释上来。

小　结

马堡时期的海德格尔思想乃是原本就包含在其早期弗莱堡思想中的一些因素、倾向和动机的深入、扩展和系统化。其中最为关键和重要的就是"实际生活经验"所具有的"前理论"和"动荡"这两个基本特征。海德格尔早期弗莱堡时期对"实际生活经验"的这两个特征的理解和阐释，从根本上决定了他马堡时期对"缘在""存在""时间""真理"问题的处理和解答。所以，只有透彻理解了"实际生活经验"及其基本特征，海德格尔马堡时期的思想才能得到通透的理解。在这个意义上，我们可以说"实际生活经验"思想是海德格尔马堡时期思想的源泉。

第九章 海德格尔早期弗莱堡时期的"实际生活经验"思想与《存在与时间》

在《存在与时间》中,"实际生活经验"这个词没有再被提及,"生活"也不再具有关键性的意义,"体验"(Erleben)只被提及了三次①。不过,在这本著作中,海德格尔提及过"前科学的经验"(SZ,9)、"原初的经验"(SZ,22)、"在时间中存在的经验"(SZ,204)、"基本经验"(SZ,232)、"死亡经验"(SZ,237)、"警醒的良知经验"(SZ,292)。"实际的"一词更是在很多地方依然出现,单单"实际的缘在"一词就出现了20多次②。另外,"实际性"一词也还不时地被使用③。这些都自然地显示出了《存在与时间》与海德格尔早期弗莱堡时期"实际生活经验"思想之间的关联。在1927年8月给勒维特的一封信中,海德格尔自己曾明确指出:实际性问题如同在弗莱堡开始时那样对我存在着,而且是在与弗莱堡时期引导着我的同样的视角上④。张祥龙先生也看到:"到了《存在与时间》,'生活'或'生命'这个词已被归还给狄尔泰,它在海德格尔早期探讨中所具有的更深刻的积极功能已被纳入'缘在'这个词之中;而'实际性'则依然具有相当重要的地位。"⑤

---

① See Martin Heidegger, *Sein und Zeit*, S.247,251,291.

② Ibid., S.17,65,115,123,129,146,189,230,298,307,337,356,357,366,374,376,389,393,411,415,436.

③ Ibid., S.56,59,72,120,128,135,145,179,181,190,191—193,222,229,231,250,252,275,276,284,298,314,316,328,348,350,404.

④ "Drei Briefe Martin Heidegger an Karl Löwith", *Zur philosophischen Aktualität Heideggers*, Band 2,S.36~37.

⑤ 张祥龙:《"实际生活经验"的"形式显示"——海德格尔解释学初论》,载《德国哲学论丛(1996—1997年号)》,北京:中国人民大学出版社1998年版,第31—32页。

上一章,我们只是提纲挈领地揭示了,海德格尔早期弗莱堡时期的"实际生活经验"思想是理解其马堡时期基本思想的源泉。下面,我们将借助于"实际生活经验"思想来阐释其马堡时期的集大成之作《存在与时间》中的几个重大问题,从而对此予以更加具体的展示。

第一节　为什么要重提存在问题?

《存在与时间》一开篇就交代了它的意图,即重提存在的意义问题。那么,为什么要进行这项工作呢? 海德格尔说,这是因为长期以来"存在"被看作最普遍的、不可定义的、自明的概念,这样一来,虽然我们向来就生活在一种存在之领会中,但存在的意义却隐藏在晦暗之中,被遗忘了。这也就是说,关于存在的传统观念不但没有理解,反而在遮蔽着存在的原初意义。那么,这又是为什么呢? 海德格尔所理解的不同于传统观念的存在意义是什么呢? 在《存在与时间》中,他对此并未做明确交代①,但我们可以从他关于"实际生活经验"的论述中找到指示。

我们已经看到,海德格尔也曾相信,逻辑范畴的普遍有效性就是存在的统一意义。但是,普遍的形式如何能对现实的质料有效这一难题,使他认识到,这只不过是由于他依然囿于理论判断的逻辑之物这一特殊存在领域之内的结果。随着对历史之物越来越关注,他逐渐地走向了一个前理论的领域,即"实际生活经验"。"实际生活经验"具有自足性、世界性、意蕴性、境域性、历史性、实际性等前理论的特征,因而根本就不能与建立在理论姿态之上的普遍有效性进行类比,更无法依据种属关联而被纳入到后者之中去。相反,有效性的意义倒是植根于"实际生活经验"之中,它乃是对后者实行主客二元分立的理论化之后剩余的干瘪残渣。因此,要原初地理解存在的

---

①　根据海德格尔原来的写作计划,《存在与时间》第一部分第三篇第二章的题目就是"对存在意义问题的回答"(See Thomas Sheehan,"'Time and being',1925-27",*Martin Heidegger:Critical Assesments*,Vol.I,edited by Christopher Macann,Londan and New York:Routledge,1992,p.39),但这一章终究没有写出来。

意义,就必须从"实际生活经验"出发。正是根据这种新的理解,海德格尔看到了对存在问题的传统探讨所具有的根本性缺陷,看到了避免理论姿态的虚构而重提存在问题的必要。所以在《存在与时间》中,他试图从由前理论的"实际生活经验"演化而来的"缘在"出发,重提存在问题。这是他在存在问题上突破传统思维方式的关键之处。因为,如张祥龙先生所言:"'存在者之存在'与'存在本身'的不同并不在于是否区别了'存在'(Sein)与'存在者',因为传统形而上学家们同样相信他们已区别了作为实体的存在与作为现象的存在者;真正的不同在于区别存在与存在者的方式,即概念抽象的方式还是非(先)概念的构成方式"①。

那么,对于存在意义问题的解决来说,海德格尔从前理论的"实际生活经验"出发获得了什么样的新理解呢? 我们已经看到,对他来说,"实际生活经验"携带着自己的"动机"和"倾向",拥有推动着的倾向和有倾向的动机,它的关键性意义是时机化的当下各是的"实行",并从而自身就是历史的。这些都意味着,"实际生活经验"自身必然是运动的存在。它总处身于"前握—后握""前构—回溯""没落—反没落"的运动之中,在来回摆荡中显现或不显现,"动荡不安"乃是其最为重要和本质性的特征。简而言之,海德格尔看到,"实际生活经验"并非手头现成的存在,而是实行,是运动。如萨弗兰斯基所言:"这个洞见使得海德格尔十分激动"②。因为,他由这一洞见获得了一个更深刻的洞见:前理论的"运动"是存在之根本性的原初规定,被拉丁词 substantia 掩盖的希腊语不定式 einai 的动力学应重新得到恢复,根本就不能"把'存在'认识为持恒于时间之始终的巨大实体"③。

布伦清楚地看到了这一点,所以他说:"对青年海德格尔来说,存在的特征在于一种不可还原的、动力学的一个人的貌相(kinetic-personal physiognomy)"④。列维纳斯(Lévinas)则点明:"通过海德格尔,存在这个词的

---

① 张祥龙:《海德格尔思想与中国天道》,北京:三联书店 1996 年版,第 43 页。也见张祥龙:《海德格尔的现象学起点》,《哲学研究》1993 年第 10 期。

② Rüdiger Safranski, *Martin Heidegger: Between Good and Evil*, p.124.

③ [德]马丁·海德格尔:《存在与在》,北京:民族出版社 2005 年版,第 75 页。

④ Jonh van Buren, *The Young Heidegger*, pp.137-138.

'动词性'又被唤醒了"。① 就此而言,本书无法赞同图特勒的如下观点:海德格尔试图重新思考存在的意义问题,就是试图把存在理解为命名了既确定又真实的某个东西的"集合名词"②。虽然我们也承认,过于(甚至是片面地)强调存在的动词性质有把存在的原初含义里并不存在的动词和名词之间的对立强行带入的危险,有重新落入海德格尔在《形而上学导论》中所批判的"变易与存在"的传统对立之中的危险,有重新导致怀疑主义和相对主义的危险,但是为了破除对海德格尔的存在之思的扭曲和误解,这危险似乎是必须要付出的代价。正如克洛维所言,海德格尔认为,对于怀疑主义和相对主义的学究性担忧遮蔽了居于生活自身之中的真正担忧。③ 而且,如科克尔曼斯所指出的,"海德格尔自己也注意到了这一观点中出现相对主义的危险。但他相信,通过认识到相对主义只在主客体的对立之中才有意义,人们能够克服这一危险"④。实际上,在海德格尔这里,动荡之流意义上的存在"并不是说:一切只是一番不停地走向流失的变换,是纯粹的不住,而是说:(存)在者整体总是从其中一番对立到另一番对立被抛来抛去,这个(存)在是这种相反着的不平静之集中境界"⑤。也就是说,动荡意义上的存在已超越了运动和静止、变易与存在之间的对立,因为它是有所聚集的。

　　正是基于对"存在"的这种新理解,海德格尔批判并放弃了传统的哲学概念和方法,因为它们根本不能以前理论的方式通达和理解运动性的存在。

---

　　① [法]伊曼努尔·列维纳斯:《吃惊与失望》,《回答——马丁·海德格尔说话了》,南京:江苏教育出版社 2005 年版,第 130—131 页。南希也看到,在海德格尔那里,"一切存在论都被还原为存在的及物性"了([法]让-吕克·南希:《解构的共通体》,夏可君编校,郭建玲、张建华、张尧均、陈永国、夏可君译,上海:上海世纪出版集团 2007 年版,第 130 页)。在国内,宋继杰先生也已看到,在 1922 年的那托普手稿中,海德格尔就似乎暗示"存在"就是"运动","运动"就是"存在"(宋继杰:《海德格尔与存在论历史的解构:〈现象学的基本问题〉引论》,南京:江苏人民出版社 2008 年版,第 194 页)。

　　② Howard N.Tuttle, *Human Life Is Radical Reality*, p.25.

　　③ See Benjamin D.Crowe, *Heidegger's Religious Origins:Destruction and Authenticity*, p.253.

　　④ Joseph J.Kockelmans, "Heidegger on Time and Being", *Martin Heidegger:Critical Assessments* (Volume 1), p.165.

　　⑤ [德]海德格尔:《形而上学导论》,熊伟、王庆节译,北京:商务印书馆 1996 年版,第 135 页。

相反,它们根本性的理论姿态和对普遍、绝对、必然、永恒本质的诉求,恰恰与存在自身的前理论和运动规定是南辕北辙的,它们只能一上手就以对象化、客体化的方式将之作为存在者阻断,直至僵死,从而为逃避或抹消实际生活的动荡不安、寻求虚幻的慰藉和安宁编造各种谎言。他洞见到,只有从实际生活经验出发,以其形式指引的、解构的、解释学的概念和方法,才能如其自身地表达、显摆出运动性的存在,警醒人们勇敢地面对并担负起生活的真理,即其动荡不安,从而决断本真的自我。马堡时期的海德格尔依然循着同样的理解和路向前进。如高田珠树所言:"或许这样的原始性存在经验今天的人类已经丧失、忘记了,但海德格尔小心翼翼地把这种动性的原经验或记忆不声不响地安放在自己思索的基础位置上了。……海德格尔以后的思索着眼于把这种经验作为隐蔽的原点描绘西方哲学史,并且设法把这种经验做语言化地展开。"①

在 1924 年夏季学期的讲座《亚里士多德哲学的基本概念》中,海德格尔指出:运动是解释人的缘在存在的引线和入门(Leitfaden),而对永恒存在的讨论则是出自对会消失而不再在此的东西(或者说是非存在,也即无)的害怕和逃避,因为在后者那里找不到可以安稳地立足的家。事实上,本真生存的可能性并不总在,而是需要自己不断重演(wiederholen)曾在的可能性而赢得,因而必然会产生由对失去本真自我的畏惧而导致的不安。② 而"不安"无非就是害怕与希望的对立:相信会失去,然而仍有希望。在"不安"中,缘在的两个基本运动,即追求和逃避同时显现(GA18,260)。而这恰恰就是生活的原本真理。因而,只有理解了"实际生活经验"的这种动荡不安的存在,才能赢得对存在之原初意义的恰当领会,从而才会有赢得本真自我存在的可能。

另外,在该讲座中海德格尔还指出,对希腊人来说,存在是当下存在,而且是永恒的当下存在,因而他们根本就没有在此时此地(hic et nunc)中,看到本真的"Da"。而"ousia"作为亚里士多德哲学的基本概念,同样具有如

---

① [日]高田珠树:《海德格尔:存在的历史》,刘文柱译,石家庄:河北教育出版社 2001年版,第 129—130 页。

② 参见德文版《海德格尔全集》第 18 卷,第 190、193、260—261、289 页。

下的两个基本特征:现在的优先性和已完成性。所以,海德格尔在此明确地意识到:必须把亚里士多德的"实体"形而上学溯回到更加原初的因素,即"运动"①。当然,亚里士多德拥有原初的经验,即也看到了存在者的运动,并把运动看作一个基本概念②,但是,他没有认识到"运动"乃是一个存在论的规定。③ 不过,海德格尔认为,亚里士多德通过"潜能"和"现实"两个范畴来规定"运动",却对于整个存在论研究具有重要意义。根据亚里士多德,运动是现实,但却是潜在的现实,即非现实的现实。由此海德格尔认识到了大多数事物并不是完满的,而是带有不在场(Abwesenheit)的特征,现实和潜能是存在的两面,一切都必须通过非存在才在运动中。④ 就此,罗迪(Rodi)曾正确地指出:是出于对缘在之动荡的追问,海德格尔才关注亚里士多德的《物理学》的,并从中获得了一个把动荡之存在作为主题的特殊维度。⑤ 凭借这一维度,海德格尔看到:依据传统的"存在""非存在"概念是根本无法把握"运动"的,而是只能将之贬为无意义的东西而逐出存在的王国,从而根本就无法把握到存在的原初意义。这也就是传统存在论的根本症结之所在。于是,他终于获得了如下的明确洞见:"存在之意义的展

---

① 布伦曾指出过这一点(See John Van Buren,"The Earliest Heidegger:A New Field of Research",*A Companion to Heidegger*,p.28)。

② 参见德文版《海德格尔全集》第18卷,第333、339页。

③ 同上书,第223、225、372页。所以,高田珠树指出:"这样说来,海德格尔认为,亚里士多德是一个一方面与巴门尼德和柏拉图所代表的存在固定化的倾向——存在经验的贫困化倾向对立的人;另一方面又是在呼唤原始性希腊存在经验的同时参与到存在固定化的活动中并起到决定性作用的人"([日]高田珠树:《海德格尔——存在的历史》,刘文柱译,石家庄:河北教育出版社2001年版,第126页)。

④ 参见德文版《海德格尔全集》第18卷,第311、328—329、370、379、384页。可见,此时的海德格尔就意识到了在场与不在场的关系,只是他并没有深化这个思路。就此而言,如下的断言显然是失当的:海德格尔在对亚里士多德的"智慧"描述的"基础上给出了前期对存在问题的回答,存在是源始的时间性中的在场"。把亚里士多德的"在场"理解广义上的(包含历史性和境域性)也无济于事,因为该论者也肯认:在亚里士多德那里,智慧活动获得的对存在的理解,就是在场,而且"必然是最完全的无所保留的在场";在亚里士多德的时间观念中,"存在成了永恒的存在者"(朱清华:《回到源初的生存现象:海德格尔前期对亚里士多德的存在论诠释》,第154、157、177、183、209页)。

⑤ Frithjof Rodi ,"Wandlungen der hermeneutischen Situation im Blick auf Heideggers Frühwerk",*Wege und Irrwege des neueren Umganger mit Heideggers Werk:Ein Deutsch-Ungarisches Symposium*,herausgegeber Von István M.Fehér,Berlin:Ducker and Humbolt,1991,S.132.

明……聚焦于对运动的解释!"(GA18,392)。

而在 1926 年夏季学期的讲座《古代哲学的基本问题》中,通过对亚里士多德"运动存在论"(Ontologie der Bewegung)的探讨,海德格尔进一步指出:运动是本质性的规定,是根本性的存在样式,在存在者层次上和存在论上都是核心性的。并且,他还提出了一种"存在自身的泛动力学"(Pandynamik des Seins überhaupt)(GA22,170)。

所以,本书不能赞同图根特哈特的如下观点:海德格尔在《存在与时间》的阶段上根本不可能将存在一般看作是"动变"的,被指明为缘在之动荡的东西不可以被理解为存在的动荡①。相反,正是带着从"实际生活经验"之"动荡不安"那里获得的对"存在"的前理解,1927 年出版的《存在与时间》才重新提出了存在的意义问题。而其目的有二:第一,依据"运动"这一存在论的根本性规定,提出"存在"与可以作为客体对象确切地被把握的存在者之间的存在论区分,解构对"存在"的传统理解,前理论地重新言说"存在"的原初意义②;第二,实现海德格尔的原初动机,即依据对"存在"的新理解,指示出生活之动荡不安的真理,警醒人们抛弃绚丽但虚假的谎言,去决断本真的生存状态,使整代人成熟起来。正是在这个意义上,我们可以赞同格罗丁(Jean Grondin)的如下判断:对于海德格尔来说,重提存在问题在广义上是宗教性的。③ 而当他断言海德格尔"重提存在问题之问就是要照亮存在与非时间性之间的被遗忘的、被压制的关系,并要询问真正的存在

---

① 参见[德]恩斯特·图根特哈特:《海德格尔的存在问题》,《中国现象学与哲学评论》第八辑,上海:上海译文出版社 2006 年版,第 243 页。这里的"动变"一词是倪梁康先生对德文词"Bewegtheit"的翻译。

② 在这个意义上,马克斯·米勒的如下判断绝对是一种误解:在《存在与时间》中,存在者的存在规定是观念论地(realistisch)被理解的,存在意指理念,而存在者则是这理念中给出自身的绝对者(See Martin Heidegger, *Breife an Max Müller and Andere Dokumente*, München:Verlag Karl Albert Freiburg,2003,S.73)。当然,如下的解说应该也是成问题的:"海德格尔说,存在者不等同于存在。因为,存在者是有限的,而存在是无限的","归纳海德格尔有关整体性的分析和陈述,所谓的存在必定是一种超越所有存在者的无所不包、不可穷尽的整体性"(周民锋:《走向大智慧:与海德格尔对话》,成都:四川人民出版社 2002 年版,第 281、396 页)。

③ See Jean Grondin, "Why Reawaken the Question of Being?" *Heidegger' Being and Time*:*Critical Essays*,edited by Richard Polt, Lanham·Boulder·New York·Toronto·Oxford:Rowman & Littlefield Publishers,Inc.,2005,p.28.

和时间之间的关系是否不能被以更为根本的方式来思考"①时,实际上他只是指出了海德格尔重提存在问题的一个目的。

从根底上来说,也正是基于对存在的这种前理解,海德格尔所谓的"存在的意义"并非由"普遍有效的理论认知"这一目的所引致的、永恒存在的逻辑之物,而是必须不断地被重新赢得的东西。它也不是与个人无关的、普遍抽象之物,而是对它的理解从根本上决定着本真生存与非本真生存的分野。也就是说,只有依据对运动性存在的理解,我们才能不再总是企图在所谓的普遍、绝对、永恒、无限、必然之物那里寻找虚幻的安宁和稳靠,才能勇敢地坦诚面对自身存在之原本的动荡不安和艰难,才能警醒地承担起自身随时都会堕落的可能性,通过决断不断地重新赢得本真的自我。也唯有如此,我们才不会把海德格尔对"存在问题"的梳理看作无关痛痒的纯粹学术考察。对他的这一问题的理解需要我们从自己当下的境域出发,重演他的原初动机,决断我们自身。或者说,理解海德格尔的存在问题,就必须同他一起发问,从而一起决断。对海德格尔的存在问题的原初理解,也就是对我们自身的当下决断。如他自己所言:"关于存在意义的追问是最普遍和最空泛的问题。但其中同时存在着把这个问题本己地、尖锐地个别化于当下各是之缘在的可能性"(SZ,39)。"哲学是所有慰藉和牢靠的反面。它是动荡,是人被卷入其中的动荡,只有以这种方式才能毫无错幻地理解缘在。"(GA29/30,28)《存在与时间》自身就是这样的一种个别化,就是这样的一种哲学。

第二节 为什么存在之理解必须以时间为视域?

《存在与时间》的前言明确宣称:初步目标是对时间进行阐释,表明任何一种存在之理解都必须以时间为其视域。这是为什么呢?

我们前面已经看到,海德格尔对基督再临之时机(kairos)的阐释表明,

---

① 让·格隆丹:《何以重提存在之问?》,载让-弗朗索瓦·马特编著:《海德格尔与存在之谜》,上海:华东师范大学出版社2011年版,第45页。

对他来说,时间与实际生活经验的自我决断有着根本性的关联,即与其没落—反没落的动荡存在、不断革新自我的历史性有着根本性的关联。这就意味着,在他这里,时间必然与运动内在地相关。如萨弗兰斯基所指出的那样,对海德格尔来说,时间是把一切都拉入运动中来的存在之力(Seinsmacht)。① 因为时间和运动都不是可以牢靠地被把握的存在者,在传统的理论框架中,它们都是既非存在又非非存在的不可把捉之物。换句话说,运动和时间属于理论姿态所无法把握的、不同于存在者的存在自身。在这一点上,也只有时间才能与运动相配,在坚冰一块的现成在手的存在者领域中,冲打出缺口,最终使之成为活水一片。而根据海德格尔对"存在"的理解,运动恰恰就是其根本性的规定。因而,他必然也只能获得如下的思路:只有从得到恰当理解的时间出发,存在的原初意义才能得到恰当的理解。

1921/1922年冬季学期的讲座《对亚里士多德的现象学解释:现象学研究导论》中,海德格尔就把时间理解为运动的方式,认为它不仅使运动成为可能,而且一同塑造着运动(GA61,139)。这意味着,在那个时候,他对"实际生活经验"的时间性,及其与生活的动荡特征之间的内在关系,就已有了明确的意识。而抽象的、静止的、绝对永恒的无时间之物,乃至它与时间之物之间不可弥补之裂隙的存在,在他看来,都是对运动着的东西实行理论性的客体化、对象化的结果。所以,存在的原初意义只能到运动的时间之物那里去赢得,从而形成了依据时间来阐释存在的思路。在马堡时期,海德格尔把这一思路进一步明朗化了。

海德格尔写于1924年的《时间概念》一文就已预示了《存在与时间》的整体框架:根据缘在的时间性获得一个原初的时间概念,然后根据这原初的时间概念重新解释存在的意义。②而这就需要对传统的时间观进行解构。所以,在1924年夏季学期的讲座《亚里士多德哲学的基本概念》中,他就明确指出:"对运动的分析无非就是对作为现—在(Gegenwärtigsein)的存在的去蔽"(GA18,395),因为"作为现在的存在"阻断、僵死了连续的运动之流。

---

① See Rüdiger Safranski, *Martin Heidegger:Between Good and Evil*, p.45.

② 参见该文的单行本编者 Hartmut Tietjen 的"编者后记"(See Martin Heidegger, *The Concept of Time*, translated by William McNeill, Oxford UK & Cambridge USA:Blackwell,1989,p.35)。

唯有经过这种解蔽，才能显露出原本的运动和存在。

根据以上这些洞见，海德格尔参与了由巴门尼德和赫拉克利特所发起的"关于存在的巨人之战"①：根据巴门尼德以及柏拉图，一切处在变易中的东西都是虚幻不真的非存在，只有现成在场的、永恒不变的、可以牢靠地被把握的东西，才能被看作是存在的东西；根据赫拉克利特，一切都在运动变化中存在，一切曾存在的东西都将会不存在，只有"运动"自身永远存在，或者说，只有非存在才存在。然而，海德格尔已经看到，从根底上来说，无时间性也是一种时间性。所以，只有以时间性的运动存在为基础，无时间的永恒存在最终才能得到恰当的理解。② 于是，在根本立场上，海德格尔舍弃巴门尼得和柏拉图，而靠向了赫拉克利特③。如何由其时机化意义来通达和理解既是存在又是非存在的"运动"，从而找到"存在的意义"，也就成了他所关注的核心问题。于是，1925/1926 年冬季学期的讲座《关于真理的追问》出现了一个决定性的转变："时间性解释"这一主题进入了讨论之中。这表明海德格尔已经明了要从时间出发来解释存在者的存在。

而《存在与时间》正是从重提那场久已被遗忘了的"关于存在的巨人之战"而开始的，也就是从时间与非时间的对立开始的。时间问题自然就成了一个关键性的问题。而解决这一问题的目的就在于，解构对时间的传统理解，获得一种原初的时间和历史观念，来恰当地理解运动意义上的存在。也只有借助于对存在意义的这种恰当理解，这场巨人之战才能得以休整。

---

①　这是柏拉图提出的一个说法。根据柏拉图，交战的双方中，一方认为存在就是变易（Werden），另一方则说存在就是不变的理念（参见德文版《海德格尔全集》第 19 卷，第 439 页）。

②　就此而言，现成的东西只是时间之流被打碎，而只剩下纯粹的现在所导致的结果，它可以有无限重复意义上的历史，但不是海德格尔所谓的真正意义上的自我革新的历史；现成的东西也不是没有任何的与境（context），而只是裂离了当下的境域（参见李章印：《解构—指引：海德格尔现象学及其神学意蕴》，济南：山东大学出版社 2009 年版，第 1 页）。

③　所以，基思·辉勒（Keith Hoeller）曾指出：海德格尔"看见并重放了赫拉克利特的光辉"（参见熊伟：《自由的真谛——熊伟文选》，北京：中央编译出版社 1997 年版，第 127 页）。马丁·布伯曾说赫拉克利特对海德格尔像父亲，波格勒的说法则是像兄弟（See Otto Pöggeler, *The Paths of Heidegger's Life and Thought*, p.118）。在这个意义上，把海德格尔称为"托特瑙山上的巴门尼德"显然是不恰切的（See Safranski, *Martin Heidegger：Between Good and Devil*, p.132）。不过，后来海德格尔重新阐释了巴门尼德，试图消解巴门尼德与赫拉克利特、静止与运动的二元对立。

如汉斯-马丁·格拉赫(Hans-Martin Gerlach)所言:"伴随着'存在与时间'这个标题的程序规划(Programmatik),永恒存在与时间性的变易之间的分离再次被试图扬弃。"①

在《存在与时间》中,海德格尔指出:传统时间观中以"现在"为核心的点性时间,是将原初的时间削平之后的结果,其要害在于对当下现成在手、可以牢牢把握之物的确保。正是依据对时间的这种理解,传统哲学才会把存在的原初意义看作永恒的在场。而海德格尔之所以要把将来作为时间的首要现象,就是为了不再把时间看作现成在手的存在者,就是为了使被一个个孤立的现在点所截断的时间之流获得牵引力而重新动起来。所以,他把时间规定为"在自身之中并为了自身而出离自身",认为其本质在于在诸种绽出的统一中到时。在这种原初的时间中,没有什么确定的东西可以被得到和利用,而只有在先行于自身的筹划中对曾在的可能性的敬畏、担承和不断重演,从而一再地重新决断本真的生存。② 这恰恰也就是原初意义上的历史。显然,这种原初的"时间"和"历史"并不带来重复,它所显明的恰恰就是:无尽的运动。如波格勒所言,这种意义上的时间乃是存在自身释放出存在者的"原初运动"③。

也很显然,这种原初的"时间"和"历史",源自期待基督再临的时机化经验,以及"实际生活经验"的时机化意义,及其与自我世界相关的、不断革新的历史动荡。因而,就像在早期弗莱堡时期用"时间"和"历史"来规定"实际生活经验"的运动一样,现在,海德格尔试图以对它们的这种理解,来确保对运动性存在的恰当理解。而且,《存在与时间》也透露了他的这一意图。在该书中,他曾说道:对缘在之历史性的探讨常常陷入层层晦暗之中,这一方面是由于提出问题的诸可能维度还未被澄清,但更主要的原因则在

---

① [德]汉斯-马丁·格拉赫:《马克思与海德格尔的形而上学批判》,朱刚译,《求是学刊》2005年第6期,第39页。

② 所以,大卫·卡尔敏锐地指出:要充分理解海德格尔所说的将来之优先性的意义,就必须涉及本真性和非本真性的区分,而现在的优先性所表达的则是否定存在与时间之有限性的倾向(See David Carr, "The Future Perfect:Temporality and Priority in Husserl, Heidegger and Dilthey", *Dilthey and Phenomenology*, p.130)。

③ See Otto Pöggeler, "Being as Appropriation", *Martin Heidegger: Critical Assessments*, Volume 1, London and New York:Routledge, 1992, p.150.

于"存在之谜以及(现在已看清楚了)运动之谜驱迫着这一提问的本质"(SZ,392)。这一方面意味着,他现在已经看清楚了:存在即运动;另一方面,这显然表明,他之所以用时间性来规定历史性,并从时间性和历史性来理解存在,或者说存在之理解必须以时间为视域,从根本上来说乃是由于他根据早期弗莱堡时期对前理论的、动荡的"实际生活经验"的阐释,已把"运动"看作存在的基本规定。① 也正因此,他明确地宣称:《存在与时间》"这部解说的意图恰只在于一般性地引向发生事件(Geschehen)之动荡的存在论之谜"(SZ,389)。所以,按照《存在与时间》的原计划,接下来的第一部分第三篇所要探讨的问题是"时间与存在"。这里的"存在"不是指缘在的生存,而是存在自身;这里的"时间"当然不是物理意义上的客观时间,但也不是以缘在的筹划为根基而被理解的周围世界时间或时间结构图式,而是时间自身的时间化或绽出的到时,或者说,是时间成为时间并给出存在的运动。该书成为无法再续之残篇之后,海德格尔20世纪30年代的思想转折就是由这个方向引导的。这样,我们才能真正地理解,在1962年写给理查德森的信中,他关于其思想"转折"的申明:"我一直逗留在《存在与时间》那里有待于思的事情中,也就是说,我一直在追问着《存在与时间》中在'时间与存在'这一标题下被显示的方面。"② 所以,对于《存在与时间》一书最后所提出的问题("有从原初的时间通往存在意义的道路吗? 时间自身显示自身为存在的视域了吗?"),答案在某种意义上是肯定的。③ 因为海德格尔所谓的时间性从根底上"使得对生活、思想和思想史的本有动力学的洞见成为可能"④,"缘在只有从

---

① 谢汉曾指出:对于海德格尔来说,时间性(Zeitlichkeit)和时间状态(Temporalität)是同一个原初的运动,一方面它们被看作人的自我超越性,另一方面被看作规定存在之动力学意义的先验视域(See Thomas Sheehan, "'Time and being', 1925-27", *Martin Heidegger: Critical Assessments*, Volume I, p.42)。

② William J.Richardson, *Heidegger: Through Phenomenology to Thought*, p.xvii.

③ 所以,科克尔曼斯说:在《存在与时间中》一书的"第一部分中,海德格尔依据牵挂来理解缘在,而在第二部分中把牵挂理解时间性。缘在的存在意义是时间性。这都为一个更基本的关乎存在自身之意义的时间性的特征的问题准备了答案"(Joseph J.Kockelmans, "Heidegger on Time and Being", *Martin Heidegger: Critical Assessments*, Volume 1, p.150)。

④ Karin de Boer, "The Temporality of Thinking: Heidegger's Method, from *Thinking in the Light of Time: Heidegger's Encounter with Hegel*", *Heidegger's Being and Time: Critical Essays*, p.42.

存在的动荡中,即从如此被理解的作为存在意义的时间中获得它的动荡"①。

由上述可见,海德格尔《存在与时间》中所谓的"时间"和"历史",显然也只有依据被他看作前理论的、动荡的"实际生活经验"之典范的期待基督再临的原初基督教经验、"实际生活经验"之与自我世界相关的不断革新的历史性、"实际生活经验"之动荡不安的存在特征、"实际生活经验"之实行的时机化意义,以及他的原初动机才能得到恰当的、彻底的理解。比如,伦奇就曾指出,《存在与时间》中的时间分析复制了如下的基督教救赎理论:救世主像夜间的贼一样,突然间不期而至。② 如此地被理解的"时间"就是海德格尔在《存在与时间》中所谓的"原初而本真的时间"(ursprüngliche und eigentliche Zeitlichkeit),对它来说"将来"具有优先性。与此相对,在缘在沉沦地与(狭义上的)周围世界、公共世界打交道中表现出来的时间,即世界时间、公共时间、时间内状态(Innerzeitlichketi),则就是所谓的非本真的时间,"现在"或"过去"对它们来说具有首要的意义。只有在干瘪了缘在在其中当下地决断自身的境域之后,它们才会出现,从而才会有流俗的时间理解。而《存在与时间》中未被详加探讨的作为存在自身之意义的"Temporalität",虽然海德格尔一方面将之理解为"结构"或"图式",但另一方面也将之看作时间成为自身、发送自身的绽出运动。后一种意义上的"Temporalität"显然应该在海德格尔早期弗莱堡时期所探讨的"kairos",即"时机化的到时"的意义上被理解③。而所谓的"原初而本真的时间"和"非本真的时间"则都是"Temporalität"自身的一种实现方式。

---

① [德]图根特哈特:《海德格尔的存在问题》,《中国现象学与哲学评论》第八辑,第242页。译文稍有改动。

② See Thomas Rentsch, *Martin Heidegger—Das Sein und der Tod*, S.97. 不过需要指出的是,海德格尔并非如伦奇所说的那样,只是在马堡时期与布尔特曼(Rudocf Bultmann)共同开办研讨班时,才熟悉了这一基督教的救赎理论。如我们前文已经表明的,在1920/1921年冬季学期的讲座《宗教现象学导论》中,他就已熟知了这一理论。

③ 在1927年夏季学期的讲座《现象学的基本问题》中,海德格尔明确指出:"Zeitlichkeit"的原初的时机化(zeitigen)就是"Temporalität"(See Martin Heidegger, *The Basic Problem of Phenomenology*, p.302)。

第三节　为什么存在问题必须从对缘在的生存论分析开始?

　　在《存在与时间》中,海德格尔认为,作为一切存在论所源出的基础存在论,必须在对"缘在"的生存论分析中来寻找。像早期弗莱堡时期一样,他把哲学的追问看作缘在理解着自身之存在的一种可能性,并且认为,"存在问题无非就是对缘在自身所包含的存在倾向的追根究底,对先于存在论的存在理解的追根究底罢了"(SZ,15)。因此,在他看来,存在论以存在者层次上的分析为前提,缘在分析无非就是意在解决存在问题的内在可能性问题。这也就是说,要探讨存在问题,就必须从对"缘在"的分析开始。从根底上来说,这是为什么呢?

　　海德格尔在《存在与时间》中给出的理由是,缘在具有三层优先地位。首先,其存在者层次上的优先性在于,它的存在是由生存规定的。然而,这里的关键问题在于,为什么"生存"具有优先性呢? 这显然是由于"生存"具有不同于其他存在方式的独特之处。根据海德格尔早期弗莱堡时期的论述,"生存"乃是指"实际生活经验"或"缘在"的本真存在状态[1],也即对自身没落—反没落的动荡保持着警醒,随时准备决断的状态。在《存在与时间》中,虽然他用"生存"来表示缘在的一种普遍性的存在方式,但他把这种存在方式的本质看作"去存在"(zu-sein)[2],并强调"生存"没有也不能有流传下来的"existential"这个术语的存在论含义,即现成存在。另外,海德格尔还敏锐地注意到了"生存"与"绽出"(ecstasis)之间的关联。[3] 由此可见,

---

　　[1]　参见德文版《海德格尔全集》第9卷,第29页;第63卷,第16页;《那托普手稿》(PIA),第25页。

　　[2]　早在1924—1925年,海德格尔就已使用过"zu-sein"(去存在)一词。在1925年夏季学期的讲座《时间概念的历史引论》中,对"缘在"的存在来说,"zu-sein"甚至成了核心性的形式指引。但在《存在与时间》中,海德格尔基本上用"生存"代替了"去存在"。

　　[3]　See Martin Heidegger, *Being and Time*, translated by John Macquarrie & Edward Robinson, Southampton: Basil Blackwell Publisher Ltd, 1962, p.377.

他使用"生存"一词的根本用意在于：凸显缘在是在出离自身的同时成为自身的运动(SZ,42)。如张祥龙先生所言：海德格尔的"Dasein"是纯发生或生成。① 这显然和他对"实际生活经验"之本质的理解是一致的。所以说，根据海德格尔对"实际生活经验"之动荡存在的理解，我们可以看出，缘在在存在者层次上的优先性归根结底在于，它在根底上是一种独特的运动的存在。实际上，早在1924年夏季学期的讲座《亚里士多德哲学的基本概念》中，他就已看到："通过对存在者的'Da'特征的阐释，它的存在将成为可见的"(GA18,25)，而"运动形成了存在的本己的'Da'特征"(GA18,287)。这也就是说，只有通过对缘在之"da"的阐释，运动性的存在才是可见的。所以，只有此在的独特运动才能"对接"绝非现成存在者的、以运动为根本规定的存在自身。这乃是《存在与时间》认定必须从此在的生存论分析出发来提出存在问题的根本原因之一。就此，克兹尔曾正确地指出：是为了解决存在论的动力学，海德格尔才提出了"zu-sein"。②

海德格尔所给出的另外两个理由是：缘在不仅对自身的存在有一种前理解，而且对非缘在式的存在也有先行的领会，因此它是使一切存在论在存在者层次上和存在论上都得以可能的条件。这里的关键问题在于，它的这种理解从何而来呢？按照《存在与时间》的阐释，这是由于缘在向来就在意蕴世界中存在。显然，这一思路与他早期弗莱堡时期对意蕴世界境域中的"实际生活经验"的阐释是相承于一脉的。③

根据海德格尔早期弗莱堡时期的阐述，"实际生活经验"具有前理论的世界性、意蕴性和境域性，拥有一个由"周围世界""公共世界"和"自我世界"交叠而成的世界，它向来就生活在它的世界之中，从自身已有的动机和倾向出发，前握—后握地、不触目地牵挂着意蕴的世界。所以，在这意蕴的

① 张祥龙：《从现象学到孔夫子》，北京：商务印书馆2011年版，第84页。

② See Theodore Kisiel, *Heidegger's Way of Thought*, p.204.

③ 在《存在与时间》的一个脚注中，海德格尔自己交代：关于周围世界的分析，以及一般的对"缘在"的"实际状态的解释学"，已在1919/1920年冬季学期讲座以来的课程中，多次讲授过了(SZ,72)。事实上，根据本书前面的论述，像克兹尔所指出的那样，早在1919年的战时亟须学期中，就出现了对周围世界的分析(See Theodore Kisiel, "Die formale Anzeige:die methodische Geheimwaffe des frühen Heidegger", *Heidegger—Neu Gelesen*,S.23)。

世界境域中,每个人都可以理解自身、自己当下的世界、世界中的他人和事物,以及过去和将来的世界。也就是说,"实际生活经验"只要在世界之中生活了,就对它们有着某种理解。而哲学的存在论就是对这种前理论性理解的明确展开。因此,从"实际生活经验"出发就可以避免理论姿态的虚构,获得理解存在的恰当方式和方法。如张祥龙先生所指出的那样,"对于海德格尔而言,'存在'或'本体'必须通过人的实际生存状态才能得到非概念化的原发理解"①。这一点,在早期弗莱堡时期就表现为哲学对存在意义的追问从对"实际生活经验"的阐释出发,而在《存在与时间》中就表现为从"缘在"的生存论分析开始。所以,在 1949 年为《形而上学是什么》一文写的导言中,海德格尔明确讲道:"生存问题在任何时候都只是服务于那个唯一的思想问题,即那个首先要展开的关于作为一切形而上学的隐蔽根据的存在之真理的问题,故我的这本试图回到形而上学之基础中去的著作的标题,不叫《生存与时间》,也不叫《意识与时间》,而是叫作《存在与时间》。"②

由上所述,我们就可以明白,《存在与时间》中的存在问题之所以必须从"缘在"的生存论分析开始,乃是因为:"缘在"在其生存中对自身的存在以及一般存在原本地就具有先行的理解,或者说,缘在自身的展开状态本来就蕴含着对世界的展开状态的先行理解,只有从这种前理论的理解出发,才能以恰当的方式如其自身地赢得存在的原初意义。或者说,这是由于缘在乃是通往存在自身之意义的恰当入口。以往的哲学之所以遗忘了存在问题,就是由于它们以理论的姿态对象性地思存在,而这又是由于它们没有以恰当的方式彻底地思考人的存在。所以说,对缘在的生存论追问实际上具有双重性:对一般存在的追问、对理解存在的人的生存论结构的追问。③

---

① 张祥龙:《从现象学到孔夫子》,第 103 页。可见,实际生活经验或缘在向来就在一个境域之中,而并不是像哈尔所说的那样,"只对一个决断的缘在,才有一个境域"(See Michel Haar, *Heidegger and the Essence of Man*, p.28)。或者说,境域并不等于本真的存在。

② 海德格尔:《路标》,北京:商务印书馆 2014 年版,第 443 页。

③ See Friedrich-Wilhelm von Herrmann, *Subjekt und Dasein: Interpretation zu "Sein und Zeit"*, Frankfurt am Main: Vittorio Klostermann, 1985, S.11.在 1927 年夏季学期的讲座《现象学的基本问题》中,海德格尔自己也明白地指出了这一点:"如果我们把哲学的基本问题理解为存

　　显然,海德格尔如上的这一理解和思路来自其早期弗莱堡时期前理论的、动荡的"实际生活经验"思想。① 早在1919年战时亟须学期的讲座中,海德格尔就对此思路了然于胸了:"真正的洞见只能通过真诚地、不懈地沉入生活自身的本真性中,最终只有通过个人生活自身的本真性才能达到",哲学应该成为对生活"绝对真诚的科学"。② 只不过,现在"个人生活"演化成了"缘在"而已。在1922年夏季学期的讲座中,他也明确指出:"对存在意义的规定(这一规定从对象领域获得存在的基本意义,这一规定是哲学的兴趣之所在),看到自己被导向了对生活、在其特殊的—实际的样式及其历史性存在中的人的生活的分析。"(GA62,174)另一方面,这也意味着,通过生存论分析对主客二分的传统认识论问题的克服或消解,以及"前理论"的优先地位的确立,只是为恰当地处理存在问题奠定了必要的基础,并不是《存在与时间》最根本的目标,也不是其最具创造性的成就。单单对此一再褒扬和阐释,并不能使我们全面、彻底地理解《存在与时间》,以及海德格尔后期思想的动机、特征和主题。伽达默尔的如下理解就是这种片面性和不彻底性的表现:《存在与时间》的真正问题不是存在以怎样的方式被理解,而是理解在什么方式下存在。罗蒂等人把海德格尔的生存论分析做实用主义的理解,也同样是出于这种误解。③ 至于斯坦纳的如下说法更是成问题

在的意义和基础,如果我们不想陷入幻想之中,那么我们必须从方法上紧紧把握住使存在这样的东西对我们可通达的东西,即属于此在的存在领会。"(GA24,319)就此而言,海德格尔后来有理由说,他所谓的"转折"并不是立场的转变。这"立场"应该就是从缘在走向存在自身的"基点"。这也是海德格尔的哲学与萨特等人的存在主义哲学之间的根本性区别之所在。

　　① 当然,这并不意味着,本书赞同如下的做法:把海德格尔早期弗莱堡时期的"实际生活经验"仅仅作为"存在自身"问题的"前阶段"来看待。他的这一思想本身,为我们恰当地理解我们的生活自身,提供了诸多深刻的启示。他的这一思想本身,对于其整条思想道路来说具有"起源"的意义,而且为我们恰当地理解我们的生活自身提供了诸多深刻的启示。

　　② Martin Heidegger, *Towards the Definition of Philosophy*, p.188.

　　③ See Daniel O. Dahlstrom, *Das logische Vorurteil*; *Untersuchungen zur Wahrheitstheorie der frühen Heidegger*, Wien: Passagen Verlag, 1994, pp.297—300.就此而言,布托(Alain Boutot)的如下判断是有道理的:"人们怀疑,如果没有一系列的误解,海德格尔是否会有如此的荣耀。而这些误解中,有些仍根深蒂固,消除得极为缓慢。事实上,许多《存在与时间》的读者并不知道海德格尔此著在存在论方面的正确地位,而是用一种狭窄的人类学的,或存在主义的观点进行解释,由此使该著作失去了深刻意义"([法]阿兰·布托:《海德格尔》,第5—6页)。

的:关于共在之否定性因素(非本真的常人状态)的论述构成了《存在与时间》最为深刻的内容。①

　　另外,根据海德格尔的"实际生活经验"思想,我们也可以理解,《存在与时间》坚持从"缘在"的生存论分析出发来探讨存在问题,也是出自他的"原初动机"。要赢得生活的真理,当然就得从实际生活经验自身出发;要塑造缘在本真的生存状态,当然就得从缘在自身出发。而且,这也意味着,由缘在出发获得对运动性存在的原初理解,这也并不是海德格尔的终极旨归。以前理论的方式将这原初理解表达在哲学概念之中,从而指示出缘在之动荡不安的真实存在状态,赢得决断本真生存的时机和境域,这才是他的最终目的之所在。所以,在1922年6月27日给雅斯贝尔斯的一封信中,海德格尔就已指出:"古老的存在论(和从中生发出来的范畴的结构)必须从根底上被重建——如果这一点被严肃地对待了,它意味着在其基本意向中把握和引导人们自己的当下生活"②。不理解这一点,而只是一再坚持认为,"对于他来说,人的生存既不是首要的,也不是最后的哲学问题"③,也很容易失去海德格尔思想的深刻意义,很容易把他的哲学看作纯理论的概念推演。这一点对于我们理解海德格尔的后期思路来说,尤其具有一种纠偏的作用。

第四节　如何理解缘在的"真"与"非真"?

　　在《存在与时间》中,"生存"被看作缘在的两个特征之一,而另一个特征就是它的"向来我属性"(Jemeinigkeit)。它不是说,缘在自身是我的,而是说"缘在"总是属于每个人自己的当下各是的缘在。因而,缘在可以在它的存在中选择自己本身、获得自己本身。然而,也恰恰是由于它拥有成为本真存在的可能,它也就同时有失去自身或者只是貌似地获得自身的

---

① 参见[美]乔治·斯坦纳:《海德格尔》,北京:中国社会科学出版社1989年版,第142页。

② *The Heidegger-Jaspers Correspondence* (1920-1963),p.34.

③ [美]约瑟夫·科克尔曼斯:《海德格尔的〈存在与时间〉》,第61页。

可能。因此,缘在的存在就有本真和非本真的两种可能状态。这"非本真的状态"也就是缘在的日常平均状态,也即一种逃避和遗忘它的原本存在的存在状态。这种状态中的缘在总是首先而通常地(zunächst und zemeist)从它最切近地牵挂着的、从周围世界上到手头的东西,以及从世内上手的东西方面来照面的他人那里,汲取先于存在论解释的存在理解,并根据由此而获得的非本真的存在理解来解释自身的存在。然而,如此被理解和解释的"自身"却已非本己本真的了,而只是"常人"(Man)。"缘在就首先而通常地消散(aufgehen)在常人之中,被常人所统治着"(SZ,167)。这种存在状态对日常缘在本身越是不触目,常人也就越是顽强地在发挥着统治作用。这种常人的日常平均状态也即是由"闲谈"(Gerede)、"好奇"(Neugier)、"两可"(Zweideutigkeit)所构成的"沉沦"(Verfallen)于世的状态。对日常缘在来说,这种"沉沦"状态本身就是有引诱力的(versuchend),因为它可以起到安慰(Beruhigung)的作用。缘在由此而把自己禁闭于自身之中了,从而处于一种异化(Entfremdung)状态之中。在海德格尔看来,这种"沉沦"状态不仅是缘在的生存论规定,"缘在的实际性中就包含有封闭(Verschlossenheit)和遮蔽(Verdecktheit)"(SZ,222),而且"沉沦是存在论上的运动概念"(SZ,180),这里的"沉"(Fallen)指的是生存论上特有的一种动荡方式,又被称为"漩涡"(Wirbel),它是无法被彻底消除和逃避的。

然而,沉沦作为向非本真的日常生活世界跌入(Absturz)的运动,本身就是一种逃避。为什么要逃避?因为"畏"(Angst)。畏什么?在世界中存在。"在世界中存在"有什么可畏的?因为缘在对如下情形具有先行的理解:存在着不再在世界中存在,或没有世界可沉入其中的可能。当这种可能性出现时,日常世界的亲熟和安定就自行隐退了,缘在面对的是无依无靠所随时可能带来的危险和不安。但另一方面,海德格尔看到,这却又恰恰意味着赢得本真自我的契机,因为这个时候缘在只能赤裸裸地面对自身,依凭自身而决断自身,在"瞬间"(Augenblick)中把自己带到自己面前。所以,他说:"缘在同样原初地在真理和非真理(Unwahrheit)之中"(SZ,223)。这属于它终究不得不接受和面对的被抛(Geworfenheit)的实际性。也正因此,缘在的真理需要从其非真理中劫夺出来（rauben）。①　而在先行的向死而在中倾听良知之警醒的（warnend）呼声,担负起由自身选择的有限性而导致的罪责,就是劫夺本真之自我生存的好时机。但这先行的决断或选择同样也是被迫的,是被死之实际性和急迫性强加给我们的。这也就是说,在海德格尔这里,本真的生存状态并不是理想意义上的"应该",它并不是由于在通常的价值论的意义上相对于常人的非本真状态是好的而被推荐,而是每个人都不得不接受的,虽然人们总是一再地试图遮蔽它,压制它。

　　由上述可见,在《存在与时间》中,海德格尔对"缘在"之真理与非真理的理解,显然源自他早期弗莱堡时期的"实际生活经验"思想:缘在的"向来我属性"来自实际生活经验的"当下各是性";缘在的"被抛性"来自实际生活经验的"实际性"本身就包纳着的一个含义,即野蛮的强迫性,而且从实际生活经验前理论的世界性特征我们也应该理解,被抛是在世界中存在的方式,或者说,缘在被抛的同时就是在世界之中了,世界也才成为世界,而不是先有一个现成的世界,然后缘在从外面被抛到里面去;缘在的决断的瞬间②来自原初基督教生活经验中期待基督再临之"时机"的状态;而且这瞬间的时间并不是脱离时间或时间的打断,而是返回到原初的绽出状态,因为在其中,实际生活经验着眼于将来而赋予过去以意义,从而已经预示着缘在绽出的时间结构了;缘在之遮蔽着自身的"日常平均状态"无非就是实际生活经验之牵挂着自己当下意蕴世界的、不触目的、自足的"没落状态";"闲谈""好奇""消散"③"沉

---

①　就此而言,如下的观点似乎是成问题的:此在同样源始地在真理与不真之中就是海德格尔后来所说的"真理的本质是非真理"(参见刘旭光:《海德格尔与美学》,上海:上海三联书店 2004 年版,第 40 页)。因为,后期海德格尔所说的"非真理"是属于存在自身的,而且是应该被"守护"的,而不应是被"劫夺"的。我们顶多可以说,在《存在与时间》和其后期思想中,海德格尔的真理观在某个层面上具有类比的统一性。

②　显然,《存在与时间》中出现"瞬间"这个主题并不像塔米尼奥所说的那样,是悖谬的、出人意料的,它也并不等同于胡塞尔意义上的"直观"。See Jacques Taminiaux, *Heidegger and the Project of Fundamental Ontology*, translated and edited by Michael Gendre, Albany:State University of New York, 1991, p.67.

③　虽然在本书第一自然段的那句引文里(SZ,167),海德格尔使用的是"aufgehen",但是在《存在与时间》中,他也使用了"zerstreuen"(SZ,310)和"Zerstreuung"这两个词(SZ,129;172;338;347;371;390)。

沦""跌入"①"诱惑""安慰""异化",以及"畏""死""良知""罪责""决断""动荡"②,这些现象和范畴在其"实际生活经验"思想中就已被提及或阐释过了。因此,我们可以根据海德格尔的"实际生活经验"思想,来理解他在《存在与时间》中没有完全明确交代的一个问题:什么是缘在的真理和非真理? 或者说,缘在的本真存在状态和非本真存在状态究竟意味着什么?

本书认为,根据海德格尔对作为"实际生活经验"之典范的原初基督教经验的阐释,他在《存在与时间》中提及缘在的真理时,其心中想到的是这样一种生存状态:对自身之动荡不安的可问存在保持真诚,并将其原本的艰难担承起来,不断地把自己的存在作为问题来追问和决断,永远走在为寻找、赢得本己自身而进行痛苦斗争的路上,抵制追求安宁和稳靠的诱惑,时时刻刻对自己沉沦而失去本己自我的可能性保持着警醒。所以,本真的生存、本真的自我绝不是一个柏拉图意义上的永远自我同一的理念或理想,绝不是一个在未来等待着的结果或目的。简而言之,缘在所谓的本真状态就是自我与自身之间永远的争执,是持守于永远的动荡不安中而做当下痛苦决断的状态。进而言之,缘在的真理就是动荡不安的运动。③ 就此,卡普托曾指出:在海德格尔这里,"本真性"意味着忧虑不安,远离平衡,抵制稳定

---

① 《存在与时间》中,"Sturz"(跌落)和"Ruinanz"(没落)没有再出现,而是被"Verfallen"(沉沦)代替了。

② 《存在与时间》中,这个词还被多次使用(SZ,134;177-180;348;374-375;388-389)。

③ 当科瓦克斯说"宗教的(基督教的)在世界之中可以成为一种本真的存在"时,他是正确的,但当他说"然而,缘在的生活的这一维度在《存在与时间》中没有被考虑"时(See George Kovacs, *The Question of God in Heidegger's Phenomenology*, Evanston, 1990, p.114),则是错误的。实际上,在早期弗莱堡时期这一维度就已被充分考虑了,而《存在与时间》没有再详细地阐述这一维度,乃是因为它已经内化在海德格尔的思想之中了。当勒维特说,海德格尔所谓的本真性是一个没有内容的理想时,他看到了海德格尔所谓的本真状态的形式指引特征,但"理想"这个词显然是不恰当的,而克洛维说海德格尔《存在与时间》中的本真性理论提出了一种道德理想时,则更是走偏了(See Benjamin D. Crowe, *Heidegger's Religious Origins: Destruction and Authenticity*, p.179)。海德格尔更无法像有些论者所说的那样,把亚里士多德所说的理论思辨的、追求永恒的"智慧"生活看作人生存的最高可能性和本真的生存方式(参见朱清华:《回到源初的生存现象:海德格尔前期对亚里士多德的存在论诠释》,北京:首都师范大学出版社2009年版,第148页)。

性和固定根基的幻想,将缘在维持在运动之中。他甚至因此建议,不要用形而上学的语言称之为"本真性",而应称之为"动力学"(kinetics)。①

与缘在的真理相对,海德格尔所谓的缘在的非真理,即其非本真的存在状态则在于:在日常世界的他人和事物之中寻找舒适的安乐窝,寻求的是安宁和稳靠,以掩饰、逃避、抵抗自身之原本的动荡不安,摆脱由它所必然带来的完全依凭自身而做痛苦决断的责任。②

对缘在的这种真和非真的描述,显然是一种典型的形式指引。根据海德格尔早期弗莱堡时期端呈出来的这件方法论上的"秘密武器",我们也可以明白,为什么海德格尔一再强调,缘在之"真理"并非永远普遍有效的绝对规律、原则、法则或公理,人们从其中不能领受到任何确定性的东西(比如公认的伦理原则、规范等),本真的人不会也不能告诉别人应该如何过他们自己的生活,这乃是因为"对'非真理'的可能性永远警醒着的一再痛苦决断"才是原本的"真理",也即海德格尔所说的"生活之真理"。用他后期的话来说,这真理乃是真与非真的争执(Auseinandersetzung/Streit)。或者说,唯一为真的东西只有"永远的争执"。这种原初的生活真理乃是出自它自身对存在和自身生存的恰当理解,而非外在强加的理论虚构,因而只有当我们每个人回到自己的当下境域追问自身的存在时,我们才能理解这种意义上的真理。

所以,在海德格尔这里,良知声音的模型不必像马尔霍尔所要求的那样需要被修正,需要成为第三方的声音。海德格尔也没有说每个人完全靠自己的力量就能实现从本真状态向非本真状态的转变。他只是说,要倾听到良知的呼唤每个人自己先要有倾听的期备,即在畏死中准备好决断的状态。

---

① See John D.Caputo, *Radical Hermeneutics*, p.200.
② 所以,塔米尼奥把海德格尔所说的本真和非本真的区分等同于个人和公共的区分,并把亚里士多德所说的 poiesis 和 praxis 分别看作海德格尔所说的本真和非本真的代表(See Jacques Taminiaux, "Heidegger and Praxis", *The Heidegger Case: On Philosophy and Politics*, edited by Tom Rockmore and Joseph Margolis, Philadelphia: Temple University Press, 1992, pp.188-207),显然是不对头的。另外,如下的观点似乎也是不太恰当的:海德格尔把一个忧患的"吾身"(Dasein)称作真正、真如、真理的做法是一种"不健康的倾向"(叶秀山:《思·史·诗——现象学和存在主义哲学研究》,北京:人民出版社 1988 年版,第 135 页)。

而这是被抛给每个个人的、每个个人不得不总要面对和承担的东西,虽然他总是逃避它,但在逃避时他总已瞥见了它。换句话说,对于每个个人来说,归根结底总有需要他自己来做而不能借助于他人的事情。实际上,马尔霍尔自己在其著作的最后也说道:《存在与时间》的结尾证明真正的思想道路是一条每个读者必须自己踏上去的道路。如果一切都来自第三方的声音,那么如何能够要求倾听声音的每个人独自承担责任? 如何能够保证它不是外在强加的? 如何能够担保它不是来自常人? 第三方的本真性从何而来? 马尔霍尔说,根本不需要一个最初的第三方,因为他归属于一个共同体,而且人的世界绝不可能完全没有摧毁非本真状态所施加的压制的能力。但是,问题是:在目前为止只存在马克思所讲的"偶然的集体"的历史和现实中,这种能力又是哪里来的呢? 又有什么标准来衡量这集体的本真性呢? 这共同体如何能从根本上避免成为"常人"的可能性呢? 另外,海德格尔的良知模型也并不是不能用来解释他与他的读者的关系。因为,它是形式指引的。海德格尔自己并不是排除了所有非本真的因素而处在完全本真的状态之中的人,他的读者既不必把海德格尔的声音当作不变的真理完全接受,也不必完全依赖自己了断一切,而是需要和海德格尔一起决断。海德格尔也没有像马尔霍尔所说的那样,抵制将自己看作一个例子从而让他的对话者知道这样的一种本真生活的模式可以是什么样子的。[①] 因为,这恰恰是他的形式指引方法所必须要也只能做的事情。海德格尔的声音只是一声没有任何具体内容的警报,而能够听到它,却又依赖于他的读者是否做好了准备。永恒、绝对、普遍、无限、必然之物意义上的真理,从根底上来说都是虚假的,因为它们早晚会在唯一的真理,即"永远的争执"中被扯碎消解。对这种虚假真理、对安宁和牢靠的期待和寻求,恰恰表明我们依然处身于非真理或非本真的存在状态之中。所以,海德格尔所讲的缘在的真理无关乎人们通常所理解的"生活地好或幸福的生活"[②]。说"缘在在其本真性中意识

---

① ［美］S.马尔霍尔:《海德格尔与〈存在与时间〉》,桂林:广西师范大学出版社 2007 年版,第 176—177、230、234—235、251 页。

② Miguel de Beistegui, *Thinking with Heidegger:Displacements*, p.26.

到永恒性存在,死使个人带着对不朽的希望和经验面对有限的时间"①,无论如何都有引起误解之嫌。

总而言之,根据《存在与时间》,缘在同样源初地在真与非真、本真生存与沉沦之中,或者说真与非真之间的摇摆动荡才是缘在原本的存在状态。这一思想显然源自他早期弗莱堡时期对"实际生活经验"之没落—反没落运动的理解。因为,没落无非就是本己本真自我的不显现,反没落的运动无非就是对本己本真自我的显现,所以"实际生活经验"总是处身于没落—反没落的运动之中,无非就是意味着它总在真与非真、在场与不在场的缠结动荡之中。就此,谢汉曾指出:无论是在原初基督教那里,还是在古希腊哲学那里,早期海德格尔都发现了一种以非主题的、前理论的方式被经验到的经验,它们的共同之处在于,都是一种在场/不在场的运动。② 这样,我们也就可以理解,所谓的"本真存在状态"和"非本真的存在状态"并不是彼此分离、势不两立的两种状态,而是它们之间时时刻刻的相互渗透、交替动荡构成了实际生活经验或缘在的实际存在。本真和非本真都是一种可能性或趋向,它们永远都不能是已现实的状态。在这个意义上,并不存在"本真的缘在",同样也不存在"非本真的缘在",只要缘在存在着,他总是也只能是生存在本真与非本真的动荡"之间",而且是被抛在这"之间"之中的。③ 在海德格尔这里,并不存在古德曼(Lucien Goldmann)所谓的"本真/非本真的二元论"④。海德格尔也没有像卡洪(Lawrence E.Cahoone)所说的那样,无休

---

① See Joachim L.Oberst, *Heidegger on Language and Death*: *The Intrinsic Connection in Human Existence*, pp.31,35.

② See Thomas Sheehan, "Heidegger's 'Introduction to the Phenomenology of Religion'", *A Companion to Martin Heidegger's "Being and Time"*, edited by Joseph J.Kockelmans, Washington, D.C.: Center for Advanced Research in Phenomenology and University Press of America, 1986, p.46.

③ 后期海德格尔把艺术作品中的真理理解为"世界"和"大地"之间的"争执",并认为这"争执"才决定了人类和民族的真正命运,显然也是遵循着这里的基本思路。而且,说"本真的此在不会再返回日常和非本真的此在所选择的可能性",在"关于本真此在的理论中,海德格尔遵循着实体及其变化的形而上学模式"(See Johannes Fritsche, *Historical Destiny and National Socialism in Heidegger's Being and Time*, Berkeley/Los Angeles/London: University of California Press, 1999, p.46,154),显然是不恰当的。

④ Lucien Goldmann, *Lukáca and Heidegger*: *Towards a New Philosophy*, translated by William Q.Boelhower, London, Boston and Henley: Routledge & Kegan Paul, 1977, p.12.

止地寻觅人的本质,要把属于人"自己的"东西同属于非人的东西(非本真的存在状态)严格区别开来。① 海德格尔对本真生活的描述,也没有像德雷福斯(Dreyfus)和鲁宾(Rubin)所说的那样,使得他对非本真性的阐释成了不协调的,使得本真性既是不可避免的又是不可理解的。② 在海德格尔这里,本真性和非本真性不需要从个体的心理动机来解释,无论是在存在论的结构上还是在存在状态上,二者都是不可彼此彻底消除的,根本就没有完全的本真性和完全的非本真性存在。所以,海德格尔也没有像迈克格拉斯(S. J.McGrath)所说的那样,设定了本真存在这一特殊的存在样式,从而违背了他不依某一具体存在来解释缘在的原则③,因为本真的存在根本就不是一种特殊的存在样式,而是缘在之存在的本质性构成因素。威尔纳·马克思(Werner Marx)的如下说法则似乎是自相矛盾的:沉沦状态具有一个运动的结构,这一结构也随时允许它被带回一种"本真"的样式,但本真缘在在《存在与时间》中被思为一种"例外"④。

不过,在此还需要指出的是,《存在与时间》中海德格尔又一再强调,缘在"首先而通常"地在非真之中,因为它总是首先倾向于从其周围世界来理解自身的存在。然而,缘在又为什么会有这种倾向呢? 对于这个问题,《存在与时间》并没有给予完全明确的解答。我们可以根据他的"实际生活经验"思想获得启示。我们已经看到,对早期弗莱堡时期的海德格尔来说,没落—反没落的动荡就是实际生活的真理。然而,这"生活的真理"却意味着生活自身是永远不可以被完全牢靠地把握住的东西,在变动不居的生活之流中找不到任何永远安稳的立足点和家园,任何不变之物都无法完全框住生活之动荡,每个人都必须时时刻刻对各种诱惑保持警醒,在自己的当下境

---

① 参见[美]劳伦斯·E.卡洪:《现代性的困境——哲学、文化和反文化》,北京:商务印书馆 2008 年版,第 247 页。

② Hubert L.Dreyfus,*Being-in-the-World:A Commentary on Heidegger's Being and Time*,*Division I*,pp.333-334.

③ S.J.McGrath,*The Early Heidegger & Medieval Philosophy:Phenomenology for the Godforsaken*,p.xii.

④ Werner Marx,*Heidegger und die Tradition*,Hamburg:Felix Meiner Verlag,1980,S.98,S.235.

域中,依凭自身来决断本己的自我。这决断必然是痛苦的,因为这里没有任何现成可靠的东西可以借用,而只能休咎自承。因此说,原初的生活真理摆明的是残酷的事实,这个意义上的真理并非人人都兴高采烈地翘首以盼的东西,相反却是许多人都愁眉紧锁地唯恐避之不及的东西。于是,从根本上来说是"有限的"的人就不遗余力地编造"生活的谎言",或者埋身于离自己最切近的周围世界里可获得的东西之中,或者寻找一个绝对的、普遍的、永恒、无限、必然的终极之物(比如本体、上帝、意识、意志、本质、原则、规范等),以抗衡、逃避或抹消实际生活的动荡不安和决断的痛苦,以获得虚假的慰藉、安宁和稳靠。因此,缘在自身就内在地蕴含着没落、沉沦的倾向。简而言之,缘在之所以首先而通常地在非本真的沉沦状态中,乃是由于它不理解或故意地逃避自身的动荡不安的存在,及其所固有的艰难。如海德格尔在早期弗莱堡时期所言:实际生活对永恒确定性的牵挂无非就是对"安慰"(Beruhigung)的牵挂,它一开始就阻断了根本性的"存在之不稳靠性"(Seinsunsicherheit)(GA63,226)。

　　然而,我们也已经看到,"实际生活经验"之实际性的根本之处乃在于没落和反没落之间的来回摆荡。"实际性"本就包纳着二者,因而在没落的实际生活中同时就存在着对这没落的反运动,比如原初基督教的生活经验和本真的哲学。这反没落的运动放弃了虚假的安慰、安宁和稳靠,担负起了决断本真自我的责任,从而为赢得本真的存在状态提供了可能性。而《存在与时间》之所以把"在其向死而在中倾听良知的呼唤"看作对缘在之本真可能性的一个证明,就是由于在面对死亡时,一切在日常平均状态中曾有的安慰、安宁和稳靠都陷落在了虚无之中,一切都需依凭自身而重新决断。而缘在所"畏"的"在世界中存在自身",归根结底也恰恰就是自身在真与非真之间的动荡,以及在这动荡中对自身的警醒不安的痛苦决断。因此,如埃利奥特所言,要理解《存在与时间》的核心动机,就必须首先认识到缘在这种从非本真到本真的基本动力学。① 当然,根据本书的论述,埃利奥特的这种

---

① See Brian Elliott,"Heidegger and Aristotle on the Finitude of Practical Reason",*Journal of the British Society for Phenomenology*,Vol.31,No.2,2000,p.168.

说法并不精确,应该说这种"基本动力学"是双向的动荡,即不单单是从非本真到本真,而且也有从本真到非本真的运动。而这同时意味着,本真的存在绝对不是离群索居的,绝对不是出离世界的,沉沦在世的非本真存在绝对不是一个可以被一劳永逸地抹去的对立面。在这个意义上,舒伊斯的如下说法是毫无道理的:海德格尔的原则是逃离世界的,他的缘在解释是一种"无宇宙论"。① 如下的说法也是不恰当的:"此在'不得不沉沦于斯的日常共在世界'可以说从根本上丧失了自我超越与自我批判的能力","已然包含着对于'当前生活'的不自觉的崇拜"②。

另外,在《存在与时间》中,海德格尔还提出了另一个层次上的真理,即缘在的展开状态(Erschlossenheit)。这种真理意味着,只要缘在存在着,它就总要以某种方式与世界中的他人和事物打交道,即进行着揭示活动,总在筹划着,从而也就总以某种方式同时显示着自身,不管这"自身"是本真的还是非本真的。在这个意义上,海德格尔说,"以缘在的存在方式存在的'我们''在真理中'"(SZ,227)。用他早期弗莱堡时期的话说就是,我们向来就生活在真理之中。这种意义上的真理,显然也应该依据"实际生活经验"的动机和倾向的多样性及其显明性特征来理解。兰贝特就认为,海德格尔所谓的"实际生活经验"的"动机"和"倾向"分别相应于《存在与时间》中的"被抛"(Geworfenheit)和"筹划"(Entwurf)③。克兹尔也认为,动机与倾向之间的内在关联在《存在与时间》中被统一的"被抛的筹划"运动代替了。④

但是,根据海德格尔早期弗莱堡时期的论述,实际生活经验之多样性倾向的显明是以浮雕的方式实现的,也就是说在有些倾向显明的同时,另一倾向就陷入暗淡之中了,也即处于一种不显现的状态之中,处于边缘境域之

① Christina Schües,"Heidegger and Merleau-Ponty:Being-in-the-world with Others?" *Martin Heidegger:Critical Assessments*,Volume II,p.367.

② 邹诗鹏:《生活世界话语的困限与生存论的自觉》,《教学与研究》2000年第5期,第22页。

③ César Lambert,*Philosophie und Welt beim jungen Heidegger*,S.204.

④ See Theodore Kisiel,"Heidegger on Becoming a Christian",*Reading Heidegger from the Start*,p.187.

中。因此,实际生活经验在显示自身的某些方面的同时,必然也遮蔽自身的某些方面,在揭示某些东西的同时,必然也在遮蔽着某些东西。而在《存在与时间》中,海德格尔则说:"闭锁和遮蔽属于缘在的实际性。"(SZ,222)这样,我们也就可以理解为什么海德格尔在《存在与时间》中认为,上述这种展开状态意义上的真理也同时是非真理了。在此基础上,后来,通过对古希腊哲学,尤其是亚里士多德的阐释,他提出了无蔽意义上的真理。

至此,我们看到,在海德格尔这里至少有五种真理:生活的真理(即生活是没落—反没落的动荡)、本真生存状态意义上的真理、缘在总是以某种方式显现自身意义上的真理、意蕴世界的先行自行展开意义上的真理、逻辑判断或命题意义上的真理。而且,它们之间是彼此相互关联的。其中,"世界意蕴的先行自行展开意义上的真理"是"缘在总是以某种方式显现自身意义上的真理"的基础,而二者又都是其他三种真理的基础,它们保证海德格尔摆脱了对"逻辑判断意义上的真理"的偏爱,使他对真理的理解和规定摆脱了传统的理论姿态,以前理论的方式进行。但是,在前两种真理的基础上,理解并担负起"生活的真理"从而塑造"本真生存意义上的真理",这乃是海德格尔的终极旨归。

这样,我们就能够回答扬(Young)和马尔霍尔所提出的如下问题:常人如何能够同时既是一个缘在的结构性成分又是非本真的此在的源泉——对本真自我的压制和否定?换句话说,常人的生活方式如何能够既是对本真生活又是对非本真生活的描述?缘在如何能够既是本真的又是非本真的以及能够在本真的意义上是非本真的?[①] 常人在前理论的真理的意义上,乃是缘在的结构性成分,是对前理论的"本真"生活的描述,而在没落—反没落的生活真理的意义上,常人又是非本真缘在的源泉,但同时也是本真缘在的源泉。这也意味着,倾听着良知的呼唤向死而在地决断着的本真缘在以及决断之后的缘在,并不是彻底脱离了世界和他人的"孤家寡人"。这种状态如果要强行描述的话,可以使用我们中国的语言:在在世中出世。就此而

---

① 参见[新]朱利安·扬:《海德格尔 哲学 纳粹主义》,沈阳:辽宁教育出版社2002年版,第91页;[美]S.马尔霍尔:《海德格尔的〈存在与时间〉》,桂林:广西师范大学出版社2007年版,第81页。

言,在海德格尔所说的"最本真的"可能性中,并不存在艾柏林所说的本真与非本真的不平等,也不包含着"物质上和形式上的唯我论"①。

如果不能区分上述的五个不同层次和意义上的真理并理清其相互关系,必然会导致理解上的混乱。比如,普腾普拉克尔就曾抱怨说:"我们只是对此感到惊讶:虽然与上手用具真实的和真正的(genuine and proper)的日常打交道是一个普遍的规则,然而与他人真正的(genuine)日常关系却是一个罕见的例外","本真性(Authenticity)是通过我与公共世界的隔绝而被获得的"。虽然普腾普拉克尔对海德格尔没有充分思考主体间性问题的指责是有道理的,但他的"惊讶"却是出自误解。因为,他所说的"真实的和真正的"实际上意味着"前理论的",所有与他人真正的日常关系也都是前理论的,从而并不是罕见的例外,它和与上手用具打的日常打交道一样是普遍的现象。而他所说的"本真性"却不只是前理论意义上的,而是海德格尔讲的"本真生存意义上的真理",它才是罕见的例外。实际上,普腾普拉克尔的用词(genuine、proper 与 Authenticity)已经暗含了二者的区别,只是他自己没有明确意识到而已。所以,他才会有如下的一问:"日常生存是等同于还是不同于非本真的生存?"②

俞宣孟则先生认为,海德格尔在理论认知和原始的真理之间做出了绝对的划分,为了突出人生的意义而贬低了理论认知。然而,我们已经看到,海德格尔只是表明了理论认知意义上的真理是在实际生活经验或缘在的展开状态的基础上生长出来的,因而具有自身的意义界限。而且,他所谓的展开状态意义上的真理也并不是主观唯心论的,只与个人的生存有关,因为缘在总是在一般被抛给他的周围世界和公共世界中展开自身的,世界意蕴的先行展开乃是缘在展开自身的前提和基础,从而他也没有否认外部世界的客观实在性,而只是取消了以理论反思的方式证明这种客观实在性的可能性。③ 就此

① [德]汉斯·艾柏林:《自由、平等、必死性——海德格尔以后的哲学》,将芒、张宪译,上海:华东师范大学出版社 2006 年版,第 29、138 页。

② Johnson J.Puthenpurackal, *Heidegger: Through Authentic Totality to Total Authenticity*, pp. 283,284,291.

③ 参见俞宣孟:《现代西方的超越思考——海德格尔的哲学》,上海:上海人民出版社 1989 年版,第 277—278 页。

而言,如下的说法也是有问题的:海德格尔"前期的真理观带有主观的色彩,因为它强调真理与人(此在)是密切相关的,也就是说,真理离不开人,没有人就没有真理"①。因为,真理离不开人并不等于说真理取决于人、取决于主观的东西。

图根特哈特指责在海德格尔作为揭蔽的原初真理之中没有真与假的区分,没有真正的与最初的被给予性之间的差别,混淆了真理的特定含义(即如其自身地揭示存在者)与揭示事物这一现象之间的区别,从而是无意义的。但是,如达尔斯多姆所指出的:海德格尔之所以把揭蔽刻画为原初意义上的真理,乃是因为它如其自身地揭示自身,而且恰恰是这自我揭蔽一起构造了存在者被揭蔽或被遮蔽的过程。也就是说,缘在如其自身地显现自身及其存在意义上的真理,乃是对存在者的逻辑判断为真或为假的依赖条件,因为判断的真或假恰恰在于被揭蔽的东西能(或者被)如其自身或者不如其自身地被解释。因而,在海德格尔的真理概念中,如上的区分依然在起作用。而且,逻辑判断或命题意义上的判断也不能被海德格尔完全抛弃,因为所有意义上的真理都要由判断或命题表示出来。即使是一种以自我转变和革新为导向的非对象化、非科学的专题化,也得从如下事实出发:关于主题(原初真理)的判断能被证明是真或假的,能被确认和交流。但是,这却并不如达尔斯多姆所说,意味着生存论的真理和命题真理是同样原初的。② 前者处在一个比后者更深的层次上,是后者得以可能的基础。当然,这个奠基过程的根源何在(即存在论差异自身的问题),的确是《存在与时间》没有彻底思考和交代清楚的问题。

如果不理解这五个不同层次和意义上的真理之间的关系,也无法把握住《存在与时间》的动机和意图。如兰贝特所言:如果没有本真和非本真的区分,海德格尔的缘在分析及存在论是不可能的。③ 科莱尔则指出:

---

① 严平:《走向解释学的真理——伽达默尔哲学述评》,北京:东方出版社 1998 年版,第 59 页。

② See Daniel O.Dahlstrom,*Heidegger's Concept of Truth*,pp.402,445,451.

③ See César Lambert,*Philosophie und Welt beim jungen Heidegger*,S.46.

"本真性"是海德格尔基础存在论运转的枢轴。① 正是由于对于这一点的不理解,怀特才认为,海德格尔在讨论沉沦状态时,不是在谴责对常人的服从,而是为它对于在文化中生存所具有的必要性做论证。也正因此,她坚持认为:就如 Dasein 是我们共享的东西一样,"Dasein"的自我也是不把一个人同其他人区别开来的东西,而是使得我们都是"Dasein"的东西,即文化。②

第五节　为什么存在论只有作为现象学才是可能的?

在《存在与时间》中,海德格尔明确指出:"存在论只有作为现象学才是可能的"(SZ,35)。这是为什么呢? 答案显然只能从什么是他所理解的"现象学"开始寻找。

海德格尔首先把"现象学"(Phänomenologie)这个词分成了两部分:现象和逻各斯,并将之分别上溯到希腊词语"phainomenon"(显现者)和"logos"(逻各斯)。然后,他对这两个词进行了词源分析,得出了它们的原初含义:所谓"现象"就是就其自身显示自身者,而"逻各斯"就是把话题所及的东西公开出来给人看。合而言之,"现象学"就是让人从显现的东西本身那里,如它从其自身所显现的那样来看它。也就是说,它以直接指示(Aufweisung)和直接显示(Ausweisung)的描述方式来把捉它的对象,并有一个禁止性的意义:远避一切不加指示的规定活动。③ 但海德格尔强调,现象学的对象并不是这种或那种存在者,而是作为现象的存在者的存在。而这就意味着,只有通过现象学,存在才能如其自身地被指示出来。或者说,

---

①　See David Farrell Krell, *Daimon Life:Heidegger and Life-Philosophy*, Bloomington and Indianapolis:Indiana University Press,1992,p.47.

②　See Carol J.White, *Time and Death:Heidegger's Analysis of Finitude*, Hants:Ashgate Publishing Limited/ Burlington:Ashgate Publishing Accompany,2005,pp.42,37.

③　See Martin Heidegger, *Sein und Zeit*,S.34-35.

存在只有成为现象,才是可理解和把握的。就此而言,存在论只有作为现象学才是可能的。

　　然而,海德格尔又指出,存在作为要被显现的现象却首先而通常地隐藏不露。这是因为,缘在首先而通常地沉沦于其世界中,总是试图从与之最切近的世内存在者和他人那里获得对自身存在的先行理解,从而总是倾向于遮蔽自身的本真存在,结果使指向这一存在者的存在论也不能获得恰当的基地。所以,存在是必须从遮蔽状态中争而后得的。也正因此,海德格尔认为,现象学的生存论分析必须具有强行施暴(Gewaltsamkeit)的性质,即必须对存在论的历史进行解构。

　　另外,现象学作为关于存在者之存在的科学,即存在论,为了达到一般存在的意义这个问题,需要从以缘在为课题的基础存在论出发,把存在的本真意义和缘在的存在结构向缘在本身先行的存在理解宣告出来,而这又只能通过解释来实现。也就是说,现象学需要通过解释来清理出存在论探索之所以可能的条件。在这个意义上,海德格尔指出:现象学描述的方法论意义就是解释,缘在现象学的逻各斯具有解释(hermeneuein)的性质。他甚而说:"缘在的现象学就是解释学"(SZ,37)。

　　由上文所述,我们可以清楚地看到:海德格尔在《存在与时间》中所谓的现象学描述方法,实际上就源自他早期弗莱堡时期用以通达和理解"实际生活经验"的"形式指引"方法。或者说,现象学就是以形式指引的方式来通达和理解缘在的存在的。它们都是从"实际生活经验"或"缘在"自身的可理解形式出发,来不加扭曲地显示"实际生活经验""缘在"自身的方法。而且,我们已经看到,和海德格尔在《存在与时间》中所谓的"现象学"一样,"形式指引"也同样具有一种否定性的防御功能。① 所以,张祥龙先生指出:只有依据"实际生活经验"的形式指引,《存在与时间》中的"现象学"

―――――――――

　　① 也正因此,Ryan Streeter 指出:从方法上来看,《存在与时间》是一本"空"(empty)书,建议读者在"形式指引"方法的要求的基础上,不要把这本著作当作理论来学习,而是要将之看作总是需要进一步充实的任务(See Ryan Streeter ,"Heidegger's Formal Indication:A Question of Method in *Being and Time*",*Man and World*,Vol.30,No.2,1997,pp.413,426)。

才能被真正地理解。①

我们前文也已经指出,海德格尔早期弗莱堡时期所说的"解构"就是"开光",就是把先前遮蔽的东西以某种方式显现出来,以回到事情自身,这一方法的具体应用是以对传统哲学的拆解的方式进行的。《存在与时间》所谓的对存在论历史的解构,显然就来源于此。

再者,根据海德格尔早期弗莱堡时期的"实际性的解释学",解释学就是实际生活经验遭遇自身的一种方式,是对自身的自我解释。也就是说,"实际生活经验"总已有某种"前握(倾向)"和"回握(动机)",处身于某种"前有""前见""前概念"之中,从而对自身的存在有一种先行的解释和领会。海德格尔就试图从"实际生活经验"对自身存在的这种前理解出发,来获得对存在意义的新理解。《存在与时间》中理解的三重前结构,与海德格尔早期弗莱堡时期所讲的实际生活经验的三重意义,应该说是相互对应的。而实际生活经验的时机化意义,与缘在的操心的时间性又是相互对应的。显然,只有依据他对"实际性的解释学"的这种理解,我们才能真正明白他为什么说"缘在的现象学就是解释学"。

综上所述,海德格尔在《存在与时间》中所谓的现象学方法,实际上就是他从"实际生活经验"中塑造的用以通达"实际生活经验"自身的形式指引、解构和解释学的方法。而且,就像形式指引、解构和解释学彼此内在地相互关联和含蕴一样,现象学的描述、解构和解释学也是彼此一致的。所以,海德格尔统称它们为现象学的方法。

因此,当海德格尔说存在论只有作为现象学才可能的时候,他也就等于在说,只有形式指引、解构和解释学的方式才适合于通达、表达他所理解的缘在和存在自身。而且,我们已经指出,形式指引、解构和解释学都是早期弗莱堡时期的海德格尔用来通达"实际生活经验"之前理论的动荡的方法,而他在《存在与时间》中所理解的缘在的存在及存在自身,就来源于他对前理论的、动荡的"实际生活经验"的理解,因此他在《存在与时间》中继续使

---

① 参见张祥龙:《"实际生活经验"的"形式显示"——海德格尔解释学初论》,《德国哲学论丛(1996—1997 年号)》,北京:中国人民大学出版社 1998 年版,第 49 页。

用这些方法也就是自然而然的事情了。

此外,在此需要补充说明的是,虽然在《存在与时间》中,"形式指引"这个词已很少出现了①,其方法论含义也很少再正面地被讨论②,但它依然是海德格尔思想的"秘密武器"③。在1927年8月给勒维特的一封信中,他自己就曾明确指出:"形式指引和对先天之物、形式化之类的通行理论的批判,对我来说都依然存在着,即使我现在不再谈及它们"④。《存在与时间》中海德格尔用来表达其思想的所有"关键词"都是形式指引性的,导致他阐述形式指引方法的那些原因对于《存在与时间》中的现象学来说,依然是核心性的。明白了这一点,对于透彻地理解他那些晦涩难懂的独特"行话"来说,是至关重要的。对此,张祥龙先生已做了深刻的分析。

张先生指出,海德格尔总是尽量利用词与词之间的词根、词头、谐音、双关、隐喻等联系,广构词丛。比如,由"所……"(Wo…)组成的一大丛关系趋向词:"所去"、"所因"(Womit)、"所及"(Wobei)等;他还通过副词、连词和介词(如zu,mit,bei,aufhin,in,um)等虚词来构成形式—境域显示的语境;另外,他还常利用一些词的字面意思来做语言游戏,比如"Entschlossenheit"的一般意义是"(决心已下的)坚决状态",但他却同时强调它的词头和词尾分开后字面意义的交合,即"Ent(充分去掉)-Schlossenheit(遮蔽状

---

① 《存在与时间》中,该词的名词形式(formale Anzeige)出现了5次(SZ,114;116;117;231;313),形容词形式(formal anzeigend)出现了一次(SZ,315)。此外,《存在与时间》中,还有"先行指引"(vorläufige Anzeige)的说法(SZ,14,16,41)。按照海德格尔原来的计划,方法论应是《存在与时间》第一部分第三篇的第四章所要探讨的问题(See Thomas Sheehan, "'Time and Being',1925—27",*Martin Heidegger:Critical Assessments*,Vol.1,p.39),但这一章终究没有被写出来。

② 在1929/1930年冬季学期的讲座《形而上学的基本概念》的第70节中,海德格尔做了一次方法性的居间考察,指出"形式指引"是哲学概念的基本特征和普遍特点,并再次强调它要求此在自身的某种转变(参见[德]海德格尔:《形而上学的基本概念:世界—有限性—孤独性》,赵卫国译,北京:商务印书馆2017年版,第418—423页)。

③ 这是克兹尔对形式指引方法在海德格尔思想中所起作用的形象比喻(See Theodore Kisiel,"Die formale Anzeige:die methodische Geheimwaffe des frühen Heidegger",*Heidegger--Neu Gelesen*,S.23)。此外,张祥龙先生也曾指出:"在某个意义上,'形式指引'是海德格尔思想的秘密之所在,尽管他在1922年之后几乎不再使用这个有亚里士多德和康德哲学色彩的笨词"(张祥龙:《海德格尔思想与中国天道》,北京:三联书店1996年版,第387页)。

④ *Zur philosophischen Aktualität Heideggers*,Band 2,S.37.

态)",以与"去蔽真理"(a－letheia)、"解蔽"(Er－schlossenheit)、"出离"(Ekatase)等词呼应。张先生将海德格尔喜用的这类词称作"形式—境域显示词",并敏锐地看到,这类词往往是姿态关系式的、动作型的或使之动态化的、正在进行中的、用小横线分开或结合起来的。① 根据我们前文的论述,这恰恰就是"形式指引"的特点和功能,即将纯粹的关联保持在悬而未决的摆荡之中。显然,唯有这种词语才适合于用来通达缘在之前理论的沉沦—反沉沦、真—非真、在场—不在场、前构—回溯的动荡生存(Existenz),才适合于用来表达以运动为其根本规定的存在自身的发生事件(Er-eignen),而不是以理论的姿态将之作为客体对象而阻断,直至僵死。这样,《存在与时间》中的"畏""死""良知""罪责"等概念,才能得到更彻底和恰当的理解。这样,我们就不会再不屑地把海德格尔这些词语看作耍花招的"语言游戏"②了,并能够体会到他的良苦用心了。

第六节 为什么《存在与时间》成了 无法再续的残篇?

按照海德格尔原来的构想,《存在与时间》一书应由两部分组成,但在1932年给布洛赫曼的一封信中,他就坦率地承认:"《存在与时间》第一部曾经对我是一条道路,此道路曾把我引向某处。但这条道路现在不能继续走下去,它已经因杂草丛生而不能通行"③。在1953年该书第七版的序言中,他明确宣告:"时隔四分之一个世纪,第二部分将不再补续,否则就必须把

---

① 张祥龙:《从现象学到孔夫子》,北京:商务印书馆2011年版,第118—119页。此外,克兹尔也看到,海德格尔在对德语的使用上存在着强烈的动词化倾向(Theodore Kisiel, *Heidegger's Way of Thought*, p.81)。斯坦纳称之为"动态的唯名论"(参见[美]斯坦纳:《海德格尔》,浙江大学出版社2013年版,第96页)。

② 在1921/1922年冬季学期的讲座中,海德格尔自己就明确地把生活的表达称作"做游戏"(spielen),但不是意在故意"玩耍",而是出自对生活的真正的情感(GA61,81)。或者说,游戏在于生活表达生活自身。

③ Martin Heidegger－Elisabeth Blochmann, *Briefwechsel* (1918－1969), herausgeben von Joachim W.Strorck, Marbach am Neckar: Deutsches Literatur-Archiv, 1989, S.54.

第一部分重新写过。"①于是,《存在与时间》终成了无法再续的残篇(Fragment)。这是为什么呢?

　　要回答这个问题,首先得明白《存在与时间》第一部分的第一、二篇完成之后,海德格尔接下来要做什么。在该书的最后,他点明:前面各项考察的任务是从缘在的根基处(即时间性)出发,从生存论—存在论上着眼于本真生存与非本真生存的可能性,阐释缘在的原初整体。"不过,缘在之存在结构的提出仍然只是一条道路,目标是解答一般存在问题(Seinsfrage überhaupt)"②(SZ,436)。这意味着,《存在与时间》已完成部分就已开始了后来所谓的思想"转折",即从"缘在"向"一般存在"或"存在自身"的转换。而该书未完成部分就是要实现这个转换,而它的难以为继则是由于海德格尔认识到,如此地继续下去这个目标是达不到的。那么,这又是为什么呢?根据对海德格尔早期弗莱堡时期"实际生活经验"思想的阐述,本书认为,概括说来,主要有两个方面的原因:

　　第一,《存在与时间》在某种程度上依然持守着先验主义的语言、方法和思路,从而无法彻底地以前理论的方式通达和理解以运动为基本规定的存在自身。在该书中,海德格尔明确指出:"通过胡塞尔,我们不仅重新理解了所有真正的哲学'经验'的意义,而且也学会了使用解决这个问题所必需的工具。只要科学的哲学理解了自身,那么'先验主义'就是它的方法"(SZ,50)。因此,该书的已完成部分试图根据康德和胡塞尔的先验主义方式来通达存在问题。在1962年写给理查德森的信中,海德格尔自己也明确地指出了这一点:由于依据笛卡尔、康德和费希特所设定的模式,胡塞尔的"现象学"被弄成了一种独特的哲学立场,而我在《存在与时间》中展开存在问题时,也带有这种立场。③这种立场,显然就是先验主义的立场。一些研

────────

① 参见《存在与时间》1967年德文版前言,或中译本第5页。

② 确实,由于海德格尔坚持认为不存在存在的种属统一性,所以把Seinsfrage überhaupt译为"存在一般"是会引起误解的。达斯图尔建议将之译为"整体性的存在"(Being in its entirety)(Françoise Dastur,"The Ekstatico-horizonal Constitution of Temporrality",*Martin Heidegger*:*Critical Assessments*,Volume 1,p.179),实际上依然有从整体—部分的传统观念来阐释它的嫌疑。

③ See William J.Richardson,S.J.,*Heidegger*:*Through Phenomenology to Thought*,Preface,p.14.

究者也确证了这一点。比如,早在 1964 年在献给海德格尔 75 岁生日的一篇文章中,马克斯·米勒就已看到:《存在与时间》根本上依然属于"先验哲学"的方向。① 布伦认为,《存在与时间》是先验现象学的生存论版②,它的第一篇和第二篇的前三章,就是对胡塞尔《逻辑研究》第六研究的重演③,它在胡塞尔和康德的影响下已变得驯服了,海德格尔自己也看到这是一种偏离④。卡尔尼(Richard Kearney)则指出:在与《存在与时间》写于同一时期但两年后出版的《康德和形而上学问题》一书中,海德格尔承认,康德的"先验想象力"实际上是"缘在"的先兆。⑤ 巴姆巴赫也认为,《存在与时间》从许多方面来看,都是老新康德主义的令人奇怪的变样。⑥ 总而言之,虽然在《存在与时间》中,海德格尔一如既往地试图解构先验哲学,但是他还是无法摆脱它。以至于阿尔维斯可以说:《存在与时间》的成功恰恰在于海德格尔脱离胡塞尔的企图的失败。⑦ 也正是在这个意义上,伽达默尔认为,《存在与时间》必须一会儿被理解为先验现象学,一会儿被理解为对它的批判,而后来著名的思想"转折"就表明了《存在与时间》中先验自我概念的不充分性。⑧

　　海德格尔这种先验主义的立场,从他在《存在与时间》中一再强调的"超越性""视域""可能性的条件""结构""图式"(Schemata)和"先天性"等观念中,就可以清楚地看出来。像胡塞尔一样,他也在努力地追求一种

---

① See Martin Heidegger, *Briefe an Max Müller und andere Dokumente*, S.102.

② See John Van Buren, "The Earliest Heidegger: A New Field of Research", *A Companion to Heidegger*, p.29.

③ See John Van Buren, "The Young Heidegger and Phenomenology", *Man and World*, 1990, Vol.23, p.243.

④ See John Van Buren, *The Young Heidegger*, p.136.

⑤ See Richard Kearney, "Surplus Being: the Kantian Legacy", *From Phenomenology to Thought, Errancy, and Desire*, edited by B. E. Babich, Netherlands: Kluwer Academic Publishers, 1995, p.83.

⑥ See Charles R.Bambach, *Heidegger, Dilthey, and the Crisis of Historicism*, p.31.

⑦ See Lilian Alweiss, *The World Unclaimed: A Challenge to Heidegger's Critique of Husserl*, p.2.

⑧ See Hans Georg Gadamer, *Wahrheit und Methode*, Tübigen: Mohr, 1986, S.259f.; Hans Georg Gadamer, *Heidegger's Way*, p.21

"本质性的结构"。① 他想要从对缘在的分析中获得的东西,就是缘在的生存论结构和绽出性时间及作为其所向的先天视域图式,也即使得存在论问题得以可能的普遍的、先天本质条件,并试图以之为框架来解释缘在。使时间成为时间和动荡的缘在成为自身的是先天的结构!? 所以,"基础存在论"这个提法本身就是引人误解的,因为它似乎意味着要为各领域的科学提供一个牢靠的基础,因而生存论分析应当提供无时间的、不变的结构。克洛维尔(Crowell)因此而认为,"《存在与时间》可以被当作这样一篇论文来读,它关乎的是考察哲学认知之可能性条件的先验方法",其"解释学的现象学依然是先验哲学"②。所以说,虽然海德格尔像狄尔泰一样试图赋予"结构"以历史性的特征,虽然他在 1925/1926 年冬季学期的讲座中就已看到了"结构性的"(strukturmäßig)和"框架性的"(rahmenmäßig)之间的区别(GA21,409),虽然他是以形式指引的概念来表达这些结构的,但是结构自身无论如何已不是时间性和历史性自身,其中所蕴含的"不变""固定""普遍适用"等含义是无论如何都没有也不能被完全剔除干净的。也正因此,在《存在与时间》中,"历史性"这一概念是模棱两可的,在它是为所有时间性事件奠定基础的永恒和普遍的结构的意义上,它恰恰意味着"超历史性"

---

①　霍普金斯曾明确指出过这一点(See Burt C.Hopkins, *Intentionality in Husserl and Heidegger*,p.189)。诚然如科勒尔所言,海德格尔所使用的这些概念都可被看作形式指引性的,"图式"就并不意味着是终极不变之物,而是要求在内容上不断地被具体化,这种具体化可以达到对原初理解的深层变样,甚至是向另一种图式的翻转,但科勒尔也不得不承认它所蕴含的静止的、非历史的特征(See Dietmar Köhler, *Martin Heidegger:Die Schematisierung des Seinssinnes als Thematik des dritten Abschnitts von„Sein und Zeit"*,Bonn:Bouvier Verlag,1993,pp.126,130)。以至于有人错误地并悖谬地认为:海德格尔"竭力描述人类此在的根本的不变的特征和时间性"([德]马丁·海德格尔:《存在与在》,北京:民族出版社 2005 年版,"导言"第 47 页)。

②　Steven Galt Crowell, "Question, Reflection, and Philosophical Method in Heidegger's Early Freiburg Lectures", *Phenomenology:Japanese and American Perspective*,edited by Burt C.Hopkins,Dordrecht/Boston/London:Kluwer Academic Publishers,1999,pp.201,203.不过,由于克洛维尔认为,海德格尔的哲学乃是一种关于意义的可能性条件以及我们哲学地把握那些条件的可能性条件的哲学,是哲学的哲学,从而必然是先验的哲学,所以海德格尔的决定性贡献恰恰是他的先验哲学,而海德格尔的解释学则蕴涵着一种神秘主义。显然,这种观点来自克洛维尔自己所说的,对于"先验的"和"批判的"海德格尔的偏爱。See Steven Galt Crowell, *Husserl,Heidegger,and the Space of Meaning:Paths toward Transcendental Phenomenology*,Evanston,Illinois:Northwestern University Press,2001,pp.4—5,7,12.

或先验性。而且,海德格尔也没有彻底地把"存在"和缘在的存在领会看作本质上就是历史性的,"世界"也被看作是准非历史的。这时,他的"哲学"也不再是历史性的,不再有特定的时间、特定的境域。如布迪厄所言:"对于历史与时间的存在论化建立了这样一种哲学的超历史真理,该哲学超越所有历史决定因素,并将此在的超越历史真理阐述为历史性。"①在这个意义上,《存在与时间》所说的"历史性"乃是一种虚假的历史性。后来,在《哲学的终结》一文中,海德格尔自己也谈到,《存在与时间》的问题在于:先验的—解释学的问题还没有依据存在的历史而被思考。

所以,海德格尔在后来的反思中意识到:《存在与时间》第一部分的第三篇"时间与存在"在排版时被发现是不能令人满意的,而"令人不满意的不是追问的方式和它的领域,而是对其恰当表述的不确定"(GA66,414)。因为,以这样的似乎早已摆在那里只等被拿取的先天结构和图式,来把握无法被任何固定框架框住的运动意义上的存在,实在难免于"竹篮打水"的窘境。如卡普托所言:阐明生活的普遍先天结构,而不管缘在的具体生存内容,这是一种胡塞尔和新康德主义的概念化,是一种非历史主义②,而海德格尔马堡时期的困难就在于,依然部分地陷在胡塞尔这种普遍现象学科学的迷梦之中③。所以,布伦正确地指出:"像贝克尔、雅斯贝尔斯、伽达默尔、马尔库塞和其他人已看到的那样,《存在与时间》的静力学的、先验主义的语言带来了对海德格尔早先动力学的一个人的筹划的某种去生活化和去历

---

① 皮埃尔·布迪厄:《海德格尔的政治存在论》,北京:学林出版社2009年版,第70页。理查德·基尼翁的说法是:理解的先天结构不能充分地适应历史过程自身的流动性(See Charles Guignon, *Heidegger and the Problem of Knowledge*, Indianapolis: Hackett, 1983, pp.84-92)。齐默曼将一开始就没有看到存在的历史性本质看作《存在与时间》失败的两个原因之一(另一个是没有完全超出主体主义的思维方式)[Michael E.Zimmermann, "The Foundering of *Being and Time*", *Man and World*, XIX(Summer 1975), pp.100-107]。哈尔发现历史与非历史之间的张力是海德格尔著作中最深层的张力,但由于他认为,拯救的力量必定在于人的非历史的、跨文化的能力,所以他竟指责海德格尔的缺陷就在于欠缺对缘在的超历史结构的阐述(See Michel Haar, *Heidegger and the Essence of Man*, translated by William McNeill, Albany: State University of New York, 1993, forward, p.xviii)。

② John D.Captuo, *Demythologizing Heidegger*, p.172.

③ John D.Captuo, *Radical Hermeneutics*, p.83.

史化"①。在这个意义上,倪梁康先生直言:"在胡塞尔的存在论与海德格尔的存在论之间没有根本的冲突,它们都产生于那种把握先验本质的原初欲望,产生于康德所说的那种始终想超出经验的领域而朝向绝对之物的理性本能,那种人类所具有的'最高认识能力'"②。正是由于他的这种先验哲学倾向,海德格尔的真理、生存和存在分析要求科学的专题化和透明性,试图将存在论奠基于缘在面对死亡而决断时对自身的绝对透明性之中,要求"对存在的对象化",试图使他的整个规划在一种完全清晰和固定的存在概念那里达到顶峰,寻找生存的基本结构和历史性的普遍特征③,然而这显然与其形式指引方法、缘在的前理论特征及存在意义的时间性相抵牾。

　　从本书前面的论述来看,从根底上来说,这显然是由于海德格尔违背了自己的"原初动机",从而违背了早期弗莱堡时期彻底地通达和理解前理论的"实际生活经验"之动荡不安的要求,也违背了以形式指引、解构、解释学的方法彻底清理传统哲学概念和方法的要求。面对历史的、变动不居的实际生活之流,此时的他自己也退缩了。他也无法忍受不停急速旋转的"伊克西翁火轮"那永无完结的折磨了,也试图以插入一个终极牢靠之物的方式使之停顿下来,以获得安宁,压制了实际生活经验的时机化意义。这样,在《存在与时间》中,被作为原初的"时间"而被探讨的不是"时机化的到时"或运动意义上的"Temporalität",而是作为缘在之生存论环节的统一性的"Zeitlichkeit",虽然其三维有各自不同的绽出方式,④但是它们又以胡塞尔的意向性结构为基础而被看作三种不同的图式(Schema)。并且,海德格尔还试图把这图式作为结构去重新解释缘在的牵挂结构,从而有脱离缘在

　　①　John Van Buren,*The Young Heidegger*,p.365.

　　②　倪梁康:《现象学及其效应——胡塞尔与当代德国哲学》,北京:商务印书馆2004年版,第214—215页。所以,伽达默尔说海德格尔的生存论分析是"第一哲学(prima philosophia)的最后一次伟大的尝试"(Jürgen Habermas,*Philosophical-Political Profiles*,translated by Frederick G. Lawrence,Cambridge and London:The MIT Press,1988,p.56)。

　　③　参见SZ第3、8、19、12—13、382页;在1927年夏季学期的讲座中,海德格尔依然坚持这样的思路和立场,而且明确指出:"存在论方法作为方法……无非就是搞出存在之结构"(参见海德格尔:《现象学之基本问题》,北京:商务印书馆2018年版,第479—481、487页)。

　　④　Jean-Luc Marion,"Heidegger and Descartes",*Martin Heidegger:Critical Assessments*,Volume II,p.205.

的生存及其痛苦的决断,成为不变的抽象形式的危险,所以表现出一种"时间性的退化现象"①。其中的关键之处在于:海德格尔过于凸显了这种图式结构意义上的时间的肯定性,即对当下和在场的肯定,从而与既在场又不在场的动荡意义上的存在自身是不相应和的。也正因此,他才对时间是否即为存在的视域产生了怀疑。这也最鲜活不过地向我们表明:要如实、彻底地以前理论的方式面对、理解和言说运动性的存在,实际上是如何的艰难,又需要何等的勇气!

第二,《存在与时间》中依然残存着形而上学的语言和思路,从而无法彻底地通达和理解以运动为基本规定的存在自身。该书中依然存在着的形而上学语言和思路主要表现为:海德格尔依然在传统的意义上使用着"基础""本质"等形而上学的词语,试图在存在者与存在、时间与空间、时间性与历史性等现象之间将一方确定为另一方的终极根基,并最终通过对存在的意义的追问为存在寻求一个根基②,这在某种程度上实际上就等于又回到了他所一再批判的传统时间观念,即以现在为核心的时间观;试图超越或克服生活自身本有的艰难,试图在存在者层次上将英雄式的缘在确立为存在论的稳靠根基,从而也有回到被他所批评的主体形而上学之嫌。于是,正是缘在的有限性为存在担保了意义。甚至可以说,在《存在与时间》这本书中,存在就是意义,也即缘在的可理解性。所以,海德格尔自己后来反思道:"[在《存在与时间》]中的企图和道路……面对着不情愿地成为主体性的另一个堙壑的危险",有"陷入一种只是变了样的主体主义之中"③的危险。

---

① 参见张祥龙:《海德格尔传》,北京:商务印书馆2017年版,第200—201页。后来,在1939年夏季学期关于尼采的讲座中,海德格尔自己也已承认了:图式源自寻求持存稳靠的实际动机(See Martin Heidegger, *Nietzsches Lehre vom Willen zur Macht als Erkenntnis*, Frankfurt am Main:Vittorio Klostermann,1989,S.133-191)。

② 以至于使莉莉认为,"对于海德格尔来说,澄清存在的意义就是澄清存在的根基:意义与根基是同一个东西"(See Reginald Lilly, "Toward the Hermeneutic of *Der Satz vom Grund*", *The Collegium Phaenomenologicum:The First Ten Years*, p.201)。不过,这话说得显然有点过头了,海德格尔并没有完全在古希腊的"本体""实体"的意义上来理解"根基"。

③ Martin Heidegger, *Nietzsche*, Vol.4, translated by Frank A.Capuzzi, San Francisco:Harper & Row,1982,p.141;Hannah Arendt and Martin Heidegger, *Letters* 1925-1975, translated by Andrew Shields, Orlando, FL:Harcourt,2004,p.84.

马里翁也曾明确指出:"《存在与时间》通篇都使用着形而上学(它只是假装质疑它)的词汇,并从而依然受着主体性的折磨(虽然结果是毁了它)。"波格勒则指出:《存在与时间》中,似乎存在的意义成了缘在已握在手里的最终"根基",由之存在的不同意义可以被置回一个系统的"构造"中去,所以《存在与时间》承担着将人的理解确立为真理之基础的危险,而只要海德格尔把终极的"我是"作为通往存在意义的道路,那么它就把形而上学带入了他的思想之中。① 黑尔德甚至说:Dasein 甚至吐露了一种好战的意志,于是海德格尔把意志的霸权和现代唯意志主义的世界关联迫使到了极端的状况,并超过了胡塞尔的世界构造的内在性理论。② 丹尼拉(Daniela)则看到:海德格尔从缘在的超越性出发对存在问题进行阐释,这本身就表明他仍旧依赖于形而上学的思维方式,因为他在把我们导向一个更高的存在者。③

---

① See Otto Pöggeler, "'Historicity' in Heidegger's Late Work", *Thinking about Being: Aspects of Heidegger's Thought*, edited by Robert W.Shahan and J.N.Mo Hanty, Norman: The University of Oklahoma Press, 1984, p.64; *Martin Heidegger's Path of Thinking*, p.135; *The Paths of Heidegger's Life and Thought*, p.92.

② See K.Held, "Heidegger and the Principle of Phenomenology", *Martin Heidegger: Critical Assessments*, VoII, p.313.

③ See Daniela Vallega – Neu, *Heidegger's Contributions to Philosophy: An Introduction*, Bloomington & Indianapolis: Indiana University Press, 2003, p.24. 当然,在此必须强调说明的是,这些只是《存在与时间》所表现出来的一些倾向,并不是海德格尔有意为之,反而是有违他自己的意愿的,因为他明确地强调:缘在的生存论分析都是服务于最终的存在问题的,缘在至多可以说是存在问题的前提,但无论如何都不是不变的根基或基础,而且存在的意义是要以时间为视域来理解的,并不是传统意义上的一个最高的存在者。海德格尔没有像卡洪所说的那样,将世界并入和还原到缘在之中,使得缘在与世界根本区分不开来的,从而把主体主义推到了极端(参见[美]劳伦斯·E.卡洪:《现代性的困境——哲学、文化和反文化》,北京:商务印书馆 2008 年版,第 276、279、281 页)。海德格尔一会儿根据主体来定义世界,一会儿根据世界来定义主体,也并不像卡洪所说的,是"摇摆不定,上下其手",是一种哲学的自恋的二律背反,而是出自缘在自身的解释学。所以,有时为了批判对《存在与时间》的误解,海德格尔也会矢口否认这种倾向:"在《存在与时间》中,人的自我性的本质没有被规定为'我一性',没有被规定为人格,也根本没有被规定为一个'主体'的'主体性'"(See Martin Heidegger, *Die Metaphysik des deutschen Idealismus*, Frankfurt am Main: Vittorio Klostermann, 2006, S.60)。我们至多可以称缘在为一个"准主体"。而托梅针对海德格尔的自我辩解而得出的断言则有些过头了:海德格尔说他在其后来对《存在与时间》所真正关心的东西保持着真诚,这是站不住脚的,他没有公正地对待《存在与时间》中被讨论的东西,而是误导性地解释它们(See Dieter Thomä, "Being and Time in Retrospect: Heidegger's Self-Critique", *Heidegger's Being and Time: Critical Essays*, p.224)。

　　而且,在这种主体形而上学的思路引导下,《存在与时间》把所有存在者区分缘在与非缘在式的存在者两种,并认定后者只有相对于前者才是如此存在,不但遗漏了天、地、动物、植物,而且更重要的是排斥了不对缘在直接在场显现自身的东西。结果,在《存在与时间》中,存在无非就是存在者的可理解性,一切对人蔽而不显的东西都试图被排除掉,甚至死亡也在存在论和生存论的意义上成了有意义的,即可理解的。实际生活经验的实际性并没有被彻底地思考为存在的因素,而是被安置在缘在所领会的存在的意义之中。或者说,真正的现实性(如现实的出生与死亡)被消解或逃避了,即成了缘在的生存论环节,被转变成了永远不可能成为现实状态的可能性。海德格尔没有彻底地肯认:现实的"生与死永远从缘在隐退。缘在,它们就不在;它们在,缘在就不在"①。死及其所面对的虚无和世界的遮蔽性维度并没有得到应有的关注,柏拉图意义上的纯粹光明的真理似乎反而又成了可以期许的目标。以至于有人说:"《存在与时间》依然囿于断言的和命题的真理之中,从而囿于在场之中。"②当然,这是相对于缘在而言的。生存论的死亡成了人的先天能力,成了存在论的根基。于是,主体主义、人类中心主义的指责,《存在与时间》是无论如何也不能完全化解的。就在《存在与时间》出版之后,舍勒作为第一个严肃地讨论《存在与时间》的主要思想家,就把生存的唯我论作为海德格尔的出发点来加以反对。而雅克·塔米尼奥(Jacques Taminiaux)则宣称:海德格尔的基础存在论构成了主体性形而上学的顶峰。胡塞尔仔细阅读了《存在与时间》之后得出的结论显然并非毫无道理:它依然是一种人类学。

　　这种"缘在的形而上学"的企图显然无法以恰当的方式达及被传统形而上学看作既非存在也非非存在之"无"的、运动意义上的存在自身。因为,如波格勒所指出的那样:形而上学思想的失败之处在于,把存在看作永

---

　　①　Michael Lewis,*Heidegger and the Place of Ethics:Being-with in the Crossing of Heidegger's Thought*,London·New York:Continuum,2005,p.43.

　　②　John McCumber, *Metaphysics and Oppression:Heidegger's Challenge to Western Philosophy*,Bloomington & Indianapolis:Indiana University Press,1999,p.227.

恒的在手者,而不能恰当地处理实际生活之时间性的实行。① 这种形而上学的绝对性与海德格尔对缘在之有限性的极力凸显形成了导致《存在与时间》失败的核心悖谬。从本书的角度来看,这显然就是说:海德格尔没有彻底地坚持对前理论的、动荡的实际生活经验的理解,而是依然有将存在看作一个现成在手存在者的倾向,因此不仅无法恰当地通达存在的原初意义,反而落入了主体形而上学的泥潭。整个《存在与时间》给人留下了如下的一个强烈印象:它只关心缘在,把一切都最终归属于缘在的超越性,超出了缘在之理解的一切都成了无用的、多余的,就连世界也主要是用来描述和揭示缘在自身的自由的,因为它无非就是缘在自身筹划的因缘整体。费赫甚至认为,海德格尔的缘在比卢卡奇匈牙利式的阶级意识更倾向于为主体性辩护。② 而事实上,后来海德格尔自己也承认:虽然《存在与时间》的动力是从存在出发或者说从人与存在的关系出发来规定人的本质,但却陷入了重新增强了主体性的危险之中。③ 这就是《存在与时间》难以为继而终成残篇的一个重要原因。波格勒就认为,虽然《存在与时间》要实现从"缘在"到"存在的意义"的"转折",但 1928 年他就抛弃了这一筹划,因为它还陷在存在者层次上的形而上学之中。④ 而海德格尔后来之所以放弃"存在的意义"去追索"存在的真理",就是因为"意义"是依据主体的筹划和理解而被思考的。⑤

---

① See Otto Pöggeler, *Martin Heidegger's Path of Thinking*, p.29.

② See István M.Fehér, "Lask, Lukács, Heidegger:the Problem of Irrationality and the Theory of Categories", *Martin Heidegger:Critical Assessments*, Vol.II, p.400.

③ See Martin Heidegger, *Nietzsche*, Bd.2, Pfullingen:Neske, 1961, S.194.甚至在随后发表的 1927 年夏季学期的讲座《现象学的基本问题》中,海德格尔依然坚持认为,"哲学必须从'主体'开始,并带着它的终极问题回到'主体'"(GA24,220),虽然他接着指出了主体主义是片面的,但是他的主体主义的嫌疑总是难免的了。但在此需要强调指出的是,海德格尔这种主体主义本质上是一种基础主义,所以绝对不能将之理解为一种主观主义。卡普托称这种"朝向主体的倾向"是海德格尔 20 世纪 20 年代哲学的"生命线"(See John D.Caputo, "The Question of Being and Transcendental Phenomenology:Reflection on Heidegger's Relationship to Husserl", *Martin Heidegger, Critical Assessments*, Volume II, p.342)。不过,《存在与时间》中的"主体"已不是传统的建立在主客二元分立的基础之上的主体,而是被重构了的主体,是其他存在者为之、因之而显现和存在的主体。

④ See Otto Pöggeler, *The Path of Heidegger's Life and Thought*, p.22.

⑤ See Otto Pöggeler, *Martin Heidegger's Path of Thinking*, p.141.

克洛维尔也认为,把存在论奠基于存在者层次之上的形而上学,倾向于把存在论理解为关于最高存在者的研究,它就是《存在与时间》陷入危机而失败的原因。① 在《存在与时间》的已完成部分行将结束之时,海德格尔自己也对此感到了疑虑,提出了一个问题等待思考和解决:存在论可以从存在论上加以论证吗? 或者存在论为此还需要一种存在者层次上的基础吗? 如何才能恰当地从缘在转向存在自身? 1946 年,在《关于人本主义的书信》中,他自己就已明确看到:《存在与时间》中要实行内在转折的关键一篇,即"时间与存在",之所以没有写出来,就是由于以形而上学的语言没能对这转折进行恰当的言说。②

综上所述,《存在与时间》难以为继而成残篇的根本原因在于:海德格尔没有彻底地以前理论的方式肯认、理解动荡意义上的存在,还有寻求终极根基或固定结构从而忽略或看不到世界现象的倾向,还有试图把存在论和哲学理解为理论的自我透明性意义上的绝对科学的倾向,依然有试图使存在成为可支配的概念的倾向,因而会诉诸于先验主义和形而上学的语言、方法和思路,从而没有建立起缘在与存在之间的恰当关系,没有能够彻底突破主体主义的局限恰当地言说不同于缘在的"Zeitlichkeit"的存在自身的"Temporalität",存在的意义问题自然也就难以继续以此方式被追问下去。③这明确地表现在《存在与时间》的"存在论差异"只是预设了存在者与存在者的存在之间的分离,并试图把缘在这一存在者建立为存在论的基础,从而

---

① See Steven Galt Crowell, "Metaphysics, Metontology, and the End of *Being and Time*", *Philosophy and Phenomenological Research*, Vol.LX, No.2, March 2000, pp.347, 365, 367.

② See Martin Heidegger, "Letter on Humanism", *Basic Writings*, edited by David Farrell Krell, New York: Harper Collins, 1993, p.231.

③ 哈贝马斯也看到了这一点,他说:"海德格尔在拒绝过程中仍然拘泥于主体哲学用胡塞尔的现象学所呈现给他的提问方式","海德格尔并没有彻底摆脱传统的理论立场、记述式语言应用以及陈述命题的有效性要求等。海德格尔最终还在否定意义上坚持意识哲学的基础主义"([德]于尔根·哈贝马斯:《现代性的哲学话语》,南京:译林出版社 2004 年版,第160、161 页)。而当史密斯否认《存在与时间》中存在主体主义和先验主义的倾向,而将海德格尔自己对这些问题的反思解释为他为了在战后重新获得教职和相应的薪水、津贴而使用的修辞策略时,他太过专业化了,当然是他自己的专业——政治学。基于他的这一专业,他才会说:海德格尔最终所没有看到的是,哲学首先是政治哲学(See Gregory Bruce Smith, *Martin Heidegger: Paths Taken, Paths Opened*, p.281)。

实际上只是确立了缘在与其他存在者的存在方式之间的区分,而没有思考存在自身与存在者之间的关系,即差异化的运动自身。① 这显然是对其早期弗莱堡时期"实际生活经验"的基本特征(前理论、动荡)及出自实际生活经验自身、符合其基本特征的方法(形式指引、解释学和解构)的背离,那个时候他明确地宣称:"我们放弃形式的和先验的考察,而从实际生活出发"(GA58,249),试图使哲学成为实际生活自身之没落运动的无尽反运动。本属于实际生活经验的实际性,即没落与反没落、生与死之间的运动或动荡,在作为"基础"的缘在那里成了可以被决断的东西,成了可被把—握的东西,从而"不动"了。1919 年战时亟须时期讲座中的日出经验被压抑住了,以讲台经验为模型的使用工具的经验占据了统治地位,所以有刻薄的尼采主义者把《存在与时间》称为"手持榔头的哲学"。以至于有论者会产生如下的误解:《存在与时间》试图在世界性和人的有限性中发现永恒的价值和意义,来抵抗当代世界的无根基性;缘在和时间性在基础存在论中占据着神学中上帝的位置。②

但是,也正是因此,本书不能完全像费赫那样,做如下的笼统断言:虽然海德格尔看到了存在出自无意义的深渊,但他还是要通过存在者来追寻存在的意义,因而《存在与时间》失败了。③ 本书也不认为,从缘在出发来询问存在本身,这种做法本身就会导致形而上学或者就是形而上学的。因为,对于成了残篇的《存在与时间》来说,最为关键的并不在于它试图通过存在者来追寻存在的意义,而是在于它试图通过依然具有"现成在手之主体"色彩

---

① 马里翁甚至说:"《存在与时间》只有把它的未完成性归因于在其自身中的'存在论差异'——即此在自身——对存在论差异的遮蔽"([法]让-吕克·马里翁:《还原与给予:胡塞尔、海德格尔与现象学研究》,上海:上海译文出版社 2009 年版,第 238 页)。不过,在 1929/1930 年冬季学期的讲座中,海德格尔就已认识到存在论差异"绝不是现存的,而是说,它所意指的事情,发生"([德]海德格尔:《形而上学的基本概念》,北京:商务印书馆 2017 年版,第 515 页)。

② See Charles B.Guignon, "Heidegger's 'Authenticity' Revisited", *Heidegger Reexamined*, Volume 1, p.192.

③ See István M.Fehér, "Lask, Lukács, Heidegger: the Problem of Irrationality and the Theory of Categories", *Martin Heidegger: Critical Assessments*, Vol.I, p.393; Daniel O.Dahlstrom, *Heidegger's Concept of Truth*, p.441.

的存在者来追寻存在的意义,从而最终获得的只能是一个作为终极基础的更高的存在者。当后期海德格尔说要"不顾存在者追问存在"时,他的意图就在于更加彻底地脱离这种传统的形而上学轨道,而不是要完全抛弃存在者,因为无论如何这是无法否认的事实:存在都是存在者的存在。从得到恰当规定的存在者出发达致对存在自身的恰当理解,这乃是一条必经之路。所以,海德格尔以取代了"实际生活经验"之地位的"缘在"为出发点,本身并非是个错误,因为本书的论述已表明,从前理论的、动荡的"实际生活经验"那里,他获得了对存在本身的原初领会,并试图在阅读校样时才被撤下的第一部分第三篇中,将作为时间自身之最为原初的时间化运动的Temporaliät阐释为理解存在自身的视域。① 错误只在于《存在与时间》中所谓的存在论和基础存在论都以认知为原初目标,试图获得可达到的、可流传的结果,要求超时间的普遍认同和有效性。② 或者说,错误在于《存在与时间》以先验主义和形而上学的方式,压制了应该在以前理论的方式存在着的"缘在"那里更加突显的动荡不安,从而压制了对存在自身的这种原初领会。所以,海德格尔后来明确指出:"不顾及存在者而思存在,这就是:不顾及形而上学而思存在"③,也就是从"无"来思存在。这种错误在《存在与时

---

① 从这个意义上来说,《存在与时间》的"失败"实际上并不像谢汉所想的那么严重:《存在与时间》出版了,海德格尔也完了。我们也不能因为《存在与时间》是为了评职称而写的一篇急就章,而假设海德格尔如果没有这么匆忙地出版它,那么他的思想应该会发展得更平稳和更好一些。实际上,在 1926 年 5 月 24 日写给雅斯贝尔斯的一封信中,海德格尔就已明确意识到他当时所做的工作"完全是过渡性的",而在 1928 年 9 月 24 日给雅斯贝尔斯的另一封信中,海德格尔则说"我不再想我不久前出版了一本所谓的书(即《存在与时间》——引者注)——只是评论偶尔会让我想起它"[See *The Heidegger - Jaspers Correspondence* (1920 - 1963),p.102]。所以,在《关于人本主义的书信》中,海德格尔根本不理会关于《存在与时间》"失败"了的言论,反而将这种"失败"看作是幸运地得到的礼物(参见《海德格尔选集》,上海:上海三联书店 1996 年版,第 386 页),因为在他看来,那只不过是又一次的思想尝试罢了。所以,他在 1938—1939 年所写的系列文章中说:《存在与时间》的"企图被摧毁了,但是一个新的开端在更加历史性的道路上,在 1927 年夏季学期的讲座中被开始了"(GA66,413)。但是,我们也不能像史密斯那样认为《存在与时间》根本就没有"失败",因为这样一来我们就难以解释《存在与时间》为什么成了难以为继的残篇了。

② See Rainer Thurnher,*Wandlungen der Seinsfrage:zur Krisis im Heideggers nach „Sein und Zeit"*,Tübingen GmbH:Attempto Verlag,1997,p.20.

③ 孙周兴选编:《海德格尔选集》,上海:上海三联书店 1996 年版,第 686 页。

间》之后还延续着，海德格尔试图构建的"metontology"也是一种形而上学，虽然它的主题是作为一个整体的存在者，虽然它不是奠基于缘在的理解，而是要为缘在提供根基。而对他在 20 世纪 30 年代的思想"转折"来说，关键之处就在于克服上述先验主义和形而上学的语言、思路，彻底地直面并寻得恰当的语言，克服对于可把攥的结果的期待，以前理论的方式（即形式指引、解释学和结构的方法）来言说"实际生活经验"所显示出来的动荡意义上的存在自身。1928 年夏季学期的讲座《逻辑的形而上学开端基础》，已不再讨论《存在与时间》以及《现象学的基本问题》中的形式的基础存在论，已不再认为"哲学是对存在、它的结构及其可能性的理论的—概念的解释"（GA26,15）。1929 年实行转折时，海德格尔再次推翻了先验问题，回到了1919 年战时亟须学期的零点。① 后期海德格尔对"存在自身""历史""真理""基础""同一性""本质"等概念的重新思考，都应当在这个方向上被理解。尤其是，后期海德格尔所讨论的同一与差异的关系，即存在论差异自身的差异化运动，及其最后的所在，即天地神人四重域的镜射游戏，最为深刻地表明了与其早期弗莱堡时期"动荡"思想的一致性。就此而言，图根特哈特的如下断言是有问题的：《存在与时间》未能完成的原因是海德格尔试图将缘在的"动荡"转用或投入到存在本身上去，试图使存在具有与缘在的动荡相符合的动荡。② 因为，实际上恰恰相反，《存在与时间》成为残篇的原因在于海德格尔没有能够彻底地实现这一"转用"或"投入"。

小　结

以"实际生活经验"的"前理论"和"动荡"这两个特征为关节点，我们梳理、阐释了《存在与时间》中海德格尔本人以及研究者们所没有完全交代

---

① See Rudolf A. Makkreel, "The Genesis of Heidegger's Phenomenological Hermeneutics and the Rediscovered 'Aristotle Introduction' of 1922", *Man and World*, 1990, Vol.23, No.3, p.316.

② ［德］图根特哈特:《海德格尔的存在问题》,《中国现象学与哲学评论》第八辑,上海:上海译文出版社 2006 年版,第 241 页。

清楚的一些重要问题。由此表明:海德格尔早期弗莱堡时期的"实际生活经验"思想是理解其《存在与时间》的源泉,而这"源泉"中的关键元素就是"实际生活经验"的"前理论"和"动荡"特征。所以,只有透彻地理解了海德格尔早期弗莱堡时期的思想,我们才能够透彻地理解《存在与时间》。

所以,在此需要顺便指出的一点是,本书对索洛克兹的如下观点不敢苟同:虽然早期弗莱堡讲座是《存在与时间》的源泉,但由于早期弗莱堡讲座在通往《存在与时间》的途中,不能对之做单独的主题考察,只能在《存在与时间》的眼光中被理解。① 因为,作为源头的东西不能单独被考察,由此源头而衍生出的东西却能被单独地考察,这就已很难理解,而只有从衍生的东西出发才能理解源头则就更是匪夷所思了。而且,按照他的这种逻辑,《存在与时间》是在通往后期思想的途中的,那么也不能对之做单独的主题考察了! 本书的论述已然表明:《存在与时间》成为残篇在很大程度上是由于,海德格尔在还没有完全透彻地理解"实际生活经验"这一思想源泉的情形下,过于匆忙地离开而奔向了"存在自身"。而他从此一去不再也无法回头,则是一件非常令人遗憾的事情。所以,我们应该依据他已经给出的指引,把"实际生活经验"作为单独的主题来继续深挖。后来,海德格尔自己曾反省说:"《存在与时间》一书的基本错误也许就在于,我冒险前行得太远太快了"②,其中应该包含着这层意思。在这个意义上,有人说,迫于求职压力而草就的《存在与时间》是一部太过早熟的著作,它成就了海德格尔,也毁掉了海德格尔,它"标志着海德格尔思想中一场重大而影响深远的迷乱","是一场不幸",是一场灾难。③ 索洛克兹的如上观点显然建立在他对《存在与时间》的偏爱上,然而却并不是所有人都有这样的偏爱。比如,在伽默尔坎看来,《存在与时间》就是一部即兴的和被弱化了的作品,而不是

---

① See Angel Xolocotzi, *Der Umgang als "Zugang"*, pp.37,49.
② Martin Heidegger, *Unerwegs zur Sprache*, Pfullingen:Neske,1959,S.93.
③ [德]君特·菲加尔:《海德格尔》,北京:中国人民大学出版社 2010 年版,第 45、54页。See"Correspondence between M.Komerell and M.Heidegger", *Philosophie*, Paris:Minuit,1987, p.16.当然,应该说,海德格尔认为,这"不幸"并不是完全由他导致的。人们对于传统哲学概念、方法和思维方式的固执坚持,从而不能恰当地理解他的哲学和概念,是导致这"不幸"的另一方面原因。

海德格尔的核心观点的表达,也不是他的第一部伟大作品。① 贝克尔也曾抱怨《存在与时间》不再是原初的海德格尔,而只是以经院主义的僵死形式对其原初突破的重复。② 当然,本书也不是反对从《存在与时间》的眼光来看海德格尔早期弗莱堡时期的思想,而是强调不能将这一条道路绝对化。就《存在与时间》在海德格尔整条思想道路中的位置而言,他自己的反思性总结应该是恰当的:"通过《存在与时间》的道路[是]不可避免的,然而他是一个死胡同[歧路](Holzweg)——一条突然断掉的路……《存在与时间》——只是一个转渡,它游移不定地[站在]'形而上学'和居有事件之间"③。在这个意义上,把《存在与时间》"无疑"地看作海德格尔"最重要的著作"的通行观点,实际上是需要更深入的反思和辩证的。海德格尔早期弗莱堡时期的思想具有其自身的独特价值和意义,比如它提供了一种既不同于《存在与时间》的"存在的意义",也不同于20世纪30—40年代的"存在的真理",也不同于40年代之后的"存在的拓扑"的思考存在的道路,即通过实际生活经验自身并在实际生活经验自身之中思存在的道路,它也提供了一种既不同于《存在与时间》的准先验的语言,也不同于后期的神秘—诗学语言的言说风格。④ 而海德格尔在回顾《存在与时间》时,恰恰说道:在即将发表时被撤回的第一部分的第三篇"的不充分性并非问题方向及其领域的不可靠,而仅仅是正确进行处理上的不可靠"⑤。就此而言,从言说或表达方式、方法上来探讨《存在与时间》的"失败"以及所谓的"转折",乃是非常重要的一个方面。

---

①　See Gadamer,"Erinnerungen an Heideggers Anfänge",*Dilthey Jahrbuch* 4(1986-1987),S.13-26.

②　See Otto Pöggeler, *Martin Heidegger's Path of Thinking*,p.285.

③　转引自 Theodore Kisiel,"The Demise of Being and Time:1927-1930",*Heidegger's Being and Time:Critical Essays*,p.209。

④　就此而言,本人认同如下的观点:"倘若我们认为青年海德格的思想是《存有与时间》的预备阶段,就没有办法看到这些不同的路,看不到这些不同的路,就没有办法有不同的走向(Züge),乃至看到不同的事物"(黄文宏:《海德格事实生命的现象学与根本学的理念:以〈战时紧迫学期讲稿〉为例》,《(台湾)政治大学哲学学报》2005年第14期,第161页)。

⑤　[德]马丁·海德格尔:《海德格尔自述》,南京:南京大学出版社2015年版,第100页。

第十章　海德格尔早期弗莱堡时期的
"实际生活经验"思想与其
"转折"后的思想

在 1929/1930 年冬季学期的讲座《形而上学的基本问题》开始的期间，海德格尔在写给布洛赫曼的信中说："随着我冬季的形而上学讲座，我应当会达到一个新的开端"①。这就是所谓的海德格尔 20 世纪 30 年代的思想"转折"。那么，如何恰当地理解他的这一"转折"？他"转折"之后的思想的主题、特征和动机又当如何理解？下面，透过海德格尔早期弗莱堡时期的"实际生活经验"思想，尤其是它的"前理论"和"动荡"特征，我们可以对这两个聚讼纷纭的问题进行一下阐释。

第一节　海德格尔早期弗莱堡时期的"实际生活经验"
思想与其思想的"转折"

海德格尔 20 世纪 30 年代思想"转折"的直接结果是：存在的意义被存在的历史取代了，作为先天视域的时间图式被"存在的真理"取代了。不单是人及其对存在的理解，而且存在自身都获得了一种彻底的历史性。因为，依据存在的真理来思考，存在自身是一种被安排了位置的存在，有限性和历史性一开始就属于它。在与历史学完全不同的意义上，存在的"历史"是存在遣送自身的时代性发生事件，而人对存在的理解则是在特定境域中顺应

① See Martin Heidgeer-Elisabeth Blochmann, *Breifwechsel* (1918-1969), p.33.

这遣送而获得的。而"真理的本质"被等同于"本质的真理",因为"本质"不再被看作一个名词,不再被理解为永恒的不变基础①,而是被看作一个动词(Zeit‐wort)②,被理解为"无底深渊"(Ab‐grund)。这是一个由"Abgrund"(深渊)拆分而来的词,海德格尔借之试图加以凸显的是其"去—根基""无—根基"的含义。因而,在他这里,"本质"意味着一个不断地去掉根基而永远触不到底的运动。这也就是说,根本就没有什么所谓的不可移易的、稳固牢靠的根基、基地、根据等。唯一可以被称作"本质"或"根基"的就是不断地去本质、去根基的运动。③ 因此,"真理的本质"等同于"本质的真理"无非就是说,真理的本质就是真理不断地去(终极不变之本质意义上的)真理(实为非真理)而成为自身的运动,或者说,就是真理与非真理之间的争执和摆荡。简而言之,只有这真与非真之间的双重运作才是真正意义上的真理。后期海德格尔认为,正是这双重运作才给出了时间和存在,它就是万有所从之而出的"无"④。它在其不在场中在场,或者说,它以自身隐退的方式显现自身。这也就意味着,"无"并不又是一个可以当作客体来被考

① 其实早在 1927 年夏季学期的讲座《现象学的基本问题》中,海德格尔就把本质问题和时间性问题直接联系了起来(GA24,120)。

② See Martin Heidegger, *Unterwegs zur Sprache*, pfullingen: G.Neske, 1965, S.201.

③ 所以,格里德在讨论海德格尔 1937/38 年的讲座《哲学的基本问题》中的"本质"概念时说,"在此(以及后来的著作中,如我们将要看到的)本质和运动被带到了一起……它是出—动(e-motion)","本质是持续的和变化的"(Alfons Grieder, "What Did Heidegger Mean by 'Essence'?", *Martin Heidegger: Critical Assessments*, Volume I, pp.194, 199)。也正因此,张灿辉先生主张把"Wesen"译作"本现",因为一方面它有"本源、本质"的意思,另一方面又有"呈现""敞开"之活动的意思(参见张灿辉:《诠释与此在》,《中国现象学与哲学评论》第二辑,上海:上海译文出版社 1998 年版,第 215 页)。所以,哈贝马斯的如下断言是成问题的:"海德格尔所宣扬的对存在的沉思回忆并没有使基础主义成为问题",因为当海德格尔说"形象地说,它并未截断哲学的根基。相反,它还为哲学提供基础,培育土壤"([德]哈贝马斯:《现代性的哲学话语》,南京:译林出版社 2011 年版,第 161 页)的时候,这里的"基础"已是在"深渊"的意义上被理解的了,而且不是哈贝马斯所理解的那种"非理性"意义上的([德]哈贝马斯:《后形而上学思想》,南京:译林出版社 2001 年版,第 144 页)。

④ 实际上,在学生时期,海德格尔就很关心"否定"问题。他的相关论述为他发现存在的遮蔽、不在场的因素,以及真理的无根基性奠定了基础。这是海德格尔思想研究中一个需要详细探讨的重要问题。在这方面,古道普曾给出过一点儿提示(See Wolf-Dieter Gudopp, *Der junge Heidegger*, p.30)。

察的现成对象,它也并不意味着"不存在""无意义"①。最为彻底地来说,"无"就是"无之无化",也即"无"成为"无"自身的运动。可见,海德格尔所谓的"存在的真理"实际上就是"遮蔽与澄明、真与非真、在场与不在场、有与无之间的双重运作",这也就是他后期所说的"事情自身"。被比梅尔看作海德格尔的双重主导思想的存在和真理,实际上是一而二二而一的东西,即都是这双重的运动。这种意义上的存在与其说指的是"去蔽与遮蔽的冲突中所生成的存在者的'无蔽状态'"②,不如说是生成存在者的"无蔽状态"的去蔽与隐蔽的冲突。于是,时间也已不再被强调是 Zeitlichkeit 或 Temporalität,而是主要被理解为作为时间—空间的相互通达的四维时间,被理解为 Zeitigung,即最本源的运动现象③,从而不再被看作先天的基础,而是动力学地被理解为原初的震荡(Schwindung)和摇荡(Erschwindung)。世界的前理论的展开状态也不再被思为具有静止意味的指涉结构和因缘整体,而是依据世界的形成而动力学地被思考天地神人之间的相互映射、相互游戏、相互缘起,被思考为世界自身的历史性的世界化。④ 自然则被理解为了

① 当叶秀山先生把"无意义"看作海德格尔所谓的真正存在论的"存在"的时候,应该说他是把目光局限在《存在与时间》之内的,所以他会说海德格尔的"存在"是世界向人显现出来的"意义",根源于作为 Dasein 的人(参见叶秀山:《思·史·诗——现象学和存在哲学研究》,北京:人民出版社 1988 年版,第 190、207 页)。

② 余虹:《艺术与归家——尼采·海德格尔·福柯》,北京:中国人民大学出版社 2005 年版,第 105 页。

③ See Martin Heidegger, *The Metaphysical Foundation of Logic*, translated by M.Heim, Bloomington:Indiana University Press,1992,p.198.所以,绝对不能说,在后期海德格尔这里,"时间化本身并不运动,……它不过是……某种形式结构"(鲍克伟:《从此在到世界——海德格尔思想研究》,北京:中国社会科学出版社 2010 年版,第 212—213 页)。后来,海德格尔在《时间与存在》一文中说"时间自身不是时间性的东西",这只不过是说"Zeitigung"不是以时间为特性或特征的东西,而是时间自身的发生和遣送,从而是原初意义上的时间。所以,海德格尔并没有像波尔特(R.Polt)所说,转向了一种准先验的立场,Ereignis 也没有成为一个无时间的根基(See Richard Polt,"Being and Time",*Martin Heidegger:Key Concepts*,p.79)。海德格尔说 Ereignis 是非历史的、没有命运的,也只不过是说它乃是遣送历史和命运的东西,并不意味着它成了不变的东西。

④ 就此而言,说"海德格尔所说的神乎其神的'世界'基本上与《存在与时间》中所说的'意蕴'是一致的"(刘旭光:《海德格尔与美学》,上海:上海三联书店 2004 年版,第 179 页),应该是有不当之处的。在《存在与时间》中,"世界"作为因缘整体最后是要回溯到缘在的,虽然在后期海德格尔这里"世界"依然可以依据"因缘而起"的理路来理解,但在天地神人的世界中,每一个都映射其他三方,但同时又保持着自身的独立性。也就是说,在四者中,没有

physis,即涌现。而现代科学技术及其造成的世界图像时代的根本问题就在于:试图平息存在自身之动荡的动力学,为作为世界中心和主体的人牢靠地控制一切存在者,于是人有了控制论和未来学。基于此种转变,海德格尔才试图把"存在"(Sein)改写为 Seyn,给 Sein 画上个叉,甚至放弃要放弃"存在"这个词,而采用了早期弗莱堡时期的用语"Ereignis"。虽然那时这个词只是指实际生活经验体验周围世界的方式,但其中所蕴含的"相互居有之运动"的基本思路,还是使得海德格尔终于从存在者、存在者的存在(纯粹的在场)走向了存在自身。而"作为 Ereignis 的存在就是历史"①。

　　显然,海德格尔思想"转折"之后的"事情自身"在某种程度上就是返回了早期弗莱堡时期的"事情自身"。Ereinis 显然直接来自海德格尔的战时亟须学期,在那里他已将之理解为我自己将之据为己有而它据其本质居有自身的事件(不过,在那里这事件主要关乎的是周围世界的体验),而且他也已在"Es gibt"的意义上来理解这个 Ereignis;对"存在的历史"的理解源自海德格尔早期弗莱堡时期对实际生活经验自身的历史性的阐释,突出历史学与本真意义上的历史的区别,强调本真意义上的历史所蕴含的境域性特征及其本质性因素,即"动荡"②。至于"实际生活经验"与"physis"的关系,

---

任何一方可以成为中心或终点。另外,只有这种后期海德格尔所谓的世界化意义上的"世界"、既遮蔽又揭蔽的双重运作意义上的"世界",才可以如黑尔德所说,成为海德格尔所面临的唯一事情(参见克劳斯·黑尔德:《世界现象学》,孙周兴编,倪梁康等译,北京:三联书店2003年版,第96—167页)。

　　①　Martin Heidegger, *Beiträge zur Philosophie*(*Vom Ereignis*), Frankfurt am Main: Vittorio Klostermann, 1989, S.494.

　　②　波尔特说:对于海德格尔而言,存在的历史性主要并不是一个关于"运动"的问题;相反,它本质上涉及一种跳跃和一种决断(参见[美]波尔特:《存在的急迫——论海德格尔的〈对哲学的献文〉》,上海:上海书店出版社2009年版,第216页)。他的前半句应该为"运动"加以一个限定语,即它是传统意义上的。这样,他的后半句照样成立,因为我们这里所说的"运动"是在海德格尔早期弗莱堡时期提出的"动荡"的意义上来讲的。跳跃和不断的决断都是往返动荡意义上的运动。在《荷尔德林诗的阐释》中,海德格尔说:"历史之历史性的本质在于向本己之物的返回,这种向本己之物的返回惟有作为向异乡的行驶才可能是返回。"(海德格尔:《荷尔德林诗的阐释》,北京:商务印书馆2000年版,第113页)。这种意义上的历史,显然对应着实际生活经验前握—后握、前构—回溯、没落—反没落的动荡。但是,这种意义上的

海德格尔自己明确说道:"生活与涌现说的是同一个东西"①。对自我摇荡的时间的理解显然源自海德格尔早期弗莱堡时期对原初时间"kairos"和"Zeitigung"的阐释。对世界的新理解显然来自早期弗莱堡时期对"Es weltet"的思考。"存在的真理"实际上引发自他在1923年夏季学期中的讲座就已窥见到了的"更高层次上的真理",即前理论的实际生活经验之意蕴的先行自身展开。因为,意蕴不是某种存在者,而是对世界的存在性规定。而这就意味着它与不同于存在者的存在自身之真理相关。《存在与时间》则接着这个路向,把现象学的真理,即存在的展开状态称作超越的真理。后来,在《论真理的本质》一文中,海德格尔甚至把意义、敞开状态与存在的真理等同了起来。② 而"存在的真理"的"本质",即"遮蔽与澄明、真与非真、在场与不在场、有与无之间的双重运作",源自"实际生活经验"的浮雕性和自足性等前理论特征和它的"本质",即"没落与反没落、显现与不显现的动荡"。格林兄弟的《德语词典》中,将"wesen"这个词的核心意义表达为"生活和穿梭运动"(leben und weben),似乎也指示了这一点。克兹尔就曾指出:战时亟须学期中所谓的"原初的东西",也即"在自身之中并为了自身的生活",就预示了海德格尔后来作为"揭蔽着的遮蔽"的真理之运动,因为生活的原初运动(Urbewegung)包含着"去生活化"的反运动。③ 科莱尔则看到,在海德格尔这里,"实际生活的动荡就是虚无化"④。基于此,彭富春先生把"无之无化"作为海德格尔思想道路的核心问题,才是可以理解的。也正是基于此,本书认为,如下断言是不恰当的:海德格尔后期追问真理的本

历史并不像有论者认为的那样是"彻底偶然化的",因为它是"命运性的",但它也不是必然性的,它超出了必然和偶然的对立。Ereignis也并不是"'大全'意义上的存在",对它和居有事件的语言的强调绝不意味着海德格尔依然陷在形而上学的阵营里面(参见王俊:《于"无"深处的历史深渊——以海德格尔哲学为范例的虚无主义研究》,杭州:浙江大学出版社2009年版,第145页)。

① Martin Heidegger, *Vorträge und Aufsätze*, Frankfurt am Main:Vittorio Klostermann,2000, S.282.

② 参见孙周兴选编:《海德格尔选集》,上海:上海三联书店1996年版,第235页。

③ See Theodore Kisiel,"Die formale Anzeige:die methodische Geheimwaffe des frühen Heidegger",*Heidegger-Neu Gelesen*,S.25.

④ David Farrell Krell,*Daimon Life:Heidegger and Life-Philosophy*,p.49.

质,只问一般真理之为真理的东西,这种思路与传统形而上学没有本质区别①。

可见,海德格尔 20 世纪 30 年代的思想转折并不是一个简单地从存在者或缘在转向存在自身的过程,因为从早期弗莱堡时期开始,存在问题就是他的引导问题,而且《存在与时间》第一部第三篇事实上就已试图开始这一过程。或者说,这种意义上的转折已是《存在与时间》的应有之义。返回到"实际生活经验"的动荡特征而对运动性存在的重新彻底肯认,返回到"实际生活经验"的前理论特征对运动性存在的更加原初地言说,对于海德格尔的思想"转折"来说,才是最为关键和核心之处。理解了这一点,我们就能更好地把握住这"转折"的含义。比如,由此我们可以理解,为什么转折时期的海德格尔回到早期希腊哲学,把"physis"(涌现)、"aletheia"(去蔽)和"logos"(聚集)看作"存在"的基本意义。显然,这是由于三者表达出的是,"迷惑""吸入"(Berückung)和"出神""带出"(Entrückung)的双向运动、有与无、解蔽与遮蔽、聚合与分解的双重运作,从而迎合了海德格尔对以动荡的运动为基本规定的"存在"的重新彻底肯认和恰当言说。

又如,对于他《存在与时间》之后的思想"转折"来说,尼采起了非常关键的推动作用。但这作用到底是从何而起的呢? 海德格尔从尼采那里到底获得了什么呢? 根据本书的阐述,我们可以清楚地看到,其中的一个关键之处在于:在尼采这里,"生命表示一种对存在的全新解释——据此解释,存在就是一种生成"②;尼采洞见到了只有"永恒的轮回"或绝对的运动才是唯一的真理,虽然这一"真理"对大多数人来说是有害的,但它却是对生命的唯一真正的肯定。只有人在作为将来与过去的碰撞的瞬间之中承担起决断的重担,"瞬间"才存在。所以,对尼采来说,永恒轮回"只是"一个问题或追问,它绝不是一种"理论",对这个思想的思考将彻底改变生活。简而言之,海德格尔在尼采那里确证到的最为本质性的东西,是对前理论的运动、

---

① 刘敬鲁:《海德格尔人学思想研究》,北京:中国人民大学出版社 2001 年版,第 111 页。
② [德]马丁·海德格尔:《尼采》上卷,北京:商务印书馆 2010 年版,第 243 页。

时间以及本真自我的肯认。① 但是,尼采的永恒轮回又类似于黑格尔那个转了一圈之后总是回到自身的绝对精神,在这个意义上它又是一个终极不变的东西。他最终要解脱这条永恒运动的赫拉克利特之流,使之一再地回到自身,从而持续而稳定,而人则总是作为相同者踏入同一条河流。也就是说,在无尽的轮回中,尼采依然试图为人守住一个稳靠的立足点,要对时间复仇,通过肯定虚无主义来克服虚无主义。永恒轮回乃是非持存之物的最持久的持存化。在他这里,对运动的理解已经达到了一个必须被突破的极限:永远不变的变化! 为了不变而变化! 让一切都运动变化恰恰是不变之物的存在方式。他依然处于"存在与生成"的古老理论模式之中,依然试图让强力意志通过其美化作用赋予生成以持存性(Bestand),即使之作为存在者而保存下来。对尼采来说,只有在生成者的不断流动和变化中被固定下来的东西,才是真实的东西,持存和固定之物作为具有更高价值的东西受到了优待。同样,在尼采的强力意志思想中应当得到思考的是在最高和最本真意义上的生成者和运动者,但它归根结底无非就是一种持存化,就是把生成持存化为在场状态。所以,他没有达到对存在自身的彻底理解,他所说的存在始终是柏拉图意义上的,即意味着在场、持存、经受住消失和缩减。其实,说到底,对尼采来说,存在就意味着存在者之为存在者的东西,即持者,而作为存在的存在则没有得到思考。② 所以,海德格尔才称之为最后一位形而上学家。

正是基于对运动性存在的重新彻底肯认,为了原初地表达"存在的真理",也即真/非真、遮蔽/澄明、在场/不在场的运动,对形式指引"方法的思考和实践促动海德格尔实施思想的'转向'"③,在思维方式和表达方式上进行新的探索,于是他只能也必然得返回他早期弗莱堡时期的做法:用"形式指引"的词语来表达运动性的存在,而传统的普遍抽象的种属概念、形而上学的概念变得更加的不合时宜了。只不过这时的"存在"不再指凸显在

① 关于这一点,吴增定先生曾有过精彩而深刻的论述(参见靳希平、吴增定:《十九世纪德国非主流哲学——现象学史前史札记》,北京:北京大学出版社 2004 年版,第 15 章)。

② 参见[德]马丁·海德格尔:《尼采》,北京:商务印书馆 2010 年版,第 191、377、409、455—461、530、557、639—640、918、921、965、970 页。

③ 孙周兴:《后哲学的哲学问题》,北京:商务印书馆 2009 年版,第 254 页。

前台的实际生活经验之没落—反没落的动荡,而是意指隐藏在背后的在让存在者显明的同时自身隐退的存在自身;①这时海德格尔对语言问题更加自觉、思考得更加彻底了,他把容易带来误解的"形式指引"换成了引导性或主导性词语(guiding words),而且使用了更加充满了灵动的意象的诗化语言,试图使传统哲学的所有被静态地理解的基本范畴都动词化、历史化。他把传统的可定义的概念称为"装着东西的水桶",而把这种主动性的词源称作"源泉",人们必须挖掘它,照料它,等待着涌流来出来的东西。在1934/1935年冬季学期关于荷尔德林的讲座中,海德格尔说:人们不应指望这种诗化的语言"具有阐释得尽可能清晰的力量,而要反过来尝试,吸收它那揭示性力量"。这种本原性的言说方式绝不会使得语言"板结"而丧失其灵活性,它既不直截了当地说明什么,也不仅仅一味地遮蔽什么,而是合二者于一身,将言说出来的指向未经言说的,将未经言说的指向言说出来的以及有待言说的。而每个个人所能做的就是依照被提供出来的指示及其所激起的境域,在不断地继续追问中,对总在自身隐退的东西敞开自身。② 所以,

① 但是,这并不意味着海德格尔完全抛弃了实际生活经验的,而只是转换了视角而已。这并没有改变他一生的终极眷注:赢得生活的真理,塑造本真的人,只是这"人"在20世纪30年代之前更加偏向个人,而转折之后更加偏向共同体而已。而且,这种向存在自身视角的转换是海德格尔一直有意引导的。就此而言,当史密斯指责后期海德格尔所谓的"It""Ereignis""Lichtung"不发生在具体的地点、位置或领域,没有任何具体的内容,完全丧失了实际性,从而陷入了空洞的神秘化之中(See Gregory Bruce Smith, *Martin Heidegger: Paths Taken, Paths Opened*, pp.208-210)的时候,虽然不能说毫无道理,但其中也渗透着他对海德格尔形式指引方法及其思想转折的深层误解。

② See Martin Heidegger, *Hölderlins Hymnen "Germanien" und "Der Rhein"*, Frankfurt/M., 1980, pp.119,127.实际上,只有理解了这一点,我们才能化解勒维特所指出的在评价海德格尔后期思想的价值时所遇到的如下困难:它"根本上否认论证和一种'逻辑的'的阐释……没有基于论证和证据之上的证明,而只有神秘的'姿态'和暗示"(Karl Löwith, *Martin Heidegger and European Nihilism*, New York: Columbia University Press,1995, p.43)。这样,我们也才能从哲学上理解为什么当汉斯·约纳斯要求海德格尔提供一个标准来决定如何对存在的召唤做出应答时,海德格尔的答案是"领袖"(See Hans Jonas, *The Phenomenology of Life: Towards a Philosophical Biology*, New York: Delta Publishing,1966, p.247)。这样,我们才能消除如下的困惑:海德格尔在讨论"'无'这一现象时,似乎把它作为一种物,一种几乎是客观的东西,虽然他公然声明它不是存在之物,不是一个'对象'"([德]海德格尔:《存在与在》,北京:民族出版社2005年版,"导言"第68页)。正是出于对这一点的无知或不理解,乔治才会有对海德格尔的如下责难:在后期阶段,海德格尔宣称他的原初思想是非概念的,"但是这一宣称是自相矛盾的,因为没有概念的帮助,

当后期海德格尔说,做哲学的思想者和作诗的诗人只能在天地神人的四重运动中截获一些指示,而不能通过自己的实践承担改变世界的任务,从而他们所能做的只有期待最后一神的出现时,他所倡导的绝不是一种消极无为的命定论或有神论,而是告诫人们只有人在正确的时刻以正确的方式转变了自身时,神性的光辉才会再次闪现。而这只不过表明,他依然使用着形式指引的方法和概念,依然坚持着其指示性和禁止性的功能。因为,如达尔斯多姆所言:在早期弗莱堡时期的海德格尔那里,"一个哲学概念是形式指引的,恰恰是因为它总是仅仅要求(ansprechen)改变,但不能导致(verursachen)改变"①。于是,在其思想转折之后,依然在增强着主体性的"Dasein"不再是主导词语,"结构""图式"等也被抛弃了或是被改变了含义②,"Es ereignet""Es

什么东西也不能被表达","所以,当海德格尔使用概念来指控概念的重要性时,他在指控概念认知的价值方面是前后矛盾的"(Versus A.George,*Authentic Human Destiny: The Paths of Shankara and Heidegger*,Washington D.C.:The Council for Research in Values and Philosophy,1998,pp. 367-368)。他根本没有意识到,当他说海德格尔"在使用概念来指控概念的重要性"时,对于海德格尔自己来说,这前后的两个概念已不是同一意义上的了:前一个"概念"是形式指引性的,而后一个"概念"意味着普遍性的、种属性的。而且,也是出于同样的原因,乔治指责海德格尔前后期都存在一个问题,即没有使缘在的存在理解客观地有效并使之可以交流。实际上,海德格尔一贯的形式指引方法根本抵触乔治所说的这种客观有效性,而且这种方法的积极的显示作用提供出了可交流的东西,但不是可以被普遍地接受和谈论的东西。也正是基于这种无知或不解,沃林才会指责海德格尔用预言的、神谕的修辞方式放弃了意义的界限,放弃了现象世界的可理解的界限(See Richard Wolin,*Heidegger's Children*,p.95)。波尔特的如下观点也是成问题的:海德格尔攻击非时间性的和抽象的事物——但却是以一种抽象的方式,他后期许多作品似乎都忽略掉了特殊存在者的所有体验,西方的历史又被以存在之历史来理解,后者则要以理智的方式和文本的方式来铺展开。他提出的解决办法是:将海德格尔对存在的思考与对种种特殊存在者——包括我们自身——的体验联系起来([美]波尔特:《存在的急迫——论海德格尔的〈对哲学的献文〉》,上海:上海书店出版社 2009 年版,第 348—349)。实际上,他的解决办法就是海德格尔的形式指引方法所内含着的,形式指引的作用就在于以一种前理论的方式激发当下具体的决断境域。当波尔特对海德格尔做出这种指责的时候,他没有意识到他自己应为被指责的这种状况负责,因为形式指引提供的只是应被每个人具体实行的任务。因此,它的话语也并不像哈贝马斯所说的那样"用不确定性抵挡一切特殊的质疑"([德]哈贝马斯:《现代性的哲学话语》,南京:译林出版社 2011 年版,第 218 页)。

① Daniel O.Dahlstrom,*Das logische Vorurteil*,S.308.

② 比如,在 1936—1937 年的尼采讲座中再次提到"Schema"这个词的时候,海德格尔明确强调,它不是指一个从外部设定的框架,用于一种单纯描述性的类型排列和划分,而是指从实事之本质中获得的"指导线索",是对决断道路的"预示"(参见[德]马丁·海德格尔:《尼采》上卷,北京:商务印书馆 2010 年版,第 146 页)。

weltet""a-letheia"等早期弗莱堡时期充满动势含义的句子和词语,又被重新拾了起来。因为,只有它们才能以前理论的方式原初地表达存在自身之真理的双重运作。如克兹尔所言:海德格尔之所以在战时呕须学期里使用"它世界化"和"它居有"这些无人称句,就是因为它们纯粹地指引出了作为运动的"生活之动荡";①无人称句,以及不定式就是被海德格尔用来表示纯粹的活动的。② 当然,不可否认,在1919年之后,这些词语被"它时机化""它产生""它流动""它遭遇"等所代替,只是在他的这次思想转折之时才又重新出现。但是,如布伦所言:当海德格尔谈及时机化的时间和运动的时机化意义时,它们依然在早期弗莱堡时期起着作用。而且,在1928年夏季学期的研讨班上,海德格尔就再次使用了"Ereignis"来翻译"dynamis"和"kinesis",并将"Enteignis"看作是属于"Ereignis"自身的东西,以显示从遮蔽进入无蔽的运动。③ 所以,谢汉敏锐地指出:"运动"观念是理解海德格尔的"Ereignis"的关键和钥匙。④ 也正是基于此,后期海德格尔依然坚持对以笛卡尔哲学为代表的形而上学进行解构,对隐蔽在希腊哲学和荷尔德林等人的诗歌里的真正思想遗产进行清理。不过,也正是由于后期海德格尔关注的是作为遮蔽/揭蔽的双重运作的存在自身,在《存在与时间》中被规定的、本质上与形式指引一致的现象学方法依然被实行着,而早期弗莱堡时期作为实际生活经验之自我解释的、过分侧重于解蔽的解释学,就很少被提及和使用了,也正因此很容易被人与胡塞尔联系起来的、试图显明一切的"现

---

① Theodore Kisiel,"Die formale Anzeige:die methodische Geheimwaffe des frühen Heidegger",*Heidegger——Neu Gelesen*,S.25;S.29.

② See Theodore Kisiel,"Heidegger on Becoming a Christian",*Reading Heidegger from the Start*,p.180.

③ See John van Buren,*The Young Heidegger*,pp.270,279,368.

④ See Thomas Scheehan,"Dasein",*A Companion to Heidegger*,p.202.就此而言,虽然本书暂时也没有更好的中译名,但现在清楚的一点是:把"Ereignis"译作"发生""转让""居有""性起""自在起来""大化流行""自身的缘构发生",远比将之译为"大道""本有""本是"要好。当然,对"Lichtung"的理解和翻译,也应该遵循这个方向。也正因此,本书无法赞同哈尔的如下观点:对于海德格尔来说,"Ereignis"显然是一个非历史的观念,它描述意义和语言在任何文化中出现的方式(See Michel Harr,*Heidegger and the Essence of Man*,forword,p.xxi)。

象学方法"也很少被提及了①。但是,正是由于此时的形式指引是相应于作为遮蔽/揭蔽的双重运作的存在自身的,海德格尔意识到形而上学只能不断经受(Verwindung)而不能最终克服(Überwindung),所以他不再期望也不再试图用形式指引的方法和语言一劳永逸地克服形而上学的方法和语言,而是永远与之争执(auseinandersetzen)。这意味着,谁也无法彻底地、完全地摆脱掉形而上学的思路、方法和语言。关键的问题不在于传统的概念总是试图抓住些什么,而在于如何在抓住些什么的同时,让思依然保持在途中,即与存在自身既遮蔽又揭蔽的双重运作相应和。用海德格尔话来说,概念(Begriff)应该原初就是内化(Inbegriff),即在对存在自身的把捉中人随时转变自身。而海德格尔后期对词源学和诗化语言的开发和利用,就是让思保持在这种运动之中的一种方式。所以,与实际生活经验的前握—后握、前构—回溯的动荡相应,真正的诗人对到来者的预感同时是一种先思(Vordenken)和一种回思(Zurückdenken)②。在这种意义上,把"不确定的模糊性"

----

① 当然,我们也不能否认在后期海德格尔的思想中依然存在着解释学的因素,但这种因素是经过了传达信息的同时又遮蔽被传达的东西的赫尔墨斯改造的,是归属于既遮蔽又揭蔽的存在自身的。当帕尔默说海德格尔的后期著作变得更加解释学了的时候,他明确地指出,这种意义上的解释学"关乎的是意义显露出来的时刻"(Richard E.Palmer, Hermeneutics:Interpretation Theory in Schleiermacher, Dilthey, Heidegger, and Gadamer, Evanston:Northwestern University Press,1969,p.156)。也只有在这种意义上,他才能断言:"即使海德格尔没有在《存在与时间》中作出他对理解理论的决定性哲学贡献,他也依然可以被称作西方哲学家中最'解释学的'。"(Ibid.,p.141)然而,虽然海德格尔明确地指出"认为现象一定可以被纯粹无偏见地看到,是现象学的一种错误……现象本是根本不可能被看到"([德]海德格尔:《论真理的本质——柏拉图的洞喻和〈泰阿泰德〉讲疏》,北京:华夏出版社2008年版,第278页),还是有人对此产生误解。比如,狄尔泰的女婿和理论继承者米施(Georg Misch)就曾指出:海德格尔的实际性的解释学试图让世界成为一个完全透明可见的大晶体,这与笛卡尔没什么两样(See Elzbeieta Paczkowska-Lagowska,"Ontologie oder Hermeneutik? Georg Mischs Vermittlungsversuch in der Auseinanderseztung zwischen Heidegger und Dilthey",Zur philosophischen Aktualität Heideggers,Band 2,S.195)。如下论断似乎也是需要解释的:"最本源性的'aletheia'是……在'排除'(a)一切'隐蔽物'、'碍眼物'之物从而可以达到一切皆'明'的'自由'(Frei)境界"(叶秀山:《思·史·诗——现象学和存在哲学研究》,北京:人民出版社1988年版,第203页)。

② 参见[德]海德格尔:《荷尔德林诗的阐释》,北京:商务印书馆2000年版,第63页。

看作是海德格尔存在之思的困境①,乃是一种误解。

　　根据他早期弗莱堡时期对"实际生活经验"和"形式指引"方法的阐述,我们应该明白:后期海德格尔试图使用的这种语言所传达的不再是先天的结构和图式,而是需要被具体实行的可能性。② 也正因此,他才一再强调,"思"永远走在追问的途中,"追问"就是思的虔诚。而他后期所期许的"神圣",也并不是一个存在于遥远天国里的存在者,并不是一个"不死者",它与神话没有关系③,从根本上来说,它无非就是存在自身隐退而留下的痕迹或暗示,无非就是天地人之间相互镜射的游戏而形成的和谐关系,就是像对再临之基督的期待那样的、需要每个人自己当下痛苦决断的、悬而未决的瞬间发生事件。④ 像对再临之基督的期待一样,对诸神的"期待"也不只是指向诸神的到来,也指向在不在场样式中的诸神的在场,即警醒地对诸神之到来或缺席而敞开。而他后期之所以猛烈地批判传统形而上学和科学技术,从根本上来说,就是要使人们惊醒地认识到:形而上学和科学技术没有也无法理解处身于遮蔽之中的基督,是如何随时都可能显现自身的,从而也无法

---

　　① 参见范玉刚:《睿思与歧误:一种对海德格尔技术之思的审美解读》,北京:中央编译出版社 2005 年版,第 369 页。事实是,如波格勒所言:"海德格尔需要一种语言,在这种语言之中,意义单一明确的概念以及概念之间条理分明的关联,并不居于首要地位,反而是具有多样维度和意义丰富性的意象更为重要","关于存在和神圣的言词都是一种'暗示'"([德]波格勒:《东西方对话:海德格尔与老子》,《海德格尔与东亚思想》,北京:中国社会科学出版社 2003 年版,第 223、227 页)。

　　② 在评价对海德格尔的思想转折至关重要的一本书——《对哲学的贡献》时,Daniela Vallega-Neu 就指出:"在这本书中,最为革命性的东西和敞开新的思想可能性的东西,就是它的实行方面,即人们顺随着书中所表达的思想运动时所发生的东西"(See *Heidegger's Contributions to Philosophy:An Introduction*,p.2)。不过,在这一点上,海德格尔显然是返回了早期弗莱堡时期对"实际生活经验"之实行意义的强调,而非如 Daniela Vallega-Neu 所说的那样,是海德格尔在该书中的"革命性"新创造。

　　③ 参见彭富春:《西方海德格尔研究述评(一)》,《哲学动态》2001 年第 5 期。Peter Warnek,"The History of Being",*Martin Heidegger:Key Concepts*,p.166.

　　④ Daniela Vallega-Neu 曾指出,在《对哲学的贡献》一书中,"神圣"被思作存在的发生事件的本质构成因素(See *Heidegger's Contributions to Philosophy:An Introduction*,p.8)。就此而言,本书既不能随着布伦说海德格尔最终放弃了重塑原初基督教的早期筹划,也不能赞同克兹尔说海德格尔早期的基督教时期完全是浪费时间的观点。的确,如海德格尔自己所言,基督教是决定了他的未来的起源。

理解这种"存在的真理",所以总是试图在所谓绝对、普遍、永恒、无限、必然的终极实体或本质那里寻找虚幻的安宁、稳靠和慰藉,逃避不可彻底抹消的遮蔽、不在场和承担自身之天命①的责任。只是在思想"转折"之后,他所强调的不再是"实际生活经验"或"缘在"的理解和筹划,而是在自身引退的同时遣送自身的天命对人的需要。天命的引退和遮蔽是不能被单个的个人所完全追索和揭蔽的,相反它只能被严肃地接纳和承受。这意味着,本真的自我并非完全是由个人所能决断出来的。相反,在存在自身之"神秘"的双重运作中,人必然会有误入"歧途",遗忘存在,错误地领会自身的危险。任何神秘本身都蕴含着危险。于是,个人良知的呼唤变成了对民族天命的应答,人的合适角色变成了"存在的牧人"(Hirte des Seins),在天地神人四重体的互动游戏中,虚怀敞开地等待着最后一神的到来。② 人对存在的这种归属性以及"大地"这一域的出现,意味着实际生活经验之实际性的回归,及其所蕴含的强制性、锁闭性、不可穿透性、有限性的回归。所以,大地不仅不是

① 对于海德格尔来说,"命运""天命"思想的提出并非一时的心血来潮。前文我们已经看到,在1921/1922年冬季学期的讲座中,他就把生活理解为"命运"了。此外,在后期海德格尔那里,"天命"(Geschick)也并非一个无关紧要的、传统意义上的词,它也并非如卡普托所认为的那样,需要把"变动"(variation)从外面引进来(See John D. Caputo, *Demythologizing Heidegger*, p.79),而是如波格勒所认为的那样,"天命"乃是变动不居(variable)的东西(See Otto Pöggeler, *The Path of Heidegger's Life and Thought*, p.30)。本书认为,更好的说法应该是:"天命"就是既遮蔽又揭蔽的双重运作本身(参见拙文《后期海德格尔的"命运"思想初探》,《求是学刊》2006年第3期)。谢汉似乎看到了这一点,他曾指出:海德格尔逐渐看到了揭蔽活动先天的、实际的、不可解释的被给予性和命定性,与人之本质的先天的、实际的、不可解释的有限性相关,并把这深不可测的命定性称为"无蔽心脏处的遮蔽"(See Thomas Sheehan, "Readign a Life: Heidegger and Hard Times", *The Cambridge Companion to Heidegger*, p.83)。

② See Walter Brogan, "Heidegger's 'Searching Suggestion' Concerning Nietzsche", *The Collegium Phaenomenologicum: The First Ten Years*, p.157.实际上,对海德格尔而言,不仅是对个人,他后期更强调对一个时代或民族的评判来说,也必须提出这个问题。就他的这一转变而言,第二次世界大战不可避免的爆发和科学技术冷酷无情的绝对统治是重要的诱因,因为在其中他看到了个人的无力和无助。谢汉就曾指出:海德格尔把世界大战的灾难和大屠杀不是归罪于某个人或政治运动,而是一个非人格的、全球性的力量(See Thomas Sheehan, "Readign a Life: Heidegger and Hard Times", *The Cambridge Companion to Heidegger*, edited by Charles Guignon, Cambridge[England]; New York, NY, USA: Cambridge University Press, 1993, p.88)。这一点对于理解他的后期思想,尤其是他的纳粹经历来说,是很重要的。不过,本书在此就不能详细展开了。

像迈克尔·英伍德(Michael Inwood)所说的那样是部分遮蔽部分无蔽的,而是它根本上就是不可被揭蔽的,是总是逃避揭蔽的,而且它也不是充满威胁、敌意的①,而是守护性的因素。而且,"虚怀敞开"与海德格尔早期弗莱堡时期所讲的"献身"(Hingabe)之间的关联也是显然的。但是,这并不意味着,海德格尔像布托所说的那样,从"英雄主义"转入了"寂静主义"②。而是如科莱尔所言,其中的关键之处在于,海德格尔发现:实际生活不是自我运动的,至少不是明确地是这样的。于是,"这是海德格尔的论点:不提出人与存在之真理的关系问题,就不会有对个体生存的有价值的评判"③。也就是说,此时的海德格尔认为,只有将其置入存在自身之遮蔽—揭蔽、在场—不在场的双重运作中,实际生活经验或缘在的动荡才能得到恰当的理解,其属于自身的位置和意义才能被找到。在写于 1936—1938 年的《对哲学的贡献》中,海德格尔再次像早期弗莱堡时期一样,称人与存在之间的关系为"反(对)—动"(Gegenschwung)。这更加身不由己的动荡,才更加让人不安。所谓的"虚怀敞开、泰然任之",根本不是佛教徒式的涅槃寂静,不是无所作为的顺应,而是对糜常天命的路漫漫兮之上下求索。④ 在"虚怀敞开、

---

① 参见[英]迈克尔·英伍德:《海德格尔》,南京:译林出版社 2009 年版,第 126、135 页。

② [法]阿兰·布托:《海德格尔》,北京:商务印书馆 1996 年版,第 48 页。实际上,布托自己在该书的结尾处也引用了尼采的这样一句话:"引起风暴的是最平静的思想"。哈贝马斯也认为,海德格尔把人寂静主义地理解为存在的牧人(See Jürgen Habermas, "Work and Weltanschauung:the Heidegger Controversy from a German Perspective", *Heidegger:A Critical Reader*, p.193)。

③ David Farrell Krell, *Daimon Life:Heidegger and Life-Philosophy*, p.47.

④ 基于此,本书认为,乔治的如下观点乃是出于对海德格尔的一种根本性误解:在海德格尔 II 那里,缘在被奠基于存在之中,所以它以前那些由于其有限性而带来的令其不安的维度对它都无关了,因而"缘在居于安全和宁静之中"(See Versus A.George, *Authentic Human Destiny:The Paths of Shankara and Heidegger*, Washington D.C.:The Council for Research in Values and Philosophy, 1998, p.277)。他还抱怨海德格尔有关缘在的彻底有限性的哲学把缘在留在了一种不幸和孤独的状态之中(Ibid., p.365)。显然,他的这一误解来自他对海德格尔所谓的"存在"的根本含义和特征的误解,即他将之理解为一个稳靠的根基,而实际上它的根本特征是动荡,海德格尔哲学则是应和这原本动荡的存在的,所以它只能给缘在带来痛苦,而绝对不带来安乐。另外,这种"既遮蔽又遮蔽的双重运作"意义上的"天命"表明:海德格尔并不持一种流俗的命定论或宿命论的观点。在他这里,存在的天命与终有一死的人都不是现成在手的、独立的实体,而且二者之间是相互共属的关系,人所能做和所应做的就是应和天命,截获天命的消息,从而实现自身的转变。所以,这种命运并不是人们可以将一切责任都推卸给它

泰然任之"中所拥有的沉默"宁静"比任何活动都更激动不安,它是具有自身运动的对立,是运动的内在聚合,是运动的最高的动荡状态,在其中一切力量和关联都是活跃的,是一切运动的策源地和存有地。[①] "就此而言,人们可以把与静止共属的统一现象称作动荡(Bewegtheit)。"[②]而作为形而上学之完成形态的现代技术所追求的稳定和牢靠,其问题则恰恰在于是没有

而它自己又没有责任要承担的东西,因为它向人们发出的是承担起自己责任(即应和自己的天命)的吁请。这种命运也并不像有论者所言的那样,是至高无上的,是一种"茫茫苍苍、所向披靡的他律",面对他人"若不是绝望(去世),就是亲近犬儒(沉沦的常人状态)",而是能够在痛苦的警醒之中充满期待,本真地让存在自身和人自身各自成其为其所是。在这个意义上,指责海德格尔的哲学史构图缺失内在无待境界的开显,是不恰当的。一方面,海德格尔所理解的"天命"并不外在于人,内与外的区分和范畴模式根本就是不适用于它;另一方面,庄子所谓的逍遥游的拥有无待境界的人乃是得道者,即他是要依乎道的,他不可能是康德所说的试图在真空里翱翔的鸟儿。换句话说,真正的自由须是有所依凭的,否则它就是无根的、漂浮的。实际上,我们顶多可以说:在究原的意味上,海德格尔"既关涉心有存主而祈向至善的自由的'境界',但其重心又偏于萦绕于怀的未可宰制的'命运'"。所以,不得不承认海德格尔通过对形而上学的克服达致了一种"澄明的境界"。(参见范玉刚:《睿思与歧误——一种对海德格尔技术之思的审美解读》,北京:中央编译出版社 2005 年版,第 263、304、384—385、388—389、398—399、406 页)实际上,无论是"境"还是"界"都已表明,任何意义上的"境界"都是要受限定的。所以,说"我们可以自由地接受这一命运"是对的,但说我们可以自由地"拒绝这一命运,但[这个'但'字出现得莫名其妙,不知是作者本身的问题,还是中文翻译的问——引者注]也可以使这一命运改变方向——这一切都应取决于人类"(参见[法]让-弗朗索瓦·马特编著:《海德格尔与存在之谜》,汪炜译,上海:华东师范大学出版社 2011 年版,第 24 页),对于海德格尔来说就是不恰当的了。此外,海德格尔的泰然任之思想也不必像黑尔德所说的那样,作为一种十分有力的意志证明了海德格尔自己对意愿的拒绝是谎言(参见[德]黑尔德:《世界现象学》,北京:三联书店 2003 年版,第 165 页),因为它像老子讲的"无为"一样,可以是"自然而然"(physis)的。同样,我们也不能说海德格尔的整体思想决定了入乎其内而不能入乎其外,人是应入于天地神人四重游戏的天命运作之中,但这恰恰并不意味着人不能摆脱自身的狭小圈子,海德格尔的思想也并不排斥科学(参见刘旭光:《海德格尔与美学》,上海:上海三联书店 2004 年版,第 149 页),他对于宇航局从太空中拍摄的地球照片的恐惧不意味着他反对人类登上月球,而只是恐惧于人只知向外进攻索取,而不知返回家园,而且当人类打着发展科学探索宇宙的旗号向外星空不断扩展的时候,这意味着人的内心里不再有家园感,地球已是一个很快就要被放弃的中转站。

① 参见[德]海德格尔:《林中路》,孙周兴译,北京:商务印书馆 2001 年版,第 32 页;《荷尔德林诗的阐释》,孙周兴译,北京:商务印书馆 2000 年版,第 228 页;海德格尔:《思的经验(1910—1976)》,北京:人民出版社 2008 年版,第 40、43 页;M.海德格尔:《诗·语言·思》,北京:文化艺术出版社 1991 年版,第 180 页。

② Günter Figal, *Martin Heidegger:Phänomenologie der Freiheit*, Winheim:Beltz Athenäum Verlag,2000.

内涵这种动荡状态的,也正因此现代人根本就寻不到真正的"宁静",从而必致了一种无家可归的命运。被海德格尔所期待的"最后一神"就是存在自身之既遮蔽就揭蔽的双重运作之原初动荡的如其自身的显现,而真正的诗人和哲学家所做的就是对它的接受和应和,即决断。由于这"最后的"并不意味着停止和终结,而恰恰乃是"最先的",即蕴含在最遥远的起源之中的东西,所以诗人和哲学家也只能在返回步伐的来回摆荡中决断它。这"期待"也并不意味着对尚未到来的东西的展望和等待,而且不单单是人在等待神,而且神也同样等待着人,等待着人的决断。显然,根据本书前面的论述,在"实际生活经验"的实际性、它的被推动的倾向、前握—后握和前构—回溯的动荡、"动荡"的被动性、世界意蕴的自行展开、作为实际生活经验之扭变样式的科学,以及对基督再临的等待经验中,海德格尔的以上这些洞见实际上也早已被蕴含着了。

从本书至此的论述来看,海德格尔的思想道路可以说几经"转折":1919 年从逻辑范畴和思辨神学转向"实际生活经验",在调往马堡大学之后又从"实际生活经验"转向了"缘在",并试图进而转向"存在自身",从而导致了 20 世纪 30 年代的思想转折。我们也可以看到,在这几次的转折中,1919 年的转折应该说是基础性的,因为后来的转折在其中已被蕴含着了。如克兹尔所言,这证明了伽达默尔的如下论点:"海德格尔'转折'之后的后期思想的基础在 1919 年就已被奠定了"①。谢汉也曾指出:海德格尔 30 年代的转折只是语言和方式的转变,而 20 年代的转折则是离开所有建立在固定的主客关系基础之上的哲学,而进入了原初的体验。② 海德格尔自己在给理查德森的信中则强调,30 年代的"转折"只代表

---

① Theodore Kisiel,"Das Kriegsnotsemester 1919:Heideggers Durchbruch zur hermeneutischen Phänomenologie" *Philosophisches Jahrbuch*,99/1 (1992),S.105.费赫也说,通过这第一次的转折,海德格尔赢获了他自己的哲学声音(See István M. Fehér, "Heidegger's Postwar Turn", *Philosophy Today*,1996,Vol.40,pp.9-10,23-24)。布伦甚而认为,如果说海德格尔那里有什么根本"转折"的话,更应在于他青年时期从其博士论文和教职论文中的"本体—逻辑"和"本体神学"的离开(See John van Buren,"The Young Heidegger and Phenomenology",*Man and World*,1990,Vol.23,Iss.3,p.28)。

② Thomas Sheehan, "Heidegger's 'Introduction to the Phenomenology of Religion', 1920-21",*A Companion to Martin Heidegger's "Being and Time"*,p.47.

着他的思想进程表面上的重新定向。①

本书的论述则已经表明:海德格尔早期弗莱堡时期的思想"转折"之所以是基础性的,关键在于他在这一时期对"实际生活经验"及其"前理论"和"动荡"特征的发现与理解。在后期海德格尔那里,"转折"实际上就是用来阐述存在历史自身之"运动"或"动荡"的方式,他称之为"反荡"(Gegenschwingung)。从根本上来说,也正是这一点决定了他早期弗莱堡时期的"实际生活经验"思想,乃是理解其马堡时期及后期思想的源泉。而他所谓的"重新定向"实质上就是他自己所实行的一种返回步伐。"'转向'本身就是'返回'。"②所以,波格勒说:对于海德格尔来讲,转折的完成并不是"转向一个新的立场,而是返回到一个原初的出发点和返回到一个思想的循环从一开始就奠基于其上的根基"③。海德格尔自己的说法是:"可是,我们不想向前进展。我们只想首先达到我们已经逗留的地方。"④所以,理查德森把海德格尔的转折描述为"翻转"(reversal)。这种返回意义上的转折也表明了海德格尔整个思想道路的连贯性,但当然它不是简单的重复,而是海德格尔所谓的本真的重演、创造性的重演。John Wild、Alphonse de Waelhens和 Lazalo Versenyi 等人的如下观点显然是站不住脚的:理查德森所谓的"海德格尔Ⅰ"和"海德格尔Ⅱ"之间是断裂的、没有桥梁的。

当然,这种返回意义上的"转折"并不意味着作为源泉的早期弗莱堡时期的思想就比海德格尔其他时期的思想更有价值、更重要。用他自己的话来说,它们是同样原初、同样重要的,因为它们都是同一条道路上的独特阶段,有着不同方面的价值和意义。实际上,海德格尔所有的"转折"都乃是通达存在自身的不同进路而已,虽然它们并不完全同一,但同样也不是毫无关联,而是差异中的同一。也只有在这差异性的同一之中,我们才能谈论海

---

① W.J.Richardson,*Through Phenomenology to Thought*,p.xix.

② 孙周兴:《说不可说之神秘——海德格尔后期思想研究》,上海:上海三联书店1994年版,第3页。

③ Otto Pöggler," Being as Appropriation ",*Philosophy Today*, Vol. 19, Iss. 2, 1975, pp.165-166.

④ Martin Heidegger,*Unterwege zur Sprache*,Pfullingen:Neske,1972,S.12.

德格尔思想的"转折"。说到底,它们都是终有一死者对存在自身之历史性、时代性遣送的应和,它没有走出所有思想家的那个"唯一的事情"。这"转折"根本上是人与存在之间的关系、人自身的"转变"。

　　海德格尔思想的多次转折的情形,可由下图大略描绘:

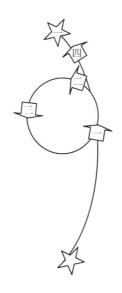

　　上下两颗星是同一的,即海德格尔自己所谓的"唯一的一星",代表着他终生追索的思的"唯一事情",它同时是其思想的起点(Ursprung)和终点。从下面的"唯一的一星"到箭头一,代表海德格尔的早期弗莱堡时期;从箭头一到箭头二代表他的马堡时期,这段时期相对于早期弗莱堡时期来说乃是一次转折;从箭头三到箭头一代表 20 世纪 30 年代左右的转折时期;从箭头一到箭头四代表上一"转折"之后的后期海德格尔,它与早期弗莱堡时期有着部分的重合并保持着大体一致的运行方向和目标,并越来越靠近那"唯一的一星"。

　　总体来看,该图表明海德格尔思想的演变历程的确像是他所极为喜欢的滑雪运动的一个大回环。实际上他也正是从滑雪运动中借来"转折"(Kehre)的原本含义:通过滑雪板在上坡时造成的同一个已达最佳状态的凹槽下坡,从而找回自己的路。当然,然后可以再次起跳(Sprung),上行。

　　赫尔曼(Friedrich-Wilhelm v.Hermann)曾把海德格尔的思想道路描绘

为弧形,芦根比尔(Heinz Luegenbiehl)将之描绘为有两个极的一个圆,普腾普拉克尔(Johnson J.Puthenpurackal)将之描绘为地球围绕太阳运动般的两个圆圈,但是他们都没有顾及海德格尔早期弗莱堡时期的思想。本文的这个图表实际上将他们的描绘都包纳了进来。因为,其中有弧形且有一个圆是显而易见的。另外,从既是起点又是终点的那同一颗星来看,中间的那一个圆实际上又是两个。

第二节　海德格尔早期弗莱堡时期的"实际生活经验"
##　　　　思想与其思想的主题、特征和动机

　　海德格尔曾一再强调,他的一生都在追寻着同一个"事情"。很显然,在其思想的上述"转折"中,应该有东西把它们串联起来而成了一条道路。依据本书的论述,这东西乃是这样一个引导性的问题:如何恰当地理解和言说存在,以赢得决断本真生存的时机和境域? 但是,这只不过是一个笼统的说法。需要加以具体澄清的是,"存在"的含义是什么? 而我们已经一再强调:在海德格尔这里,存在是以运动、动荡为基本规定的,而且这一理解源自其早期弗莱堡时期的"实际生活经验"思想。此后,虽然有时会被遮盖和压制,他对"存在"的这种理解就未发生过根本性的变化。如克莱尔所言:"这样的运动,或者更好地说,动荡是海德格尔的主要关注。在《存在与时间》之前与之后,从他的实际性的解释学时期(1919—1923 年)到他的理论生物学时期(1929—1930 年),以及此后,都是如此"①。所以,在本书看来,把海德格尔不同时期的这些思想"转折"和"事情自身"串联起来的"唯一的事情",就是对这"以运动、动荡为基本规定的存在"的"前理论"的理解和言

---

　　① David Farrell Krell,*Daimon Life:Heidegger and Life-Philosophy*,p.35.由于在 1929—1930 年夏季学期的讲座《形而上学的基本概念:世界—有限性—孤寂性》中,海德格尔论及了动物和人的存在,所以克莱尔把海德格尔 1929—1930 年这一段时期称作"理论生物学时期"。对于他的这一命名,本书持保留态度。

说,这是一个正真正意义上的"主题"。① 他终其一生所困惑的唯一的问题就是:"对于动词的存在,我们似乎一无可言"②。可以说,海德格尔"思想的运动"就是"运动的思想"。而他所谓的"存在的遗忘",实际上就是指只记住了存在、有、光明,而遗忘了非存在、无、遮蔽,即遗忘了存在与存在者之间的差异,更精确地说,是遗忘了存在论差异自身的运作,遗忘了存在与非存在、有与无、揭蔽与遮蔽之间的动荡。事实上,一些学者通过自己的研究,也已经在某种程度上看到了这一点。

比如,谢汉就曾指出:海德格尔自始至终的唯一(one and only)主题就是,构成了存在者之存在的、类比统一体(或意义)的运动,也即"在—不—在场"(pres-ab-sence)的动力学二价(kinetic bivalence)。只是在不同的时候,海德格尔分别赋之以不同的名称,如存在的"时间特征"、存在的"真理"、存在的"澄明"等。而且,谢汉还指出:《存在与时间》接下来要写的第一部分第三篇的唯一主题,就是揭蔽的运动,而海德格尔后期转向显示的遮蔽维度,则意味着他重新获得了作为运动的存在。③ 塞利斯(John Sallis)则指出:以遮蔽为其本质对立面的揭蔽,是海德格尔思想道路的更恰当名称。④ 巴姆巴赫也认为,海德格尔的真正主题是:在场和不在场、派遣和扣留、就位和隐退的神秘游戏⑤。

布伦认为,在海德格尔那里,"Ereignis"是一种无根基的、神秘的、无政

---

① 普滕普拉克尔所说的海德格尔思想道路的五条主线(把他自己区分于传统的非本真之思的强烈要求、对存在的不断追问、人作为一个存在者的优先地位、存在过程的时间性和历史性特征、有限性)都可以归属于这一个真正的主题。See Johnson J.Puthenpurackal, *Heidegger*: *Through Authentic Totality to Total Authenticity*, p.232.

② [法]埃马纽埃尔·列维纳斯:《从存在到存在者》,南京:江苏教育出版社 2006 年版,第 1 页。就此而言,海德格尔所抓住的问题,绝对不是"存在呈现出来的是什么?"(贡华南:《试论"范畴直观"的认识启蒙意义》,《江苏社会科学》2002 年第 1 期,第 30 页)。应该说,他抓住的真正问题是:"存在是如何以不显现的方式显现出来的?"

③ Thomas Sheehan, "'Time and Being', 1925-27", *Martin Heidegger*: *Critical Assessments*, Volume I, pp.30-31; p.42.而且,谢汉也看到,对海德格尔把"存在"解释为"在—不—在场"的运动来说,亚里士多德依据"dynamis"和"energeia"对"kinesis"的讨论是其模型(Ibid., p.49)。

④ John Sallis, "The Origins of Heidegger's Thought", *Research in Phenomenology*, 1977(7), p.51.

⑤ Charles R.Bambach, *Heidegger, Dilthey, and the Crisis of Historicism*, p.272.

府主义活动的游戏,是存在之多样的、时间性的给予(temporal giving of being),因此海德格尔的问题绝不是存在,而是给出或产生存在的更基本的东西,它被描述为"Es gibt""Welten""Ereignis"(1919)、"时机化的事件"(1920—1921)、"时间性的运动"(1921—1922)。① 布伦称之为"把存在作为结果给出来的东西"(what gives or produces being as an effect)。在这个意义上,他赞同谢汉的如下建议:"我们有理由说,不再讨论'存在'和'存在问题'可以改善我们对海德格尔的解释"②。就此,卡普托也曾断言:"对海德格尔来说,思的真正事情绝不是存在,而总是把存在给出来的存在或'它'(It)之意义或真理",是"'Ereignis'自身的运动、它的'kinesis'"。③ 就此而言,我们应该按照勒维纳斯的建议,把海德格尔所说的"存在"译作动词。④这样,把海德格尔1919年之后所说的"Sein"译作"存在"或"有",显然并没有准确传达出他要表达的东西,而将之译作与逻辑范畴有关的"是"就更是不恰当了。只是指出海德格尔的"转折"在于从缘在转向了存在,同样也是没有切中肯綮的。

　　总而言之,如海德格尔自己在1922年夏季学期的讲座中所言:在他这里,"被言及的所有现象都是在运动这个基本特征中被审视的。把握这些现象的范畴表达和概念,都出自于此,并为了此"(GA62,116)。自早期弗莱堡时期以来,他的唯一"事情"和"主题"就是:寻找恰当的语言,以前理论的方式来言说遮蔽/揭蔽、在场/不在场、真/非真的双重运作(动荡)意义上的存在。或者说,说"不可说之神秘"。他的思维和言说方式所具有的这种特征,也是其思想不被理解或一再被误解的一个根本原因之所在。因为,如卡普托所指出的,这是一件艰难的事情:"哲学为自己选择了一个其存在就是运动自身的、运动着的目标,而这就是给哲学带来困难的东西"⑤。这困难在于:一方面,人们为了寻找安稳和牢靠,总在有意无意地逃避动荡;另一

---

① John Van Buren, "The Earliest Heidegger: A New Field of Research", *A Companion to Heidegger*, p.24.

② John van Buren, *The Young Heidegger*, pp.38,38-40.

③ John D.Caputo, *Radical Hermeneutics*, pp.85,191.

④ 参见倪梁康:《胡塞尔与海德格尔的存在问题》,《哲学研究》1999年第6期,第49页.

⑤ John D.Caputo, *Demythologizing Heidegger*, p.44.

方面,奠基于理论姿态之上的传统语言根本就无法恰当地言说这"既是存在又是非存在的运动"。在传统观念的引领下,动荡意义上的存在很容易又被理解为一个现成在手的存在者,从而重新堕入传统形而上学之中。比如,就连勒维特都曾认为,在海德格尔那里,"存在"扮演着"不动的第一推动者"的角色①。所以,海德格尔后期对"存在"这个词越来越不满意。在1962年,他明确地强调:一旦我们走出了形而上学,开始在"Ereignis"之中来思想,那么"存在"就不再是思之恰当主题了。② 在1969年的一次研讨班上,他又宣称:在存在自身之给出(das Lassen des Anwesens)这个层次上,"甚至'存在'这个词也不再有其地位了"。③于是,他终于被逼到了这一步:思想只能在无言的缄默中道出它真正要说的东西。

在本书看来,以前理论的方式,在"遮蔽/揭蔽、在场/不在场、真/非真的双重运作(动荡)"意义上对"存在"的理解和言说,也是海德格尔突破西方哲学传统的最为关键之处,也是他留给此后的西方哲学,尤其是德里达等人的后现代哲学的最富有启发意义的东西。比如,德里达不仅从海德格尔那里拿来了"解构"这个词,而且把解构理解为首先是在运动着去稳定化,而历史则被他看作各种差异系统的重演。所以,卡普托可以把德里达称作"kinesis 的哲学家",认为他筹划着海德格尔意义上的"本真性",即保持在途中、在运动中。并且,卡普托自己还试图根据对胡塞尔、海德格尔、德里达和伽达默尔解释学的分析和比较,建立一种"彻底的解释学",即试图描述一个我们在其中一刻不得安宁的境域,在其中任何事物都不能免其对立面的境域,这意味着我们永远不能建立起抵御流动(flux)之风的庇护所。④ 在这个意义上,可以说海德格尔的"真正"思想中有德里达式的心脏,"德里达

①　See Richard Wolin,*Heidegger's Children*,p.97.

②　Martin Heidegger,*Zur Sache des Denkens*,Tübingen:Max Niemeyer,1969,S.44.

③　See Thomas Scheehan,"Dasein",*A Companion to Heidegger*,p.193.谢汉甚说:"如今,在解释海德格尔的过程中主要的障碍是坚持使用'存在'和'存在者'的存在论语言"或前一现象学的语言(See Thomas Scheehan,"Facticity and Ereignis",*Interpreting Heidegger:critical essays*,edited by Daniel O.Dahlstrom,Cambridge:Cambridge University Press,2011,pp.42,49)。这也是黑尔德的如下断言的根据之所在:"在我看来,'存在'似乎并没有被证明为'现象学之实事'"(黑尔德:《世界现象学》,北京:三联书店 2003 年版,第 153 页)。

④　See John D.Caputo,*Radical Hermeneutics*,pp.190,199,282.

的著作依然是海德格尔最为有效的遗产,最忠实于海德格尔的著作……"①
因此,本书认为,明白这一点对于理解整个西方哲学史来说是非常关键和重
要的。而要彻底地明白这一点,就必须透彻地理解海德格尔早期弗莱堡时
期的"实际生活经验"思想,尤其是它的前理论和动荡特征。当德里达认定
海德格尔的思想依然属于在场的形而上学的时候,显然并没有充分地注意
和理解这两个特征,尤其是后者。伽达默尔指出,这是由于德里达是通过胡
塞尔来读海德格尔的,所以他把海德格尔从胡塞尔那里借来的概念作为海
德格尔的逻各斯中心主义的证据。② 于是,如查尔斯·斯宾诺莎(Charles
Spinosa)所言,德里达错误地认为海德格尔只是把存在思为在场,而没有看
到"存在着多种多样的揭蔽方式,而且它们是变化的"乃是海德格尔关于揭
蔽的最重要的思想。③ 当史密斯仅仅指出海德格尔思想中最有价值的东西
是他的实际性的现象学、先于所有理论活动的前理论的意识的现象学时④,虽
然不乏洞见,但显然他的这一断言也是片面的,甚或在某种意义上是错误的。

而且,本书还认为,在海德格尔依据前理论的、动荡的"实际生活经验"
而对"存在"的这种理解中,我们可以领会到与中国古代思想之精髓的一些
深刻契合之处。中国古代思想家对天地世界的存在领悟是:"天命靡常"
(《诗·大雅·文王》),"敕天之命,惟时惟几"(《尚书·益稷》),"日新之
谓盛德,生生之谓易"(《易传·系辞上》),而人则只能因通着这大化流行的
天命而随时携行⑤。因此,易云:"天地盈虚,与时消息"(《易·丰·彖》),
"唯变所适"(《周易·系辞传》);范蠡曰:"因天从时""夫圣人随时以行,是谓
守时"(《国语·越语下》);儒家说:"时中至诚"(《中庸》);孙子强调:"任势出

① Timothy Clark, *Martin Heidegger*, p.151.

② Hans-Georg Gadamer, "Destruktion and Deconstruction", *Heidegger Reexamined*, Volume 4, edited by Hubert Dreyfus and Mark Warthall, New York and London: Routledge, 2002, p.83; H-G. 伽达默尔:《摧毁与解构》,《哲学译丛》1991 年第 5 期,第 28 页。

③ Charles Spinosa, "Derrida and Heidegger: Iterability and Ereignis", *Heidegger: A Critical Reader*, pp.277-278.

④ Gregory Bruce Smith, *Martin Heidegger: Paths Taken, Paths Opened*, p.270.

⑤ 在《Ereignis 与道》(《北方论丛》2005 年第 4 期)一文中,笔者阐述了为什么又如何可以借助中国古代的"大化流行"思想,来理解海德格尔所讲的"Ereignis"。

奇"(《孙子·势篇》);庄子则要求:"应于化而解于物"(《庄子·天下》)。从根本上来说,这与海德格尔的如下要求出自同一深刻的生活体验:恰当地领会以运动为基本规定的存在,从而在恰当的时机中做决断。在这个意义上,本书不能赞同如下看法:在海德格尔的后期思想中,个人没有独特性、尊严、完整性和人的积极发展、实行的自由和责任①;在后期海德格尔那里,存在过分地成了全能的,而人则过分地成了贫乏的,人的所有行动都来自存在,人的本质消解在存在之中,在人与存在的共属中没有真正的互反性,我不再是我自己,而只是我对存在的归属。② 相反,在本书看来,后期海德格尔对"遮蔽/揭蔽、在场/不在场、真/非真之双重运作"的理解,才使得个人有了在宇宙的大化流行和人类命运共同体的历史中,赢得本己自我的丰富可能性。因为,毕竟只有参与到世界和人类的共同命运之中,个人才能找到自己应有的位置,成为真正的个人。所以,海德格尔让萧师毅用中文写下了《老子》第15章的两个句子,并将之挂于墙上,而这两个句子的主题就是关于动静生息的。

由此我们也可以看出,早期弗莱堡时期和后期海德格尔的这两种思想路向(从"实际生活经验"或"缘在"到"存在"和从"存在"到"缘在")各有其优缺点,不应把一方抬得太高,而把另一方贬得太低。理查德森说,海德格尔Ⅱ是海德格尔Ⅰ的重演,前者表达了后者没有也不能说的东西。实际上,他的话只说了一半。回到我们这里的论题,我们同样可以说,早期弗莱堡时期的海德格尔也表达了一些后期海德格尔没有也不能说的东西。如伽达默尔所言:也许不应问在海德格尔思想道路的开端还是终点处,才能更原初地体验到存在的本质,而应该说两者在相互映射中具有同等的地位与可能性。③ 扩而言之,海德格尔所断定的西方形而上学历史中遗忘了存在的思想的直线性的和一元论的堕落轨迹是有问题的,因为这有违于存在自身之遣送的有限性和历史性特征,有违于本真与非本真之相互动荡和争执的理路,而按照他本有的这种理路,一种全然非本真的状态是不可能的。这一违背使他无法解释为什么托马斯·阿奎那

---

① John van Buren,*The Young Heidegger*,p.376.

② Michel Haar,*Heidegger and the Essence of Man*,pp.61-63,pp.112-113,143.

③ See Hans-Georg Gadamer,"Martin Heidegger's One Path",*Reading Heidegger from the Start*,p.32.

能够做出存在与存在者之间的区分(虽然他没有思考这"区分"自身),为什么文艺复兴时期的梵高等人会有对存在的本真领会,为什么黑格尔的大学同学荷尔德林在一个极为不同的空间中活动。如果海德格尔坚持实际生活经验的实际性,坚持其没落—反没落的运动,那么他就可以避免大卫·库尔珀(David Kolb)对居有事件之统一性和直接性的指责,也可以逃脱库尔珀所提出的如下难题:我们到底应该是把居有事件理解成包含了个别人的东西,还是应该把它理解成通过某种社会的或前社会的模式影响了我们的东西。①

另外,我们已经看到,海德格尔早期弗莱堡时期的思想是其以前思想的突破点,也是其后来思想的发源地,而《存在与时间》的确在某些方面脱离它的源头,但这并不意味着后期的海德格尔只是在说着他早期弗莱堡时期已说过的东西,而只是说只有通过他早期弗莱堡时期所说的东西他后期所说的东西才是可理解的。他后期思想的转折并非只是向早期弗莱堡思想简单的直线回归,而是来自起源处的"跳跃",是一种创造性的"重演",它一方面抛弃了一些东西,另一方面又深挖了其中没有说出或没有明确说的东西。布伦的如下说法也许更为精当一些:海德格尔 20 世纪 30 年代的"转折"是对早期思想的创造性重演。②比如,在后期海德格尔那里,他不再极力凸显个体自我世界的维度,实际生活经验或缘在的实际性不再被看作最后的上诉法庭,而是更倾向于从遮蔽、不在场、非真及其与揭蔽、在场、真理的双重运作方面,来言说运动意义上的存在,这种自身隐退的同时给出存在者的存在之运作真正地实现了存在论差异自身,③由此

---

① 参见[美]大卫·库尔珀:《纯粹现代性批判——黑格尔、海德格尔及其以后》,北京:商务印书馆 2004 年版,第 261、384 页。

② See John Van Buren,"The Earliest Heidegger:A New Field of Research",*A Companion to Heidegger*,p.20.

③ 如下的断言显然是错误的:在海德格尔前期思想中被突出的存在论差异"必得免去"(参见鲍克伟:《从此在到世界——海德格尔思想研究》,北京:中国社会科学出版社 2010 年版,第 326 页)。而且,如下的说法也并不精当:"对遮蔽的强调是海德格尔对前期思想的一个根本性发展"(同上书,第 288 页)。因为,实际生活经验的前理论特征,尤其是它的实际性、不触目性、自足性等特征,以及《存在与时间》中与胡塞尔内在时间意识一脉相承的"时间性"观念和缘在对世界的先行领会,都表明世界的遮蔽特征是海德格尔向来就明了的事情。《存在与时间》中,aletheia 也只是一个褫夺性概念。后期海德格尔的根本性发展乃在于对遮蔽之积极意义,即其"给出之运作"的发现和对其保持、守护意义的凸显。

也导致了海德格尔写作风格上的明显变化和对语言问题的极度关注。

不过,我们在此仍需加以强调的是,后期海德格尔并没有也不是要完全摆脱人而只关注存在。毋宁说,他追问终生的问题都是:存在与人共属的发生事件,或者说,在派遣和发送中,存在者对存在的拥有和存在对自身的居有。这也许是对他所谓的"唯一的事情"的更好诠释。① 如谢汉所言:人的"在—不—在场"与存在之显示的"在—不—在场"之间的关联,是海德格尔所思考的一切都与之相关的东西。只是在 20 世纪 30 年代的思想"转折"之后,海德格尔更加强调的是他从"实际生活经验"的动荡那里获得的如下洞见:原初的真理与运动内在地相关,或者说,原初的真理就是无尽的运动,遮蔽/揭蔽、在场/不在场的运动。因为,毕竟只有在理解和担负起这种原初真理的前提下,我们才能原初地理解和言说我们自身的存在,本真生存意义上的真理才会有出现的可能。如他在 1937/1938 年冬季学期的讲座《哲学的基本问题》中所言:"我们必须一再地坚持:这里提出的真理问题,其至关重要之处不在于只是传统真理观念的替代者,也不在于对其当下流行的表述作一番补充。关键的在于在人的存在自身中的一种转变。"②可见,后期海德格尔并没有像彼得·艾利·戈登(Peter Eli Gordon)所"庆幸"的那样,放弃了本真性的想法。③ 就此,黑尔德指出:"尽管海德格尔自 30 年代以后放弃了对'本真'形容词的这种生存论分析的使用。但即使在'转向'之后它也仍然以隐蔽的方式在他的思想中继续起作用"④。自始至终,领会存在的本真意义从而转变自身不断赢得本真的生存状态,都是海德格尔对存在问题进行探讨的旨归与动机,虽然"本真"的含义从缘在的决断状态转变为了缘在在存在自身的居有事件中对本己自身的居有,从自由筹划的超越性

---

① 也正因此,约纳斯认为海德格尔所讲的"存在"是一个世俗的命运事件,根本不同于完全超越性的上帝,在对上帝的思考和言说方面,神学家不应学习和效仿海德格尔关于存在的论述(参见约纳斯:《海德格尔与神学》,《海德格尔与有限性思想》,北京:华夏出版社 2002 年版,第 219—210 页)。

② William J.Richardson,S.J.,*Heidegger:Through Phenomenology to Thought*,p.XX.

③ Peter Eli Gordon,*Rosenzweig and Heidegger:Between Judaism and German Philosophy*,p.309.

④ [德]克劳斯·黑尔德:《胡塞尔与海德格尔的"本真"时间现象学》,《中国现象学与哲学评论》第六辑,上海:上海译文出版社 2004 年版,第 98 页。

追问转到了泰然任之、虚怀敞开的应答,而非本真的状态从此在的常人状态转变为了技术化的计算性生存方式。① 思想的内在"转折"最终是为了更好地实现人的内在"转变"。实际上,海德格尔所说和所写的一切几乎都牵涉到这"转变"。确切地说,像早期弗莱堡时期一样,后期海德格尔坚持着真正的"思"和"作诗"本身就是一种本真的"转变"样式。因而,对于后期海德格尔来说,仅仅指出其真理观的立足点是统一的整体宇宙,其实质在于把整体宇宙的存在本身看作真理②,也是不够的,还不足以把握住和体悟其真理思想的终极命意。相反,仅仅指出这一点,恰恰是导致如下观点的原因:《存在与时间》强调的是本真生存问题,而其后期思想关注的是维护人的基本生存条件的问题,即保护环境拯救地球的问题。③ 但是,另一方面,如下的指责显然也是有问题的:海德格尔的"存在"是一个超感觉的背后世界,是一个去人化的世界,是一个神圣的虚无④;海德格尔后期的真理观"是以浓厚的玄思色彩表现出来的,与现实很少有关系(至少是直接的关系)"⑤。

---

① 若望·普滕普拉克尔甚至把理查德森所说的海德格尔Ⅰ和海德格尔Ⅱ分别概括为"本真的总体性"和"总体的本真性",并指出:在总体地本真存在中,人并没有停止为本真地总体的,作为终有一死者,他在存在的澄明之中泰然敞开,同时决断地担负起其有限存在(See Johnson J.Puthenpurackal, *Heidegger: Through Authentic Totality to Total Authenticity*, p.XVII)。虽然普滕普拉克对海德格尔思想道路的这一刻画有过于简化之嫌(而且他并没有也不可能考虑到海德格尔的早期弗莱堡时期),但当阿多诺说海德格尔的存在论的主要动机在于寻求牢靠和安稳时(See Fred Dallmayr, *Life-wrold, Modernity and Critique: Paths between Heidegger and the Frankfurt School*, Cambridge: Polity Press, 1991, p.56),他则是从根本上误解甚至是有意歪曲了海德格尔的思想。哈贝马斯虽然也正确地看到了在后期海德格尔那里"对于本真性的召唤这一哲学主题和反对衰落的争辩却依然未变"(Jürgen Habermas, *Philosophisch - Politische Profile*, Frankfurt am Main: Suhrkamp, 1971, S.73),但是他的如下说法同样也是成问题的:后期海德格尔"使得真与非真的辩证法脱离了个体对他自己的缘在的牵挂"(Jürgen Habermas, "Work and Weltanschauung: The Heidegger Controversy from a German Perspective", *Heidegger: A Critical Reader*, p.194)。

② 参见刘敬鲁:《海德格尔人学思想研究》,北京:中国人民大学出版社2001年版,第126页。

③ 参见宋祖良:《拯救地球和人类未来——海德格尔的后期思想》,北京:中国社会科学出版社1993年版,第3、9页。

④ See Karl Löwith, *Heidegger—Denker in dürftiger Zeit*, S.227.

⑤ 严平:《走向解释学的真理——伽达默尔哲学述评》,北京:东方出版社1998年版,第62页。

小　结

对于海德格尔 20 世纪 30 年代的思想"转折"来说,最关键之处在于:重新彻底肯认在"实际生活经验"那里彰显出来的动荡意义上的存在自身,并寻得更加恰当的语言以前理论的方式来原初地言说它。这"转折"所牵涉的不只是言说方式的问题,也是思维方式的问题。把握住这一点,我们就能恰当理解他为之追索终生的思想主题及其终生为思的动机,就能恰当地理解他"转折"后的思想及其言说方式和用词,就能恰当理解他突破西方哲学传统的关键之处及其留给此后的西方哲学最富启发意义的东西,就能体悟到海德格尔的思想与中国古代思想之间的一些深刻契合之处。

余　论　海德格尔早期弗莱堡时期
"实际生活经验"思想的界限

　　虽然一位哲学家的思想伟大与否最终应是以他所提出的问题的水平来衡量的,它所具有的缺陷和不足不应成为否定它的伟大的理由和借口,但是后者也是应得到严肃对待的,非此就不会有对这位哲学家的彻底理解。对于海德格尔这位主张"行伟大之思者才有伟大之迷误"的哲学家来说,情形当然更加如是。如他自己对让·波弗莱(Jean Beaufret)所说的那样:"当您看到我的界限,您理解了我。我不能看到它们"①。事实上,研究者们也早已从不同的角度对海德格尔的思想提出了诸多的批评。下面我们试图对其中有关海德格尔早期弗莱堡时期的"实际生活经验"和马堡时期的"缘在"思想的一些主要批评进行评述,以便更加清楚地确定海德格尔早期思想的"界限"之所在。

　　有人批评海德格尔对他人、社会集体及其历史实践活动关注不够,其所谓的"实际性"是不够实际的。比如,乔治强烈地指责海德格尔的缘在缺乏他人的维度,他认为,虽然海德格尔把缘在规定为共在,但他是以一种间接的方式建立起交互主体性的,即通过上手器具,而不是通过两个缘在直接的面对面,在海德格尔的后期思想中也看不到存在向其他缘在或交互共同体显示自身的任何迹象。② 兰贝特则说,在早期弗莱堡时期,海德格尔还没有

---

　　① Hannah Arendt, Jean Beaufret, Medard Boss, et al., *Dem Andenken Martin Heideggers: Zum 26. Mai* 1976, Frankfurt, Klostermann, 1977, S.21.

　　② See Vensus A. George, *Authentic Human Destiny: The Paths of Shankara and Heidegger*, pp.364-365.

明确地处理公共世界的问题。① 巴拉什也认为,对于历史的必然所在,即自
我和集体之间的调和性关系,海德格尔言之琐碎。② 勒维特说,海德格尔的
分析把第二人称认作他人的被平板化的形式,而不是认作我的伙伴或我的
你,因而缺少交互承认现象。③ 卡普托因而认为,海德格尔所说的"实际性
生活"概念不够"实际",而是被中性化了,它永远没有也不想听到"他者的
召唤"。④ 保罗·蒂里希(Paul Tillich)则从总体上指出:"海德格尔的概念
表面上现出[与超历史的概念]对立的一面,即历史性的概念。但他把人从
一切真实的历史中抽象出来,让人自己独立,把人置于人的孤立状态之中,
从这全部的故事之中他创造出一个抽象概念,即历史性概念,或者说,'具
有历史能力'的概念。这一概念使人成为人,但是这一观念恰好否定了与
历史的一切具体联系。"⑤阿多尔诺拒斥海德格尔的"历史性"的抽象性及
其具体性的缺乏。⑥ 沃尔夫-迪特·古道普(Wolf-Dieter Gudopp)从辩证唯
物主义和历史唯物主义的角度看到,海德格尔没有克服逻辑和历史的分离,
他所谓的实行活动是非实践的,并没有触及真正的运动。⑦ 在这个意义上,
马尔库塞(Herbert Marcuse)说:"事实上,就像当时统治着德国大学的哲学
一样,他(海德格尔——引者注)的哲学也是抽象的,脱离现实的,甚至是逃
避现实的。"⑧哈贝马斯的说法则是:由于对"缘在之不变结构的不变关注,
海德格尔一开始就切断了从历史性通往真实历史的道路"⑨。

　　在本书看来,海德格尔早就洞见到"实践的—历史的我必然具有社会

---

① 　See César Lambert, *Philosophie und Wlet beim jungen Heidegger*, S.191.

② 　See Jeffrey Andrew Barash, *Martin Heidegger and the Problem of Historical Meaning*, p.144.

③ 　See Karl Löwith, *Heidegger——Denker in dürftiger Zeit : Zur Stellung der Philosophie im 20. Jahrhundert*, Stutgart : J.B.Metzlersche Verlagsbuchhandlung, 1984, S.81-82.

④ 　John D.Caputo, *Demythologizing Heidegger*, pp.58-59, 65, 214, 220.

⑤ 　何光沪选编:《蒂里希选集》上卷,上海:上海三联书店 1999 年版,第 111 页。

⑥ 　See Fred Dallmayr, *Life-wrold, Modernity and Critique : Paths between Heidegger and the Frankfurt School*, p.55.

⑦ 　See Wolf-Dieter Gudopp, *Der junge Heidegger*, S.71-72.

⑧ 　Herbert Marcuse, "Heidegger's Politics", *Marcuse : Critical Theory and the Promise of Utopia*, edited by Robert Pippin et al., South Hadley MA : Bergin and Carvey, 1988, p.96.

⑨ 　Jürgen Habermas, "Work and Weltanschauung : the Heidegger Controversy from a German Perspective", *Heidegger : A Critical Reader*, p.191.

性的本质,与其他的我处于生活的脉络之中"(GA56/57,210),从而将共在标画为缘在的生存论结构。他也意识到了"与他人共在"(Mitsein mit Anderen)是本质上更加难以解释的现象(GA21,235),以至于有论者认为,在海德格尔对他所关心的所有哲学的事情的思考中都有"一个不可消解的社会性的维度",在这个意义上也可以说"缘在自身不是个体的或人格的"①。但是,出于对日常生活之沉沦倾向的警惕,甚或鄙视,海德格尔坚信:"只有在通过在决断中成为自他们自身,人们才能与他人本真地共在"(SZ,298)。但是,这并不意味着如下断言是完全恰当的:"海德格尔理论中的社会性完全存在于孤独主体之中",海德格尔径直回到了胡塞尔的主体性哲学。② 因为,如王庆节先生所言,对海德格尔的这种批评大多混淆了"公共性"与"公众性""唯我性"与"自主性"之间的区别。对公众性的批判并不必然导致对唯我论的肯定。但是,本书认为王庆节先生的如下观点也是有失笼统的:缘在的向死而在排除了他人的潜在的整体能在。③ 因为,向死而在的缘在依然是生存在着的,它依然摆脱不了共在的生存论结构。在存在者层次上来说,缘在只要生存着就是不能排除他人的。

但是,无可置疑的是:出于对常人状态的高度警戒,出于对公共理性的不信任④,海德格尔没有去充分展开、挖掘共在世界的积极意义,只是关注了个体存在的社会性而没有对社会性本身进行分析,没有解释个体存在的社会性特征是从何而来的,只是将之认作先行给定的,从而没有像马克思那样对现实的社会生产关系和政治统治予以应有的关注,没有原初地理解和把握住人类社会的历史发展过程,逃避对政治事件的政治性评论,无视身边

---

① *Martin Heidegger*, edited by Stephen Mulhall, Hampshire, Burlington: Ashgate Publishing Company, 2006, pp.xii, 152.

② 参见[法]埃马纽埃尔·列维纳斯:《从存在到存在者》,第 117 页。Habermas, *The Philosophical Discourse of Modernity*, pp.149–150.

③ 参见王庆节:《解释学、海德格尔与儒道今释》,北京:中国人民大学出版社 2009 年版,第 107、228 页。

④ 黑尔德认为,这是由于海德格尔片面地理解了古希腊的逻各斯和与出生相关的畏的基本情绪。See Klus held, "Fundamental Moods and Heidegger's Critique of Contemporary Culture", *Reading Heidegger: Commemorations*, edited by John Sallis, Blooming Bloomington and Indianapolis: Indiana University Press, 1993, p.299.

的政治事实和现实的历史,在具体采取行为的时候,他超出并忽略了所有具体的斗争和权力,"超出了政治之物——而且从不回头"①,在他那里找不到一点表明社会的等级制度应该改变的暗示,找不到任何关于大工业工厂工人的处境的解释,从而有耽于理性抽象和思辨之嫌。这的确是海德格尔之"实际生活经验"和"缘在"思想的一大缺憾。在这个意义上,布迪厄称海德格尔为"保守革命者"。不过,这一批判乃是基于理论和实践的二分,是基于形而上学的基本态度,而海德格尔宣称"实际生活经验"乃是前理论的,即突破了主客体的对立,所以对他来说,每种生产实践自身就已是思想,而每种思想本身也就已是实践。科学的理论活动的根本问题不在于它彻底消除了实践,而是在于它建立了一种新的对存在的理解。也许我们应该说,既然理论和实践本就不可截然二分,那么海德格尔正本清源式的存在之思,端呈出的乃是一切具体实践所必需的前提性理解,而且从事这种思的每个人都已使自身的态度和立场发生了彻底的"转变",在这个意义上它可被称为原初意义上的实践。以至于倪梁康先生可以吊诡地主张:"海德格尔可以被纳入到主张实践哲学是第一哲学的现代哲学家行列中,这一点是毫无疑义的"②。所以,虽然人们可以说海德格尔的思想"根本就不是一种实践性的哲学(如马克思和萨特的那样),而只是一种适合于沉思默想的哲学,他在现实政治中缺乏眼光和手段,也缺乏现实感和历史感"③,但是对于海德格尔来说,哲学或思总是与人的转变根本相关,而且他对当代政治哲学的深刻而广泛的影响(比如对阿伦特的影响)已表明了其思想所内涵的实践意蕴。而没落—反没落、本真—非本真的永恒动荡则表明:他人或共在在海德格尔那里一直是一个得到承认的、不能被抹消的维度,他"是能够发展出一个本真的、亦即政治性的公共概念的"④。

---

①　[美]博尔特:《海德格尔的秘密抵抗——超越斗争与权力》,赵卫国译,载刘小枫、陈少明主编:《海德格尔的政治时刻》,北京:华夏出版社 2009 年版,第 110 页。

②　倪梁康:《现象学的始基——胡塞尔〈逻辑研究〉释要(内外篇)》,北京:中国人民大学出版社 2009 年版,第 119 页。

③　邓晓芒:《"海德格尔学案"对中国学人的启示》,《开放时代》2000 年第 11 期,第 95 页。胡塞尔在回应同样的质疑的时候说:"新的(理论)观点本身就是一种实践观点。"

④　[德]黑尔德:《世界现象学》,北京:三联书店 2003 年版,第 194 页。

有人抱怨海德格尔的思维方式和表达方式是独白的、专断的。比如,雅斯贝尔斯通过与海德格尔的多年交往得出了一个最终的结论:"海德格尔最深层的哲学上的失误是:不交流","海德格尔的思维方式对我来说本质上是不自由的、专断的和没有交流的"①。乔治也认为,在海德格尔 I 那里,所谓缘在的本真存在并不是真正本真的,因为这是一种孤独的和以自我为中心的存在状态,其间没有为爱、友谊、合作留下空间,没有来自他人的鼓励和支持的话语,而只有缘在孤独的自我决断。② 勒维特说,这恰恰就是国家社会主义的"精神":拒绝一切讨论和真正的交流,因为它只依赖于自身。③而海德格尔对此的回应是:"如果独白真的是其所是,那么许多东西就会已经被获得了。对我来说,它几乎还根本不是它自身。"④在写给阿伦特的信中,海德格尔也曾说过:对他人的信仰就是爱,而且"在爱中存在=在最本己的生存中存在"⑤。在 1929 年的就职讲座中,海德格尔指出:只有当爱敞开了我们所爱的人的整个世界时,它才是一种基本情绪,它可以把我们个体化,让我们自由地选择我们的可能性。显然,在他看来,这才是一种真正的交流。在这种意义上,他说:"只有作为交谈,语言才是本质性的……而这一交谈使人相互接近""自从时间之为时间以来,我们就是一场交谈。"⑥佩策特(Petzet)说:海德格尔"总是关心真正的交流的教师"⑦。波格勒也认为,对于海德格尔来说,哲学就是一场对话,而且在我们的时代,没有人像海德格尔那样把哲学在对话中展开。⑧ 伽达默尔、阿伦特、马尔库塞等人通过

---

① *The Heidegger–Jaspers Correspondence*(1920-1963),edited by Walter Biemel and Hans Saner,Translated by Gary E.Aylesworth,New York:Humanity Books,2003,pp.18,210.

② See Vensus A.George,*Authentic Human Destiny:The Paths of Shankara and Heidegger*,pp. 363,365.也见[法]让-吕克·南希:《解构的共同体》,上海:上海世纪出版集团 2007 年版,第 320—321 页。

③ See Karl Löwith,*Martin Heidegger and European Nihilism*,p.165.

④ *The Heidegger–Jaspers Correspondence*(1920-1963),p.170.

⑤ Hannah Arendt/ Martin Heidegger,Martin,*Briefe 1925 bis 1975 und andere Zeugnisse*,S.31,S.36.

⑥ [德]马丁·海德格尔:《存在与在》,北京:民族出版社 2005 年版,第 117—118 页。

⑦ Heinrich Wiegand Petzet,*Encounters and Dialogues with Martin Heidegger*(1929-1976),p.93.

⑧ See *Zur philosophischen Aktualität Heideggers*,Band 2,S.13-14.

与海德格尔的真正"争执"成了具有独创性的大思想家则已表明:海德格尔的思想在一种可以说更深刻的意义上是"交流的""对话的"。在这个意义上,海德格尔说:"我们——人——是一种对话。人之存在建基于语言;而语言根本上惟发生于对话中。"①另外,在这个问题上,我们也不得不考虑海德格尔当时生存状态上的生活境域。

有人愆怪海德格尔的所谓"实际性"太过形式化,抽离了一切具体的内容,所以不能提供具有实际效用的具体的伦理道德原则。比如,勒维特就认为,海德格尔的"实际性"是去除了生活已获得的所有内容之后在生活中所剩的东西。汉斯·约纳斯(Hans Jonas)同样认为,海德格尔的"决断"概念是纯形式的,它在道德标准上空荡而茫然,不能提供任何内在的尺度来判别什么是合乎道德的政治行为,什么是不合乎道德的政治行为。据此,沃林指出:海德格尔的思想远离对形而上学遗产来说本质性的与"规范性正当"有关的价值理想,一开始就暴露出了严重的伦理缺陷和政治缺陷,我"决断"自己为一个纳粹、一个布尔什维克、一个无政府主义者等都是一样,这也成为导致其纳粹丑闻的重要原因。② 卡普托则指责海德格尔只顾反对人们对安宁和稳靠的追求,一再地要求人们冷酷地做出决断,而错过了对受难者的抚慰,成了无慈悲心的人。他引用列维纳斯的话说:"在海德格尔那里,缘在从来不饿。"在海德格尔的世界里充满了桌子、锤子等等工具,但没有乞丐、残疾人、病人等等弱者和受难者。③ 列维纳斯自己则进一步指出:海德格尔的根本问题在于,通过移除主体而否定了对需求、满足和形而上学欲望的研究,使之变得软弱无力,消除了同他者相遇的场所,否定了研究他者的可能性,而是将之还原为同一者,从而不可避免地导向帝国主义和专制。④

---

① ［德］海德格尔:《荷尔德林诗的阐释》,北京:商务印书馆 2000 年版,第 41 页。

② See Karl Löwith, *Martin Heidegger and European Nihilism*, pp.6-7,161;Richard Wolin, *Heidegger's Children*, pp.132,117.奥伯斯特也认为,一种存在论上的伦理学的缺失乃是一个政治陷阱,海德格尔没有讨论(非)本真性的道德含义,这使得缘在易受政治的利用(See Joachim L.Oberst, *Heidegger on Language and Death:The Intrinsic Connection in Human Existence*, p.42)。

③ See John D.Caputo, "Sorge and Kardia", *Reading Heidegger from the Start*, pp.334-335, 342.

④ 参见［德］伊森·克莱因伯格:《存在的一代:海德格尔哲学在法国 1927—1961》,北京:新星出版社 2010 年版,第 377—379 页。

本书认为,他们的批评和论断是深刻的。在海德格尔这里,本真和非本真首先与如何成为缘在相关,而不与如何成为一个好人或坏人相关。这样本真的恶就必定是可能的,而非本真的善则是缘在的规范性条件,因为普遍的道德由常人的规则构成。于是,一切都取决于每个人自己的完全独立的当下决断。然而,虽然在这个世界中,每个人的休咎自承的确是应该的,但每个人也都需要他人的帮助和社会的伦理准则,毕竟每个人都是有限的。随时都把一切一切的责任和使命完全压在每个人自己的身上,这也的确不是每一个人都能完全承受的,这样的生命太过沉重,也很容易迷失方向。

但是,我们同时也应该认同格罗丁(Grondin)和蒙特利尔(Montréal)的如下看法:"实际性的解释学"已经表明,"海德格尔没有伦理学"的流行说法是一种误解①;海德格尔的实际性哲学解释学作为解释的解释,发出了反对沉沦的缘在而塑造本己生存的战斗宣言,因而他没有专门的伦理学只是因为,对他来说,出自缘在之自我忧惧和牵挂的哲学一开端就完全是伦理的。②"在海德格尔这里,总已为伦理学留有一个位置,总已为行动和决断的恰切的人的时间留有一个空间"③。或是说,虽然根据他对"实际生活经验"之动荡不安特征的阐述及其"形式指引"的方法和概念,提供具体而普适的伦理道德原则来指导人们的实践行为,拯救人类和全世界,根本就是不被允许的事情,它们只是生活为自己编造的谎言而已。④ 但是,在海德格尔这里,可以说有一种"元伦理学",它无关乎外在强制的责任和义务,而是

---

① See Jean Crondin,"Die Hermeneutik der Faktizität als ontologische Destruktion und Ideologiekritik.Zur Aktualität der Hermeneutik Heideggers",*Zur philosophischen Aktualität Heideggers*,Band 2,S.169–170.

② Jean Grondin Montréal ,"Das junghegelianishe und ethische Motiv in Heideggers Hermeneutik der Faktizität",*Wege und Irrwege des neueren Umganger mit Heideggers Werk*,S.145;S.148.

③ Miguel de Beistegui,*Thinking with Heidegger*;*Displacements*,p.40.

④ 就此而言,如下的指责并不全然恰当:海德格尔没有看到交往境域中显示出来的现实的、操作性的有效性要求,否认了认知要求或行动的可能性中我们的规范性自我调节的不可避免性和不可还原性(See Karl-Otto Appel,"Meaning Constitution and Justification of Validity:Hans Heidegger Overcome Transcendental Philosophy by History of Being";Robert B.Pippin,"Heideggerian Postmodernism and Metaphysical Politics",*Heidegger Reexamined*,Volume 4,pp.267,300)。海德格尔并不是没有看到或否认这些规则的存在,而是将之解释为没落状态或常人状态的人云亦云。

关乎每个人自身的内在转变,它的确为个体的缘在提供了一个可以借以
决定其伦理规范的指导性依据。他并不反对一切伦理道德,也不反对伦
理道德自身,他所反对的只是高度具体化实际上也就是高度抽象化教条
化的、普遍适用的、没有经过每一个人自己当下决断的伦理道德规范。
"普适伦理"在当今所遭遇到的困难与窘境表明,海德格尔自有其深刻之
处。所以,扬说:"在海德格尔伦理学中所表现出来的非决定性也是无可
指责的。这只不过是人类的普遍境遇——在抽象理论和具体现实之间的
相互契合的既密切又松散的关系。"①所以,图根特哈特的如下指责无论
如何都是过了头的:对于伦理和社会问题,后期的海德格尔与早期的海德
格尔一样无动于衷,他用存在问题取得了伦理学的位置,排除责任、自由
和真理。②

　　动荡不安的艰难时代和个人生活也使得海德格尔很难像卡普托所要求
的那样,真心地笑一笑,也接受不了舍勒提出的把畏和爱一起来理解的建
议。③ 海德格尔对传统思想和价值观念的彻底批判,也并不是摧毁一切的
虚无主义,并不是摧毁一切的后现代主义,因为形式指引还有积极的、肯定

---

①　[新]朱利安·扬:《海德格尔 哲学 纳粹》,沈阳:辽宁教育出版社2002年版,第119
页。但是,扬的如下说法是不符合海德格尔的思想的:既然《存在与时间》的本体论应该是在
任何时间任何地点对所有人都成立的,那么这个基础伦理学也应该在任何时间任何地点对所
有人成立。简单来说,它必然是作为某种普适的"Moralität"而被提出来的。因此,看起来最终
在《存在与时间》这还是有一个普适的道德(同上书,第146、150页)。实际上,如果海德格尔
那里有这种基础伦理学的话,那它也不是作为普适的原则而被提出来的,而是作为道德的可
能性而被提出来的。

②　参见[德]图根特哈特:《海德格尔的存在问题》,《中国现象学与哲学评论》第八辑,
上海:上海译文出版社2008年版,第244页。

③　不过,佩策特说:作为总是忧郁的"存在主义者"的海德格尔,是一则谎言——而且是
丑陋的谎言,他是心存恶意的人有意传播的[See Heinrich Wiegand Petzet, *Encounters and Dia-
logues with Martin Heidegger* (1929—1976), p.205]。《存在与时间》中海德格尔提到了与清醒的
畏并存的不可动摇的坦荡之乐,它摆脱了沉沦生活中求乐的种种偶然性(SZ,310)。在1934
年关于逻辑学的讲座中,海德格尔提到,作为一种基本的情绪,欢乐是本真工作的可能性基
础,只是这种"欢乐"本质上是基于惊异和敬畏的伟大情绪之上的向存在的委身[See Martin
Heidegger, *Logica Lecciones de Martin Heidegger*, V.Farias (eds.), Barcelona:Anthropo,1991,p.2]。
实际上,在这一点上,海德格尔与拒斥肤浅的乐观主义而寻求悲观主义的乐观主义的尼采是
本质一致的。

性作用,也就是说,他为我们留下了重建的指示或暗示。"海德格尔解构了人本主义,其目的不是要摧毁伦理学与政治学建立于其上的基础,而是要在非人类学的地盘上更深入、更牢靠地为他们'奠定基础'。"①但这绝不意味着要提供普遍的原则和标准,以使生活变得容易,而恰恰是要使生活变得艰难,如是才会有真正的决断。所以,在海德格尔这里有喜悦,甚至有极乐,但它是以畏惧和忧心为基调的。如海德格尔自己的诗所云:"欢乐如何能够流过我们,如果我们想逃避悲伤的话",因为"在我们最不期待它的地方,痛苦生出它的治疗的力量。"②这种喜悦超越了一切言说,"只在寂静中并在沉默中生存",它与严肃是一体的③。应该说,在他看来,这种饱含着畏惧、忧心、悲伤的欢乐才不至于成为肤浅的乐观主义,才会有至乐。"凡属贫者,安其贫于至乐。"④

有人指责海德格尔缺少对非人存在者的关注。比如,克莱尔就批评海德格尔强行分开"缘在式的存在者"和"非缘在式的存在者",而没能把缘在的存在论和(动植物)生命的存在论结合起来。⑤ 勒维特也抱怨《存在与时间》中没有一种自立的自然生命。⑥ 本书认为,早期弗莱堡时期的"实际生活经验"或"缘在"思想的确没有顾及非人的存在者,尤其是既不是现成在手之物也不是上手之物也不是缘在的(动植物)生命,他对生命的规定本质上是否定性的或褫夺性的,没有充分展开性别、年龄等自然因素对于人的基础性意义,这也使他要获得一个存在的统一含义的企图失败了。但是,应该说,"实际生活经验"思想为对这些现象的探讨准备了一个必要的基地或前

---

① [法]保罗·利科主编:《哲学主要趋向》,李幼蒸译,北京:商务印书馆1988年版,第521页。

② Martin Heidegger, *Philosophical and Political Writings*, edited by Manfred Stassen, New York·London:Continuum,2003,pp.20,21.

③ [德]海德格尔:《讲话与生平证词(1910—1976)》,孙周兴、张柯、王宏健译,北京:商务印书馆2018年版,第63页。

④ 参见熊伟先生《自由的真谛——熊伟文选》,北京:中央编译出版社1997年版,目录前节译的海德格尔诗句。

⑤ See David Farrell Krell, "Spiriting Heidegger", *Of Derrida, Heidegger, and Spirit*, edited by David Wood,Evanston,Illinois:Northwestern University Press,1993,p.24.

⑥ See Karl Löwith, *Heidegger—Denker in Dürftiger Zeit*,S.83.

提。正是在此基地上,在 1925/1926 年冬季学期的讲座《逻辑学——关于真理的追问》中,海德格尔就已指出:只有把"在世界中存在"理解为我们自己的缘在结构,我们也许才会谈及动物和植物的世界(GA21, 215)。而 1923/1930 年夏季学期的讲座《形而上学的基本概念》则直接探讨了非缘在的存在者——石头和动物。所以,虽然可以像德里达那样说,海德格尔这种探讨依然是人类中心主义的①,但是像哈尔那样,说海德格尔的生存论分析就是我们抽离我们与自然存在者之内在关联的一种方式②,则有些过了。当然,试图把海德格尔关于缘在甚至存在自身的思想看作一种变样了的突发进化论的有机体主义③,则过于极端地走向了另一头。

阿尔维斯指出:海德格尔一贯抵制他的批判所敞开的东西,即向物质世界和一个有身体的缘在的返回,他将缘在看作中性的,没血没肉,不能受伤。④ 萨特的说法则是:缘在是中性的,没有性生活。勒维特则含蓄地指责海德格尔没有看到无意识是整个人生体验的另一个方面。他认为,如果考虑到我们一生的三分之一都是在睡梦中度过的,那么人们对人在存在者中是什么和如何是的看法就会改变。⑤ 无可否认,人的身体和无意识体验的确是海德格尔早期弗莱堡时期的"实际生活经验"思想所没有详细地加以阐述的现象。但是,他所说的"实际生活经验"的诸多前理论特征,尤其是

---

① See Jacques Derrida, *Of Spirit: Heidegger and the Question*, translated by Geoffrey Bennington and Bachel Bowlby, Chicago and London: The University of Chicago Press, 1989, p.49.

② See Michel Harr, *Heidegger and the Essence of Man*, p.14.

③ See Richard M.McDonough, *Martin Heidegger's Being and Time*, New York · Washington, D.C./Baltimore · Bern Frankfurt am Main · Berlin · Brussels · Vienaa · Oxford: Peter Lang, 2006, pp.xx–xxv.

④ Lilian Alweiss, *The World Unclaimed: A Challenge to Heidegger's Critique of Husserl*, Athens: Ohio University Press, 2003, pp.xxvii, 87.但当阿尔维斯说海德格尔拒绝思考"阻抗"(resistance)时,应该说有点过了。因为,在实际生活经验的实际性和缘在的被抛性中,都已内蕴了对它的思考,《存在与时间》也具体地讨论了狄尔泰的"阻抗"概念。而且,实际性和被抛性并不排斥自由,恰恰相反,正是由于它们,实际生活和缘在的自由才是可能的。所以,海德格尔也不会像阿尔维斯所说的那样,为了保证缘在的自由而逃避缘在的肉身性和世界的物质性。

⑤ See Karl Löwith, "The Nature of Man and the World of Nature for Heidegger's 80th Birthday", *Martin Heidegger: in Europe and American*, pp.41, 45.

它在境域中的自足性,实际上已经显现了"无意识体验"的影子。而且,实际生活经验的没落—反没落的动荡特征也暗示了"无意识体验"的运作方式。① 海德格尔所谓的面对死亡(也即虚无)的畏惧,难道不是所有梦的根本源泉吗? 而实际生活经验的实际性,就如缘在的阻抗经验一样,显然是系于人的身体的。所以,米盖尔·德·贝斯特吉(Miguel de Beistegui)说:在海德格尔这里,身体自身并没有被遗忘,缘在的身体(尤其是手)是其力量和实际性、其理解和揭示能力的表现。② 奥伯斯特则指出:指责海德格尔忽略了缘在的身体,忽略了海德格尔的语言存在论所奠基于其上的经验实在论,实际上人的身体存在于海德格尔关于缘在的所有构想中,人的身体被理解为缘在的存在方式的所在,"缘在不仅有一个身体,而且是(作为)它的身体。"③而梅洛-庞蒂的身体现象学既然深受《存在与时间》中"缘在"之"在世"学说的影响(因为没有对"世界""自然"等概念的重新恰当规定,要恰当理解身体是不可能的),那么自然也可以说是受到了作为这一学说之源泉的"实际生活经验"思想的影响。也就是说,恰恰是由于实际生活经验和缘在的中性,它才蕴含了可以由之而导出的丰富可能性。所以,在1928年夏季学期的讲座中,海德格尔明确讲道:"缘在蕴含着实际地撒播到身体并从而撒播到性别之中去的内在可能性"④。就此而言,甚至可以说,海德格尔对身体问题的有意忽略,并不像大多数论者所言,是一个严重的错误,而是有着充分的理由的。他所关心的问题不是缘在是否有身体和性别,而是在于缘在在其身体和性别中是如何理解自身的。"我们并非'拥有'

---

① 我们前文已经看到,早在学生时期海德格尔就发现了"无意识"领域的独特之处。所以,说海德格尔完全忽略了无意识体验,也是不太恰当的。如勒维特所言:"弗洛伊德和海德格尔都把自我意识的'我'投入到一种更深层的关系中,他们都在自我显明与被明言者中注意到了自我隐退与未曾言明者"(〔德〕洛维特:《海德格尔〈尼采的话"上帝死了"〉一文所未明言》,洛维特/沃格林:《墙上的书写》,田立年、吴增定等译,北京:华夏出版社2004年版,第121页。)

② See Miguel de Beistegui, *Thinking with Heidegger*: *Displacements*, Bloomington & Indianapolis: Indiana University Press, 2003, pp.19–23.

③ Joachim L.Oberst, *Heidegger on Language and Death*: *The Intrinsic Connection in Human Existence*, pp.157–158.

④ Martin Heidegger, *The Metaphysical Foundations of Logic*, pp.172–173.

(haben)一个身体,而毋宁说,我们身体性地'存在'(sind)"①。反之,用身体范畴来解释缘在,则是一件本末倒置的事情。而且,说到底,海德格尔的"实际生活经验"恰恰要力图突破这种意识与无意识、感性与理性的区分。

"界限"一方面意味着使得一个东西成为一个东西的东西,或者说,没有界限的东西就什么都不是,即不会有任何具体的规定性。在这个意义上,正是如上"界限"的存在才内在地使得海德格尔成了海德格尔。所以,我们可以为海德格尔的"实际生活经验"和"缘在"思想提出各种辩护,可以说恰恰是由于海德格尔没有讨论这些问题他才成了海德格尔,因为存在论问题是他为自己的思想限定的唯一的事情,虽然我们可以说一个思想家的伟大不在于他涉及所有的问题,而在于为所有问题都敞开了一个新的领域,因而单纯地求全责备,只能在海德格尔思想的外围打转转,他可以自我辩解说:"先行开辟的道路比某种把其中的一切缝隙都填满或掩盖的圆滑体系更加本质和富有创造"②。但另一方面,"界限"的确也意味着缺陷和不足。不可否认的事实是,以上这些批评意见清楚地表明了一些内在的东西:第一,他的"实际生活经验"的确还不够"实际",事实上它已经过滤掉了一些很重要的东西;第二,在他那里,理论姿态的残余并没有完全被清除干净,以运动为基本规定的存在自身也没有被彻底原初地理解和承受;第三,只有通透地理解了"实际生活经验"的前理论和动荡特征,才能对海德格尔的这一思想提出实质性的批判和挑战。

当然,海德格尔自己一直强调,作为动荡不安的实际生活经验的一种本真样式的哲学,没有确定无疑的结果可以给予人们,它只能永远走在途中。也就是说,只要人存在着,以前理论的方式恰当地言说、理解和把握以运动

---

① ［德］马丁·海德格尔:《尼采》,北京:商务印书馆2010年版,第108页。查尔斯·E.斯科特甚至认为,浓稠的光亮(dense lightness)可以恰当地被称作肉身性或自然性(physicality),而海德格尔的思想就是要表达这种肉身性或自然性(Charles E.Scott,"Lightness of Mind and Density in the Thought of Heidegger and Foucault",*Foucault and Heidegger:Critical Encounter*,edited by Alan Milchman and Alan Rosenberg,London:University of Minnesota Press,2003,p.344)。

② ［德］马丁·海德格尔:《物的追问:康德关于先验原理的学说》,赵卫国译,上海:上海译文出版社2010年版,第174页。

为基本规定的存在,就是一个永远无法被彻底完成的任务。① 继续克服理论姿态的残余,彻底原初地言说、理解和担承以运动为基本规定的存在,从而赢得决断本真自我的时机和境域,恰恰就是海德格尔留给我们去继续实行的任务。所有真正的批评本质上都是在执行这一任务。就此而言,"界限不是终结,而是开端"②。

---

① 就此而言,波格勒可以说:当海德格尔开始准备出版全集时,"这是一种深层次上的放弃行为"(See Otto Pöggeler, *The Paths of Heidegger's Life and Thought*, translated by John Bailiff, New Jersey: Humanities Press, 1997, p.36)。

② [德]海德格尔:《讲话与生平证词(1910—1976)》,北京:商务印书馆 2018 年版,第547 页。

结　　语

　　青年海德格尔在弗莱堡大学读书时,书桌上摆着帕斯卡和陀思妥耶夫斯基的画像,在其房间的一个角落里则挂着一幅基督受难图。① 为什么呢?显然是他们所提出的思想和问题吸引了他。什么样的思想和问题呢? 帕斯卡忧郁甚至绝望地坦承:"当我考虑到我这短暂的生命将被前前后后的永恒所吞没,甚至我看见我占据的这块小小的空间将被无限巨大的空间所席卷而互不相知,我就害怕,我对自己是在这里而不是在那里以及为什么是现在而不是当时非常震惊"②,"正像我不知道从何处来,我同样也不知道我往何处去;我仅仅知道在离开这个世界时,我就要永远地或者归于乌有,或者是落到一位愤怒的上帝手中,而并不知道这两种状况哪一种是我永恒的应分。这就是我的情形,它充满了脆弱和不确定"③。陀思妥耶夫斯基则仰天长问:"我当作支撑的初始原因在哪里呢? 根据在哪里呢? 我从哪里抓住它们呢?"在他看来,"为什么会有存在——这就是问题之所在!'从开天辟地的第一天开始,这'为什么'三个小小的字眼儿便充塞在天地之间……但它已有七千年没有得到回答"。④ 可见,帕斯卡、陀思妥耶夫斯基向海德格尔展示的是如下的事实和问题:每个人,乃至整个人类的生命都是有限的,

---

　　① See Karl Löwith, *My life in Germany before and after* 1933:*A Report*, p.30; Karl Löwith, *Martin Heidegger and European Nihilism*, p.214.

　　② 转引自[美]威廉·巴雷特:《非理性的人——存在主义哲学研究》,杨照明、艾平译,北京:商务印书馆1995年版,第116页。

　　③ 转引自周国平主编:《诗人哲学家》,上海:上海人民出版社2005年版,第28页。

　　④ 转引自[德]赖因哈德·劳特:《陀思妥耶夫斯基哲学》,北京:东方出版社1998年版,第10、82页。另外,劳特在该书中还明确指出:"陀思妥耶夫斯基走的完全是另一条路子。可能正是他促使海德格尔确信,人不面对虚无,也就不可能属于存在物。不了解虚无,我们大概也就不可能发现存在本身"(同上书,第172页)。

为自己的存在找不到终极可靠的根基,从而不得不面对随时都可能摧毁生命意义的无底的虚无,那么存在的意义、本真本己的意义又何在呢?面对这样最终无可逃避的残酷事实和需要做出痛苦决断的问题,生活充满了动荡不安,它原本就是艰难的。而人们就如基督一样,来到这个世界上就必然要受难,在痛苦的决断和斗争中赢得本真的自我。

所以,在海德格尔看来,哲学家们所追寻的那些各种各样的终极不变之物,都是些自欺的谎言,其原本的动机就是要逃避或故意遮掩原本动荡不安的艰难生活。与之相反,海德格尔的原初动机就在于"拒斥生活的谎言,追寻生活的真理"。也就是说,他不逃避也不遮盖动荡不安的艰难生活,而是要还复它的原本面目,甚至使之变得更加艰难。在他看来,唯有领受了这一指示,人们才能抛弃虚幻的谎言,真正勇敢地面对现实时代和个人生活的巨大危机,在痛苦的决断中赢得本真的自我存在。显然,为了达到这一目的,就需要原初地理解我们的"实际生活经验"。

怀着这样的原初动机,在时代精神状况的促发下,在其个人生活经历的引发下,在一些哲学家相关思想的影响下,海德格尔抛弃了对无时间地绝对普遍有效的逻辑范畴的偏爱,进入了以前理论、动荡不安为基本特征和本质的"实际生活经验"领域。正是以这两个特征为标准和依据,原初基督教的生活经验被他看作"实际生活经验"的典范,真正的哲学被看作它的一种本真样式,科学则被看作一种衍生的"扭变"样式。而对他早期弗莱堡时期所塑造的哲学方法而言,其关键之处就在于:它们出自实际生活经验自身,从而可以以前理论的方式通达、保持住,甚而增强"实际生活经验"自身的动荡不安,促使它警醒着去决断本真的自我,从而可以实现他的原初动机。也正是以"前理论"和"动荡"这两个特征为关节点,其"实际生活经验"突破了胡塞尔的意识生活现象学,具有哈贝马斯的生活世界理论所不具有的原初性。

马堡时期海德格尔所探讨的主要问题,即缘在、存在、时间和真理问题,及其处理这些问题的思路和方式,都在其早期弗莱堡时期的"实际生活经验"思想中有其最初和最终的根源和萌芽。而其中最关键的就是他从"实际生活经验"那里获得的对以运动、动荡为基本规定的存在的先行理解,以及通达它的前理论的思维方式和方法。因此,借助于他的"实际生活经验"思想,我们可以更好地理解《存在与时间》所没有充分交代清楚的一些问题。而对其思想"转折"及转折后的思想来说,根本和关键之处就在于:对前理论的言说方式的更加彻底的贯彻,对"运动"的更加彻底的肯认、理解和担承。可见,海德格尔早期弗莱堡时期的"实际生活经验"思想乃是理解其马堡时期(包括《存在与时间》)及其后来思想的源泉。而这源泉中最为重要和关键的元素就是"实际生活经验"的"前理论"和"动荡"特征。而其思想所受到的批判和指责,也大多可归结于他贯彻、实行和担负这两个特征的不彻底性,或者是批评者在对这两个特征的理解上的不彻底性。

不过,海德格尔对真正哲学及其方法的理解和阐释已经表明,他指示给我们的只是一个需要被不断执行的、永远不会终结的任务,一个坚持从前理论和动荡这两个特征出发来恰当地理解我们自己的实际生活经验和海德格尔的思想,并本真地抉择我们自己的生活的任务。因此,对于那些总想从海德格尔的哲学中收获些可以牢牢地攥在手里的固定答案,总想在他的哲学中找一个坚实的落脚点的人来说,必然会感到无法忍受他那绕来绕去的"行话",纷纷愤怒地离去。在他们看来,海德格尔对动荡、运动的这种极力强调和永无尽头的追问,必然导致虚无主义、相对主义、绝对的否定。然而,这却不过是由于他们无法承认和了悟海德格尔已经清楚表明了的事情:以实际性为根底的历史主义并不蕴含着相对主义;从根本上来说,相对主义源自对自身的畏惧,虚无主义的产生恰恰在于对实际生活之动荡不安的逃避或遮盖,恰恰在于把一切意义和价值系于一个终极的静止的存在,这种意义上的虚无主义恰恰需要被推到极端才能有被克服的可能;只有在基于人的有限性,即曾在、当前、将来同时绽出在场的时间性的基础之上,只有在承认并勇敢地担负起实际生活原本的艰难的前提下,我们才能真正地捕捉到一些确定的东西(即被传承的曾在的可能性和存在自身的到时所给出的指示),这样才能真正克服绝对的相对主义,才能真正地肯定和热爱这个世界,才能经受虚无主义的真正本质,即存在自身的隐退,并在这隐退所给予的馈赠中看到拯救的希望。可以说,海德格尔是通过把历史主义彻底化来克服历史主义的,因为在永远动荡不安的历史之流中,当下各是的实际性和时代性是不可重复的,在这个意义上从而是"永恒的"。只有那些不能用所谓不变的永恒、绝对、无限、普遍、必然的价值、意义等虚假的谎言欺骗自己,并骗得自己都不再意识到自己是在欺骗自己的人,才不得不承认和面对这个残酷的事实,才会理解海德格尔"实际生活经验"的"哲学"。然而,这同时意味着必须承担由此而来的痛苦。笔者在写作过程中,就时常感到无法承受这样的痛苦,时常感到无法直面海德格尔的"哲学",但又无法成功地、彻底地欺骗自己,于是就更加痛苦。不过,笔者却由此对人生的意义有了更深刻的领悟。这已是笔者通过本书的写作所得到的最大收获。与此相比,其他的都已显得不那么紧要。如海德格尔所言:"追问、经验和忍受生存的深渊就已是比所有人为的思想体系所提供的太过廉价的答案更高的答案了。"①

---

① Martin Heidegger,"Martin Heidegger:Political Texs,1933-34," translated by William S. Lewis,*New German Critique*,45(1988),pp.106-107.

参考文献

一、中文文献

汉斯·艾柏林:《自由、平等、必死性——海德格尔以后的哲学》,将芒、张宪译,上海:华东师范大学出版社 2006 年版。

爱因斯坦:《爱因斯坦文集(第一卷)》,许良英、范岱年编译,北京:商务印书馆 1976 年版。

鲁道夫·奥伊肯:《生活的意义和价值》,万以译,上海:上海译文出版社 1997 年版。

威廉·巴雷特:《非理性的人:存在主义哲学研究》,杨照明、艾平译,北京:商务印书馆 1995 年版。

鲍克伟:《从此在到世界——海德格尔思想研究》,北京:中国社会科学出版社 2010 年版。

瓦尔特·比梅尔:《海德格尔》,刘鑫、刘英译,北京:商务印书馆 1996 年版。

波尔特:《存在的急迫——论海德格尔的〈对哲学的献文〉》,张志和译,上海:上海书店出版社 2009 年版。

皮埃尔·布迪厄:《海德格尔的政治存在论》,朱国华译,上海:学林出版社 2009 年版。

阿兰·布托:《海德格尔》,吕一民译,北京:商务印书馆 1996 年版。

陈嘉映:《海德格尔哲学概论》,北京:三联书店 1995 年版。

陈戎女:《西美尔与现代性》,上海:上海书店出版社 2006 年版。

雅克·德里达:《胡塞尔哲学中的发生问题》,于奇智译,北京:商务印书馆 2009 年版。

阿尔弗雷德·登克尔、汉斯-赫尔穆特·甘德、霍尔格·察博罗夫斯基主编:《海德格尔与其思想的开端》,靳希平等译,北京:商务印书馆 2009 年版。

阿尔弗雷德·登克尔、马里翁·海因茨、约翰·萨利斯、本·维德、霍尔格·察博罗夫斯基主编:《海德格尔与尼采》,孙周兴等译,北京:商务印书馆 2015 年版。

邓晓芒:《"海德格尔学案"对中国学人的启示》,《开放时代》2000 年第 11 期。

维克托·法里亚斯:《海德格尔与纳粹主义》,北京:时世出版社 2000 年版。

范玉刚:《睿思与歧误:一种对海德格尔技术之思的审美解读》,北京:中央编译出版社 2005 年版。

君特·菲加尔:《海德格尔》,鲁路、洪佩郁译,北京:中国人民大学出版社 2010 年版。

安德鲁·芬博格:《海德格尔和马尔库塞:历史的灾难与救赎》,文成伟译,上海:上海社会科学院出版社 2010 年版。

芬利森:《海德格尔》,邵志军译,南京:译林出版社 2010 年版。

高田珠树:《海德格尔——存在的历史》,石家庄:河北教育出版社 2001 年版。

于尔根·哈贝马斯:《后形而上学思想》,南京:译林出版社 2001 年版。

——.《现代性的哲学话语》,南京:译林出版社 2004 年版。

汉斯-格奥尔格·伽达默尔:《真理与方法》(上卷),洪汉鼎译,上海:上海译文出版社 1992 年版。

——.《真理与方法》(下卷),洪汉鼎译,上海:上海译文出版社 1999 年版。

——.《哲学生涯》,陈春文译,北京:商务印书馆 2003 年版。

——.《哲学解释学》,夏镇平、宋建平译,上海:上海译文出版社 1994 年版。

马丁·海德格尔:《存在与时间》,陈嘉映、王庆节译,上海:上海三联书店 1999 年版。

——.《海德格尔选集》,孙周兴选编,上海:上海三联书店 1996 年版。

——.《荷尔德林诗的阐释》,孙周兴译,北京:商务印书馆 2000 年版。

——.《林中路》,孙周兴译,北京:商务印书馆 2001 年版。

——.《路标》,孙周兴译,北京:商务印书馆 2000 年版。

——.《尼采》,孙周兴译,北京:商务印书馆 2002 年版。

——.《形而上学导论》,熊伟、王庆节译,北京:商务印书馆 1996 年版。

——.《形式显示的现象学:海德格尔早期弗莱堡文选》,孙周兴编译,上海:同济大学出版社 2004 年版。

——.《演讲与论文集》,孙周兴译,北京:三联书店 2005 年版。

——.《思的经验(1910—1976)》,陈春文译,北京:人民出版社 2008 年版。

——.《存在论——实际性的解释学》,何卫平译,北京:人民出版社 2009 年版。

——.《物的追问:康德关于先验原理的学说》,赵卫国译,上海:上海译文出版社 2010 年版。

——.《论真理的本质——柏拉图的洞喻和〈泰阿泰德〉讲疏》,赵卫国译,北京:华夏出版社 2008 年版。

——.《存在与在》,王作虹译,北京:民族出版社 2005 年版。

——.《诗·语言·思》,彭富春译,北京:文化艺术出版社 1991 年版。

——.《海德格尔自述》,张一兵编,李乾坤译,南京:南京大学出版社 2015 年版。

——.《形而上学的基本概念:世界—有限性—孤独性》,赵卫国译,北京:商务印书馆 2017 年版。

——.《现象学之基本问题》,丁耘译,北京:商务印书馆 2018 年版。

——.《讲话与生平证词(1910—1976)》,孙周兴、张柯、王宏健译,北京:商务印书馆 2018 年版。

海德格尔等:《海德格尔与有限性思想》,刘小枫等译,北京:华夏出版社 2002 年版。

克劳斯·黑尔德:《世界现象学》,孙周兴编,倪梁康等译,北京:三联书店 2003 年版。

胡塞尔:《逻辑研究》第二卷第一部分,倪梁康译,上海:上海译文出版社 1998 年版。

——.《纯粹现象学通论》,李幼蒸译,北京:商务印书馆 1992 年版。

黄文宏:《海德格事实生命的现象学与根本学的理念:以〈战时紧迫学期讲稿〉为例》,《(台湾)政治大学哲学学报》2005 年第 14 期。

霍金:《万有理论:宇宙的起源与归宿》,海口:海南出版社、三环出版社 2004 年版。

靳希平:《海德格尔早期思想研究》,上海:上海人民出版社 1995 年版。

靳希平、吴增定:《十九世纪德国非主流哲学——现象学史前史札记》,北京:北京大学出版社 2004 年版。

约瑟夫·科克尔曼斯:《海德格尔的〈存在与时间〉:对作为基本存在论的此在的分析》,陈小文等译,北京:商务印书馆 1996 年版。

伊森·克莱因伯格:《存在的一代:海德格尔哲学在法国 1927—1961》,陈颖译,北京:新星出版社 2010 年版。

杰夫·柯林斯:《海德格尔与纳粹》,赵成文译,北京:北京大学出版社 2005 年版。

柯小刚:《海德格尔和黑格尔时间思想比较研究》,上海:同济大学出版社 2004 年版。

大卫·库尔珀:《纯粹现代性批判——黑格尔、海德格尔及其以后》,臧佩洪译,北京:商务印书馆 2004 年版。

赖因哈德·劳特:《陀思妥耶夫斯基哲学》,沈真等译,桂林:广西师范大学出版社 2005 年版。

莱因哈德·梅依:《海德格尔与东亚思想》,张志强译,北京:中国社会科学出版社 2003 年版。

李凯尔特:《文化科学和自然科学》,涂纪亮译,北京:商务印书馆 1986 年版。

李章印:《解构—指引:海德格尔现象学及其神学意蕴》,济南:山东大学出版社 2009 年版。

李智:《论海德格尔的现代性批判——另一种后现代主义》,北京:首都师范大学出版社 2003 年版。

梁家荣:《本源与意义:前期海德格尔与现象学研究》,北京:商务印书馆 2015 年版。

刘敬鲁:《海德格尔人学思想研究》,北京:中国人民大学出版社 2001 年版。

刘旭光:《海德格尔与美学》,上海:上海三联书店 2004 年版。

洛维特/沃格林:《墙上的书写》,田立年、吴增定等译,北京:华夏出版社 2004 年版。

S.马尔霍尔:《海德格尔与〈存在与时间〉》,亓校盛译,桂林:广西师范大学出版社 2007 年版。

让-吕克·马里翁:《还原与给予:胡塞尔、海德格尔与现象学研究》,方向红译,上海:上海译文出版社 2009 年版。

让-弗朗索瓦·马特编著:《海德格尔与存在之谜》,汪炜译,上海:华东师范大学出版社 2011 年版。

贡特·奈斯克、埃米尔·克特琳:《回答——马丁·海德格尔说话了》,陈春文译,南京:江苏教育出版社 2005 年版。

让-吕克·南希:《解构的共同体》,夏可君编校,郭建玲、张建华、张尧均、陈永国、夏可君译,上海:上海世纪出版集团 2007 年版。

尼采:《权力意志》,张念东、凌素心译,北京:中央编译出版社 2000 年版。

倪梁康:《现象学及其效应——胡塞尔与当代德国哲学》,北京:三联书店 1994 年版。

彭富春:《无之无化——论海德格尔思想道路的核心问题》,上海:上海三联书店 2000 年版。

——.《西方海德格尔研究述评》(一),《哲学动态》2001 年第 5 期。

——.《西方海德格尔研究述评》(二),《哲学动态》2001 年第 6 期。

吕迪格尔·萨弗兰斯基:《海德格尔传——来自德国的大师》,北京:商务印书馆 1999 年版。

赫伯特·施皮格伯格:《现象学运动》,王炳文、张金言译,北京:商务印书馆 1995 年版。

乔治·斯坦纳:《海德格尔》,李河、刘继译,北京:中国社会科学出版社 1989 年版。

——.《海德格尔》,李河、刘继译,杭州:浙江大学出版社 2012 年版。

约阿希姆·W.斯托克编:《海德格尔与布洛赫曼通信集》,李乾坤、李超逸译,南京:南京大学出版社 2017 年版。

宋继杰:《海德格尔与存在论历史的解构:〈现象学的基本问题〉引论》,南京:江苏人民出版社 2008 年版。

宋祖良:《拯救地球和人类未来——海德格尔的后期思想》,北京:中国社会科学出版社 1993 年版。

孙冠臣:《海德格尔的康德解释研究》,北京:中国社会科学出版社 2008 年版。

孙周兴:《说不可说之神秘——海德格尔后期思想研究》,上海:上海三联书店 1994 年版。

——.《后哲学的哲学问题》,北京:商务印书馆 2009 年版。

——.《在现象学和解释学之间——早期弗莱堡时期海德格尔哲学》,《江苏社会科学》1999 年第 6 期。

——.《形式显示的现象学——海德格尔弗莱堡早期讲座研究》,《现代哲学》2002 年第 4 期。

——.《还原、建构、解构——海德格尔的现象学方法初探》,载《中国现象学与哲学评论》第二辑,上海:上海译文出版社 1998 年版。

索福克勒斯:《索福克勒斯悲剧两种》,罗念生译,北京:人民文学出版社 1961 年版。

彼得·特拉夫尼:《海德格尔导论》,张振华、杨小刚译,上海:同济大学出版社 2012 年版。

涂成林:《现象学运动的历史使命——从胡塞尔、海德格尔到萨特》,北京:中央编译局出版社 2007 年版。

王庆节:《解释学、海德格尔与儒道今释》,北京:中国人民大学出版社2009年版。

王志宏:《事实性与时间》,昆明:云南人民出版社2011年版。

理查德·沃林:《海德格尔的弟子:阿伦特、勒维特、约纳斯和马尔库塞》,张国清、王大林译,南京:江苏教育出版社2005年版。

齐奥尔格·西美尔:《时尚的哲学》,费勇等译,文化艺术出版社2001年版。

——.《金钱、性别、现代生活风格》,顾仁明译,上海:学林出版社2000年版。

夏汉苹:《海德格尔传》,武汉:长江文艺出版社2001年版。

熊伟:《自由的真谛——熊伟文选》,北京:中央编译出版社1997年版。

卡尔·亚斯贝斯:《时代的精神状况》,王德峰译,上海:上海译文出版社1997年版。

严平:《走向解释学的真理——伽达默尔哲学述评》,北京:东方出版社1998年版。

朱利安·扬:《海德格尔 哲学 纳粹主义》,陆丁、周濂译,沈阳:辽宁教育出版社2002年版。

叶秀山:《思·史·诗——现象学和存在哲学研究》,北京:人民出版社1988年版。

迈克尔·英伍德:《海德格尔》,南京:译林出版社2009年版。

俞宣孟:《现代西方的超越思考——海德格尔的哲学》,上海:上海人民出版社1989年版。

帕特里夏·奥坦伯德·约翰逊:《海德格尔》,张祥龙、林丹、朱刚译,北京:中华书局2002年版。

张灿辉:《海德格与胡塞尔现象学》,台北:东大图书公司,1996年版。

——.《诠释与此在——早期海德格尔之诠释现象学》,载《中国现象学与哲学评论》第二辑,上海:上海译文出版社1998年版。

张东锋:《判断与存在:海德格尔早期判断学说研究》,北京:社会科学文献出版社2017年版。

张汝伦:《海德格尔与现代哲学》,上海:复旦大学出版社1995年版。

——.《德国哲学十论》,上海:复旦大学出版社2004年版。

——《论海德格尔哲学的起点》,《复旦学报》2005年第2期。

张贤根:《存在·真理·语言——海德格尔美学思想研究》,武汉:武汉大学出版社2004年版。

张祥龙:《海德格尔传》,石家庄:河北人民出版社1998年版。

——《从现象学到孔夫子》,北京:商务印书馆2001年版。

——《海德格尔思想与中国天道》,北京:三联书店1996年版。

——《朝向事情自身——现象学导论七讲》,北京:团结出版社2003年版。

——《解释学理性与信仰的相遇——海德格尔早期宗教现象学的方法论》,《哲学研究》1997年第6期。

——《生存与形式指引》,载《生活世界理论——现象学、日常生活批判、实践哲学》,哈尔滨:黑龙江人民出版社2004年版。

——《"实际生活经验经验"的"形式显示"——海德格尔解释学初论》,载《德国哲学论丛(1996—1997年号)》,北京:中国人民大学出版社1997年版。

——《海德格尔的现象学起点》,《哲学研究》1993年第10期。

张祥龙、杜小真、黄应全:《现象学思潮在中国》,北京:首都师范大学出版社2002年版。

张一兵:《回到海德格尔——本有与构境》,北京:商务印书馆2014年版。

张振华:《斗争与和谐:海德格尔对早期希腊思想的阐释》,北京:商务印书馆2016年版。

周民峰:《走向大智慧:与海德格尔对话》,成都:四川人民出版社2002年版。

朱清华:《回到原初的生存现象:海德格尔前期对亚里士多德的存在论诠释》,北京:首都师范大学出版社2009年版。

二、外文文献

Alweiss, Lilian: *The World Unclaimed*: *A Challenge to Heidegger's Critique of Husserl*, Athens: Ohio University Press, 2003.

Arendt, Hannah: "Martin Heidegger at Eighty", *Heidegger and Modern Philosophy*: *Critical Essays*, edited by Michael Murray, New Haven and London: Yale University Press, 1978.

Arendt, Hannah / Heidegger, Martin: *Briefe* 1925 *bis* 1975 *und andere Zeugnisse*, herausgeben von Ursula Ludz, Frankfurt am Main: Vittorio Klostermann, 2002.

Babich, B. E. (eds.): *From Phenomenology to Thought*, *Errancy*, *and Desire*, Netherlands: Kluwer Academic Pubishers, 1995.

Bambach, Charles R.: *Heidegger*, *Dilthey*, *and the Crisis of Historicism*, Ithaca and London: Cornell University Press, 1995.

——. "Phenomenological Research as Destruction: the Early Heidegger's Reading of Dilthey", *Philosophy Today*, Vol.37, Iss.2, 1993.

——. "The Hermeneutics of Origin Arché and the Anarchic in John Van Buren's *The Young Heidegger*", *Philosophy Today*, Vol.41, Iss.2, 1997.

Barash, Jeffrey Andrew: *Martin Heidegger and the Problem of the Historical Meaning*, Dordrecht/Boston/Lancaster: Martinus Nijhoff Publishers, 1988.

Beistegui, Miguel de: *Thinking with Heidegger*: *Displacements*, Bloomington & Indianapolis: Indiana University Press, 2003.

Braver, Lee: *Heidegger's Later Writings*: *A Reader's Guide*, London; New York: Continuum, 2009.

Buren, John van: *The Young Heidegger*: *Rumor of the Hidden King*, Bloomington and Indianpolis: Indiana University Press, 1994.

——. "The Young Heidegger and Phenomenology", *Man and World*, Vol. 23, Iss.3, 23, 1990.

——. "Heidegger's Early Freiburg Courses, 1915—1923" *Research in Phe-*

nomenology, Vol.23, No.1, 1993.

Cahlhoun, Craig (eds.): *Habermas and Public Sphere*, Cambridge: The MIT Press, 1992.

Campbell, Scott M.: *The Early Heidegger's Philosophy of Life: Facticity, Being and Language*, New York: Fordham University Press, 2012.

Caputo, John D.: *Demythologizing Heidegger*, Bloomington · Indianapolis: Indiana University Press, 1993.

——.*Radical Hermeneutics: Repetition, Deconstruction, and the Hermeneutic Project*, Bloomington and Indianapolis: Indiana University Press, 1987.

——.*Heidegger and Aquinas: An Essay on Overcoming Metaphysics*, New York: Fordham University Press, 1982.

Clark, Timothy: *Martin Heidegger*, London and New York: Routledge, 2002.

Crowe, Benjamin D.: *Heidegger's Religious Origins: Destruction and Authenticity*, Bloomington and Indianapolis: Indian University Press, 2006.

Crowell, Steven Galt: *Husserl, Heidegger, and the Space of Meaning: Paths toward Transcendental Phenomenology*, Evanston, Illinois: Northwestern University Press, 2001.

——."Metaphysics, Metontology, and the End of*Being and Time*", *Philosophy and Phenomenological Research*, Vol.60, No.2, 2000.

——."Hermeneutics as the Recovery of Man", *Man and World*, Vol.15, Iss.4, 1982.

Dahlstrom, Daniel O.: *Das logische Vorurteil: Untersuchungen zur Wahrheitstheorie der frühen Heidegger*, Wien: Passagen Verlag, 1994.

——. *Heidegger's Concept of Truth*, Cambridge: Cambridge University Press, 2001.

Dahlstrom, Daniel O. (eds.): *Interpreting Heidegger: Critical Essays*, Cambridge: Cambridge University Press, 2011.

Dallmayr, Fred: *Life - wrold, Modernity and Critique: Paths between Heidegger and the Frankfurt School*, Cambridge: Polity Press, 1991.

Davis,Bret W.(eds.):*Martin Heidegger:Key Concepts*,Durham:Acumen,2010.

Denker, Alfred; Gander, Hans − Helmuth; Zaborowski, Holger: *Heidegger −Jahrbuch* 1:*Heidegger und die Anfänge seines Denkens*, Müchen: Verlag Karl Abler Freiburg,2004.

Derrida, Jacques: *Of Spirit: Heidegger and the Question*, translated by Geoffrey Bennington and Bachel Bowlby,Chicago and London:The University of Chicago Press,1989.

Dreyfus,Hubert L.: *Being −in−the−World:A Commentary on Heidegger's Being and Time*, *Division I*, Cambridge, Massachusetts; London, England: The MIT Press,1991.

Dreyfus, Hubert L. and Warthall, Mark A. (eds.): *A Companion to Heidegger*,Oxford:Blackwell Publishing,2005.

——.*Heidegger Reexamined*, Volume 1−4, New York and London: Routledge,2002.

Drefus,Hubert and Hall,Hanison (eds.):*Heidegger:A Critical Reader*,Oxford UK & Cambridge USA:Blackwell,1992.

Eucken,Rudolf:*Life's Basis and Life's Ideal:the Fundamentals of a New Philosophy of Life*,translated by Alban G.Widgery,Soho Square,London,W.1: A.and C.Black,Ltd.,1918.

Faulconer, James E.: Wrathall, Mark A. (eds.): *Appropriating Heidegeer*, Cambridge:Cambridge University Press,2000.

Fehér,István M.: "Heidegger's Postwar Turn", *Philosophy Today*, 1996, Vol.40,Iss.1.

——.*Wege und Irrwege des neueren Umganger mit Heideggers Werk:Ein Deutsch−Ungarisches Symposium*,Berlin:Ducker and Humblot,1991.

Johannes Fritsche:*Historical Destiny and National Socialism in Heidegger's Being and Time*, Berkeley/Los Angeles/London: University of California Press,1999.

Gadamer,Hans Georg:*Heidegger's Ways*,Albany:State University of New

York Press,1994.

Gander, Hans－Helmuth: *Selbstverständnis und Lebenswetl: Grundzüge einer phänomenologischen Hermeneutik im Ausgang von Husserl und Heidegger*, Frankfurt am Main: Vittorio Klostermann,2001.

Geier, Manfred: *Martin Heidegger*, Hamburg: Rowohlt Verlag,2005.

George, Vensus A.: *Authentic Human Destiny: The Paths of Shankara and Heidegger*, Washington D. C.: The Council for Research in Values and Philosophy,1998.

Goldmann, Lucien: *Lukács and Heidegger: Towards a New Philosophy*, translated by William Q.Boelhower, London, Boston and Henley: Routledge & Kegan Paul,1977.

Gordon, Peter Eli: *Rosenzweig and Heidegger: Between Judaism and German Philosophy*, Berkeley, Los Angeles, London: University of California Press,2003.

Greaves, Tom: *Starting with Heidegger*, London · New York: Continuum,2010.

Gudopp, Wolf－Dieter: *Der junge Heidegger: Realität und Wahrheit in der Vorgeschichte von „Sein und Zeit"*, Berlin: Akademie－Verlag,1983.

Guignon, Charles: *Heidegger and the Problem of Knowledge*, Indianapolis: Hackett,1983.

Guignon, Charles (ed.): *The Cambridge Companion to Heidegger*, Cambridge [England]; New York, NY, USA: Cambridge University Press,1993.

Happel, Markus (heraus.): *Heidegger —Neu Gelesen*, Würzburg: Königshausen & Neumann,1997.

Haar, Michel: *Heidegger and the Essence of Man*, translated by William Mcneill, Albany: State University of New York,1993.

Habermas, Jürgen: *Philosophical－Political Profiles*, translated by Frederick G.Lawrence, Cambridge and London: The MIT Press,1988.

——. *Towards a Rational Society: Student Protest, Science and Politics*, translated by Jeremy J.Shapiro, Boston: Beacon Press,1970.

Heidegger, Gerturud (heraus.): *"Mein liebes seelchen*!*"*: *Briefe Martin Heideggers an seine Frau Elfride*, München: Deutsche Verlags–Anstalt, 2005.

Heidegger, Martin: *Sein und Zeit*, Tübingen: Max Niemeyer Verlag, 1967.

——.*Frühe Schriften*, Frankfurt am Main: Vittorio Klostermann, 1978.

——.*Wegmarken*, Frankfurt am Main: Vittorio Klostermann, 1976.

——.*Aus der Erfahrung des Denkens*, Frankfurt am Main: Vittorio Klostermann, 1983.

——.*Reden und andere Zeugnisse eines Lebensweges* 1910–1976, Frankfurt am Main: Vittorio Klostermann, 2000.

——.*Einführung in die Phänomenologische Forschung*, Frankfurt am Main: Vittorio Klostermann, 1994.

——. *Grundbegriffe der aristotelschen Philosophie*, Frankfurt am Main: Vittorio Klostermann, 2002.

——.*Platon*: *Sophistes*, Frankfurt am Main: Vittorio Klostermann, 1992.

——. *Prolegomena zur Geschichte des Zeitbegriffs*, Frankfurt am Main: Vittorio Klostermann, 1979.

——.*Logik*: *die Frage nach der Wahrheit*, Frankfurt am Main: Vittorio Klostermann, 1976.

——.*Zur Bestimmung der Philosophie*, Frankfurt am Main: Vittorio Klostermann, 1987.

——. *Grundpoblme der Phänomenologie* (1919/20), Frankfurt am Main: Vittorio Klostermann, 1993.

——.*Phänomenologie der Anschauung und des Ausdrucks*: *Theorie der philosophischen Begriffsbildung*, Frankfurt am Main: Vittorio Klostermann, 1993.

——. *Phänomenologie des religiösen Lebens*, Frankfurt am Main: Vittorio Klostermann, 1995.

——.*Phänomenologische Interpretationen zu Aristoteles*: *Einführung in die phänomenologische Forschung*, Frankfurt am Main: Vittorio Klostermann, 1985.

——. *Ontologie*: *Hermeneutik der Faktizität*, Frankfurt am Main: Vittorio

Klostermann,1988.

——.*Der Begriff der Zeit*,Frankfurt am Main:Vittorio Klostermann,2004.

——.*Die Grundbegriffe der antiken Philosophie*,Frankfurt am Main:Vittorio Klostermann,1993.

——. *Phänomenologische Interpretationen ausgewählter Abhandlungen des Aristoteles zur Ontologie und Logik*, Frankfurt am Main: Vittorio Klostermann,2005.

——.*Phänomenologische Interpretationen zu Aristoteles:Ausarbeitung für die marburger und die göttinger philosophische Fakultät*, Stuttgart:Philipp Reclam jun.,2002.

——.*Supplements:From the Earliest Essays to Being and Time and Beyond*, edited by John van Buren,Albany:State University of New York Press,2002.

——. *Towards the Definition of Philosophy*, translated by Ted Sadler, London and New Brunswick,NJ.:The Athlone Press,2000.

——.*The Phenomenology of Religious Life*,translated by Matthias Fritsch and Jennifer Anna Gosetti-Ferencei,Bloomington and Indianapolis:Indiana University Press,2004.

——.*Ontology—The Hermeneutics of Facticity*,translated by John van Buren,Bloomington & Indianapolis:Indiana University Press,1999.

——.The*Concept of Time*, translated by William Mcneill, Oxford UK & Cambridge USA:Blackwell,1992.

——.*History of the Concept of Time:Prolegomena*,translated by Theodore Kisiel,Bloomington and Indianapolis:Indiana University Press,1992.

——.*Plato's Sophist*,translated by Richard Rojcewicz and André Schuwer, Bloomington and Indianapolis:Indiana University Press,1997.

——.*The Basic Problem of Phenomenology*,translated by Albert Hofstadter, Bloomington & Indianapolis:Indiana University Press,1988.

——.*The Fundamental Concepts of Metaphysics:World,Finitude,Solitude*, translated by William McNeill and Nicholas Walker,Bloomington and Indianapolis：Indiana University Press，1988.

——.*The Metaphysical Foundation of Logic*，translated by M.Heim，Bloomington：Indiana University Press，1992.

——.*Being and Time*，translated by John Macquarrie & Edward Robinson，Southampton：Basil Blackwell Publisher Ltd，1962.

——.*Breife an Max Müller and andere Dokumente*，München：Verlag Karl Albert Freiburg，2003.

——.*Philosophical and Political Writings*，edited by Manfred Stassen，New York · London：Continuum，2003.

Heidegger，Martin ／ Rickert，Heinrich：*Briefe* 1912 *bis* 1933 *und andere Dokumente*，Frankfurt am Main：Vittorio Klostermann，2002.

Heidegger，Martin ／ Jaspers，Karl：*Briefwechsel*（1920–1963），herausgeben von Walter Biemel und Hans Saner，Frankfurt am Main：Vittorio Klostermann，1990.

Heidegger，Martin ／ Jaspers，Karl：*The Heidegger – Jaspers Correspondence*（1920–1963），edited by Walter Biemel and Hans Saner，translated by Gary E. Aylesworth，New York：Humanity Books，2003.

Herrmann，Friedrich – Wilhelm von：*Subjekt und Dasein：Interpretation zu* "*Sein und Zeit*"，Frankfurt am Main：Vittorio Klostermann，1985.

——.*Wege ins Ereiginis：Zu Heideggers* »*Beiträgen zur Philosophie*«，Frankfurt am Main：Vittorio Klostermann，1994.

——.*Hermeneutik und Reflexion：Der Begriff der Phänomenologie bei Heidegger und Husserl*，Frankfurt am Main：Vittorio Klostermann，2000.

Hopkins，Burt C.：*Intentionality in Husserl and Heidegger：the Problem of the Original Method and Phenomenon of Phenomenology*，Dordrecht／Boston／London：Kluwer Academic Publishers，1993.

Hopkins，Brut C.（ed.）：*Phenomenology：Japanese and American Perspectives*，Dordrecht／Boston／London：Kluwer Academic，1999.

Imdahl，Georg：*Das Leben Verstehen：Heideggers formal Anzeigende Herme-*

neutik in den frühen freiburger Vorlesungen (1919 *bis* 1923), Würzburg: Königshausen & Neumann, 1997.

Japers, Karl: *Die Geistige Situation der Zeit*, Berlin: Walter De Gruyter & Co., 1960.

Keller, Pierre: *Husserl and Heidegger on Human Experience*, Cambridge: Cambridge University Press, 1999.

Kisiel, Theodore: *The Genesis of Heidegger's Being and Time*, Berkeley Los Angeles London: Uinversity of Califorrnia Press, 1993.

——.*Heidegger's Way of Thought: Critical and Interpretative Signposts*, edited by Alfred Denker and Marion Heiz, New York · London: Continuum, 2002.

——."The Missing Link in the Early Heidegger", *Hermeneutic Phenomenology: Lectures and Essays*, edited by Joseph. J. Kockelmans, Lanham, Md.: Center for Advanced Research in Phenomenology & University Press of American, 1988.

Kisiel, Theodore and Buren, John Van (eds.): *Reading Heidegger from the Start*, Albany: State University of New York Press, 1994.

Kisiel, Theodore and Sheehan, Thomas (eds.): *Becoming Heidegger: On the Trail of His Early Occasional Writings*, 1910−1927, Evanston, Illinois: Northwestern University Press, 2007.

Kockelmans, Joseph J. (ed.): *A Companion to Martin Heidegger's "Being and Time"*, Washington, D.C.: Center for Advanced Research in Phenomenology and University Press of America, 1986.

Kovacs, George: *The Question of God in Heidegger's Phenomenology*, Evanston, Illinois: Northwestern University Press, 1990.

Köhler, Dietmar: *Martin Heidegger: Die Schematisierung des Seinssinnes als Thematik des dritten Abschnitts von „Sein und Zeit"*, Bonn: Bouvier Verlag, 1993.

Krell, David Farrel: *Daimon Life: Heidegger and Life − Philosophy*, Bloomington and Indiananpolis: Indiana Uinversiyt Press, 1992.

Lambert, César: *Philosophie und Welt beim jungen Heidegger*, Frankfurt am

Main：Europäscher Verlag der Wissensohaften，2002.

Lepadatu，Gilbert V.：*Early Heidegger：From Life to Being*，Saarbrücken：VDM Verlag Dr.Müller，2009.

Lewis，Michael：*Heidegger and the Place of Ethics：Being – with in the Crossing of Heidegger's Thought*，London · New York：Continuum，2005.

Löwith，Karl：*My Life in Germany before and after* 1933：*A Report*，translated by Elizabeth King，London：The Athlone Press，1994.

——.*Heidegger—Denker in dürftiger Zeit：Zur Stellung der Philosophie im* 20.*Jahrhundert*，Stuttgart：J.B.Metzlersche Verlagsbuchhandlung，1984.

——.*Martin Heidegger and European Nihilism*，New York：Columbia University Press，1995.

——."The Nature of Man and the World of Nature for Heidegger's 80th Birthday"，*Martin Heidegger：in Europe and American*，edited by Ballard，Edward G.，The Hague：Martinus Nijhoff，1973.

Macann，Christopher：*Martin Heidegger：Critical Assessments*，Volume I–IV，London and New York：Routledge，1992.

Maggini，Golfo："Historical and Practical Kairos in the Early Heidegger"，*Journal of the British Society for Phenomenology*，Vol.32，No.1，January 2001.

Makkreel，Rudolf A.："The Genesis of Heidegger's Phenomenological Hermeneutics and the Rediscovered 'Aristotle introduction' of 1922"，*Man and World*，Vol.32，No.3，1990.

Marx，Werner：*Heidegger und die Tradition*，Hamburg：Felix Meiner Verlag，1980.

McCarthy，Thomas：*Ideals and Illusions*，Cambridge and London：The MIT Press，1991.

McCumber，John：*Metaphysics and Oppression：Heidegger's Challenge to Western Philosophy*，Bloomington & Indianapolis：Indiana University Press，1999.

McDonugh，Richard M.：*Martin Heidegger's Being and Time*，New York · Washington，D.C./Baltimore · Bern Frankfurt am Main · Berlin · Brussels · Vienna · Oxford：Peter Lang，2006.

McGrath，S.J.：*The Early Heidegger & Medieval Philosophy*：*Phenomenology for the Godforsaken*，Washington. D. C.：The Catholic University of America Press，2006.

Mulhall，Stephen（eds.）：*Martin Heidegger*，Hampshire，Burlinton：Ashgate Publishing Company，2006.

Oberst，Joachim L.：*Heidegger on Language and Death*：*The Intrinsic Connection in Human Existence*，London；New York：Continuum，2009.

Ott，Hugo：*Martin Heidegger*：*A Political Life*，translated by Allan Blunden，London：HarpercollinsPublishers，1993.

Papenfuss，Dietrich und Pöggler，Otto（heraus.）：*Zur philosophischen Aktualität Heideggers*：*Symposium der Alexander von Humboldt − Stifung vom 24. − 28. April 1989 in Bonn − Bad Godesberg*，Band 2，Frankfurt/M.：Klostermann，1990.

Petzet，Heinrich Wiegand：*Encounters and Dialogues with Martin Heidegger* (1929−1976)，translated by Parvis Emad and Kenneth Maly，Chicago and London：The University of Chicago Press，1993.

Pöggeler，Otto：*Martin Heidegger's Path of Thinking*，translated by Danie Magurshak and Sigmund Barber，Atlantic Highlands，NJ：Humanities Press International，Inc.，1987.

——. *The Paths of Heidegger's Life and Thought*，translated by John Bailiff，New Jersey：Humanities Press，1997.

Polt，Richard（eds.）：*Heidegger's Being and Time*：*Critical Essays*，Lanham · Boulder · New York · Toronto · Oxford：Rowman & Littlefield Publishers，INC.，2005.

Puthenpurackal，Johnson J.：*Heidegger*：*Through Authentic Totality to Total Authenticity*：*A Unitary Approach to His Thought in Its Two Phases*，Louvain：Leuven University Press，1987.

Rentsch，Thomas：*Martin Heidegger—Das Sein und Tod*：*Eine kritische*

Einfürung, München: R.Piper GmbH & Co.KG, 1989.

Richardson, William J. S. J.: *Heidegger: Through Phenomenology to Thought*, New York: Fordham University Press, 2003.

Rickert, Heinrich: *Science and History: A Critique of Positivist Epistemology*, translated by George Reisman, Princeton, N.J.: Van Nostrand, 1962.

Rockmore, Tom (eds.): *Heidegger, German Idealism, and Neo-Kantianism*, New York: Humanity Books, 2000.

Rockmore, Tom and Joseph Margolis (eds.): *The Heidegger Case: On Philosophy and Politics*, Philadelphia: Temple University Press, 1992.

Safranski, Rüdigel: *Martin Heidegger: Between Good and Evil*, translated by Ewald Osers, Cambridge, Massachusetts London, England: Harvard University Press, 1999.

Sallis, John C., Moneta Giuseppian and Taminiaux Jacques (eds.): *The Collegium Phaenomenologicum: the First Ten Years*, Dordrecht, Netherlands; Boston: Kluwer Academic Publishers, 1988.

Sallis, John (eds.): *Reading Heidegger: Commemorations*, edited by John Sallis, Blooming Bloomington and Indianapolis: Indiana University Press, 1993.

Scott, Charles E., "Lightness of Mind and Destiny in the Thought of Heidegger and Foucault", *Foucault and Heidegger: Critical Encounter*, edited by Alan Milchman and Alan Rosenberg, London: University of Minnesota Press, 2003.

Shahan, Robert W. and Hanty, J.N.Mo (ed.): *Thinking about Being: Aspects of Heidegger's Thought*, Norman: The University of Oklahoma Press, 1984.

Sheehan, Thomas: "Heidegger's 'Introduction to the Phenomenology of Religion,' 1920-21", *The Personalist*, Vol.60, Iss.3, 1979, pp.312-324.

——. "'Time and Being', 1925-7", *Martin Heidegger: Critical Assessments*, Vol.1, edited by Christopher Macann, London: Routledge, 1992.

——."Heidegger's Lehrjahre", *the First Ten Years: The Collegium Phaenomenologicum*, edited by John. C. Sallis, Giuseppian Moneta and Jacques Taminiaux, Dordrecht, Netherlands; Boston: Kluwer Academic Publishers, 1988.

——."Reading a Life: Heidegger and Hard Times", *The Cambridge Companion to Heidegger*, edited by Charles Guignon, Cambridge [England]: New York, NY, USA: Cambridge University Press, 1993.

Sheehan, Thomas (eds.): *Heidegger: The Man and The Thinker*, Chicago: Precedent Publishing, Inc., 1981.

Georg Simmel, *The Philosophy of Money*, translated by David Frisby, Beijing: China Social Sciences Publishing House, 1999.

Smith, Gregory Bruce: *Martin Heidegger: Paths Taken, Paths Opened*, Plymouth: Rowman & Littlefield Publshers, Inc., 2007.

Stapletion, Timothy J.: *Husserl and Heidegger: the Question of a Phenomenological Beginning*, Albany: State University of New York Press, 1983.

Stenstad, Gail: *Transformations: Thinking after Heidegger*, London: The University of Wisconsin Press, 2006.

Taminiaux, Jacques: *Heidegger and the Project of Fundamental Ontology*, translated and edited by Michael Gendre, Albany: State University of New York, 1991.

Teigas, Dometrius: *Knowledge and Hermeneutic Understanding: A Study of the Habermas-Gadamer Debate*, London and Toronto: Associated University Presses, 1995.

Thurnher, Rainer: *Wandlungen der Seinsfrage: Zur Krisis im Heideggers nach »Sein und Zeit«*, Tübingen GmbH: Attempto Verlag, 1997.

Tuttle, Howard N.: *The Dawn of Historical reason: The Historicality of Human Existence in the Thought of Dilthey, Heidegger and Ortega y Gasset*, New York: Peter Lang Publishing, 1994.

——.*Human Life Is Radical Reality: An Idea Developed from the Conceptions of Dilthey, Heidegger, and Ortega y Gasset*, New York: Peter Lang Publishing, Inc., 2005.

Vallega-Neu, Daniela: *Heidegger's Contributions to Philosophy: An Introduction*, Bloomington & Indianapolis: Indiana University Press, 2003.

Warthall, Mark A. and Malpas, Jeff (eds.): *Heidegger, Authenticity, and Modernity: Essays in Honor of Hubert L. Dreyfus*, Volume 1, London: The MIT Press, 2000.

White, Carol J.: *Time and Death: Heidegger's Analysis of Finitude*, Hants: Ashgate Publishing Limited/ Burlington: Ashgate Publishing Accompany, 2005.

Wolfe, Judith, *Heidegger's Eschatology: Theological Horizons in Martin Heidegger's Early Work*, Oxford: Oxford University Press, 2013.

Wolin, Richard: *Heidegger's Children: Hannah Arendt, Karl Löwith, Hans Jonas, and Herbert Marcuse*, Princeton, N.J.: Princeton University Press, 2001.

Xolocotzi, Angel: *Der Umgang als „Zugang": Der hermeneutisch – phänomenologische „Zugang" zum faktischen Leben in den Frühen 'Freibruger Vorlesungen' Martin Heideggers im Hinblick auf seine Absetzung von der transzendentalen Phänomenologie Edmund Husserls*, Berlin: Duncker & Humblot, 2002.

Yfantis, Dimitrios: *Die Auseinandersetzung des frühen Heidegger mit Aristoteles: Ihre Entstehung und Entfaltung sowie ihre Bedeutung für die Entwicklung der frühen Philosophie Martin Heidegger*, Berlin: Duncker & Humbolt, 2009.

Zimmermann, Hans Dieter: *Martin und Fritz Heidegger: Philosophie und Fastnacht*, München: C.H.Beck, 2005.

后　记

　　时光荏苒，日月如梭。从懵懂好感到深入理解，我从事海德格尔思想研究已二十余年的时间了，风华正茂的青年已经步入头上多有白发的中年。没想到脱胎于我的博士学位论文的这本书由于各种原因竟然出版得如此之晚。但无论如何，它终究算是一个阶段性的交代，也是我曾经的学术理想和追求、人生的探问和求索的一个见证，虽然它依然有着各种各样的缺陷，其学术价值已然消退不少，也没有顾及近年来国内外相关的最新研究成果。

　　这本书同时也见证了诸多师友的教诲、指导、提携、支持与帮助，如张祥龙先生和张德佳师母所给予我的让我受益终身的教诲，赵敦华教授、靳希平教授、韩水法教授、杜小真教授、张志伟教授、谢地坤研究员等师长曾为本书的写作所提供的宝贵指导意见，韩震教授、汪信砚教授、王雨辰教授、刘可风教授、陈食霖教授等师长的大力提携，鉴传今、孟宪清、刘曙光、仲伟民、孔明安、涂文迁、金宁、卢云昆、韩骁、毛竹、李彬、张瑞臣等师友的支持与帮助。

　　这本书也见证了我和我的妻子近十几年间所经历的岁月，见证了她为我所做出的奉献和牺牲。对此，我无言以表。祝愿我们的未来更加美好！

　　本书的写作获得国家社科基金资助后不久，我的儿子来到了人世间。可以说，本书最终的成书过程也见证了他的成长。他现在已是高中生了。愿他以后一切顺利，平平安安！

　　另外，值得一提的是，由于全国哲学社会科学规划办的需要，我有幸看到了鉴定专家对于本人主持的此项国家社科基金项目最终成果的鉴定意见。其中一位专家在鉴定意见中说该成果最终出版时希望作者能够赠书一本,且有意撰写书评一篇。但是,由于我所看到的鉴定意见书是隐去评审专家姓名的,所以直到今天我依然不知道这位专家是谁。希望本书出版以后能够有机缘与这位专家取得联系!

朱松峰

2024 年 10 月 31 日

责任编辑：洪　琼

图书在版编目（CIP）数据

海德格尔早期弗莱堡时期的思想研究 ：以"实际生活经验"为核心 / 朱松峰著. -- 北京 ：人民出版社，2025．5． -- ISBN 978－7－01－027013－5

Ⅰ．B516.54

中国国家版本馆 CIP 数据核字第 202540JE94 号

海德格尔早期弗莱堡时期的思想研究

HAIDEGE' ER ZAOQI FULAIBAO SHIQI DE SIXIANG YANJIU

——以"实际生活经验"为核心

朱松峰　著

人民出版社 出版发行

（100706　北京市东城区隆福寺街 99 号）

北京华联印刷有限公司印刷　新华书店经销

2025 年 5 月第 1 版　2025 年 5 月北京第 1 次印刷
开本:710 毫米×1000 毫米 1/16　印张:21
字数:340 千字

ISBN 978－7－01－027013－5　定价:99.00 元

邮购地址 100706　北京市东城区隆福寺街 99 号
人民东方图书销售中心　电话（010）65250042　65289539